主编简介

孙光妍

女，1957年1月出生。黑龙江大学法学院教授，博士生导师，法学硕士，哲学博士。主要研究方向为中国法律史、地方法制史。兼任中国法律史学会常务理事，黑龙江省法学会法律史学研究会会长。黑龙江省精品课程"中国法制史"负责人。代表性论文：《哈尔滨解放区对外侨案件的审理》《哈尔滨解放区法制建设中的苏联法影响》。代表性著作：《和谐：中国传统法的价值追求》（中国法制出版社2007年版）、《法律视野下先秦和谐思想研究》（法律出版社2006年版）。主编教材：《中国法制史》（清华大学出版社2011年版）。主持并完成国家社科基金项目及省部级课题多项；曾获黑龙江省社会科学优秀科研成果一等奖等多项学术奖励。

邓齐滨

女，1983年7月出生。黑龙江大学法学院副教授，法学博士，硕士生导师。主讲中国法制史课程，主要研究方向为中国法律史、地方法制史。兼任黑龙江省法学会法律史学研究会常务理事。先后出版专著和教材多部，并在《中国社会科学报》《北方法学》等报刊上发表论文10余篇，主持并完成中国法学会部级课题1项，省部课题多项，参与完成国家社科基金项目。

中国法制史

History of Chinese Legal System

孙光妍　邓齐滨◎主编

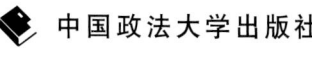

中国政法大学出版社

2021·北京

前　言

"中国法制史"是全国高等学校法学专业核心课程之一，属于法学基础理论课，也是必修课程。它是学好后续课程如刑法学、民法学、诉讼法学等专业课所必需的基础性课程。在国家统一法律职业资格考试及法律硕士入学考试科目中，"中国法制史"一直是必考科目。因此，"中国法制史"在法学专业的本科教学中是一门重要的、不可或缺的专业基础课。

本教材是在黑龙江省精品课程"中国法制史"基础上酝酿成型的，经过了多轮试用，教学效果极佳。本教材对培养学生学习中国法制史的兴趣、建构学生法史学的基础知识体系、开拓学生法律文化的视野都具有创新性及良好效果。

本教材具有如下特点：

一、严格按照教育部对中国法制史教学基本要求进行编写。

二、知识要点把握清楚，叙述有条理，便于学生阅读掌握。

三、知识面拓展较宽，对所涉及的交叉学科或相邻学科的内容作引领式介绍。

四、突出案例教学的比例，寓知识于生动鲜活的案例之中，加深学生的印象，易于记忆。

五、加大对中国古代经济和民商法律知识介绍的比例，以求与当今社会变革的要求相适应。

六、本教材与法律职业资格考试的相关内容紧密结合，有助于学生顺利通过法律职业资格考试。

本教材由黑龙江大学孙光妍教授和邓齐滨副教授任主编。

本教材既可作为高等学校法学、历史学、社会学等专业和相关学科学生学习中国法制史的教材，也可作为国家司法机关及其他政府部门人员从事法律实务与理论研究的参考用书。

编　者
2021 年 8 月

目　录

第一章　中国法制史概述

一、中国法制史的概念

中国法制史是法学的一门基础学科，也是法学本科教育的一门基础课程。"中国法制史"一词，一般在两种意义上被人们广泛使用。

其一，历史概念意义。作为历史概念，中国法制史是指"中国历史上的法律制度"，即中国古代法律制度发展的历史本身，是曾经存在过的有关法制的历史。这一概念是比较抽象的，因为它存在于过去的时空，人们现在无法直接感受，只能通过历史文献资料、文物古迹等去间接地了解它。

其二，学科概念意义。作为学科概念，中国法制史是对中国法律制度发展史的研究，即研究中国历史上的法律制度、法律文化，是现代法学中的一个专门学科。中国法制史是法学领域中的一个重要的基础学科，是社会科学的一个分支。由于中国法制史学是一门涉及历史学和法学的交叉学科，所以学习和研究中国法制史具有双重的难度，一方面要有历史学的基本知识，另一方面还需要具有法学方面的基本知识。

二、中国法制史的研究范围

中国法制史研究的是中国历史上的法律制度、法律文化，在研究对象与研究范围上与研究中国历史上各学术流派、各重要思想家法律思想的中国法律思想史学科有区别。总的来说，中国法制史是一门以辩证唯物论和历史唯物论为指导，以法律制度的发展演变为主线，综合研究中国历史上各主要政权的法律制度及其法律文化产生、发展和演变过程及其规律的学科。具体说来，中国法制史具有非常广泛的研究范围。从时间角度说，中国法制史正式开始于公元前21世纪的夏朝，其时间跨度可谓上下四千年。从地域角度说，中国法制史立足于中华民族生息、繁衍的辽阔国土，其地域跨度可谓方圆千万里。从内容角度说，中国法制史的研究范围主要包括：

其一，中国历史上各个时期的主要立法活动和立法成果。包括立法体制、立法活动、立法技术和法律规范等。对中国各历史时期的主流思想、主要立法活动及其成果进行研究，有助于揭示社会运行的秩序及方式，把握当时社会的主流价值观。

其二，中国历史上各个时期政治、经济、思想文化等因素对立法的影响，特别是与具体法律制度的形成、发展、演变密切相关的政治、哲学、法律思想等内容。只有结合特定的历史时期的政治、经济、思想文化各方面因素进行综合研究，才能真正理解中国法制的产生、发展、演变的原因并掌握其规律。

其三，中国历史上各时期的司法状况，包括各类政权的司法机关、司法体制、诉讼审判制度和原则、狱政管理和司法活动等。透过司法状况的研究，深入地了解当时法制运行的实际情况，可以探索立法和司法的联系、法律的执行情况、法制的整体社会效益等，有助于对特定时期的法制做出宏观的评价。

其四，中国历史上各时期内社会各阶层的价值观念、风俗习惯、文化传统等。中国自古以来就存在着大量的民间习惯法，如宗族法（含家族法规）、村落法（如乡规民约）、民族习惯法、行会帮会法、寺院宗教习惯法等。这些特殊形式的社会规范，在一定区域、一定人群中实际起着类似国家法的调整作用，对其进行研究有助于更全面、深入地了解历史上的法律制度。

三、中国法律起源

（一）奴隶制国家的形成

大约在六七千年前，生活在黄河和长江流域的我国祖先进入了母系氏族公社阶段，及至四五千年前，各氏族部落又由母系氏族社会过渡到父系氏族社会。氏族社会时期生产力水平极其低下，氏族社会生产关系的基础是生产资料的公有制，产品属于集体，在氏族成员间平均分配。在氏族社会中，不存在剥削，也没有阶级。随着生产力的发展，产品有了剩余，于是私有制逐步产生。

氏族内部出现了私有制，因而产生贫富分化。少数氏族部落首领利用其职权，占有剩余产品，积累大量财富，逐渐发展成氏族组织中的富有者和剥削者。为了获取更多的财产，氏族间的战争不可避免。史传我国历史上存在华夏、东夷和苗蛮三个部落集团。国家便是由这些氏族部落通过战争或者联合逐步融合而成。尧、舜、禹是这一时期德高望重的人物，尤其是禹，因治水有功，深受拥戴，逐步确立了王权。王权的确立使得各个部落之间的联盟关系转换为隶属关系。禹之子启是国家的开创者，禹死后，启凭借暴力夺取了王权，并以天下为家，建立了阶级专政的国家——夏朝。

（二）中国法制文明的起源

原始社会并不存在严格意义的法律。人们在长期的共同劳动与共同生活的过程当中逐渐形成了行为准则，这些准则体现为习惯。正是这些社会生活等方面的习惯调整着社会成员之间的关系，诸如祭祀祖先、图腾崇拜、劳动与分配、选举首领和防御其他部落的侵袭等，皆靠习惯来调整。这种习惯对每个社会成员都有约束力，虽然没有国家强制力保障执行，但是人们都能够共同遵守而不轻易违反，此氏族习惯便是法的雏形。法律起源，可以说是从氏族习惯逐渐向奴隶制习惯法的变化过程。

1. 母系氏族习惯向父系氏族习惯转变的过程

母系氏族社会可以追溯至传说中的炎帝、黄帝时代，而母系氏族社会的繁荣时期，是在距今六七千年前的仰韶文化时期。同原始人群时期相比，母系氏族社会人们的活动有了更加趋于社会化的特征。这时候的图腾崇拜、对祖先的祭祀以及对神和天的膜拜等方面形成的仪式和禁忌，就是最初的习俗或惯例。此时的氏族习惯是协调纠纷、保障共同劳动和平均分配的共同准则。母系氏族社会的争端与纠纷形式非常简单，这主要是由当时低下的生产力水平决定的。

母系氏族社会的繁荣时期，生产力得到一定发展，生产关系也随之发生变化，并由此逐步向父系氏族社会过渡，但是此时生产力的发展水平并不均衡，加之地域差异，不同地域的人们生活水平出现了差距。例如，从半坡遗址中发现的墓葬，陪葬品数量与质量并非均等，也就是说，此时私有观念已经悄然萌发，这也是确认私有制的父权制社会出现的一大征兆。

2. 父权制习惯向习惯法转变的过程

约五千年前的龙山文化时期是中国历史上父权制社会向奴隶制社会转变的一个标志性时期，这一时期也是传说中的尧、舜、禹时期。父权制之所以能够代替母权，与物质生产的发展不无关联。事实上，原始社会所经历的漫长发展，也与社会经济的发展息息相关。父权制之于母权制，最具有代表性的进步便是冶铜业的产生。《越绝书·外传记宝剑》中就有关于大禹所在的时期冶炼铜质兵器的记录，这是古代典籍中对于父系氏族时代有冶铜业产生的最早佐证。

这一时期，刑、法、罪的概念已经初步形成。法，在古代有两种写法"佱"与"灋"，"佱"出现得更早。《尔雅·释诂》中对法的解释是"常"，也就是说皋陶"制法"只是制定常行的处罚习惯而已；《说文解字》中的"灋"，则有"平之如水"的含义，西周康王时期的《大盂鼎铭》中便有"灋保先王"之铭文。而罪的释义，《说文解字》的解释是"罪，捕鱼竹网"。这里有一点值得一提，皋陶在规定处罚习惯之时，将墨、昏和杀人并列，一并处罚。这里的"墨"指贪赃，"昏"指劫掠，这里将贪赃与劫掠的罪名上升到与杀人并列，说明了部落联盟机关对于有职位人员的约束。

3. 礼由习惯转化为法

从中国古代法的起源上看，有礼源于祭祀的说法。"礼"字原本是个象形字，是指盛放祭祀供品的器具。在《商周古文字读本》中，"礼"作"豊"，像"二玉在器之形"。在殷墟出土的甲骨文中，"礼"字也作多种形状，像是玉器放在器皿里面。祭祀是古人用礼器盛放祭品的活动，经久逐渐形成了一些祭神敬祖祈福的典礼仪式，这也是礼最早的含义。根据记录，礼的最初起源应当是一般的饮食方面的供奉活动，譬如在烧热的石块上把粟米畜肉烹制熟，在地面挖出坑穴盛酒双手掬饮，或者用土制鼓槌敲击土制乐鼓，借这种方式表达对鬼神的崇敬之意。这是一种原始祭祀礼仪活动的朴素形式，而非具有强制性的规则，所谓的最初的仪式规则只是一些简单的习惯性规范，人们发自内心虔诚并自觉遵守。而具有强制力的成熟的法，则是因社会的发展和统治者的需要而产生，将日益复杂化的仪式规则加以改造确认，神秘性与强制力得到了强化，于是先前作为一种习惯性规范的礼便成为强迫人们遵守的法律规范。于是，礼作为指导性规范，与作为惩罚性规范的刑，共同奠定了中国古代的法律规范体系，二者侧重不同却相互配合，相辅相成。

总之，中国法的起源是由中国所处的具体历史条件决定的。由于生产力的提高，私有财产出现，社会逐渐划分阶级，以至在形成国家的过程中，氏族血缘纽带逐步加固，对祖先崇拜的礼逐渐具有阶级性，战争促进了刑的形成和发展。这些因素在中国法的形成中交互作用，决定了中国古代法律以君主意志为转移，强调礼的指导意义，注重维护宗法伦常及以刑为主的法律体系和行政兼理司法等主要特点。

（三）中国法律起源的特点

其一，中国法律出现的环境非常特殊，其起源具有礼法结合之特点。夏朝法律的形成不仅仅依靠父权制时代的习惯，也吸收了原始社会的"礼"之传统，这便是中国奴隶制最初的礼法结合。奴隶主阶级的道德规范与法律规范做到了结合使用，同其他国家相比，这是中国法律起源特有的。这一特点不仅仅是由中国古代社会经济的原因决定，也有政治、民族习惯等因素。

其二，中国法律的起源具有早熟性的特点，并带有氏族社会色彩。夏王朝进入文明社会时期较早，其法律起源的早熟性带来了一些不安的因素，却也为人类文明做出了贡献。

其三，中国法律的起源具有维护专制王权、贵族宗法统治的特点。夏奴隶制国家采取重农抑商的政策，于是促成以农业为基础的自给自足自然经济的形成和发展，而商品经济的发展相对落后，工商业奴隶主阶级和相对独立的市民阶层并没有产生。所以如雅典那样的奴隶民主制是不可能实行的，这一点也是古代中国法律日益君主专制化的因素。

其四，中国法的起源的突出特点是"刑起于兵"。所谓"大刑用甲兵"，即认为最重的刑罚是军事讨伐。在战争中需要有严格的军纪，因为这个时期的战争已不再是氏族全体成员的自愿行动，所以军纪即是军法，它是中国法最早的一个主要形式。中国古代的司法官吏称"士""士师""司寇""廷尉"等，这些原本都是军职，说明中国法的起源与军事活动确有密切的联系。

在漫长的法的起源过程中，犯罪、刑罚及罪刑适用制度相继应运而生。野蛮是中国早期刑罚的一大特征，摧残身体的肉刑为早期刑罚的主要内容。据说黄帝以来的五种刑罚手段曾以"大刑用甲兵，其次用斧钺，中刑用刀锯，其次用钻笮，薄刑用鞭扑"（《国语·鲁语上》）为内容，进入尧舜时代，皋陶得以被任命为司法官，创制了当时的五刑，发明最初的监狱，并且开始创立了象刑、流刑、赎刑等刑罚种类，以及制定故意惯犯从重、过失从轻等刑罚适用制度。这一类犯罪与刑罚的记载，并不是只有文字记述，而是已经得到了考古材料的证实，譬如在龙山文化遗址中，大量非正常死亡现象被考古工作者发现，其中的不少尸骨有用过刑的痕迹，他们当中有的系活埋致死，有的在头骨位置有被砍砸的印迹，有的上下肢分裂系经腰斩所致，有的双脚遭刖刑而被砍断。这些实物材料意义重大，证实了文献记载的可信性。

其五，中国法律在形成时便有刑事法规发达而民事法规相对落后的特点。自然经济较之商品经济更为发达是形成这一特点的原因之一，另外，礼的重要性也影响了民事法规的发展。在民事法律生活当中，礼起到了主要调整作用，相比之下民事规范的作用便没有得到足够的发展。与之形成鲜明对比的却是刑法在维护专制王权和奴隶制方面起到了较大作用。夏王以及他所代表的宗族奴隶主阶级，非常重视习惯法里面的刑事法规内容，并陆续进行了一些颁布更新活动，以稳固政权，因此，刑法在夏朝法律中地位非常重要。

四、中国法制发展概述

中国是拥有五千年历史的文明古国，中国法制文明的历史也有四千余年。中国法制发展的历史大致可以划分为奴隶制法制时期、封建制法制时期和半封建半殖民地法制时期三个阶段。

（一）奴隶制法制时期

中国奴隶制时代的法律制度，一般是指夏、商、西周及春秋时期的法制。奴隶制时期法制的主要特点是：虽然已经出现了制定法，但法律以习惯法为基本形态；法律不公开、不成文，深受神权法观念的影响。

夏商时期是奴隶制法制的萌芽和发展时期。在夏朝，古代法律的主要形式——礼和刑已经出现，习惯法是其法制的基本形态。商朝法制发展较大，刑事法律规范和奴隶制"五刑"制度已经形成，其诉讼体系也已经初具规模。

西周时期是奴隶制法制的鼎盛时期。在这一时期，中国传统的统治方式、治国策略以及一些基本的政治制度已经初步形成，传统文化的哲学思想和道德观念也初现端倪。在法律上，西周形成了"以德配天""明德慎罚"的法制指导思想，定罪量刑时区分故意和过失、罪疑从轻、矜老恤幼等刑事法律原则，以及"刑罚世轻世重"的刑事政策，都是当时世界范围内较高水平的法律制度，对中国后世的法制也产生了重大的影响。

春秋时期是礼崩乐坏、法制变革的时期。这一时期奴隶制宗法制度面临着政治、经济、思想文化等各方面的挑战。以郑国子产"铸刑书"、晋国"铸刑鼎"为代表的公布成文法运动，标志着早期习惯法向成文法的转变。

（二）封建制法制时期

中国封建法制时期，一般指战国以后至鸦片战争以前中国各主要封建王朝的法律制度，这一时期是中国传统法律制度和法律文化形成、发展和成熟的重要时期。这一时期又可以划分为以下几个发展阶段：

1. 形成时期（战国、秦、汉）

战国时期是习惯法向成文法转变的重要阶段，在这个大动荡的时期，各诸侯国纷纷在法家的主持下进行变法，颁布了成文法律，封建制成文法在各诸侯国逐渐建立了起来。其中，战国初年魏国李悝在变法中制定的《法经》，是这一时期法制变革运动的代表性成果。

秦汉时期是中国古代成文法法律体系全面形成的时期。秦始皇于公元前221年统一中国，建立了中国历史上第一个中央集权的封建王朝。在法律上，秦朝奉行法家的"重刑"和"法治"等主张，并贯彻于秦朝的法律制度之中，使法家理论得到完整的实现。从现已出土的秦简中可以看出，秦朝法律制度非常严密，处刑也比较重，受法治观念影响较深。汉朝的法制呈现出阶段性特点。在汉武帝"罢黜百家，独尊儒术"以前，汉朝法律主要是继承秦制，但以黄老思想为法律指导思想。汉武帝"罢黜百家，独尊儒术"以后，法律指导思想变为董仲舒改造后的儒家正统法律思想，从此，汉律开始了全面儒家化的进程。

2. 发展时期（三国、两晋、南北朝）

这一时期虽然是大分裂、大动荡的时期，但在儒家正统法律思想影响下的中国传统法制却得到了迅速发展。这一时期立法频繁，封建礼教被确认为立法和司法的基本原则，立法技术和法律伦理都获得长足发展。法律制度的儒家化也得到加强，诸如"官当""八议""准五服以制罪""重罪十条"等典型的引礼入法的制度也在这一时期出现并发展。

3. 成熟时期（隋、唐）

隋唐时期是中国古代社会的鼎盛时期，也是中国封建法制的成熟和鼎盛阶段。以《唐律疏议》为代表的优秀法典的问世，代表了法律儒家化以来的最高成就。在这一时期，实现了中国儒家正统法律思想和法律的融合，"礼法结合"基本完成，实现了"法律道德化，道德法律化"。同时，中国古代的司法体制和诉讼体制也在这一时期发展到了非常高的水平。《唐律疏议》也成为中国古代法制以及中华法系的代表作，在中国法制史和世界法制史上都具有极其重要的地位。

4. 强化时期（宋、元、明、清）

这一时期是中国古代法制走向专制强化的时期，其总的特点是大一统的中央集权制得到不断加强。在立法上，基本法典以外的其他法律形式的地位和作用上升，如宋的编敕、元的条格和断例、明的条例等，都具有很高的法律效力。在法律内容上，对危害国家统治和皇权的犯罪的惩罚加重；刑制也更加残酷，出现了刺配、凌迟、充军等酷刑；为适应商品经济的发展，民事及经济方面的立法加强，有关买卖、租赁、借贷、继承、典权及禁榷、赋税等方面的法律日趋完善。在司法上，会审制度得到了较大的发展。此外，元和清的法制，还带有民族特权法的色彩。

（三）半封建半殖民地法制时期

1840 年鸦片战争以后，中国传统的自然经济基础被西方列强的侵略所破坏，导致了社会经济结构的变化，中国社会也开始了艰难的转变。表现在法律上则是沿袭千年的中国传统法制、法律观念开始瓦解，而中国法律近代化的进程开始起步。

1. 清末变法改制

1840 年以后，特别是清末政府灭亡前的最后 10 年，清末政府被迫进行了内容广泛的法律改革，引进了大量的西方近代法律制度和理论，由此开启了中国法制的近代化之路。

2. 南京临时政府时期的资产阶级法制

1911 年辛亥革命后成立的中华民国南京临时政府，是中国历史上唯一的资产阶级政权。在以孙中山为核心的革命党人领导下，南京临时政府在短短三个月内，进行了一系列的立法创制活动，初步奠定了民国时期法制的基础。

3. 中华民国北京政府时期的法制

1912 年 3 月，袁世凯建立的中华民国北京政府是军阀政权，通常也称为"北洋政府"。为应付各种需要，中华民国北京政府也进行了一些表面上的立法活动，为南京国民政府法制建设提供了一定的条件。

4. 南京国民政府时期的法制

从 1927 年到 1949 年，国民党统治下的南京国民政府进行了广泛的立法，形成了"六法体系"。

5. 革命根据地时期的法制创设

1921 年以后中国共产党在各革命根据地创建了一系列的法律制度。新民主主义革命时期各根据地人民民主政权适应不同时期革命形势和任务的变化，创造性地进行了一系列立法建制活动，至今仍具有重要的参考价值和借鉴意义。

五、学习中国法制史的方法

学习中国法制史要将历史与辩证的研究方法相结合，将历史上的法制纳入当时的具体历史条件下考察，实事求是地说明和论证中国法制史的基本问题和主要内容。学习中国法制史必须从历史发展的整体上去把握法制的沿革及内在联系，不能就法论法，要了解法制对社会发展的作用与反作用，更要了解社会经济基础对法制兴废沿革的决定作用，否则将无法掌握法制发展的一般规律。

【课后经典试题】

1. 中国古代"刑起于兵"，"内行刀锯，外用甲兵"之语出自（　　　　）。

A.《商君书·画策》　　　　　　B.《周礼·秋官》

C.《尚书·吕刑》　　　　　　　D.《左传·昭公六年》

2. 夏朝法律的内容主要来源于（　　　　）。

A. 原始社会的礼　　　　　　　B. 原始社会的战争命令

C. 原始社会的习惯法　　　　　D. 原始社会的长老决议

3. 中国古代法律形成的特征是：刑始于（　　　　）。

A. 兵　　　　　　　　　　　　B. 祀

C. 礼　　　　　　　　　　　　D. 情

第二章　夏商时期的法律制度

(约公元前 21 世纪—公元前 11 世纪)

【学习目标】

夏商时期是中国古代法律制度的初步形成和早期发展阶段。夏商时期社会结构和法律一脉相承，且不断发展和完善。学习本章需要理解夏商时期的立法概况、主要法令及其内容，掌握其刑事、民事相关法律内容及司法样态。

【开篇案例】

《吕氏春秋》中记载了一个案例：商纣在当上太子之前，纣的母亲有三个儿子。分别是大儿子微子启，二儿子仲衍，小儿子受德（即纣），纣的母亲在生前两个儿子的时候，还是妾，等到生纣的时候，已经是王的妻子了。后来纣的父母想立大儿子为太子，太史据理力争道：有妻子的孩子就不能立妾的孩子为太子，最后只好立纣为太子。

本案涉及商代的婚姻和继承制度。商代占统治地位的婚姻形态是一夫一妻制。从史书的记载来看，商代的王中绝大多数为一夫一妻，但无论王还是贵族，在正妻以外还有大量的妾，就是庶妻，但女子却只能有一个丈夫。在王位继承上，康丁之前，大致是兄终弟及与父死子继等继承方式交替进行。康丁、武丁、文丁、帝丁、帝乙，皆为父死子继。帝辛之时，嫡长子继承制获得公认。

第一节　夏朝的法律制度

在古代中国，大约在公元前 21 世纪，原有部落联盟首领"禅让制"被破坏，夏禹将首领位置传给了自己的儿子启，"公天下"变为"家天下"，夏朝建立，从此，我国开始进入国家阶段。夏是中国历史上的第一个国家，历时四百余年，约公元前 16 世纪时被商推翻。夏朝的法律源于原始社会时期的习惯法，夏的统治者对其进行了适当的改造。夏奉行"受命于天"的神权法思想，其法律和司法都具有神权法色彩。

一、"天命""天罚"的神权法思想

夏朝是中国古代法制的初步形成期，"天讨""天命""天罚"等天命神权的神权法思想是其政治法律思想的核心。夏朝统治者利用宗教鬼神进行统治，宣称其国家政权和权力来自上天的授予，将法律说成是神的意志的体现，而利用法律惩罚则是"恭行天罚"。《尚书·召诰》说："有夏服天命"。《礼记·表记》说："夏道尊命，事鬼敬神而远之"。夏启在讨伐有扈氏时，所列举的有扈氏的最大罪状便是"威侮五行"，五行在此泛指天道。《尚书·甘誓》是夏启讨伐有扈氏时的誓词，也有"用命，赏于祖；弗用命，戮于社，予则孥戮汝"的内容，以示夏王是在替天行罚。

二、夏朝法律主要内容

（一）《禹刑》

《左传·昭公六年》载："夏有乱政，而作禹刑。"《禹刑》是以夏的先祖禹的名字命名的法律，是夏朝法律的总称。其内容已不可考，一般认为，可能是夏启及其后继者根据氏族晚期习俗陆续改造、积累的习惯法，包括死刑和肉刑制度。

（二）夏朝的主要罪名

1. 不孝罪

《孝经·五刑》说："五刑之属三千，而罪莫大于不孝"。《晋书·刑法志》说："夏后氏之王天下也，则五刑之属三千。"可见，不孝罪是夏朝时期就有的一种罪名，而且是最重的罪，罪大恶极，刑兹无赦。夏后氏政权以家族和宗族制度为基础，以亲属血缘关系为纽带，忠孝自然是其伦理的核心，也是基本的社会规范，不孝罪也就自然成为法律的严厉打击对象。

2. 昏、墨、贼

《左传》引《夏书》曰："昏、墨、贼，杀，皋陶之刑也。"春秋时期晋国叔向对此解释曰："己恶而掠美为昏，贪以败官为墨，杀人不忌为贼"。昏，意为自己有恶行却去盗取别人的美名；墨，意为贪婪且败坏官纪；贼，意为杀人毫无顾忌。凡犯有此三种罪的，都要依法处以死刑。

3. 威侮五行

"威侮五行"是夏启征讨有扈氏的时候宣布的罪状。"威侮五行"的意思是说，自然中有金、木、水、火、土五行，它们有着自己的运行规律，人们只能顺其自然并且加以利用，如果背离五行规律的话，就是极大的罪过。有扈氏没有按照五行的规律办事，就是违背天道之罪，必受"天罚"。

4. 弗用命

"弗用命"亦称"不用命"，是《尚书·甘誓》中记载的夏朝一条最早的军法，指的是违抗王命的犯罪。对于"弗用命"者，处"孥戮"之刑，即本人要杀死且戮尸，其妻和子也要受到变为奴隶的连带惩罚。可见，比一般的犯罪要重得多。

（三）夏朝的刑罚

夏朝的刑罚可能有五种，即墨、劓、刖（剕、膑）、宫和大辟。墨刑为在犯罪人面部或额部刺字并涂墨；劓刑为割去犯罪人的鼻子；刖（剕、膑）刑为砍去犯罪人的腿，或挖去膝盖骨；宫刑为毁坏犯罪人的生殖器官；大辟即杀死罪犯。后世将其称为"夏朝五刑"或"奴隶制五刑"。

（四）夏朝的司法制度

夏朝的司法体制与司法职能尚未从行政及军事体制中分离出来，且具有明显的神判法色彩。夏王是全国最高的统治者，也是最大的司法官，享有最高的立法权和司法审判权。夏朝初期是由军法官兼理一般民间诉讼，到后来才设立专管诉讼的司法官。夏朝的中央最高司法官称为"大理"。

据说皋陶时期就有了监狱，比如《急就篇》中说"皋陶造狱法律存"。据《竹书纪年》载："夏帝芬三十六年作圜土。"圜土是夏朝一般监狱的统称。另外,《史记·夏本纪》载,夏桀曾在夏台（或均台）关押过商汤,因此,夏台是夏朝的中央监狱,是一种特别监狱。

第二节　商朝的法律制度

商原是生活在黄河中下游的一个部族,夏朝时臣服于夏,成为夏的一个属国。大约在公元前 16 世纪,商汤灭夏,建立商朝,定都于亳（今河南商丘）,后迁都于殷（今河南安阳）。因此,商又称"殷商"或"殷"。在公元前 11 世纪时,殷商为西周所灭。商朝的王权与神权都很发达,也是中国历史上第一个有可靠文字可考的王朝,因为有了甲骨文的记载,其研究资料也比夏要丰富。

一、神权法思想

商朝时期神权法思想发展到了顶峰。商代统治者特别迷信鬼神,《礼记·表记》记载:"殷人尊神,率民以示神。"凡国家大事,都要通过占卜,向天或上帝请示。到后来,为了假托神意,商王几乎无事不卜,立法和司法都不例外。于是,法律就变成了神的意志的体现,而司法则是代天行罚。其主要表现为是:

（一）"听命于神"

商朝统治者继承和发展了夏朝的神权政治,所谓"殷人尊神,率民以事神"[1]。每当有大事,必须先行占卜,求得神的意向,以此指导国家政治和国王行动。这种"听命于神"的原则,是夏商法制的指导思想和基本特点。作为神权与王权中介的"巫"或"史",本身就是商朝统治者。这实质上是用神权来加强法的威慑力,以神权来强化王权。

（二）"代天行罚"

商统治者宣称"法自天出",亦称"礼自天出",礼与刑是天或上帝的意志,具有普遍实施的最高权威,人们必须无条件地遵行。因此,违反了礼法,就是违反天或上帝的意志,必然引起天或上帝的愤怒而加以惩罚,称之谓"天罚"。统治者执行刑罚,则是在"代天行罚"。

---

〔1〕《礼记·表记》。

（三）"王权神授"

商朝的统治者把他们掌握的国家政权和统治权力宣称为"受命于天"，无论是同族还是异族反对他们的统治权，均被视为违背"天命"，必遭"天罚"。商王宣称"上帝立商"[1]，将祖先与上帝基本上合而为一。商朝后期君主甚至直接称"帝"，如帝乙、帝辛。这种直接神化君主的理论，具有深刻的政治内涵：获罪于王，必然获罪于天。这种理论对于中国古代专制统治的形成和发展产生了重大影响。

二、商朝法律制度的主要内容

（一）《汤刑》

《左传·昭公六年》载："商有乱政，而作汤刑"。汤刑的内容也已经失传，后世一般认为，其为商朝法律的总称，据说已经有了比较系统的刑名制度。商族的一些传统习惯也为政权所认可，逐渐具备了法律的效力，因此《汤刑》也叫"殷彝"，其意为常法。

除汤刑外，以誓、命、诰等形式颁布的王命，在商朝具有至高无上的法律效力。

为了一举消灭夏桀，临战之前，商汤召开了隆重的誓师大会，发表了讨伐夏桀的檄文，这就是历史上著名的"汤誓"。

（二）罪名

据《左传·昭公六年》记载，叔向曾说过"先王议事以制，不为刑辟"，说明在夏、商、西周时的定罪量刑用的是"议罪"制度，刑罚的种类是确定的，但什么样的行为适用什么刑罚则是需要"议"定的。商的"罪名"归纳起来主要有以下几种：

1. 不吉不迪、颠越不恭、暂遇奸宄

这是盘庚迁殷之前所宣布的三种罪名。它们的意思是，如果行为不善，不按盘庚所说的正道行事；如果狂妄放肆，违法乱纪，不服从王的命令；诈伪、奸邪、犯法作乱的，就应处以死刑，并灭绝其全家。

---

[1]　如《诗·商颂·玄鸟》曰："天命玄鸟，降而生商。"

2. "乱政" 与 "疑众"

这是在《礼记·王制》中记载的商朝的两类罪名。"析言破律，乱名改作，执左道以乱政，杀；作淫声异服，奇技奇器以疑众，杀；行伪而坚，言伪而辩，学非而博，顺非而泽以疑众，杀；假于鬼神、时日、卜筮以疑众，杀"。这段记载的大意是，破坏法律，使用邪术以扰乱政治，用奇异的事物，狡黠诡诈的言行以及装神弄鬼等手段来蛊惑民心，这些行为即构成 "乱政" 罪或 "疑众" 罪，一律处以死刑。

3. 舍弃穑事

这是商汤讨伐夏桀时宣布的夏桀的罪状，意为不务正业，荒废农事。这是在生产力尚不发达的社会产生的特色罪名。

4. "弃灰之法"

《韩非子·内储说上》说："殷之法，弃灰于公道者断其手。"其意为，扬撒垃圾于街的，要处断手之罪。但沈家本《历代刑法考·律令一》认为："此法太重，恐失其实。"

（三）刑名制度

《荀子·正名》中说 "刑名从商"，可见，商朝的刑罚手段已经初具规模，对后代的影响较为深远。商代的刑罚名称已为文献记载及出土的甲骨文所证实。商朝延续了夏朝的墨、劓、剕、宫、大辟五种刑罚。这在甲骨文中均有明确记载，已成为国家的法定常刑。主要分为死刑和肉刑。

1. 死刑

死刑的执行方式有很多，见之于史书的主要有：

（1）炮烙。根据《史记》等文献记载，炮烙之刑为商纣王所创，内容是在铜柱上涂上油，其下加火，另罪犯行走其上，坠炭中烧死。可见这是一种非常残酷的刑罚。

（2）醢。即将人杀死，并捣成肉酱。《史记》中记载了纣王 "醢九侯" 的事。屈原在《离骚》中说："后辛之菹醢兮，殷宗用而不长。"

（3）脯。即将罪犯杀死，并晒成肉干。《史记》中记载了纣王 "脯鄂侯" 的事。

（4）劓殄。是灭绝罪犯本人及其后代的重刑，即后世的族诛。《尚书·盘庚》记载，商王盘庚在决定迁都于殷时明确宣布，对敢于反对迁都的要给以

严厉的制裁。"乃有不吉不迪，颠越不恭，暂遇奸尻，我乃劓殄灭之，无遗育……"〔1〕

甲骨卜辞中所见的死刑名称，主要有砍头、以斧钺斩首、剖腹刳肠、将人烧死等。

2. 肉刑

商朝的肉刑主要有墨、劓、刖、宫等，是对犯罪者施以割裂肌肤、残害肢体的刑罚。

（1）墨刑。也称为"黥刑"，是在犯罪者的面部或额上刺刻之后，再涂以墨。甲骨文中的"竟"字即为"黥"的会意字。

（2）劓刑。即割掉罪犯的鼻子。甲骨文中的"自"字即为鼻子的象形。而"劓"则为割掉鼻子的含义。

（3）刖刑。又称"刖刑"，即斩断犯罪者的足，使其残废。《汉书·刑法志》记载"中刑用刀锯"。韦昭解释"锯，刖刑也"。甲骨文中有一字，其形为用刀截断人的一足，此字应为刖字的古体，这证明了刖刑在商确实存在。

（4）宫刑。即毁坏男、女罪犯生殖器官的一种刑罚。甲骨文中也有一字，一边为男性生殖器的象形，一边为刀，"即"应为宫刑的古字。可见，宫刑在商的确存在。

3. 其他

其他的资料中也记载了一些其他的刑名，如断手、罚丝等。

（1）断手。《韩非子》说："殷之法，弃灰于公道者断其手。"

（2）罚丝。即判罪犯向官府缴纳一定数量的丝。这是一种官刑，《墨子·非乐上》记载："其恒舞于宫，是谓巫风，其刑：君子出丝二卫，小人否。"

（3）赎刑。该刑最早出现于夏朝，是刑罚执行的一种变通方法。周穆王时，曾命令吕侯"训夏赎刑"，就说明夏朝已经有了赎刑制度。

（四）民事、婚姻、继承制度

1. 民事法制

商代实行土地王有制度，私人没有土地所有权。商王将土地分赐给贵族使用，贵族向商王纳贡。贵族可占有使用土地，但不得买卖。奴隶则是私有

---

〔1〕《尚书·盘庚》。

财产，可以买卖。家庭财产属于家长，家庭成员不享有财产所有权。

2. 婚姻制度

商朝的王实行一夫一妻多妾制。为了维持宗族的秩序，商王大都只娶一位正妻，有少数王有二配、三配、四配，但不排除其"先殂后继"的情况，即原配已死而娶继室。不过在一夫一妻制的前提下，商王族可以纳妾，可见一夫一妻制只对女子才有严格的意义。这种一夫一妻多妾制在史籍和甲骨卜辞中皆可得到佐证。

3. 王位继承制度

商朝初期，王位的继承主要是"兄终弟及"，即作为王的兄长死后，其王位由其弟来继承。若无弟，则以子继承，即"父死子继"。所以也可以说商朝初年是"兄终弟及"与"父死子继"并行。而商朝中期之后，"父死子继"逐渐取代"兄终弟及"制。到了商末，出现了嫡长子继承制。

（五）商朝的司法制度

1. 司法审判

商王既是国家元首，最高军事首领，也是最高司法官，享有最高的立法权和司法权。商王不仅可以借帝的旨意发布命令，更可以"代天行罚"，掌握生杀予夺和决定诉讼的大权，一切重大案件都要由商王作出最后的裁决。从甲骨文来看，商人凡事皆要通过占卜向"帝"请示，定罪量刑也是如此。在司法实践中频繁地进行占卜，充分地反映了商代统治者一切司法审判都代表着神的意志，是神权法思想。

商朝中央最高司法官是司寇。司寇以下设"正""史"等审判官。地方则有"畿内"与"畿外"之分，"畿内"为商王直接统治的区域，称"内服"。"畿外"是商王分封给诸侯的封地，称"外服"。畿外诸侯有相当大的独立性，在司法上，商王一般无力干预。

2. 监狱

商朝因袭夏制，监狱仍被称为"圜土"。据《史记》记载："纣囚西伯（即周文王）羑里。""羑里"也称"牖里"，后也成为监狱的名称。关押要犯的监狱称"囹圄"。许慎《说文解字》说："囹圄，所以拘罪人。"不同于夏朝的是，商朝的监狱已经遍及全国，对于逃狱的奴隶，也有了严厉的处罚措施。

【课后经典试题】

一、填空题

1.《左传·昭公六年》载："夏有乱政，而作（　　　　）。"

2. 己恶而掠美为（　　　　），贪以败官为（　　　　），杀人不忌为（　　　　）。

3. 周穆王命司寇吕侯参照夏朝的（　　　　）制度制作《吕刑》。

4.《竹书记年》载："夏帝芬三十六年作（　　　　）"，是夏朝的监狱，（　　　　）、（　　　　）是夏朝监狱的代称。

5.（　　　　）是中国历史上第一个凌驾于全社会之上的世袭专制帝王。

6. "不用命"，是《尚书·（　　　　）》中记载的夏朝一条最早的军法。

7. 夏朝的刑罚可能有五种，即（　　　　）、劓、剕（刖、膑）、（　　　　）和大辟。

8. 夏朝的中央最高司法官称为（　　　　）。

9. 嫡长子继承制度确立于（　　　　）朝代晚期。

10.《史记·夏本纪》载，夏桀曾在（　　　　）关押过商汤，因此，（　　　　）也可以说是夏朝中央监狱的名称。

11. 以（　　　　）、命、（　　　　）等形式颁布的王命，在商朝具有至高无上的法律效力。

12. 商朝初年王位继承是（　　　　）与"父死子继"并行。而商朝中期之后，"父死子继"逐渐取代（　　　　）。

13. 商朝中央最高司法官是（　　　　）。

14. 夏、商的立法指导思想是（　　　　）。

二、单项选择题

1. 夏朝有"昏、墨、贼，杀"的制度。据叔向解释："杀人不忌为（　　　　）"。

A. 昏　　　　　　B. 墨　　　　　　C. 贼　　　　　　D. 杀

2. 在我国，首次制定赎刑是在（　　　　）。

A. 春秋　　　　　B. 夏朝　　　　　C. 商朝　　　　　D. 西周

3.《竹书纪年》记载："夏帝芬三十六年作（　　　　）"。

A. 圜土　　　　B. 夏台　　　　C. 均台　　　　D. 囹圄

4. 相传夏桀时，曾把商汤"囚之（　　　　）"。

A. 圜土　　　　　B. 夏台　　　　　C. 均台　　　　　D. 囹圄

5. 夏朝出现了一种制度，可以用财物折抵刑罚，这种制度叫作（　　　　）。

A. 肉刑　　　　B. 死刑　　　　C. 劳役刑　　　　D. 身份刑

6. 夏启在准备讨伐有扈氏时，发布的战争动员令叫作（　　　　），它也是夏朝的法律。

A.《甘誓》　　B.《汤誓》　　C.《康诰》　　D.《召诰》

7. 夏、商、周三代的法律用来命名的是（　　　　）。

A. 法　　　　B. 律　　　　C. 刑　　　　D. 誓

8.《孝经·五刑》说："五刑之属三千，而罪莫大于（　　　　）。"

A. 弗用命　　B. 死刑　　C. 不孝　　D. 杀人

9.《左传》引《夏书》曰："昏、墨、贼，杀，（　　　　）之刑也。"

A. 周公　　　　B. 皋陶　　　　C. 尧　　　　D. 伊尹

10. 商汤讨伐夏桀时发布的命令是（　　　　）。

A.《甘誓》　　　B.《汤誓》　　　C.《康诰》　　　D.《召诰》

11. 在奴隶制五刑中，破坏犯罪者的生殖器官，进而残害机能的刑罚是（　　　　）刑。

A. 墨　　　　B. 劓　　　　C. 剕　　　　D. 宫

12. 商纣王曾囚周文王于（　　　　）。

A. 圜土　　　　B. 夏台　　　　C. 均台　　　　D. 羑里

13. 史料记载，商朝的九侯触犯了商王，而受到（　　　　）的刑罚。

A. 炮烙　　　　B. 剖心　　　　C. 醢　　　　D. 脯

14. 商朝有一种罪名相当于后世的诈伪、内乱、谋反等罪名，这个罪叫作（　　　　）。

A. 不吉不迪　　B. 颠越不恭　　C. 暂遇奸宄　　D. 乱政

15. 商汤讨伐夏桀时，宣布了夏桀的一条罪名，即（　　　　）。

A. 不吉不迪　　B. 颠越不恭　　C. 暂遇奸宄　　D. 舍弃啬事

三、多项选择题

1. 以下说法正确的有（　　　　）。

A. 夏朝的王位继承实行禅让制

B. 夏朝全国共分为九个地区

C. 夏朝中央有职事官六卿

D. 圜土和夏台都是夏朝监狱的名称

2. 下列属于夏朝监狱的名称的是（　　　　）。

A. 圜土　　　　　B. 夏台　　　　　C. 均台　　　　　D. 羑里

3. 夏朝的法律具有以下特点，即（　　　　）。

A. 夏朝法律体现少数奴隶主贵族的意志，不再代表全体社会成员

B. 夏朝法律非常残酷

C. 夏朝法律维护奴隶主与平民之间的不平等

D. 夏朝法律靠国家强制力保证实施

4. 夏朝法律规范的内容来源于（　　　　）。

A. 原始社会的礼

B. 原始社会的战争命令

C. 原始社会的苗族习惯法

D. 西周时期的礼

5. 据东汉郑玄记述，夏刑除墨外，还有（　　　　）。

A. 大辟　　　　　B. 膑　　　　　C. 宫　　　　　D. 劓

6. 商朝的立法主要有（　　　　）。

A.《汤刑》　　　B.《汤誓》　　　C.《汤诰》　　　D.《康诰》

7. 下列属于商朝死刑的适用方法有（　　　　）。

A. 劓殄　　　　　B. 炮格　　　　　C. 醢　　　　　D. 脯

8. 下列属于商朝出现的罪名的有（　　　　）。

A. 颠越不恭　　　B. 乱政　　　　　C. 暂遇奸宄　　　D. 弃灰之法

9. 商朝的监狱称作（　　　　）。

A. 圜土　　　　　B. 羑里　　　　　C. 囹圄　　　　　D. 均台

10. 商朝的王位继承制度主要有（　　　　）。

A. 兄终弟及　　　　　　　B. 父死子继

C. 嫡长子继承制　　　　　D. 兄终弟及与父死子继并行

四、名词解释题

1. 禹刑　　2. 天命、天罚　　3. 不孝罪　　4. 威侮五行　　5. 夏台

6. 汤刑　　7. 劓殄　　　　8. 刵刑　　9. 醢　　　　10. 羑里

五、简答题

1. 简述夏朝的神权法思想。

2. 简述夏朝的主要罪名。

3. 简述夏朝的刑罚制度。

4. 简述夏朝的司法制度。

5. 简述《甘誓》的发布及其主要内容。

6. 简述商代的神权法思想。

7. 简述商代的法律制度的主要内容。

8. 简述商代的主要罪名。

9. 简述奴隶制五刑制度。

10. 简述商朝王位继承制度的发展变化。

六、论述题

1. 论夏商神权法思想的发展变化。

2. 论夏商法律内容的发展变化。

3. 论夏商司法制度的发展变化。

4. 论奴隶制五刑。

5. 论夏商监的王位继承制。

七、案例分析题

1.《甘誓》，是夏启在讨伐有扈氏时的誓词，其中有一条命令："左不攻于左，汝不恭命；右不攻与右，汝不恭命；御非其马之正，汝不恭命。用命赏于祖；弗用命戮于社，予则孥戮汝。"

问题：（1）该条军法规定了什么法律内容？

　　　（2）"孥戮"是何种罪名？

2.《尚书·盘庚》记载，商王盘庚在决定迁都于殷时明确宣布，对敢于反对迁都的要给以严厉的制裁。他说："乃有不吉不迪，颠越不恭，暂遇奸宄，我乃劓殄灭之，无遗育……"

问题：(1) 该资料规定了哪些罪名？

(2)"劓殄"是何种罪名？

八、材料翻译分析题

请翻译下列文字，并进行简要分析。

1. 汤崩，太子太丁未立而卒，于是乃立太丁之弟外丙，是为帝外丙。帝外丙即位三年，崩，立外丙之弟中壬，是为帝中壬。……帝乙长子曰微子启，启母贱，不得嗣。少子辛，辛母正后，辛为嗣。帝乙崩，子辛立，是为帝辛，天下谓之纣。

——《史记·殷本纪》

2. 九侯有好女，入之纣。九侯女不喜淫，纣怒，杀之，而醢九侯。鄂侯争之强，辩之疾，并脯鄂侯。

——《史记·殷本纪》

第三章　西周时期的法律制度

（公元前 11 世纪—公元前 771 年）

【学习目标】

西周是我国古代早期的奴隶制法制的鼎盛时期。学习本章，要求重点掌握西周时期"明德慎罚"的法律思想，法律的主要形式，礼的性质、作用及内容，掌握西周刑事法律的主要原则，以及民事契约制度、婚姻制度、司法制度。

【开篇案例】

格伯俛生交易案，该案载于西周中期的格伯簋铭文中。铭文如下："唯正月初吉癸巳，王在成周。格伯爰良马乘于俛生，厥价卅田，则析。格伯还，殴妊及允氏从。格伯安及甸。殷氏绍甽谷杜木速、遇谷桑、涉东门。厥书史戬武立盘成，铸宝簋，用典格伯田。其万年子子孙孙永保用。"这是一桩以马易田案，大意为：正月初吉癸巳日，周王在成周。格伯付良马四匹于俛生，俛生给价三十田，写下契券从中分开，两人各执一半。格伯返回后查看了地界，派书史武到场与俛生立誓，铸造此簋将格伯的田登录下来。

本案中，出现了以良马动产来交换土地这样不动产，同时订立契约，涉及了当时的动产和不动产的转移制度，以及契约之债等相关制度。

第一节　西周时期的立法概况

西周是奴隶制宗法制度的完善时期。周族也是一个古老的部族，居住于我国西北部地区，后经过长期的发展迅速强盛起来。公元前 11 世纪时，周部族联合西部各族势力，在周文王和周武王的领导下起兵反商，决战于朝歌，但商的军队却临阵倒戈，商灭亡。周武王建立周代，定都镐京，史称"西周"。西周政权吸取了夏商两代先后亡国的历史教训，在"以德配天"思想的支配下，确立了"明德慎罚"的法律思想，形成了礼法并用的法律体系。这一时期奴隶制宗法制度走向完善，并对后世两千多年的法制发展产生了深远的影响，是后世封建传统法律制度的根源。

一、立法思想

推翻商朝暴政统治的西周，为了证明自己统治的合法性，继承了自夏商以来的神权政治观，将商亡周兴阐述为"天讨""天罚"。然而西周的统治者又不得不面对另一方面的问题：在王权神授的理论下，拥有王权的夏商统治者为何会灭亡？新的统治者在拥有天命之后又该如何实现长治久安？为了回答上述问题，西周统治者修正了已有的神权理论，提出了"以德配天""明德慎罚""刑罚世轻世重"等一系列新的法律指导思想并以此确定了周王朝的统治策略。

（一）"以德配天"

周王朝的统治者认为，有"德"者受上天的眷顾，获"天命"而得以统治天下。但是，如果统治者"失德"，就会失去上天的庇护，于是新的有德者便可取而代之，顺应天意推翻失德者。概括起来说就是要求"以德配天"，其"德"主要由三部分组成，即"敬天""敬宗""保民"。此种天命观突出了"民"的重要性，认为民心是天命的反映，所以民心向背决定着王朝的盛衰、兴亡，而统治者能否行"德政"又关系到民心的向背。

（二）"明德慎罚"

周初统治者从夏商王朝兴亡的史实中，悟出天命转移的一条规律：天命总是归属于有德者，夏桀、商纣正是因为失德，才导致灭亡。所以周初的统治者要求居上者自身崇德，同时注意"德之用"，将德落实到国家活动的各个方面，运用于法制便是"明德慎罚"。

"明德"的具体内容：一是要求统治者有德行修养；二是要求统治者施"德政"，即实行安民政策，反对暴政残民；三是要求统治者行"德教"，要使人们具有高尚的德性，统治者必须进行礼义道德教化，才能使人们遵守礼的规范。

"慎罚"就是谨慎执行刑罚，即施用刑罚不轻不重、不偏不倚。西周统治者甚至认为"不中不刑"，即决断不适当就不能施刑。他们认为滥刑必积怨于民，激起民众的反抗，危及政权，同时认为刑罚并非仅为惩人之罪，而是为了劝民从善。

（三）"敬天保民"

由于商的失德，牧野一战商朝军队临阵倒戈，强大的商王朝顷刻之间土崩瓦解。这一历史事实使周朝的统治者在一定程度上认识到民心不可违背，民力不可抗拒。他们切实感到"天命靡常""惟命不于常"。那么，如何保住天命呢？西周初年的统治者提出"敬天保民"的思想。他们认为，要"敬天"必须"保民""安民"。"敬天"是目的，"保民"是手段，只有"保民"，才可能"受天永命"。

（四）"亲亲""尊尊"

为了维护统治阶级内部的关系和国家的稳定，周初的统治者十分重视推行"亲亲""尊尊"，即亲其亲者，尊其尊者的原则。

"亲亲"，是处理家族亲属血缘关系的准则，要求父慈、子孝、兄友、弟恭，这样才不会出现犯上作乱的情况。周公认为不孝不友是罪大恶极，必须依据文王所制定的刑罚"刑兹无赦"，以维护尊卑长幼的血缘关系。"尊尊"，是处理君臣上下、尊卑贵贱的政治关系的准则，要求下级贵族必须忠于上级贵族，奴隶和平民必须服从奴隶主的统治。

"亲亲"原则与"尊尊"原则相比，"尊尊"原则的政治关系是第一位的，即"不以亲亲害尊尊"，必须服从政治上的尊卑贵贱。"亲亲""尊尊"的原则强调：至亲莫如父，至尊莫如君，子对父必须尽孝，臣对君必须尽忠。孝，旨在维护父的权威；忠，旨在维护君的权威，而孝于亲的最终目的，则是为了忠于君。统治者企图使各级奴隶主贵族都尊奉上级，全体贵族尊奉周王，使之亲如一家，以巩固国家政权。

西周时期形成的法制观历史影响是极其深远的，它不仅对西周各种具体法律制度及其宏观法制特色的形成与发展起了决定性的作用，而且深深扎根于中国传统政治和法律理论中，被后世奉为政治法律制度思想的原则与标本。西汉中期以后，儒家借鉴"以德配天""明德慎罚"的理论，发展出"德主刑辅，礼刑并用"的基本策略，并为后世中国"礼法结合"的封建法制理论奠定了基础。

二、立法活动

西周的法律体系是"礼刑并用"的，而这种法律体系是通过"制礼作乐"和编订刑书等立法活动确立的。

(一) 宗法制度

西周建立之初，周王采取"封建亲戚，以藩屏周"[1]的国策实行统治。鉴于商朝属国反戈及历史上因王位继承问题带来的动荡，为了加强王室对诸侯国及其下属封邑的控制，解决权位继承问题，周初统治者系统地确立了宗法制度。宗法制度就是一种以血缘关系为纽带，结合家族组织与国家制度，以保证血缘贵族世袭统治的政治形式。

"宗法"源于氏族社会末期父系家长制的传统习惯，它是以血缘为纽带调整家族内部关系，维护家长、族长的统治地位和世袭特权的行为规范。宗法制度是从氏族社会父系家长制发展起来的，经夏商两代至西周时期已经相对完备。

西周的统治者确立了一整套系统而完善的宗法制度。周王自称天子，王位由嫡长子继承，为天下的大宗，奉祀周族的始祖，是同姓贵族的最高族长，又是天下政治上的共主。周王的诸子和兄弟大多分封为诸侯，诸侯在其封国内称为"国君"，君位也由嫡长子继承，国君对天子是小宗，在本国则是大宗。诸侯的诸子和兄弟大多被分封为卿或大夫，其职位也由嫡长子继承，对诸侯是小宗，在其本家则是大宗。卿大夫以下是士，其大宗小宗的关系，依此类推。在宗法制中，世袭的嫡长子称"宗子"，地位最尊。通过层层分封，大宗率小宗，小宗率群弟。大宗小宗的宗法关系，同时又是政治隶属关系。对于异姓有功的贵族，分封为诸侯，通过联姻，也纳入宗法体系。于是，在全体贵族内部，形成以周天子为核心，以血缘关系为纽带的等级森严的政治体制。

西周的宗法制有三个基本原则：

---

[1] 《左传》。

其一，嫡长子继承制。从周天子到卿大夫、士，都实行嫡长子继承制，也就是正妻所生之长子继承宗族身份、权力和利益。嫡长子为"大宗"，其他庶子为"小宗"。

其二，小宗服从大宗，诸弟服从长兄。周天子相对于其他一切封国领地来说是大宗，其他诸侯相对而言皆为小宗。同样，在诸侯国中，诸侯为大宗，其他卿大夫皆为小宗。在各个相对关系中，小宗对大宗应服从，有义务纳贡、帮助出兵征伐；大宗有义务保护小宗，调解小宗之间的纠纷。在这种不对等的等级制度中，西周实现了对整个国家的统治。

其三，家族统治与政治统治相结合。国家政权由各级诸侯、卿大夫、士构成，他们是一种家族组织，共同向周天子负责。这种宗法统治的特征在于家族统治与政治统治相结合，周王即周天子，既是国王又是家族中的家长。在这种双重统治的合并之下，官吏与各级行政机构选择采用"任人唯亲"的原则，完全依照血缘关系的亲疏远近来任用官员。因此，保证了夺得政权的家族对全社会实行家长制的专制统治，这也是宗法制度的实质所在。

（二）周公制礼

西周初年，成王姬诵年幼即位，由周公姬旦摄政。为了监视和防范以殷纣王之子武庚为首的殷商遗民的叛乱活动，将管叔、蔡叔、霍叔分封于原殷都的周围，形成所谓"三监"之势，但他们不满周公位高权重，勾结武庚及东夷部族发动叛乱。他出师东征平定内乱后，他认识到，没有一套规范人们言行的典章礼仪制度和宗法等级秩序，统治难以长治久安。周公为了稳定宗法等级秩序，主持进行了大规模的立法活动，通过"制礼作乐"，建立一套系统详备的礼仪典章制度，后人称为"周公制礼"。所谓"制礼作乐"，就是指制定周礼，建立起西周社会的典章制度和礼仪道德规范。

周礼虽然是通过周公制礼的立法活动完成的，但其形成却有一个逐步发展完善的过程。孔子在《论语·为政》中说："殷因于夏礼，所损益，可知也；周因于殷礼，所损益，可知也。"可见，夏商两代的礼是周礼的重要渊源。在周礼中，有一部分是商代法律规定中，有利于周朝统治的那些内容，称为"殷彝"。西周的礼，包括了宗法，分封制，国家活动的准则以及人们的行为规范和婚、丧、冠、祭等仪节。也就是说，大至国家的政治、经济、军事活动准则，小至人们的婚丧嫁娶等行为仪节，周礼中作了具体的规定。

周礼具有法的性质，它既是国家的根本大法，又是国家机关的组织法和行政法，而且涉及刑事、民事、经济等方面的立法以及司法的基本原则。周礼又不仅仅局限于法，它还包括伦理道德、风俗习惯，成为评价国家施政的成败得失，人们言行的是非功过等问题的思想原则。而这些思想原则的核心则是"亲亲""尊尊"之义。"亲亲""尊尊"反映了周礼的精神实质，奠定了西周宗法等级制度的基础。

（三）修订刑书

西周的刑事立法主要是制定了《九刑》和《吕刑》。西周初年，为了迅速稳定社会秩序，周公以《汤刑》为基础，制定了《九刑》。西周中叶，为了缓和社会矛盾，周穆王命司寇吕侯主持制定《吕刑》。因为吕侯后被封为甫侯，所以《吕刑》又称《甫刑》。

第二节　西周的礼与刑

一、周礼的分类和实质

（一）周礼的分类

依据不同的标准可以将周礼分成不同的类型。以内容与形式的关系为标准，可分为"本"和"文"两个方面。《礼记·礼器》中说："先王之立礼也，有本有文。""本"主要指精神原则，"文"则指礼节仪式。比如在婚礼中，"同姓不婚"原则为本，而"六礼"程序则为文。

以数量的多少为标准，可以将周礼分为"五礼""六礼""就礼"等。五礼的分法对后世影响很大，汉代以后各朝制定的礼典，都以此为蓝本。五礼包括吉、凶、军、宾、嘉五个方面。吉礼是关于祭祀、敬事鬼神的礼仪制度；凶礼是关于丧亡殡葬的礼仪制度；军礼是关于行军动众的礼仪制度；宾礼是关于朝聘盟会的礼仪制度；嘉礼是关于婚冠饮宴的礼仪制度。

此外，礼和乐是密不可分的，不论哪种礼，在其行使的仪式上都要演奏相应的乐章，因此，礼法制度又可以称为"礼乐制度"。

（二）周礼的实质和作用

西周的礼法制度是以"差序"为基础的。差序，就是强调人与人之间不平等的等级秩序。礼的实质就是"别"。荀子说："贵贱有等，长幼有差，贫富轻重皆有称者也。"[1]《礼记》又说："礼者为异"，"异"即等级，也就是说礼调整人际关系是不平等的。实现这些等级差别的方法有：一是"亲亲"，亲亲父为大；二是"尊尊"，尊尊君为首。

周礼的实质，反映了西周社会秩序是一种等差秩序，贵族与平民之间有着严格的名分、上下尊卑，绝不允许任何人破坏和违背。如果违背，将受到刑的制裁，即所谓"出于礼则入于刑"。礼发挥着"经国家、定社稷、序民人、利后嗣"[2]的重大作用，"安上治民，莫善于礼。"[3]

二、西周的刑

（一）《九刑》

西周初年，为了迅速稳定社会秩序，周公以《汤刑》为基础，制定了《九刑》，确立了周王朝的刑事法律制度，即所谓"周有乱政，而作九刑"。关于《九刑》的内容，目前有两种观点：一说是指九种刑罚，即奴隶制五刑加上流、赎、鞭、扑；一说是周初的刑书九篇。《九刑》据说在春秋时期就已经失传，其内容已经无法考证，但从《左传》等的记载来看，其在周初对社会秩序的稳定起了很大的作用。

（二）《吕刑》

西周中叶，社会危机浮现，"王道衰微"，"诸侯有不睦者"。为了缓和社会矛盾，周穆王命司寇吕侯主持制定《吕刑》。因为吕侯后被封为甫侯，所以《吕刑》又称《甫刑》。《吕刑》内容涉及刑事方面的实体法与程序法，废除了严酷的旧法，通篇体现了"明德慎罚"的法律思想，还确立了赎刑制度。《吕刑》可以说是西周法制经验富有理论色彩的总结。

《吕刑》首先论述了刑的起源，认为肉刑始于"苗民"，但"苗民"滥用刑罚残杀无辜，使刑罚成为肆虐杀人的手段。《吕刑》通篇反复强调一个"中"字，要求用刑应以德教为本，必须适"中"，力求不轻不重，要做到"轻重诸罚有权"，同时反复强调崇德，司法必须慎重，从选择司法官到司法

---

〔1〕《荀子·富国》。

〔2〕《左传·隐公十一年》。

〔3〕《孝经·广要道》。

的各环节都必须十分慎重，并指出应防止和惩治营私舞弊、贪赃枉法等犯罪。此外，还具体规定了疑罪可以用镀收赎的办法，赎刑从此开始制度化。

三、"礼"与"刑"的关系

西周的礼与刑是西周法的两个基本方面，二者共同构成西周的法律规范体系。其作用范围是整个社会所有层面，它们的本质相同，但又各有侧重，有共性也有区别，是互相联系、互为补充、相辅相成、密不可分的。

（一）礼与刑的共性

1. 评价标准基本相同

对于人们行为的态度，"礼之所去，刑之所取，出礼则入刑。"[1]即凡礼所允许的，刑也不加禁止；凡礼所禁止的，必然为刑所不容，并进行打击。

2. 二者相互依存，缺一不可

礼是行为规范，告知人们应该怎样去做，不应该怎样去做；刑是制裁手段，是对违背了礼的行为的惩罚。礼的约束力要靠刑的强制力加以保证，而刑的适用又必须以礼的精神作为指导。

（二）礼与刑的区别

1. 作用不同

礼以劝善，是积极的和事先的规矩，着重教化和预防，可以治本。通过"亲亲""尊尊"原则，礼确立了人与人之间的等级伦理关系，并使之制度化，即所谓"礼达而分定"。礼在人们违礼之前，进行潜移默化，使人们的言行逐渐变得符合要求，即所谓礼"禁于将然"。而刑的作用则主要在事后，即所谓刑"制于已然"。礼是对违背礼的行为进行的消极的制裁，侧重于惩罚，只能治表，"刑以惩恶"。

2. 适用的对象各有侧重

礼主要是调整贵族内部的关系准则，但这并不是说庶人没有礼，而是说贵族从礼那里得到的，主要是特权，而庶人从礼那里得到的，主要是义务。从《周礼》《礼记》中可以看出，自周天子到士有一整套的礼，即"家族礼"。这种礼适用于以血缘为基础的周王室和贵族，赋予他们种种法律特权，而排

---

[1] 《汉书·陈宠传》。

除了外族和庶民。刑的主要锋芒是针对平民、奴隶和异族的，即所谓"刑以威四夷""刑以治野人"，但并不排除贵族也要受刑的制裁，只不过无知的庶民、奴隶和外族是刑的打击重点罢了。

3. "礼不下庶人，刑不上大夫"的辩证

礼与刑在适用上有所不同，这就是所谓的"礼不下庶人，刑不上大夫"。这句话并非说的是"贵族无刑，庶人无礼"。其实，三代的庶人也有他们的礼，而贵族也要受刑的制裁。通过这句话的原始语境，就能明白这句话的真正意思，《礼记·曲礼上》："国君抚式，大夫下之；大夫抚式，士下之；礼不下庶人，刑不上大夫，刑人不在君侧"，这里说的是不同身份的人相见时的礼，因此将"相见礼"推及全部，是难以成立的。事实上，庶人也有庶人的礼，只是庶人不得享用赋予贵族以特权的高贵的礼。如《礼记》中载"三代之礼一也，民共由之"。贵族间的礼，需要闲暇的时间和昂贵的礼器才能做到，而庶民只能遵循与其日常生活紧密相关的礼，如婚礼、丧礼、葬礼等。例如，在妻子的称谓上，他们要讲礼："天子之妃曰后，诸侯曰夫人，大夫曰孺人，士曰妇人，庶人曰妻"[1]；在丧亡殡葬上，他们要讲礼："天子死曰崩，诸侯曰薨，大夫曰卒，士曰不禄，庶人曰死。"[2]而将"刑人不在君侧"和前一句连起来读，则会知道原来贵族犯罪只是不受肉刑。"刑不上大夫"指的是贵族犯罪享有不受肉刑的特权，而不是不受刑罚制裁。当时诸侯、士大夫朝见天子是很频繁的，试想，在朝见天子的场合如有"刑人"出没，岂不大煞风景？《礼记·文王世子》中说："公族无宫刑，不翦其类也"，也印证了对贵族不得使用宫刑等肉刑。但贵族犯罪还是要受到其他刑罚的制裁的，例如，周成王时周公辅政，管叔和蔡叔因参与武庚之乱，而被处死和流放。

可见，"礼不下庶人"说的是庶人忙于劳动，又不具备贵族的身份和必要的物质条件，因而礼不是为他们而设。但礼所体现的精神原则，加"亲亲""尊尊"之义，对庶人同样有约束作用，庶人如果严重触犯"亲亲""尊尊"之大义，无疑必须处以重刑。"刑不上大夫"说的是大夫以上的贵族犯罪，在定罪量刑和刑罚执行上可以享有一些优待，比如对他们一般不处以残损肢体

---

[1]《礼记·曲礼》。
[2]《礼记·曲礼》。

的肉刑，必须处死者则在郊外执行，等等。这是为了在广大被统治者面前保持贵族整体的尊严，但这些礼遇绝不等于大夫以上贵族可以不受刑罚制裁。

四、其他法律形式

西周法律的主要形式是礼和刑，除此之外还有下列法律形式：

（1）誓，即誓词，多位周王或诸侯于战前对臣下发布的军令。在以誓为形式的王命中，被讨伐之罪，即成为刑法的罪名；被宣布的处罚，便成为刑罚的种类和惩罚的手段。

（2）诰，即统治者关于施政的训令。

（3）命，是周王针对具体事务临时向行政机关发布的命令。

（4）遗训，是指由先王发布的誓命，其中也包括长期以来有利于奴隶主阶级统治的某些习惯。

（5）殷彝，是指商代法律规定有利于周朝统治的那些内容。

第三节　西周时期的刑事法律制度

西周刑事法律制度与夏商一脉相承。在吸收前代经验教训的基础上，以"明德慎罚"的法制思想为指导，西周的刑事立法有了新的发展，形成了一整套比较系统的刑罚体系和刑罚适用制度。

一、刑罚体系

西周的刑罚体系大致上包括了死刑、肉刑、赎刑、劳役刑、拘役刑等类型，其中以死刑和肉刑为主要刑罚手段，仍然较为残酷。西周的刑罚比夏商时期有了较大程度的发展，因其建立了相对较为完善的刑罚体系及刑罚适用制度，直接受到"明德慎罚""刑罚世轻世重"等法律思想的影响。

（一）五刑

西周时期刑法体例是以刑统罪，据《尚书·吕刑》记载，五刑之下统属罪名有三千条之多，其中墨刑、劓刑各一千条，剕刑五百条，宫刑三百条，大辟二百条。

（二）赎刑

赎刑就是以罚锾抵刑。西周中期，周穆王命司寇吕侯制定《吕刑》，系统规定了赎刑制度。现存《尚书·吕刑》中有"五刑之疑有赦"的规定，就是指对适用五刑断罪有疑的，可依所疑之罪的轻重，罚以数额多少不等的缓收赎。相关铭文也有赎刑内容，而且涉及数额较大，说明西周确实有制度化的赎刑，并且得到了一定规模的应用。

（三）劳役刑与拘役刑

劳役刑是将未达到五刑的罪犯关押于圜土，类似于监狱，限制其人身自由，并强制从事劳役的刑罚。当时设有司圜，专门掌管劳役刑。

拘役刑是限制人身自由并强迫从事短期劳役的刑罚，西周的拘役刑，据说要与嘉石之制合并执行。嘉石是一种有纹理的大石头，放置于京城外朝门左侧，违法者先罚坐嘉石反省思过，再由司空依犯罪情节轻重监督从事劳役。罚坐嘉石分为三、五、七、九、十三天五等，相应的拘役时间亦为三、五、七、九个月及一年，共五等。拘役刑与嘉石之制不是简单的刑罚，而是通过反省来施以德育教化，以此强调"明德慎罚"。

二、主要罪名

（一）犯王命

如果不服从周王的命令，就要被从重处罚。这是一种严重的犯罪，因为王不仅是国家最高统治者，也是宗法血缘关系的最高家长。

（二）不孝不友

不孝不友就是不孝敬父母、不恭敬兄长。在西周时期认为这是罪大恶极的犯罪，因此，对于"不孝"与"不友"的处罚，成为刑罚的重点。

（三）寇攘与杀越人于货罪

即后世的"强盗罪"，这是直接威胁奴隶主阶级的生命财产安全的犯罪。对于这类抢劫财物、劫杀人命的犯罪行为，在当时规定了非常严厉的刑罚措施，一般要在闹市处死。

（四）群饮罪

西周统治者接受商朝灭亡的教训，规定不许聚众饮酒，以防出现群体聚众事件。群饮这一罪名，主要针对的是周人，如果是商的遗民群饮，则以教育为主。

（五）放弒其君

宗法体制之下，君父一体。臣弒君、子杀父都是违逆天理之恶行。根据《周礼》记载，犯此罪的人将被切碎与肢解。而且，犯此种罪的人，家属多被株连，《大戴礼·本命》曾说："逆天者，罪及五世。"

（六）违背盟誓

在当时的社会条件下，盟誓是约定权利义务的主要方式。违背了盟誓，则是违背了自己的承诺，拒绝履行应当履行的义务。此类罪犯，多是被公告于天下，然后诛杀。

（七）失农时

在典型的农业社会当中，农业生产是国家经济的主导。因此，农时在当时是不容错过的，失农时者将被治罪。

三、刑事法律原则

西周的刑事法律原则充分体现了周初法制的指导思想，反映了周初法制为重大政治行动服务的主要宗旨。

（一）"刑罚世轻世重"[1]

西周开国首先夺取商王朝的京都，接着平定商纣后人勾结商贵族的反叛，继而压服东夷各部族，逐步将其统治扩展到黄河下游、南方及淮河流域。周初统治者将其领域按占领、开辟的先后和政局稳定程度，大致分为三类地区。西周初年的统治者认为，在施用刑罚的问题上，要因地制宜，即根据不同的地区，制订不同的刑法原则，所谓"刑新国用轻典；刑平国用中典；刑乱国用重典"[2]，这便是后人所说的"三典三国"的原则。不但要因地制宜，而且要因时制宜，考虑客观形势的变化，正确施用刑罚，亦所谓"刑罚世轻世重"。

（二）矜老恤幼原则

矜老恤幼在西周时期为"三赦之法"。《周礼·秋官·司寇》记载，对年迈体衰的耄耋老人（八十岁以上老人）、年幼无知的未成年人（七岁以下儿

---

〔1〕《尚书·吕刑》。
〔2〕《周礼·秋官·司寇》。

童）及有精神障碍的痴呆者等三种人，除故意杀人外，一般犯罪可以赦免，此为"三赦之法"。因为这些人不具备完全行为责任能力，对统治者的威胁也相对较小。

（三）区分故意和过失、偶犯和惯犯

西周的统治者认为，在施用刑罚的问题上，不但要考虑客观情况，还要考虑犯罪人的主观状况。故意犯罪和惯犯要从重处罚，过失犯罪和偶犯要从轻处罚。西周时，故意犯罪称作"非眚"，惯犯称作"惟终"，过失犯罪为"眚"，偶犯为"非终"。

（四）"罪人不孥"

周文王针对夏商"罪人以族"的原则，提出"罪人不孥"主张。其后的周公继承了这一思想，反对族诛连坐，主张罪止一身，"父子兄弟，罪不相及"[1]，即一人犯罪，不得株连家属。这一原则在中国刑法发展史上具有重要的意义，但后来各朝代未能坚持此项原则。

（五）严惩犯上作乱，杀人越货

在西周的刑法中，对于破坏礼制的行为处罚极为严厉。例如对于"不孝不友"的处罚，由于直接触犯了"亲亲""尊尊"之义，故将其视为最严重的犯罪，处以重刑。另外对于故意杀人和抢劫也采取从严处罚的原则。

（六）严禁错杀无辜

据说在夏朝时已有了"与其杀不辜，宁失不经"[2]的原则。意思是在处理模棱两可的疑难案件时，宁可偏宽不依常法，也不能错杀无辜。西周初年重提这一原则，是"明德慎罚"思想在刑法原则中的具体体现。

除上述原则外，西周刑法中还有用刑要宽严适中，疑罪从赦等原则。

第四节　西周时期的民事法律制度

经过夏商两代的累积与发展，到西周时期，社会经济、政治与文化方面皆有较大的发展，西周的民事活动也愈加活跃。与之相应的调整民事活动的法律规范也更为丰富，尤其是西周中期之后，宗法体制日渐松弛，以私人所

---

〔1〕《尚书·康诰》。
〔2〕《尚书·大禹谟》。

有权为中心的民事关系与规则得到了发展的机会。

一、所有权制度

西周以土地及附着于土地上的民众为代表的各种财产作为其所有权的客体。周王作为同姓宗族的大宗和异姓宗族的共主，拥有最高的财产所有权与支配权，代表宗族国家的最高权利主体。在名义上说，周王或其国家拥有全国的土地及其土地上的民众。《诗·小雅·北山》所说的"溥天之下，莫非王土；率土之滨，莫非王臣"，就是这一所有权的高度概括。

周王享有支配土地与民众等财产的最高所有权，主要表现在三个方面：一是有权将全国土地及其民众分封赏赐给诸侯贵族，这称为"分封赏赐权"。二是周王有权削减或收回其分封赏赐的封地与民众，这称为"夺爵削地权"。如当时规定："诸侯朝于天子曰述职"，"一不朝，则贬其爵；再不朝，则削其地"。[1]三是周王有向接受封赐占有使用土地的诸侯贵族征收贡赋的权利，这称为"赋征课权"，即"以任地事而令贡赋"[2]。对于受封赐的土地与民众，各级诸侯贵族只有占有、使用和收益的权利而无完全的所有权与处分权，他们不能随意处置，更不准私自买卖，仅能将一部分"土田"作为封地交给卿大夫使用，"田里不鬻"[3]是不可违反的基本规则。西周的这种土地制度被称作"井田制"。

井田制到西周中期开始动摇，出现了将土地作为赏赐、交易、赔偿的标的物的事例，这些事例往往有当地的有关官吏在场作证。这说明，各级奴隶主对土地的所有权，已经在一定程度上得到了国家和法律的认可。

奴隶在西周时期完全是所有权的客体，是物而不是人。奴隶可以用来赏赐，也可以用以买卖，"匹马束丝"就可以换得五名奴隶。早在周文王时，就严禁私自藏匿他人的逃亡奴隶。西周时又进一步通过严刑惩治翻墙入室、偷盗财物、诱拐奴隶等行为，来保护私有财产权。

---

〔1〕《孟子·告子》。
〔2〕《周礼·小司徒》。
〔3〕《礼记·王制》。

二、契约关系

随着人们之间经济交往关系的日渐频繁和逐步扩大，尤其是伴随商品交换活动的不断增多，契约得以出现。契约正是这些交往关系或交换活动由习惯调整方式上升为法律调整方式的产物。

西周时期，民事诉讼纠纷也开始增多。由于人们的民事经济交往相当频繁，已出现"傅别""质剂""书契"等用来调整人们之间民事经济关系的契约形式。

西周成立债权债务关系的借贷行为叫作"称责"或者"称债"，调整债权债务关系的借贷契约是"傅别"。"傅别"具有借贷契约性质，是解决债务纠纷的凭证。"傅别"是在券书中央书写一个大"中"字，再一分为二，收执契约的双方各持一半。

调整商品交易关系的买卖契约是"质剂"。西周时期，买卖的成立要有契约，通过官方设在市场中的管理人员——"质人"，来成立"质剂"。"质剂"是处理买卖交易纠纷的凭证，分为长短不同的两种券书。凡人口、牲畜之类大宗交易谓之"大市"，使用"长券"，即"质"；器具、珍异之类小宗交易称为"小市"，使用"短券"，即"剂"。"质剂"的形式与"傅别"的不同之处在于，它是在同一件券书上书写内容相同的一式两份契约，再从中一分为二，收执契约的双方各持一份完整内容。

三、婚姻、家庭继承制度

（一）婚姻关系的缔结

西周以礼作为规范指导婚姻制度，贯穿宗法伦理道德精神，宗旨是维护男尊女卑的等级原则。

1. 一夫一妻制

西周实行形式上的一夫一妻制，但一妻多妾制则盛行于各级宗主贵族之中。据《礼记·昏义》载："古者天子后立六宫、三夫人、九嫔、二十七世妇、八十一御妻，以听天下之内治，以明章妇顺。"《礼记·曲礼下》也称："天子有后，有夫人，有世妇，有嫔，有妻，有妾"；"公侯有夫人，有世妇，有妻，有妾"。这套公开合法的妻妾制度，既实现了婚姻的目的——"合二姓之好，上以事宗庙，而下以继后世"[1]，又明确了妻贵妾贱的等级名分，从而保证了嫡长子继承制的实施。

2. "父母之命，媒妁之言"

西周时期，婚姻的成立首先要有"父母之命，媒妁之言"，即男女双方成婚必经父母做主同意，通过媒妁从中传达，这才算循礼、合法，才能为宗族和社会所承认。

3. "同姓不婚"原则

西周时期实行"同姓不婚"的原则，一是周人已认识到近亲婚配不利于后代的繁衍，所谓"男女同姓，其生不蕃"。二是周人企图通过婚姻加强与异姓贵族的联系，以巩固权势，并维护宗族内的伦常关系，即所谓"娶于异姓，所以附远厚别也"[2]。

4. "六礼"程序

西周时期婚姻的成立须履行所谓"六礼"。包括"纳采"，男方请媒人向女方送礼品求婚；"问名"，男方请媒人问女子名字、生辰，卜于宗庙，请示吉凶；"纳吉"，卜得吉兆后定立婚姻；"纳征"，又称"纳币"，男方使人送聘礼到女方；"请期"，商请女方择定婚期；"亲迎"，男子去女家迎娶，男先归，候于门外。"六礼"中，最重要的是"纳征"，"征"有成的含义，经过此程序婚姻即告成立，不得反悔。《礼记·坊记》中说："（男女）无币不相见"。如此繁复的程序，只有贵族才能履行，庶人以下一般是谈不上的。

(二) 婚姻关系的解除

关于婚姻关系的解除，西周有"七出""三不去"的规定。

1. "七出"

也叫"七去"，是丈夫休弃妻子的七种条件，即不顺父母，去；无子，去；淫，去；妒，去；有恶疾，去；多言，去；窃盗，去。按照周礼规定：不孝顺公婆，属道德沦丧；无子，会断绝后嗣；淫乱，破坏伦常秩序；妒忌，影响家庭关系；有严重疾病，影响丈夫及后代健康；多嘴多舌，离间亲属关系；偷盗，属背信弃义。妻子有其中之一者，丈夫即有理由将其休弃。

---

[1]《礼记·昏义》。
[2]《礼记·郊特牲》。

2."三不去"

"三不去"是对丈夫休妻的三种限制，即"有所取无所归，不去；与更三年丧，不去；前贫贱后富贵，不去"[1]。妻子被休弃后无家可归的，或为公婆服过三年大丧的，或丈夫婚后富贵者，不应休弃妻子。而维护夫权和男尊女卑制度的婚姻原则正是"七出""三不去"。

(三) 家庭亲属关系

1. 亲属关系

西周将亲属分为宗亲、外亲和妻亲三类：

宗亲，是指同一祖先所属的男系血统的亲属。以自身为标准，上推有父，下推有子，为三代，父上加祖，子下加孙，为五代；五代之外再加曾祖、高祖、曾孙、玄孙，构成九代，或称"九世"。这都是同一祖先所出的直系亲属。

外亲，是指从女系而来的亲属，如母亲、祖母的本生亲属等，都是外亲。

妻亲，又称作"婚亲"，这是丈夫对于妻子本生亲属所承担的亲属关系。在奴隶制时代的亲属关系中，地位比较次要。

2. 五服关系

根据五代九亲的理论，引申出九族五服之说，即斩衰、齐衰、大功、小功和缌麻。所谓五服只是一种丧服制，它以亲属为等差，来划分尊卑的等级关系。亲服制的范畴即五服关系。

斩衰，是穿最粗的麻布做成的丧衣，服期三年。凡是子女为父、承重孙为祖父、妻为夫居丧，都要穿这种丧服。齐衰，是用一般粗麻布做成的丧服，服期一年。孙为祖父母、夫为妻居丧，都要穿这种丧服。大功，是用熟麻布做成的丧服，服期九个月。凡是本宗堂兄弟，未出嫁的堂姐妹，已出嫁的姑姐妹，或已嫁女子为伯叔父、兄弟等居丧，均服大功服。小功，用较细熟麻布做的丧服，服期五个月。为本宗曾祖父母、堂伯叔父母等居丧服小功服。缌麻，是用细熟麻布做成的丧服，服期三个月。凡为本宗高祖父母、曾伯叔祖父母等居丧，服缌麻。

以宗族亲属关系决定家庭关系的原则，突出表现为两点：

---

[1]《大戴礼记·本命》。

其一，父权家长制。奴隶专制制度下，在国君主为尊，在家父权为上，妻子、子女均只具从属人格，没有独立的经济地位，甚至父亲操有对子女的生杀予夺大权，所谓"父叫子亡子不敢不亡"，这是家庭细胞最根本的关系之一。

其二，男尊女卑，夫权至上。这是父系社会之后所发生的一次重要家庭关系的转换形式。本来居于男权之上的妇女，沦落到没有独立经济、政治地位和独立人格的境地，对男子只能服从，社会地位几乎同奴隶相等。

（四）继承制度

继承关系由所有制产生，并由所有制决定。当启继承夏朝政权的时候，实际已经存在对产业的继承权。伴随着奴隶主贵族统治的稳固，为保证王权的传续，防止王族争权夺利的内讧，到商朝末期已经确立了嫡长子继承制。周朝则用宗法的组织形式把嫡长子继承制固定下来，构成了宗法制度与政权组织的合二为一，从而保证了政治权力稳固的纵向传递。

西周继承制度包括下列内容：

其一，实行宗祧继承。宗祧是指家族宗庙。实现宗祧继承，是明确祖宗的正统后嗣，从而使后嗣取得宗祖权。这对奴隶主贵族来说，意味着继承人可以接受被继承人的身份、地位、政治权力以及所有的财富；而对庶民来说，则包括获得平民的身份和优先的财产或债务；对于奴隶，所得到的仍是奴隶的身份和做奴隶的义务。宗祧继承的实质就是为奴隶主所崇尚的宗法分封等级制度服务。

其二，确定嫡长子继承制。继承权属于嫡长子所有。确定嫡长子身份的准则：一母生多子，以长为嫡；多母生子，以生母的贵贱确定长子的身份。在确定嫡子身份的同时，完全排除了妇女的继承权。即使处于最优越地位的继承人的生母，仍不在继承系列，因此也就没有继承权。

第五节　西周时期的司法制度

夏商时期国家制度相对简陋，作为国家制度的司法诉讼体制也比较粗略。而西周之后，国家制度逐步发展与完善，司法体制也进一步成熟。

一、司法机关

西周的审级结构，一般认为包括地方的乡士级、中央的司寇级和周王三级。三审终结的原则对封建审级的建立有重要的影响。

周王具有最高立法权，以"誓、诰、命"等形式发布的王命具有最高的法律效力。周王也具有最高的司法权，在中央的司法机构中，周王是最高审判官，不仅决定国家的司法制度，而且重大案件都得由周王最后裁决。周王以下，中央设大司寇行使司法权，下设小司寇掌管具体司法工作。司寇下属的司法官吏有士师和眚史等人，作为负责掌握中央的司法政令、审核案件、解释法律的辅助官员，他们既对大司寇负责，又可直接听命于周王，实际已是中央司法机关中握有实际权力的司法官吏。

在地方，有乡士、遂士等官吏掌管司法。在宗族内，族长有权进行审判和刑杀。这对后世产生了深远的影响——在父权、夫权及族权的形成与发展上皆有影响。

二、诉讼与审判制度

(一) 告诉与受理

西周时期，以罪名相告称作"狱"，类似刑事诉讼。以财货相告称作"讼"，类似民事诉讼。无论是"狱"还是"讼"，一般要由原告起诉，轻微案件口头起诉，较大案件则要有书状。

西周时期，诉讼要交纳诉讼费用。属于民事案件的，诉讼双方要交纳"束矢"，即一百支箭；属于刑事案件的，双方要交纳"钧金"，即三十斤铜。拒绝缴纳诉讼费者，即被视为放弃诉讼。

(二) 审讯

审讯开始后，诉讼双方一般都要到庭，所谓"两造俱备"，而且要求当事人当庭"盟誓"。司法机关审理案件时，获取口供一般采用"五听"的审讯方式，即"以五声听狱讼，求民情"。一是"辞听"，即观察当事人在陈述事实时是否语无伦次，若是则所述非实；二是"色听"，即观察当事人陈述时的脸色，若是面红耳赤，则所言非实；三是"气听"，即观察当事人陈述的气息，若当事人陈述时气喘吁吁，则有说谎嫌疑；四是"耳听"，即观察当事人的听觉，若是出现听觉迟钝，则有可能说谎；五是"目听"，是指当事人若是双目失神，目光空洞，则所言非实。这种在审讯过程中的察言观色，相比于夏商时期的"天罚""神判"，无疑是一个历史进步，它是古人运用犯罪心理分析的一种经验总结。

（三）证据制度

西周时期的司法审判活动，已经开始注重运用当事人的口供、誓词、证人、证言、物证、书证等各种证据了。当事人的口供及誓词是最重要的证据。同时，可以进行刑讯，目的在于取得口供或检验口供的真实性。

（四）判决

审判官作出判决之后，需要当众宣读判决，称为"读鞫"。如果在宣读判决之后，当事人认为判决有误或者有冤屈，可以要求对案件进行重新审理，称为"乞鞫"。但是"乞鞫"有时间限制，超过一定期限不得再进行"乞鞫"。

（五）上诉和直诉制度

判决书制成后要向犯人宣读，不服可以上诉。上诉期限则根据离京城的远近有所不同。另据周礼记载，有"路鼓"和"肺石"的直诉制度。"路鼓"设置在王宫正门之外，庶民可直接击鼓鸣冤，由负责的官吏上奏周王。"肺石"是红色的石头，设于外朝，有冤者可立于肺石之上，经三日由朝士审理，上奏周王。直诉制度给蒙冤者打开了最后的告状之门，并为后世所效仿。

（六）司法官责任制度

西周时将司法官员贪赃枉法之类的犯罪，称为"五过之疵"。具体是："惟官"，即司法人员与涉案囚犯有同僚关系，或曰秉承上司旨意，官官相护；"惟反"，即敲诈囚犯令其翻供或隐瞒实情，利用职权私报仇嫌；"惟内"，即司法人员与涉案囚犯有亲属关系，内亲用事，为亲徇私；"惟货"，即索贿受贿贪赃枉法，敲诈勒索；"惟来"，即与案犯勾结互相往来，接受请托，枉法徇私。对这五种行为依法与涉案罪犯同等处罚。

西周时期，刑罚的执行往往因尊卑贵贱的不同而在方法、地点上有所不同。另外，从"敬天"的基本原则出发，死刑一般在秋、冬两季执行，开"秋冬行刑"之先河。

（七）执行制度

西周时期，监狱的称谓仍是"圜土"，也可称为"囹圄"。对于"圜土"的形态，《尔雅·释名·释宫室》曾解释："狱又谓圜土，言筑土表墙，其形圜也"，对当时的监狱外观进行了比较形象的描述。掌管监狱的专职官吏称为"司圜"。将犯人监管起来，让他们从事一定劳作，能改恶从善则释放，但三年内不得享有一般人的待遇，这种行刑方法，成为后世封建五刑中徒刑的渊源。墨、劓、腓、宫等肉刑的罪犯，执行刑罚后还要服一定的劳役。死刑一般用弃市的方式执行，即要在闹市执行死刑，并暴尸三日。但对贵族则以秘密方法执行，一般是缢死。

【课后经典试题】

一、填空题

1. 周有乱政，而作（　　　　）。

2. 西周中期周穆王命司寇吕侯制作《（　　　　）》。

3. 西周时犯罪的过失叫（　　　　），故意叫（　　　　）。

4. 在西周买卖契约叫（　　　　），借贷契约叫（　　　　）。

5. 西周在王位继承上实行（　　　　）。

6. 西周司法审判时已要求法官区分偶犯与惯犯，分别叫（　　　　）和（　　　　）。

7. 西周的民事诉讼谓（　　　　），刑事诉讼谓（　　　　）。

8. 在西周，（　　　　）为最高司法机关。

9.《史记·殷本纪》说："纣囚西伯（周文王）（　　　　）。"

10.《吕刑》是西周穆王时（　　　　）所作。

11. 西周初期，诸侯对土地只有占有、使用权而无处分权，不许买卖，即所谓的"（　　　　）"。

12. 据《周礼》规定，西周时期结婚要经过六道程序，被称作（　　　　）。

13. 在西周的诉讼制度中，（　　　　），是指在审判结束后向当事人宣读判决书；之后，犯人若不服判决，可以要求上诉再审，称为"（　　　　）"。

二、单项选择题

1.《吕刑》是由（　　）主持制定的。

A. 周穆王　B. 吕侯　　　　C. 吕后　　　D. 周公

2. 西周奴隶制社会的根本法，即成文刑书是（　　）。

A.《周礼》B.《吕刑》　　C. 殷彝　　　D.《康诰》

3. 西周有一种法律形式，是指商代法律规定有利于周朝统治的那些内容，即（　　）。

A.《周礼》B.《吕刑》　　C. 殷彝　　　D.《康诰》

4. 西周初年，为了稳定宗法等级秩序，（　　）主持进行了大规模的立法活动，通过"制礼作乐"，建立一套系统详备的礼仪典章制度。

A. 周文王　B. 周武王　　　C. 周公　　　　D. 周成王

5. 西周规定了"寇攘与杀越人于货罪"，即后世的（　　　）。

A. 强盗罪　B. 杀人罪　　　C. 盗窃罪　　D. 抢夺罪

6. 周朝统治者吸取商场灭亡的教训，要求官吏勤于政务，不要饮酒，规定了一条罪名叫作（　　）。

A. 群饮罪　B. 失农时　　　C. 放弑其君　D. 不孝不友

7. 西周的诸侯和臣属对土地只有占用、使用权而无处分权，不许买卖，即所谓的"（　　　）"。

A. 地役权　B. 相邻权　　　C. 用益物权　D. 田里不鬻

8. 西周的买卖契约称为（　　）。

A. 傅别　　B. 质剂　　　C. 卷书　　　D. 钧金

9. 西周结婚要遵循"六礼"的程序。其中男家请媒人到女家提亲，女家答应议婚之后，男家用一只大雁并备上其他礼物前去求婚，请求女家收下的程序是（　　）。

A. 纳采　　B. 问名　　　C. 纳吉　　　D. 纳征

10.《周礼》规定，丈夫可以以多种理由休弃妻子，叫作（　　）。

A. 三不去　B. 五出　　　C. 七出　　　D. 六礼

11. 西周自周成王以后，王位继承开始实行（　　）。

A. 长子继承制　　　　B. 嫡子继承制

C. 嫡长子继承制   D. 亲子继承制

12. 西周时期，中央直辖地区的司法机关为（   ）。

A. 大司寇   B. 小司寇   C. 司寇   D. 大理

13. 西周的民事诉讼叫作（   ）。

A. 狱   B. 讼   C. 钧金   D. 质剂

14. 西周法律规定，刑事案件要缴纳诉讼费，形式为（   ）。

A. 路鼓   B. 肺石   C. 钧金   D. 束矢

15. "以五声听狱讼"中的"五听"作为断案的依据，最早规定的时间在（   ）。

A. 夏朝   B. 商代   C. 西周   D. 春秋

三、多项选择题

1. 以下关于西周的礼与刑的说法正确的是（   ）。

A. 礼与刑共同构成西周的法

B. 西周的礼与刑相比，礼居于主导地位

C. 西周的礼不能脱离刑而发挥职能作用

D. 西周的法要通过礼与刑的相互作用完成阶级统治

2. 西周的主要立法有（   ）。

A.《吕刑》B.《九刑》   C.《汤刑》   D. 殷彝

3. 以下属于西周的法律形式的有（   ）。

A. 誓   B. 礼   C. 遗训   D. 殷彝

4. 以下属于西周时期定罪量刑原则的有（   ）。

A. 耄悼之年有罪不加刑

B. 区分眚、非眚，惟终、非终

C. 罪人不孥

D. 自首减刑

5. "耄悼之年有罪不加刑"是西周定罪量刑原则之一，其中"耄""悼"分别指（   ）。

A. 7 岁以下，八九十岁以上   B. 5 岁以下，80 岁以上

C. 12 岁以下，75 岁以上   D. 10 岁以下，90 岁以上

6. 西周区分眚和非眚，就是区分（　　　　）。

A. 惯犯和偶犯　　　　　　　B. 故意和过失

C. 过失和故意　　　　　　　D. 偶犯和惯犯

7. 以下是西周的罪名的有（　　　　）。

A. 违抗王命罪　　　　　　　B. 不孝不友罪

C. 寇攘与杀越人于货罪　　　D. 群饮罪

8. 西周规定"同姓不婚"原则的目的是（　　　　）。

A. 防止近亲结婚　　　　　　B. 避免熟人结婚

C. 厚远附别　　　　　　　　D. 附远厚别

9. 西周"三不去"的内容包括（　　　　）。

A. 有所娶而无所归　　　　　B. 与更三年丧

C. 前贫贱后富贵　　　　　　D. 为夫家做出过重大贡献的

10. 西周的中央司法机关的有（　　　　）。

A. 大司寇　B. 小司寇　　C. 士师　　　D. 质人

四、名词解释题

1. 周公制礼　2. 质剂、傅别　3. 七出、三不去　4. 六礼　5. 五听

6. 田里不鬻　7. 钧金、束矢　8. 五过之庇　9. 五听　10. 路鼓、肺石

五、简答题

1. 简述西周立法思想的内容。

2. 简述西周的宗法制度及其原则。

3. 周礼可以分成哪些类型？周礼的实质和作用是什么？

4. 简述西周的刑罚体系。

5. 简述西周的刑事法律原则。

6. 简述周礼中的婚姻缔结原则。

7. 简述西周的司法机关。

8. 简述"六礼"。

9. 简述"五听"的审案方式。

10. 简述西周的司法官责任制度。

六、论述题

1. 论西周的立法思想（与夏商相比）的发展。

2. 论西周的法律形式。

3. 论西周的诉讼审判制度。

4. 论西周礼与刑的关系。

5. 论西周刑事法律制度的发展。

七、案例分析题

1. 案例一：

氓之蚩蚩，抱布贸丝，匪来贸丝，来即我谋。送子涉淇，至于顿丘。匪我愆期，子无良媒。将子无怒，秋以为期。

乘彼垝垣，以望复关。不见复关，泣涕涟涟。既见复关，载笑载言，尔卜尔筮，体无咎言。以尔车来，以我贿迁。

桑之未落，其叶沃若。于嗟鸠兮，无食桑葚。于嗟女兮，无与士耽！士之耽兮，犹可说也。女之耽兮，不可说也。

桑之落矣，其黄而陨。自我徂尔，三岁食贫。淇水汤汤，渐车帷裳。女也不爽，士贰其行。士也罔极，二三其德！

三岁为妇，靡室劳矣。夙兴夜寐，靡有朝矣。言既遂矣，至于暴矣。兄弟不知，咥其笑矣。静言思之，躬自悼矣。

及尔偕老，老使我怨。淇则有岸，隰则有泮。总角之宴，言笑晏晏。信誓旦旦，不思其反。反是不思，亦已焉哉！

——《诗经·卫风·氓》

问题：

（1）本文主要涉及周礼的何种制度？女主角和氓的婚姻是合法婚姻吗？为什么？

（2）周礼中合法婚姻缔结的条件是什么？婚姻解除的条件又是什么？

2. 案例二：

周王三月下旬甲申这一天，王在丰京的上宫，司法官伯扬父定下了判辞，判决说："牧牛！喔，在这之前你的行为何其过分。你竟敢与你的上司打官司，你违背了先前的誓言。现在你只有再一次盟誓。现在尃、囗、啬、睦和训等五人均已到场，也仅仅只此五人。你只有当着他们的面宣诵你的誓辞，你也只有服从判词、听从誓约。最初的责罚，我的本意是打你一千下，处你以𥻘劇刑，先把你刺面，然后再蒙上黑巾。即使我想减免你的刑罚，也要打你一千下，处你黜劇刑，只刺面免官，不再蒙上黑巾。现在我决定大赦你，免除你鞭刑五百下，其余五百鞭和墨刑折合罚铜三百孚。"伯扬父又让牧牛发誓说："从今以后，我大事小事再也不敢扰乱你了。"伯扬父说："如果你的上级再把你告上来的话，只要到了我手上，我就要加重惩罚，鞭你一千下，并处𥻘劇刑，把你刺面蒙上黑巾。"牧牛于是发了誓。伯扬父把审判结果告诉了官吏邦和智。牧牛的书面誓词写成了，罚金也交上来了。训用这铜做成了宗旅的盏。

问题：

(1) 西周时期，已经开始根据不同特性将案件分成"狱"与"讼"，本案属于哪一种？

(2) 本案中牧牛获罪的原因是什么？牧牛最终被判处罚金所依据的是周礼的哪个原则？

八、材料翻译分析题

请翻译下列文字，并进行简要分析。

1. "天视，自我民视；天听，自我民听。"

——《尚书·泰誓中》

2. "民之所欲，天必从之。"

——《尚书·泰誓上》

3. "人有小罪，非眚，乃惟终……有厥罪小，乃不可不杀。乃有大罪，非终，乃惟眚……时乃可不杀。"

——《尚书·康诰》

第四章　春秋战国时期的法律制度

(公元前 770 年—公元前 221 年)

【学习目标】

春秋战国时期是中国历史上的一个大变革的时代，这一时期，奴隶制逐渐解体，封建制逐渐确立，社会各方面都变化巨大。春秋时期，社会呈现出"礼崩乐坏"的特点，奴隶制瓦解，封建生产关系逐渐产生；战国时期，各国纷纷通过变法改革，确立起封建制。学习本章，要求学生掌握成文法公布的背景、具体表现及其意义，在了解新兴地主阶级法律思想的基础上，着重掌握战国时期各主要诸侯国的变法内容，掌握李悝《法经》的内容及意义，掌握商鞅变法的内容。

【开篇案例】

刑侯与雍子因田界划分不清，发生"争田"纠纷，但久讼未决。叔鱼受命重新处理此案，认定：罪在雍子。雍子纳其女于叔鱼，叔鱼蔽罪刑侯。刑侯怒，杀叔鱼与雍子于朝。韩宣子问叔向如何论处？叔向曰："三人同罪，施生戮死可也。"其理由是："雍子自知其罪"，却以女色贿赂法官，法官因贿赂而枉法裁判，而"刑侯专杀"亦有罪。"己恶而掠美为昏，贪以败官为墨，杀人不忌为贼。《夏书》曰：'昏、墨、贼，杀'。皋陶之刑也，请从之。"于是，刑侯被处以死刑，并与雍子、叔鱼一起陈尸于市。仲尼曰："叔向，古之遗直也。治国制刑，不隐于亲，三数叔鱼之恶，不为末减。曰义也夫，可谓直矣。平丘之会，数其贿也，以宽卫国，晋不为暴。归鲁季孙，称其诈也，以宽鲁国，晋不为虐。邢侯之狱，言其贪也，以正刑书，晋不为颇。三言而除三恶，加三利，杀亲益荣，犹义也夫！"

此案记载于《春秋左传》，发生于公元前 528 年的晋国，是一起由私田田界的民事纠纷而引起的刑事案件。此外，叔向在此案中对"昏、墨、贼"三种罪名的解释，是我国最早的法律之一。

自西周中后期开始，周王室开始衰微，各级宗主贵族的世袭统治也出现危机，以宗法等级制度为基础的宗族国家制度逐步走向衰亡。公元前 770 年，周平王被迫东迁洛邑，史称"东周"。东周包括春秋、战国两个时期。春秋战国时期是奴隶制解体、封建制确立，社会制度发生剧烈动荡和重大变革的时代。随着生产力的发展和生产关系的变革，这个时期的经济基础及上层建筑都发生了巨大变化。成文法的公布、《法经》的制定以及商鞅变法的成果，为秦朝统一国家及其法律制度的建立奠定了坚实的基础。

第一节　春秋战国时期的立法指导思想

春秋战国时期"礼崩乐坏"，反映到人们的思想意识形态领域，便是出现了百家争鸣的繁荣局面。在法制指导思想方面，儒家、道家、墨家、法家等各家学派，纷纷阐述自己的学说观点，为中国古代早期法制的变革提供了理论先导。

一、儒家法律思想："礼治""德治""人治"

儒家学派由春秋末期的孔子创立，其学说内容比较保守。面对当时的社会大变革的局面，儒家站在日趋没落的奴隶主旧贵族的立场上，希望社会能够倒退到西周，恢复西周的宗法等级制度和礼乐典章制度。为了挽救行将就木的旧制度和旧秩序，孔子首先提出"礼治"的思想，主张"克己复礼"并身体力行，极力反对各诸侯国兼并争霸和破坏礼制的行为。当他听说晋国以铸刑鼎的方式公布成文法时，曾气愤地高呼："晋其亡乎！失其度矣"，"贵贱无序，何以为国？"以此观念为基础，他进而提出"为政以德"的"德治"思想，认为以高压政治约束民众，以严刑峻法制裁民众，只能产生一个不知礼义的寡廉鲜耻的社会，而只有以德来教化民众，才能使人从根本上懂得廉耻，安分守己、奉公守法，最终实现"无讼"的目标。为了恢复"礼治""德治"的秩序，又进一步提出了"人治"的思想，提倡"为政在人"，认为治理国家在于"得贤人"。孔子还倡导统治者应以身作则，强调"其身正，不令而行；其身不正，虽令不从"〔1〕。他所谓的"贤人"就是完全符合周礼所要求的仁义道德的人。可见，其思想有轻视法律的倾向。

战国时期，孟子继承并发展了孔子创立的儒家法律思想。首先，针对当时社会矛盾加剧和诸侯兼并混战的局面，孟子注意到关注民生利益及民心向背的重要性，提出"民为贵，社稷次之，君为轻"〔2〕的民本思想，这是非常具有进步意义的。其次，将孔子修身养性的"仁"的思想，与政治法律思想结合起来，进一步发展成"仁政"的学说，"施仁政于民，省刑罚，薄税敛"，"以德服人"，反对专制残暴滥杀无辜，这也是具有进步意义的。他还提出"教以人伦""贵德而尊士""惟仁者宜在高位"等主张，是孔子"礼治""德治"思想的继续。至于他提出要恢复西周的井田制，恢复礼制之下的"圣王之道"，显然是不符合历史发展和社会进步的。

二、道家法律思想："自然""无为"

道家学派是春秋后期的老子创立的。面对西周宗法等级制度日趋瓦解，社会矛盾日趋复杂的情况，老子表现出无可奈何和消极遁世的思想情绪。针对春秋时期大国争霸所导致的社会矛盾，老子主张"无为而治"，认为"我无为而民自化，我好静而民自正，我无事而民自富，我无欲而民自朴"，其基本要求是"顺应自然"。他反对一切人为制定的法律制度，甚至宣扬"法令滋彰，盗贼多有"，也反对"礼义教化"，声称"礼者，忠信之薄而乱之首也"〔3〕，希望能够回到"鸡犬之声相闻，民至老死不相往来"的"小国寡民"的社会。这表明老子对恢复社会稳定缺乏信心，而又否定和抵制当时出现的社会变革，希望历史倒退，主张法律虚无的消极颓废心理。

战国时期的庄子，在继承道家法律思想基础上，把"自然""无为"理论推向新的高度。首先，面对当时日益加剧的争霸战争和社会矛盾，庄子提出了"帝王之德，以天地为宗，以道德为主，以无为为常"〔4〕的政治主张，

---

〔1〕《论语·子路》。
〔2〕《孟子·尽心章句下》。
〔3〕《道德经》。
〔4〕《庄子·天道》。

反对统治者的一切礼乐法度和文治武功。其次,面对"窃钩者诛,窃国者诸侯"〔1〕的政治现实,他主张"绝圣弃智,大盗乃止"〔2〕,否定人类社会发展的一切文明成果,希望社会回到原始的混沌时代。

三、墨家法律思想:"兼爱""尚贤""尚同"

墨家学派是由战国初年的墨子创立的,其学说代表了下层小生产者的利益。墨家学说首先从保护人民生命财产安全的需要出发,提出"兼爱""非攻"思想,反对儒家的贵贱亲疏有别的等级思想,谴责战争行为。其次,针对西周以来的世卿世禄制,墨子提出"尚贤"的思想,主张应由有道德才能者充当国家官吏。再次,为了改变无序的社会政治状况,墨子提出"尚同"思想,主张"赏当贤、罚当暴,不杀不辜,不失有罪"〔3〕。最后,针对儒家的宿命论、讲排场、重礼仪、后丧葬等思想,提出"非命""节用""非乐""节葬"等反对观点,反映了社会底层劳动群众要求发展生产,提倡节俭的朴素愿望。

四、法家法律思想:"法治""重刑"

法家思想萌芽于春秋后期的管仲、子产等人,形成并发展于战国时期的李悝、商鞅、慎到、韩非等人,韩非子则是法家思想的集大成者。春秋时期的法家思想,主要在于否定"天罚""审判"的思想,反对贵族世袭统治和宗法等级秩序,主张法律公开和事断于法,"君臣上下贵贱皆从法",为战国法家法律思想的形成奠定了基础。

战国时期法家法律思想的主要内容有:其一,主张"事断于法""刑无等级"。针对"礼治""德治""人治"传统,商鞅首先提出"缘法而治",以法律统一人们的言行,慎到明确提出"事断于法",韩非则更强调"法治",主张以法为治国之本。为反对各级贵族的等级特权,商鞅主张"刑无等级",量刑也要一视同仁。韩非主张"法不阿贵",坚持"刑过不避大臣,赏善不遗

---

〔1〕《庄子·胠箧》。
〔2〕《庄子·胠箧》。
〔3〕《墨子·尚同中》。

匹夫"[1]。其二，为了建立和巩固新兴地主政权，商鞅提出"禁奸止过，莫若重刑"[2]的重刑主义原则，甚至主张轻罪也要施加重刑，从而实现"以刑去刑"的目的。其三，重视法的公布和实施。进入战国，法家学派更加重视推广和普及成文法。韩非主张，法律应公之于众，且法律明白易知，百姓才会更好的守法。商鞅也提出，"为法，必使之明白易知"[3]，强调立法、执法、司法的实际效能。

春秋战国时期的百家争鸣，为各国的变法改革运动提供了理论先导，制造了舆论影响。其中，法家的法制思想，最能代表各国新兴地主阶级的利益，因而迅速成为各国变法的指导思想。

第二节　春秋时期的法律制度

一、奴隶制的瓦解

春秋战国时期社会变动剧烈，社会生产力有了突飞猛进的发展。自春秋后期开始，铁器和牛耕开始应用于农业生产，包含畜力耕作、人工灌溉、施肥变土等各种生产管理技术也得到推广，整个社会的劳动生产率逐渐提高，耕地面积日益扩大，粮食产量大幅度增长，从而加速了社会分工的发展，瓦解了宗族土地所有制和耦耕制，为个体家庭和小农经济的形成及新型生产关系的建立开辟了道路。

从所有权方面来看，夏商西周以宗族土地所有制和家族共耕制为核心，其土地支配权归各级宗主贵族拥有，宗族成员须在宗主贵族"公田"上从事耦耕，提供劳役，也称为"井田制"。进入春秋时代以后，人们不断在"公田"之外开垦"私田"，这既影响了各级宗主贵族的经济利益，也威胁到原有的土地所有制形式。

随着统一的奴隶主政权的瓦解，各诸侯国都面临着生死存亡的问题。为了不被其他的诸侯国所兼并，顺应新的经济、政治发展，大部分诸侯国都在经济制度方面进行了一定程度的改革，以期富国强兵。改革的核心问题是从

---

[1]《韩非子·有度》。
[2]《商君书·赏刑》。
[3]《商君书·定分》。

法律上确认已经存在的私田，以保证国家的赋税收入。同时，将附着于土地上的劳动者编制起来，以保证国家在战时有充足的兵源。这个时期比较成功的改革有：

（1）齐国"相地而衰征"[1]"作内政而寄军令"[2]。"相地而衰征"，是指承认私田的合法性，根据土地的好坏来征收赋锐。"作内政而寄军令"，是指将国内的居民统一编制，五家为轨，十轨为里，作为军队的后备力量。

（2）晋国"作爰田""作州兵"[3]。公元前645年，晋国将井田制下的"公田"改为"私田"，并以州为单位，使居民服兵役、负担军赋。

（3）鲁国"初税亩"[4]"作丘甲"[5]。公元前594年，鲁国颁布"初税亩"的法令，规定公私土地一律计亩征税，承认了私田的合法性，实际上即废除了井田制。公元前590年又"作丘甲"，丘是行政区域，"作丘甲"是指按丘征收军赋。

（4）楚国"书土田""量入修赋"[6]。公元前548年，楚国对境内土地依其地势进行测量，规定其产量标准，根据收入征收军赋。

（5）郑国"作封洫"[7]"作丘赋"[8]。公元前543年，郑国子产执政，承认了土地私有的现实，重新划定了田界。五年以后，"作丘赋"，按丘征收赋税。

这些改革实际上间接承认了个体经济与私营土地的合法性，而作为奴隶制土地制度基本特征的井田制，逐渐趋向瓦解。从这一时期开始，土地私有制度迅速发展了起来。各诸侯国的改革，由于不同程度地顺应了历史的发展，都相应地得到了富国强兵的效果。

经济基础决定上层建筑。生产关系及经济基础的巨大变革，导致春秋战国时期社会各阶级阶层分化日益加剧，社会结构与上层建筑也开始发生变动。

---

[1]《国语·齐语》。
[2]《国语·齐语》。
[3]《左传·僖公十五年》。
[4]《左传·宣公十五年》。
[5]《左传·成公元年》。
[6]《左传·襄公二十五年》。
[7]《左传·襄公三十年》。
[8]《左传·昭公四年》。

这个时期的周王虽然名义上仍是天下共主，但实际上对各诸侯国已逐渐失去控制力量，周王不再受到尊敬，由过去的"礼乐征伐自天子出"，逐渐演变为自诸侯出、自大夫出，甚至由"陪臣执国命"。西周盛极一时的宗法等级秩序遭到彻底破坏，在权力和财产的再分配中，一大批社会下层人物进入统治集团，他们废除各级宗主贵族世袭特权，改宗法分封制为郡县制，变世卿世禄制为专制集权官僚制，使社会制度发生了巨大变化。其中，最显著的就是新兴的地主阶级力量的壮大，他们在各诸侯国先后开展了变法运动，建立了新的封建制度。

二、成文法的公布及其争论

（一）"铸刑书"

公元前536年，郑国执政子产把当时所使用刑书的内容铸在鼎上。这是中国首次公布成文法。

郑国在西周末年立国，受旧制度的影响较小，新的生产关系发展较快，要求有与之相适应的法律形式。另外，郑国地域狭小，处于几个大国的包围之中，为了生存，必须变法图强。因此，郑国首先公布成文法不是偶然的。但是，这部成文法一经铸成公布，当即受到贵族们的激烈反对。代表人物是晋国的叔向，他给子产写了一封信，责难子产，其认为法律一旦为民所知，他们便不再惧怕，并且有了争心。叔向主要从以下几个方面阐述了反对公布成文法的思想：其一，他认为公布成文法违反了先王之制，先王之制是"临事制刑，不预设法"，这样才可以使人轻易不敢犯法。其二，他认为公布成文法会引起社会的混乱，因为百姓有了争端就会抛弃礼制而依靠法律来解决，从而导致人们争斗不已。其三，他认为成文法的公布会使统治者丧失震慑人民的权威，从而导致国家的灭亡。叔向在信中表述的思想之核心是要坚持旧贵族对法律的垄断，以维护他们的特权。子产在回复叔向的信中说"吾以救世也"。就是说，公布成文法是为了适应社会发展的趋势，为挽救面临崩溃的奴隶主阶级的统治，即所谓"救世"。

（二）"铸刑鼎"

公元前513年，晋国大臣赵鞅、荀寅将范宣子执政时修定的刑书铸于鼎上，这是中国历史上第二次公布成文法。结果遭到了儒家创始人孔子的激烈反对。孔子认为，"晋其亡乎！失其度矣。……贵贱不衍，所谓度也。"按照他的主张，晋国的法度应该遵循的是周礼，现在摈弃了礼而作刑书、铸刑鼎，民众看鼎办事，就不会服从统治，贵族的地位和利益将难以维持。

（三）"竹刑"

公元前 501 年，郑国大夫邓析私造刑书，写于竹简之上，史称"竹刑"。在竹刑中，他明确反对礼治，提倡"事断于法"，主张实行法治。邓析因私造刑书有违国家法制遭到了奴隶主贵族的反对，最终为郑国驷颛所害，但邓析所著的刑书，却得到颁行。

三、公布成文法的意义

成文法的公布是春秋时期经济、政治情况发展变化在法制上的必然反映。春秋时期，由于生产力水平的提高，私田的出现，以土地王有为核心的井田制开始崩溃。随着井田制的崩溃，周王的权力下移，阶级关系发生变化，统一的奴隶主阶级的政权开始瓦解。在这种局面下，旧的礼制已无法维持，社会要求有新的法制来维护新的社会关系。因此，成文法的公布，是历史发展的必然。

春秋时期成文法的制定和公布，首先，在一定程度上限制了处于统治阶级的旧贵族的特权，打破了"刑不可知，威不可测"的法律神秘壁垒，促进了新的封建生产关系的产生。其次，它剥夺了旧时贵族的世袭特权，动摇了宗法等级制度的社会基础。最后，它有利于法律观念的推广与进步，为中华法律体系的发展奠定了基础。

总之，春秋时期成文法的公布，结束了法律只受统治阶级秘密操控的状态，废除了旧贵族对法律的专擅垄断，从此法律开始具有客观性、规范性和公开性。它打破了"礼治""德治""人治"的传统思想，剥夺了旧时贵族的世袭特权，动摇了宗法等级制度的社会基础，为法家"法治"的原则开辟了崭新的道路，为后来形成统一的中央集权国家奠定了坚实的基础。

第三节 战国时期的法律制度

公元前 475 年到公元前 221 年为战国时期。此时，春秋时期一百多个国家经过各诸侯国之间的长期兼并战争，只剩下二十多个，其中，有七个强大的国家，史称"战国七雄"。战国时期各国为了富国强兵，以图在兼并战争中立于不败之地，纷纷任用法家人物进行了变法改革，陆续制定和颁布了一批成文法律。其中，魏国的《法经》和秦国的《秦律》是这一时期的杰出代表。

一、新兴地主阶级的法制原则

战国时期各诸侯国的变法活动，本质上都是要建立保护地主阶级政治、经济利益，打击奴隶主旧势力，维护封建的生产关系，并调整地主阶级与农民阶级之间的关系的法律制度。这就决定了各国的变法有其共同的特点及其所遵循的共同原则。这些原则为封建法制建设奠定了理论基础。

（一）"缘法而治"，保证法的实施

这是新兴地主阶级最基本的法制原则之一。按照这个原则的要求，首先，国家必须制定供臣民一体遵守的法律，这是实行"缘法而治"的前提。其次，这一原则要求君臣依法治理国家和处理政务，并据此判断人们的功过是非。反对奴隶主贵族随心所欲地治人以罪、断人以刑的特权，将刑罚变成具有客观依据的比较稳定的惩罚手段。最后，这一原则反对"废法而行私重"，即反对背弃法律去讲个人私情。

（二）"刑过不避大臣，赏善不遗匹夫"

这是新兴地主阶级适用法律的原则。这一原则要求，法一旦制订以后，不论身份高低、权力大小，违法必按法论处，有功按法奖赏，即所谓"刑无等级"。

（三）"赏罚必于民心"

这一原则要求国家把所有法律都清清楚楚地告诉臣民，以便他们按法律要求办事。首先，法律应当公开，以引导臣民和制约臣民。其次，法律应使百姓普遍知晓，充分发挥法制在加强封建统治中的作用。

（四）"行刑重其轻者"

这个原则是要求对轻罪予以重罚，是重刑主义理论在法制中的体现。战国时期，新兴地主阶级在刑法上主张重刑主义，他们提出"以刑去刑"的口号，主张以重刑防止人们犯罪。他们认为，对一切犯罪都应加以比犯罪者所得之利更大的惩罚，这样才会使人不敢犯轻罪，更不敢犯重罪。

在新兴地主阶级法制原则的指导下，各诸侯国顺应春秋末叶以来公布成文法的潮流，相继制定了自己的法律，如齐国有《七法》，楚国有《宪令》，韩国有《刑符》，赵国有《国律》，魏国有《魏宪》等。各国的立法和司法实践活动促进了封建法制的发展。

二、李悝变法及《法经》

李悝（公元前455年至公元前395年），魏国人，战国初期著名的政治家和前期法家的代表人物之一。魏文侯时，任用李悝为相，实行变法，在政治、经济、法律等方面进行了一系列改革。

（一）经济上"尽地力之教"，实行"善平籴"的政策

"尽地力之教"，就是要尽可能多地开垦荒地，并提高单位面积产量，使农业生产量大幅度提高，增加国家的赋税收入。"善平籴"就是国家通过收存和放卖，控制粮食市场的供求关系，以保持粮价的稳定，保证封建经济的持续稳定发展。具体办法是：在丰年，有可能引起粮价降低时，国家平价收购粮食，使粮价不致下跌，以提高农民致力耕作的积极性。在歉年，国家以平价出卖粮食，既满足人们对粮食的需求，不致使百姓流离失所，又稳定了物价。

（二）政治上废除世卿世禄制，剥夺奴隶主贵族的特权

在政治上，废除世卿世禄制，取消贵族子弟的特权，确立了量才任用的新型官僚制度，是对旧的官僚制度的一次突破。

（三）实行以法治国，制定《法经》

为了保证变法的顺利进行，保护经济、政治改革所取得的成果，维护新兴地主阶级所取得的利益，李悝在变法过程中制定了《法经》。《法经》既是变法的重要内容之一，又是对变法成果的肯定。它不仅对魏国的发展产生了巨大的作用，而且在整个中国法制发展史上也具有重大的意义。

《法经》是我国历史上第一部比较系统的封建成文法典。《法经》的基本指导思想是"王者之政莫急于盗贼"〔1〕，共有六篇，其主要内容包括：

第一篇"盗法"。内容主要是保护封建财产所有权，惩罚侵犯私有财产的犯罪行为。

第二篇"贼法"。内容主要是保护人身安全，惩罚侵害他人人身的犯罪行为。

第三篇"网法"，也称"囚法"。内容主要是囚禁和审判罪犯的法律规定。

第四篇"捕法"。内容主要是关于追捕盗贼及其他犯罪者的规定。

第五篇"杂法"。是关于"盗贼"以外的其他犯罪与刑罚的规定。内容主要是"六禁"。一曰"淫禁"，是惩治奸非行为的规定。二曰"狡禁"，是关于惩治侵犯国家统治权，危害国家机器正常运转的犯罪行为的法律规定。三曰"城禁"，是关于惩治爬越城墙行为的法律规定。四曰"嬉禁"，是关于禁止和惩罚赌博的法律规定。五曰"徒禁"，是关于禁止和惩罚群相聚的法律规定。六曰"金禁"，是关于惩治官吏受贿行为的法律规定。

第六篇"具法"，又称"减律"。内容主要是关于定罪量刑中从轻从重的法律原则的规定，相当于近代刑法的总则部分。

《法经》具有如下特点：

其一，《法经》把侵犯官私财产所有权与人身安全、危害社会秩序的盗贼作为首要的打击对象，确立了"王者之政莫急于盗贼"〔2〕的立法宗旨，这个宗旨成为后世历代君主专制政权刑事立法的一个重要指导思想。

其二，《法经》贯彻"重刑轻罪"的重刑主义原则，对威胁到统治阶级根本利益的行为，不惜动用肉刑、死刑甚至族刑连坐等残酷刑罚，并创立了言论或思想亦可治罪的先例。

《法经》是中国历史上第一部比较系统的封建成文法典，它是战国时期政治变革的宝贵成果，也是封建立法的典型代表和全面总结，对当时社会的经济制度、政治制度的稳定，生产力的解放和社会的发展都起到了不可估量的

---

〔1〕《晋书·刑法志》。
〔2〕《晋书·刑法志》。

推动作用。

《法经》无论是内容或形式，都对其后的封建法典产生了深远影响，成为我国封建法典编纂的蓝本。在内容上，《法经》中各篇的主要内容大都被后世的封建法典所借鉴并发展，历代封建法典都规定有贼盗篇，把危害封建统治秩序的谋反、谋叛、谋大逆等行为列为"十恶"的大罪，严惩盗贼，将《法经》"王者之政莫急于盗贼"的原则继续传承并发展。在体例形式上，《法经》六篇的结构被秦汉法律直接继承，而魏晋则在此基础上进一步发展，最终形成了以《名例》为统率，以各篇为分则的一套完整的法典体例结构，成为中国传统法律文化最重要的成果之一。

三、商鞅变法

战国时期的各国变法中，秦国的商鞅变法成效最为显著。商鞅（公元前390年至公元前338年），卫国人，姓公孙，名鞅。

秦孝公即位以后，决心图强改革，便下令招贤。商鞅自魏国入秦，提出了废井田、重农桑、奖军功、实行统一度量衡和实行郡县制等一整套变法求新的发展策略，深得秦孝公的信任，任左庶长，主持变法。

经过商鞅变法，秦国的经济得到发展，军队战斗力不断加强，发展成为战国后期实力最强的封建国家。他主持的秦国两次变法活动，除奖励农作耕织、发展生产等经济措施之外，还包含以下法制改革的重要内容：

（一）确立了"法治""重刑"的法制指导原则

商鞅在秦国实行变法，确立了"法治""重刑"的法制指导原则。其中的"法治"包括三层含义：一是"缘法而治"，专任法治，以法办事；二是"刑无等级"，即"自卿相将军以至大夫、庶人，有不从王令、犯国禁、乱上制者，罪死不赦"[1]；三是"法必明，令必行"，强调法律的宣传普及和贯彻实施，使人们知悉法律而自觉守法。而所谓的"重刑"，即以重刑震慑犯罪，将犯罪遏制于犯意及预备阶段。同时，对犯罪者"不赦不宥"，一律严惩。

---

[1]《商君书·赏刑》。

（二）改法为律，扩充法律内容

商鞅是在《法经》的基础上修订秦律的，一是改法为律；二是制定新的法律。春秋末期，礼法分离，人们强调法要平齐，即《说文》所释的"平之如水"。但随着封建法律的建立、完善，新兴地主阶级法制建设经验的积累，人们已经不满足于法的公平，不仅要求法普遍适用，而且要求有法必行。而律强调的是法律规范在适用上的普遍性和必行性，适应了社会需求。《法经》内容是有限的，商鞅为了改革的需要，在制订秦律时，又大大扩充了法律的内容，对政治、经济、行政等方面都有所规定，企图把人们的各种行为都纳入法律调整之中，不仅在内容上已超出《法经》的范围，而且在性质上也同《法经》有很大差异。

（三）废除世卿世禄制，用赏罚的手段推行农战政策

商鞅变法之初便废除了井田制，剥夺了奴隶主旧贵族在井田制下所垄断的土地所有权，使全国的土地统一由国家向耕者分授，并由国家统一征收赋税。这样就削弱了旧贵族在经济上的优势，从而也为奖励耕战奠定了基础。在政治上，商鞅废除了世卿世禄制度，实行按军功授爵。除国君嫡系以外的宗室贵族，若没有军功，就取消其爵禄和贵族身份；而能以军功获爵，便可得到相应的"田宅、臣妾、衣服"。同时，还取消了分封制，实行郡县制，剥夺了各级贵族垄断地方政权的特权，由按照新的爵次等级选拔的官员来充任各级行政官职，老百姓也摆脱了奴隶主贵族的控制，由国家机关直接管理。

商鞅废止宗法分封制，在全国将一定规模的小乡邑聚为县，直接隶属于国君。县令等地方官亦由国君任免，建立了君主专制集权控制的官僚制度。同时对官吏规定了严格的法律责任。其后，秦在新占地区设郡，郡的长官称郡守。郡下设若干县，形成秦的郡县制。

商鞅认为，国家的强盛在于经济和军事实力的增强。因此，他对耕战有功者予以重赏，对怠于农业生产、从战不力的人予以重罚，用法律手段保障秦国日益富强。为此，商鞅推行"为田开阡陌封疆"的田制改革措施，重新划定土地疆界，把耕地的分配固定到每一户，并改变传统的劳役剥削方式，实行按户、按人口来征收"贡赋"，征调兵役徭役。

在农业方面的奖惩之法规定，对于尚未免除奴隶身份的人，如果耕织生产的粟帛多，也可以免除其奴隶身份。相反，对那些贪图商贾之末利，不事

农作，懒惰而致贫困的，则罚为官奴隶。此外，还规定上缴较多余粮的农民可以获得爵位。这样既使国家增加了粮食储备，又使有余粮的平民获得爵位，不仅在经济上富有，而且政治上也提高了地位。

为了更多地开垦土地，充分挖掘农民的劳动潜力，扩大户赋来源，商鞅还发布了《分户令》，其中规定一个家庭中有两个成年男子而不分家的，赋税加倍。

在军事方面，商鞅还制定了按军功授爵的专门法规——《军爵律》。

（四）创立什伍连坐制，实施奖励告奸法

为了有效地消灭犯罪，商鞅奖励告奸。他在秦国变法时规定，告奸者与斩敌首获同样的奖赏，匿奸者与降敌同罪。

奖赏能促使一些人去告奸，但只靠奖赏却不能保证所有发现他人犯罪的人都去告奸，必须采取一种督促的办法。商鞅所采取的办法之一就是连坐。发现他人犯罪的人，为了使自己不致受牵累，只好及时向官府报告。

连坐制度主要有以下四种：一是邻里连坐（邻伍连坐）。这种办法是将居民以五家为"伍"、十家为"什"，什、伍成为基层行政单位。按照编制，登记并编入户籍，责令互相监督。二是军事连坐。在军队中令五人为一伍，一人犯法，其余四人受连坐。三是全家连坐。在家庭成员中，一人有罪，全家受连坐。四是职务连坐。这是对担负国家职务的人实行的连坐。在职务上有隶属关系或有保举与被保举关系者，往往要负连带的刑事责任。商鞅制定的连坐之法还规定，旅店不能收留没有官府凭证者住宿，否则店主也要连坐。

由于商鞅变法取得巨大成功，秦国由关西边陲落后的"夷狄化外之邦"，迅速跻身于先进国家的行列。当然，变法也触犯了顽固守旧势力的既得利益，秦孝公死后，商鞅被守旧派车裂处死，但"商鞅虽死，而秦法未败"，如商鞅制定的什伍连坐制与后代的保甲制度相同。商鞅在秦国进行的改革，在深度上和广度上都超过了其他诸侯国，不仅给奴隶主旧势力以沉重的打击，而且各项法律制度的建设也比较系统、完备。商鞅的改革为秦国封建法律的发展奠定了基础，为秦国政治经济的发展提供了有力的法律保障，从而为秦完成统一大业创造了必要的条件。

四、战国时期司法制度

与春秋沿用西周体制不同，战国时期，各诸侯国的司法制度发生许多变化，初步形成了一套君主集权制的司法机关体系。

首先，最高司法审判权由国君掌握，国君对重大案件持有最后决定权和最终裁判权。在国君的直接掌控下，各诸侯国置有常设司法的审判机构，如秦国的廷尉、楚国的廷理、齐国的大理等，其职能基本相同。

其次，随着兼并统一战争的不断发生，边地进一步得到开发，各地人口迅速增多，各诸侯国相继推行了与宗法分封制完全不同的郡县行政制。郡守、县令或县长等郡县地方行政长官由国君直接任免，他们代表国君行使职权管理地方，并领取国家俸禄报酬，但是不再享有旧时的世袭特权。郡县行政长官同时也兼理地方的各种司法审判事务，县令或县长以下分设丞、尉等官吏，协助处理民政、军事、司法等事务。从这个时候开始，地方行政机关兼掌诉讼审判职能的司法制度确立。

【课后经典试题】

一、填空题

1. 商鞅变法，改法为（　　　）。

2. 战国时期，各国纷纷进行变法，其中楚国任命（　　　）为令尹，秦国任命（　　　）为左庶长进行变法。

3. 春秋时期最早颁布成文法的国家是（　　　）。

4. 秦孝公时，商鞅以（　　　）为蓝本，制定秦律。

5. 公元前501年，驷歂杀邓析而用其（　　　）。

6. 春秋时期，郑国（　　　）铸刑书于鼎，以为国之常法。

7. （　　　）国的（"　　　"）是中国历史上第一次公布成文法的活动；（　　　）国的（"　　　"）是中国历史上第二次公布成文法的活动。

8. （　　　）是中国历史上第一部比较系统的封建成文法典。

9. 商鞅认为，"禁奸止过，莫若（　　　）。"

10. 秦孝公死后，商鞅被守旧派（　　　）处死。

二、单项选择题

1. 春秋时期，郑国的邓析私造的刑书被称为（　　　　）。

A. 吕刑　　B. 竹刑　　　　C. 九刑　　　　D. 汤刑

2. 在《法经》中，类似于今天刑法典总则的篇目是（　　　　）。

A. 杂法　　B. 具法　　　C. 盗法　　　D. 捕法

3. 下列有关法经的表述哪一项是不准确的？（　　　　）

A.《法经》为李悝所制定

B. "盗法""贼法"两篇列为《法经》之首，体现了"王者之政莫急于盗贼"的思想

C.《法经》的篇目被秦汉律以及以后的封建法律所继承并不断发展

D.《法经》系中国历史上第一部成文法典

4. 孟子将孔子修身养性的"仁"的思想，与政治法律思想结合起来，进一步发展成（　　　　）的学说。

A. 仁政　　B. 无为　　　C. 义　　　D. 民本

5. 老子"无为而治"的思想的基本要求是（　　　　）。

A. 修身　　B. 顺其自然　　C. 兼爱　　　D. 小国寡民

6. 墨家学派是由战国初年的墨子创立的，其学说代表了（　　　　）的利益。

A. 奴隶主贵族　　　　　B. 平民和奴隶

C. 下层小生产者　　　　D. 农民

7. 春秋战国时期社会变动剧烈，社会生产力有了突飞猛进的发展，（　　　　）开始应用于农业生产。

A. 青铜器和牛耕　　　　B. 铁器和牛耕

C. 新石器和牛耕　　　　D. 人工灌溉技术

8. 春秋战国时期支持变法运动的阶级是（　　　　）。

A. 奴隶主阶级　　　　　B. 奴隶阶级

C. 新兴地主阶级　　　　D. 农民阶级

9. 晋国赵鞅、荀寅公布成文法时遭到了（　　　　）的反对。

A. 子产　　B. 孔子　　　C. 商鞅　　　D. 叔向

10. 认为"王者之政莫急于盗贼"并严厉镇压盗贼犯罪的法典是（　　）。

A. 《禹刑》 B. 《竹刑》　　　C. 《九刑》　　 D. 《法经》

11. 改"法"为"律"的是战国时期的（　　　）。

A. 子产　　 B. 李悝　　　　 C. 慎到　　　 D. 商鞅

12. 春秋时期最早公布成文法的是（　　　）。

A. 齐国　　 B. 鲁国　　　　 C. 魏国　　　　 D. 郑国

13. 因不满子产的刑书而私造"竹刑"的是（　　　）。

A. 邓析　　 B. 赵鞅　　　　 C. 孔子　　　　 D. 叔向

14. 战国时期的立法思想"不别亲疏，不殊贵贱，一断于法"的中心是（　　）。

A. 取消旧奴隶主贵族在法律上享有的特权

B. 否定"刑不可知，而威不可测"的秘密法

C. 要求人人守法

D. 有法可依，有法必依

15. 我国历史上第一部比较系统的封建成文法典是（　　　）。

A. 《秦律》 B. 《法经》　　　C. 《汉律》　　 D. 《禹刑》

16. 地方行政机关兼掌诉讼审判职能的司法制度确立于（　　　）时期。

A. 夏商　　 B. 西周　　　　 C. 春秋　　　　 D. 战国

17. 《法经》的首要打击对象是（　　　）。

A. 盗窃罪　 B. 抢劫罪　　　 C. 盗贼罪　　　 D. 杀人罪

18. 郑国执政子产于公元前536年"铸刑书"，这是中国历史上第一次公布成文法的活动。对此，晋国大夫叔向曾写信痛斥子产："昔先王议事以制，不为刑辟，惧民之有争心也……民知有辟，则不忌于上，并有争心，以征于书，而徼幸以成之，弗可为矣。"关于"不为刑辟"的含意，下列哪一选项正确？（　　　）

A. 不制定法律　　　　　　 B. 不规定刑罚种类

C. 不需要判例法　　　　　 D. 不公布成文法

19. 关于公元前359年商鞅在秦国变法，下列哪一选项是正确的？（　　　）

A. 商鞅取消郡县制，实行分封制，剥夺了旧贵族对地方政权的垄断权

B. 商鞅"改法为律"，突出了法律规范的伦理基础

C. 商鞅推行"连坐"制度，鼓励臣民相互告发奸谋

D. 商鞅提出"轻罪重刑"，反对赦免罪犯，认为凡有罪者皆应受罚

20. 针对晋国"铸刑鼎"的实践，鲁国的孔子也进行了强烈地批评。他说"晋其亡乎！失其度矣。……贵贱不衍，所谓度也。……今弃是度也，而为刑鼎，民在鼎矣，何以尊贵？贵何业之守？贵贱无序，何以为国？"这里的"度"指的是（　　　）。

A. 礼制中的等级制度　　　　　　　B. 纪律规范

C. 封建等级制度　　　　　　　　　D. 计算长短的单位或器具

三、多项选择题

1. 春秋战国时期儒家的法律思想主要包括（　　　　）。

A. 礼治　　B. 德治　　　　C. 人治　　　　D. 法治

2. 下列属于法家思想的有（　　　　）。

A. 事断于法　　　　　　　　B. 刑无等级

C. 发布与众　　　　　　　　D. 以刑去刑

3. 下列属于战国时期法制指导思想的有（　　　　）。

A. 明德慎罚　　　　　　　　B. 不别亲疏，不殊贵贱，一断于法

C. 法布于众　　　　　　　　D. 重其轻者

4. 春秋时期郑国两次制定法律，其制定者分别是（　　　　）。

A. 子产　　B. 赵鞅　　　　C. 邓析　　　　D. 商鞅

5. 春秋时期的基本特点是（　　　　）。

A. 井田制破坏　　　　　　　B. 王权旁落

C. 宗法制松弛　　　　　　　D. "法制"取代礼治

6. 战国初期魏文侯任用李悝进行变法，其内容有（　　　　）。

A. 尽地力之教　　　　　　　B. 善平籴

C. 制定《法经》　　　　　　D. 施行郡县制

7. "法者，编著之图籍，设立于官府，而布之于百姓者"，表达的意思包含（　　　）。

A. 要制定成文法　　　　　　B. 法律要公布于众

C. 要取消特权　　　　　　　D. 法律是官府制定的

8.《法经》的历史意义在于（　　　　）。

A. 初步确立了封建法制的基本原则

B. 初步形成了封建法制的基本体系

C. 对当时封建经济的形成和巩固起到促进作用

D. 为统一六国奠定了基础

9.“不别亲疏，不殊贵贱，一断于法”所表达的基本含义是（　　　　）。

A. 法律不应该因贵贱等级而有区别

B. 只要违法犯罪，都要按法律论罪处刑

C. 刑不上大夫

D. 贵族犯罪应与庶民一样，不享有法律上的特权

10. 商鞅变法所确立的连坐制度主要包括（　　　　）。

A. 什伍连坐　B. 军事连坐　　　C. 全家连坐　　D. 职务连坐

四、名词解释题

1. 竹刑　　2. 铸刑书　　3. 商鞅变法　　4.《法经》　　5. 子产

五、简答题

1. 简述春秋时期成文法的公布及其历史意义。

2. 简述郑、晋两国公布成文法的措施及所引起的争论。

3. 简述战国时期法家思想的主要内容。

4. 简述《法经》的主要内容、特点和历史意义。

5. 简述春秋战国时期儒家的主要法律思想。

6. 简述春秋时期法家的主要法律思想。

7. 简述春秋时期公布成文法的意义。

8. 简述商鞅变法的内容及其历史意义。

六、论述题

1. 试阐述《法经》的内容、特点，并揭示其阶级本质。

2. 试述春秋时期公布成文法的事件、争论及其意义。

3. 论儒家、道家、墨家、法家的法制思想及其区别。

4. 论李悝变法及其意义。

5. 论商鞅变法的内容及其意义。

七、案例分析题

1. (秦孝公) 以卫鞅为左庶长，卒定变法之令。令民为什伍，而相牧司连坐。不告奸者腰斩，告奸者与斩敌首同赏，匿奸者与降敌同罚。民有二男以上不分异者，倍其赋。有军功者，各以率受上爵；为私斗者，各以轻重被刑大小。僇力本业，耕织致粟帛多者复其身。事末利及怠而贫者，举以为收孥。宗室非有军功论，不得为属籍。明尊卑爵秩等级，各以差次名田宅，臣妾衣服以家次。有功者显荣，无功者虽富无所芬华。令既具，未布，恐民之不信，已乃立三丈之木于国都市南门，募民有能徙置北门者予十金。民怪之，莫敢徙。复曰 "能徙者予五十金"。有一人徙之，辄予五十金，以明不欺。卒下令。令行于民期年，秦民之国都言初令之不便者以千数。于是太子犯法。卫鞅曰："法之不行，自上犯之。"将法太子。太子，君嗣也，不可施刑，刑其傅公子虔，黥其师公孙贾。明日，秦人皆趋令。行之十年，秦民大说，道不拾遗，山无盗贼，家给人足。民勇于公战，怯于私斗，乡邑大治。秦民初言令不便者有来言令便者，卫鞅曰 "此皆乱化之民也"，尽迁之于边城。其后民莫敢议令。

——《史记·商君列传》

问题：

(1) 从材料中可以看出商鞅变法有哪些主要内容？

(2) 商鞅变法的意义有哪些？

2. 齐庄公有两个臣子，一个叫作王里国、一个叫作中里徼。这两个人打了三年的官司，司法官还是不能判断谁是谁非。齐庄公想把两个都杀了，又怕伤及无辜，犹豫是否把两个都释放了，又怕让有罪的人逃脱，于是他让两人共牵一头羊，在齐国的神祠中发誓。这两个人同意了这个办法，于是在地上挖一个洞，把羊杀了，羊血洒在地上。先读王里国的誓词，到结束也没有发生什么事，而读中里徼的誓词时，还未到一半，死羊就突然跳起来用头触中里徼，把他的脚弄断了。守神祠的人认为这是神灵显灵了，把中里徼装在口袋里并把他打死了。那个时候，在场齐国人没有哪个没有看到，远处的人也没有谁没有听到。这件事记载在齐国的史书上。诸侯们谈论起这件事时，都说："凡是设盟发誓而不真诚的，就要受鬼神的惩罚。这样的话，惨祸就来得非常快了。"以这项记载来看，鬼神的存在是无可怀疑的。因此墨子说："即使在深山密林幽谷这些没有人烟的地方，行事也不可不谨慎。因为有鬼神在注视着呢。"

问题：

（1）本案是用什么诉讼方式解决的？

（2）本案反映了墨家的哪些法律思想？

八、材料翻译分析题

请翻译下列文字，并进行简要分析。

1. 晋邢侯与雍子争鄐田，久而无成。士景伯如楚，叔鱼摄理，韩宣子命断旧狱，罪在雍子。雍子纳其女于叔鱼，叔鱼蔽罪邢侯。邢侯怒，杀叔鱼与雍子于朝。宣子问其罪于叔向。叔向曰："三人同罪，施生戮死可也。雍子自知其罪，而赂以买直，鲋也鬻狱，刑侯专杀，其罪一也。己恶而掠美为昏，贪以败官为墨，杀人不忌为贼。《夏书》曰：'昏、墨、贼，杀。'皋陶之刑也。请从之。"乃施邢侯而尸雍子与叔鱼于市。

——《左传·昭公十四年》

2. 郑国多相县以书者，子产令无县书，邓析致之。子产令无致书，邓析倚之。令无穷，则邓析应之亦无穷矣。是可不可无辨也。可不可无辨，而以赏罚，其罚愈疾，其乱愈疾。此为国之禁也。故辨而不当理则伪，知而不当理则诈。诈伪之民，先王之所诛也。理也者，是非之宗也。子产治郑，邓析务难之，与民之有狱者约：大狱一衣，小狱襦袴。民之献衣襦袴而学讼者，不可胜数。以非为是，以是为非，是非无度，而可与不可日变。所欲胜因胜，所欲罪因罪。郑国大乱，民口讙哗。子产患之，于是杀邓析而戮之，民心乃服，是非乃定，法律乃行。今世之人，多欲治其国，而莫之诛邓析之类，此所以欲治而愈乱也。

——《吕氏春秋·离谓》

第五章　秦朝的法律制度

(公元前 221 年—公元前 206 年)

【学习目标】

秦统一六国，建立了中国历史上第一个中央集权的大一统帝国，与此相适应，构筑了中国历史上数千年相传的法律制度的基本框架。本章为全书重点章。通过教学使学生了解秦朝法制的指导思想；理解秦朝的立法概况，掌握秦朝的法律形式；重点掌握秦朝法律制度的主要内容以及司法制度。

【开篇案例】

《史记·刘敬叔孙通列传》记载，秦二世元年（公元前 209 年），陈胜、吴广起义爆发后，使者上报朝廷，二世召集博士和儒生，询问如何处置此事。诸生三十余人上前奏道：臣民反叛，应该处以死刑，不能赦免，请求陛下尽快发兵镇压。此时，通过阴谋手段夺得王位的秦二世，沉溺于酒色，喜欢文过饰非，听了之后非常生气。这时，比较会察言观色的儒生叔孙通上前说："诸生所讲的话都不对，现在天下合为一家，政府拆掉了郡县的城墙，销毁了民间的兵器，以表示不再动兵用武。而且明主在上，法令颁行于下，使人人奉职，四方辐辏，怎么会有人敢造反呢？这不过是些鼠窃狗偷的盗贼而已，不值得一提。郡县的地方长官把他们逮捕论罪就行了，不需要为这事担忧。"二世听了很高兴，并又向博士诸生问了一遍，有些人认为是反叛，有些人认为是强盗。于是二世令御史将言反者以非所宜言罪下狱后处死，言盗者皆罢免。赏赐叔孙通帛二十匹，衣一袭，拜为博士。叔孙通事后即逃归故乡。

公元前 221 年，秦始皇建立了中国历史上第一个统一的专制主义中央集

权制的封建国家。秦朝统治者为了巩固统一的成果，建立了相当完备的法律
制度。由于秦朝的暴政峻法严重激化了社会矛盾，仅仅十余年后即被农民战
争推翻。但秦朝所确立的统一的君主专制中央集权制的法制体系，却对秦朝
以后的封建法制产生了深远影响。

第一节　秦朝的立法概况

一、立法思想

秦朝建立后，继续推行商鞅变法以来的法家思想和政策。其中，韩非的以
法治为中心，法、术、势相结合的思想，对秦始皇政权和法制活动影响极大，
成为秦朝法制指导思想。秦朝的法制指导思想大致可以概括为以下三个方面：

（一）法令由一统

这有两层意思，一是全国都要实行统一的法律、令。秦朝建立以后仍沿
用战国时秦国的法律。从湖北云梦出土的法律、令文书来看，秦朝把原来秦
国的法律、令推行到全中国，作为全国统一的法律、令。二是最高立法权属
于皇帝，"法出于一"、由皇帝"制作明法，臣下修饬"。皇帝在全国范围内
实行独裁，用以巩固专制主义中央集权制度。

（二）事皆决于法

秦始皇规定以吏为师，事皆决于法。这本来是战国时新兴地主阶级"以
法治国"的主张。秦朝建立后，仍以此为指导，加强立法，做到凡事"皆有
法式"。故后人称"秦法繁于秋荼，而网密于凝脂"[1]。

（三）以刑杀为威

这主要表现在两个方面：一是法网严密，以致人们动辄触犯刑律；二是
严刑重罚。这是商鞅轻罪重刑思想的继续和发展。特别是秦二世即位后，更
以严法重刑镇压民众，致使"蒙罪者众，刑戮相望于道，而天下苦之"，进一
步激化了社会矛盾。

---

〔1〕《盐铁论·刑德》。

二、立法活动

秦朝的立法活动，可分为两个时期，一是统一六国以前，一是统一六国以后。前一个时期是作为战国时期诸侯国之一的秦国，后一个时期则是统一后的秦朝中央政权，因前一个时期的立法在统一后的秦王朝仍然有效，因此，可视作秦朝立法的一部分。

战国时期，秦国大规模的立法活动起自商鞅变法。商鞅在《法经》的基础上制订了秦律，同时制订了一系列单行法规，如《垦草令》《为田开阡陌令》《分户令》等。商鞅为秦国制订的这些法令，直接促进了秦国封建政治、经济的发展，为秦完成统一大业奠定了基础。商鞅死，秦法不败。经历代君主的增删修改，秦律的内容得到进一步充实。从《云梦秦简》所记载的内容看，秦统一以前的法律已经相当丰富了。

秦始皇统一全国以后，为了改变战国时期由于诸侯割据而造成的"律令异法"的局面，首先废除各诸侯国法，将秦国原有的法律加以修订，并推行全国，建立了统一的封建法制。

秦始皇三十四年（公元前 213 年），由丞相李斯主持"明法度，定律令"，进行了一次较大规模的立法活动。这次立法对秦律有些什么修订和补充，史无记载。《云梦秦简》也只记载了秦始皇三十年（公元前 217 年）以前的部分法律，不包括李斯这次主持立法的内容。

秦始皇死后，秦二世根据赵高的建议，也曾"更为法律"。

尽管秦短促而亡，立法活动却是比较活跃的，法律内容也是相当丰富的。

三、法律形式

通过一系列的立法活动，统一后的秦朝法制比过去更加多样化，并形成了多种法律形式。秦朝的法律形式主要有如下几种：

（一）制与诏

"制""诏"是皇帝代表国家发布的诏令圣旨或法令文告，是皇帝针对某事发布的带有规范性质的命令。秦始皇统一天下后，便更定名号，自称"皇帝"，其命曰"制"，用于宣告百官；其令曰"诏"，用于宣告天下。"制""诏"成为秦朝具有最高效力的法律形式。自此以后，皇帝的诏令成为中国古代最基本的和效力最高的法律形式，充分显示出古代中国皇权的至高无上。

（二）律

"律"即秦律，是经过一定立法程序制定的系统的规范性文件，由国家颁布，具有一定的稳定性，是秦朝法律的主要形式。从湖北睡虎地《云梦秦简》中所记载的《田律》《仓律》《金布律》《除吏律》《戍律》等二十九种秦律来看，秦律的内容是非常丰富的，它显然构成了秦代法制的主体。"律"在后世成为中国古代法的代表形式，其地位由此奠定。但秦的"律"尚很分散，还远远没有法典化。

（三）程

"程"是关于劳动定额等确定额度的法规。"程"含有标准、额度之意。如秦律中的《工人程》就是关于官营手工业生产定额的规章。

（四）课

"课"是对官吏考核、检验方面的专门法规。如秦律中的《牛羊课》就是关于考核畜牧官吏对牛羊畜养的法规。

（五）式

"式"是关于国家机关在某些专门工作中的程序、原则及有关公文程式的法律文件。如秦律中的《封诊式》，就是关于审理案件程序的司法规则或文书程式，供司法官员审理案件时参考使用。

（六）廷行事

"廷行事"即判例。秦朝的司法官吏可以援引已生效的判例，特别是中央廷尉所作的判例来定罪量刑，因此成为秦朝的法律形式。湖北睡虎地《云梦秦简》所载之《法律答问》中有十余条直接以"廷行事"作为依据，由此可见，在秦代各级司法官吏审判案件的某些成例也是法律的补充形式。

（七）法律答问

"法律答问"是有关官吏代表国家对法律的内容、法律的适用、诉讼程序等问题所作的解释，这种解释也具有法律效力。湖北睡虎地《云梦秦简》所载之《法律答问》共有一百八十七条，多采用问答形式，对秦律的某些条文、术语以及律文的意图作出了明确解释，是对秦代律令条文的重要补充。

秦朝的法律形式虽然不像后世那样整齐划一，但却多种多样，内容十分详尽，也具备了后世法律形式的雏形。需要指出的是，秦朝法律内容细碎、繁杂，有的地方相互矛盾、重复，不仅"律"没有达到法典化的程度，且体现出了法律创制初期系统化程度低、逻辑严密性不强的特征。

四、《睡虎地秦墓竹简》

1975年底，在湖北省云梦县睡虎地出土了一大批秦始皇时期的竹简，其中大部分记载的是法律条文。这次发现，对于认识秦朝的法律制度，研究中国法制史具有重大的意义。

《睡虎地秦墓竹简》又称《云梦秦简》，其中提到的秦朝法规有二十多种。刑事法规有《盗律》《贼律》《捕亡律》《捕盗律》共四种；行政法规有《置吏律》《除吏律》《除弟子律》《属邦律》《司空律》《内史杂律》《尉杂律》《徭律》《傅律》《游士律》《行书律》《传食律》《效律》共十三种；经济法规有《田律》[1]《仓律》《厩苑律》《牛羊课》《藏律》《工律》《工人程》《均工律》《赍律》《金布律》《关市律》共十一种。军事法规有《军爵律》《戍律》《屯表律》《中劳律》共四种。其他法规有《公车司马猎律》《奔命律》《魏户律》共三种。

上述几十种法规多数是残缺的，有的仅存一两条律文，有的仅见律名而无律文，这说明《云梦秦简》中的法规只是秦律的摘录。除此之外，在出土的秦简中和法律有关的还有《法律答问》《为吏之道》《封诊式》等。《为吏之道》可能是为学习做吏者提供的教本，其中抄录了魏国的两条法律，是非常珍贵的史料。《封诊式》是一些治狱案例的汇集，其中涉及办案的程序和要求，提供了一些诉讼文书的格式。

第二节　秦朝法律制度的主要内容

从秦朝的立法活动以及《睡虎地秦墓竹简》中，可以看到秦朝法律令的内容是相当丰富的。

---

〔1〕 亦称为《田令》。

一、刑事方面

（一）定罪量刑的主要原则

1. 刑事责任的法定年龄

秦律对刑事责任的判断不是以年龄为标准，而是以身高为标准。男子身高达到六尺五寸，女子身高达到六尺二寸（秦制一尺相当于今制的七寸），则应负刑事责任。对于未成年人犯罪，按秦律规定，一般免予追究或依法减轻刑事责任。秦简《法律答问》对此解释说："甲小未盈六尺，有马一匹自牧之，今马为人败，食人稼一石，问当论不当？不当论及偿稼。""甲盗牛，盗牛时高六尺，系一岁，复丈，高六尺七寸，问甲何论？当完城旦。"《仓律》规定："隶臣、城旦高不盈六尺五寸，隶妾、舂不盈六尺二寸，皆为小。"从这三条看，秦律以身高不足六尺作为未成年的标准，男子身高达到六尺五寸、女子身高达到六尺二寸则负完全刑事责任。

2. 区分故意与过失

秦律中称故意为"端"，过失为"不端"。要求司法官吏在适用刑罚时不仅要考虑犯罪的行为，还要考虑行为人在实施犯罪行为时的心理状态。对于故意犯罪要从重处罚，对于过失犯罪要从轻处罚。秦简《法律答问》云："甲告乙盗牛若贼伤人，今乙不盗牛、不伤人，问甲何论？端为，为诬人；不端，为告不审。"

3. 教唆犯加重

对于教唆他人犯罪的行为，秦律的原则是从重处罚。对于教唆未成年人犯罪的行为，尤其要从重处罚。如教唆成年人盗窃杀人，一般依法处死刑；教唆身高不满六尺的未成年人盗窃杀人，则处以磔刑。

4. 共同犯罪加重

秦律对于共同犯罪，一律加重处罚。集团犯罪，尤其要加重处罚。如秦律规定：盗钱六百六十钱，黥劓为城旦。如五人共盗，即使"一钱以上"，也要斩左趾，又黥以为城旦。

[小案例] 群盗罪

这是秦简《封诊式》群盗爰书记载的案例：某亭校长甲，求盗在某里曰乙、丙缚诣男子丁，斩首一，具弩二，矢二十到县，控告说：丁和这个被斩首的人"强攻群盗"（合伙抢劫）。昨日白天甲率领乙等巡逻到某山时，发现了丁和这个被斩首的人，将丁捕获，经过审讯，丁供称：被斩首的是某里士伍戊，丁、戊、己、庚、辛等五人，手执武器弩二，矢二十，强抢一有公士爵位之家，获钱万，逃至深山，己等人在之前已经被捕，丁和戊逃跑，到处流浪，无处寄居。甲等搜山时候，想抓二人，戊用弩射乙，结果被杀并被取了首级，丁被抓。经查，丁、戊除了抢劫外，没有其他犯罪，最后县廷以抢劫罪对二人作出了判决。

有关罪名的规定与适用：在秦墓竹简中把这个案件定性为侵犯财产罪的群盗罪。秦简中多次出现群盗的概念，本案例只是其中之一。从群盗案的内容来看，无疑属于强盗罪。用现在的法律来分析就是强盗罪，既是侵犯财产，也是侵犯人身。对于群盗罪犯一般是"斩左趾为城旦"，如有加罪情节，则"斩左趾又黥为城旦"。根据秦代的刑法原则，对犯罪者要区分故意与过失。秦律中，"端"或"端为"为故意，根据《墨子·号令》："其端失火以为乱事者，车裂"。官吏断案，如故意出入人罪，为"不直"或"纵囚"。《法律答问》："罪当重而端轻之，当轻而端重之，是谓不直；当论而端弗论，及惕其狱，端令不致，论出之，是谓纵囚。"秦律中关于盗钱、盗牛、盗衣物、逃亡、逃避徭役、杀伤、斗殴等案例，均被认定为故意犯罪，一律追究刑事责任并从重处刑。至于过失，在秦律中称为"失"或"失刑"，官吏对盗犯的赃物未及时估价，以致判刑失当，按过失论处，过失犯罪处罚较轻，当赀盾者，仅"谇"，即可了事。本案中，丁和戊当然属于故意犯罪，应当从重处罚。同样根据秦代的刑法原则，集团犯加重。《法律答问》记载："五人盗，臧（赃）一钱以上，斩左（趾），有（又）黥以为城旦；不盈五人，盗过六百六十钱，黥劓以为城旦；不盈六百六十到二百二十钱，黥为城旦。"可见五人以上集团犯罪，即使赃不值一钱，也比不足五人的盗六百六十钱的处刑要重，这在秦律中称之为"加罪"。本案中，丁是共同犯罪的五个人之一，所以也属于"加罪"。透过秦律的内容可以看出，当时农民的斗争形式，既有消极怠工"不田作"，也有毁坏公器、逃亡和有组织地对官僚、地主进行武装袭击。秦律对此均处严刑，显示了它作为封建国家刑法的本质。

5. 累犯加重

被判刑或正在服刑而又犯新罪的人，要加重处罚。如"隶臣"以"司寇"的罪行诬人，对他就不应适用以"司寇"这种刑罚反坐的原则，而是要加重处罚，"耐为隶臣，又系城旦六岁"。

6. 政治犯加重

对于有侵犯君主等问题的重大政治犯罪，一律加重处罚。即使是一般的刑事犯罪，如带有政治色彩，也要加重处罚。如盗窃了一个皇帝祭祀用的猪肾，即使不值一钱，也要"耐为隶臣"。

7. 诬告反坐

秦律规定，凡故意诬告他人者，一律反坐。秦简载："伍人相告，且以辟罪，不审，以所辟罪罪之。"

8. 自首减刑

自首在秦律中称作"先自告"或"自出"。如系被连坐者自首，一般可以免除连坐。

（二）刑罚种类

1. 死刑

秦朝沿用战国以来执行死刑的方法，种类很多，其常用者如下：

（1）绞。用绳索将犯人勒死，尸体完整。

（2）枭首。将犯人的头砍下后悬于木杆上示众。

（3）腰斩。将犯人拦腰砍断以处死。

（4）弃市。将犯人在闹市杀死，并将尸体暴露街头，所谓"刑人于市，与众弃之"。

（5）族，又称"夷三族"。这是将与犯人有血缘亲属关系的人一并处死的刑罚。三族的范围一说为父母、兄弟、妻子，一说为父族、母族、妻族。

（6）具五刑。是对应受族刑的犯人加施黥、劓、斩趾等肉刑并致其死的酷刑。

2. 体刑

（1）黥。刺划犯人面部并染以墨色作为罪犯标记的刑罚。

（2）劓。割掉犯人的鼻子。

（3）斩左趾、斩右趾。砍掉犯人的左脚或右脚。

(4) 宫，又称"腐刑"。是割掉男犯人外生殖器或将女犯幽闭以破坏犯人生殖机能的刑罚。

(5) 髡。剃去犯人头发、鬓毛的刑罚。

(6) 耐。剃去犯人鬓毛、胡须的刑罚。

(7) 笞。击打犯人身体，笞一般用竹或木。

3. 劳役刑

(1) 城旦舂。强制男犯人服修筑城墙一类劳役，女犯人服舂米一类劳役的刑罚。

(2) 鬼薪、白粲。强制男犯人为宗庙祭祀砍运柴草，女犯人服择米等劳役的刑罚。

(3) 隶臣妾。强制犯人服各种杂役的刑罚，男犯人称"隶臣"，女犯人称"隶妾"。

(4) 司寇。这是罚男犯人服守备一类的劳役，女犯人服类似的劳役。

(5) 候。轻于司寇的劳役，为守备的一种。

(6) 赀戍。罚犯人戍边，有一定期限的劳役。

4. 迁

将犯人流放到边远地区的刑罚。秦时一般是迁到新夺取的地区或蜀地。秦的迁刑分有罪当迁与宥其原罪而迁两种。

5. 赀

赀刑，就是强令犯有某种罪行的人交纳一定数量的钱物或服一定徭役的刑罚。

6. 谇

谇，就是训诫，多用于轻微犯罪的官吏。

(三) 主要犯罪及处刑

1. 危害以皇帝为首的封建专制主义统治的犯罪

秦统一以后，建立了封建主义中央集权制。这一制度的最高首脑和总代表是皇帝，因此，保护这一制度的核心问题是保护皇帝的尊严、人身安全和权力。

为维护皇帝的尊严，法律惩处对皇帝的不恭敬行为。《秦律杂抄》中载："伪听命书，废弗行，耐为候；不避席立，赀二甲，废。"就是说，对皇帝的命令不认真执行，要"耐为候"，听皇帝命书时不离席而立，要"赀二甲"，并撤职永不叙用。

对于侵犯或可能侵犯皇帝人身安全的行为，秦律更是给以严厉的处罚。"宿者已上守除，擅下，人赀二甲。"皇帝的警卫者擅自离开岗位，要"赀二甲"。"行所幸，有言其处者，罪死。"对于皇帝的行止有泄密行为者，要处以死刑。

皇命的权力是绝对的、神圣的，任何侵犯或企图侵犯这一权力的行为或思想都是严重的政治犯罪，秦律将这一类犯罪称作"谋反""为逆""不忠"或"为乱"，一般要处以族刑。

在秦律中，反抗封建政权的农民被称作"盗贼"，聚众反抗的被称作"群盗"。秦律要求国家各级官吏要及时捕获或剿杀"盗贼"。为了将反抗封建政权的行为消灭在萌芽状态，秦朝的统治者运用法律手段加强对社会的管理和对人们思想言论的控制。例如，旅店留宿无证件之人即为有罪；伪造、盗用官府印玺的行为构成严重犯罪；异端言论为"妄言"或"非所宜言"，也构成严重犯罪。

[小案例]

李斯是战国、秦代的著名政治家，先后委任客卿、廷尉、左丞相。陈胜、吴广起义爆发后，秦王朝统治集团的内部矛盾加深，李斯长子李由为三川守，未能阻截吴广、周义等起义军西进，使者调查此事后弹劾李斯失职，引起秦二世对他的猜疑。郎中令赵高为了独揽大权，故意劝李斯、右丞相冯去疾、将军冯劫在二世与女眷宴饮作乐时进谏，批评朝政，请求皇帝减轻赋税徭役以缓和社会矛盾，激怒了胡亥，下令将他们逮捕入狱，由赵高审理。冯去疾、冯劫自杀，李斯在狱中多次上书辩解，均被扣留。赵高诬陷李斯、李由等和起义军互通书信，意图谋反，对李斯严刑拷打，逼迫他认罪，并将其宗族宾客尽数收捕。赵高指使门客十余次诈称是皇帝派来的御史、谒者、侍中，前去复审，李斯大呼冤枉，却遭到不断地毒打，李斯感到如果不招认也会被毒打致死，后来秦二世派人来验狱的时候，李斯也不敢再申诉，承认了谋反的罪名，结果，在秦二世二年（公元前208年）七月，李斯被"具五刑"处死于咸阳，并被诛灭了三族。

2. 危害地主阶级的经济利益的犯罪

秦统一中国以后，"使黔首自实田"，要求有田者向国家呈报占田数量，从而在全中国范围内确认封建土地私有制。为了保护私有土地的所有权和使用权，秦律对有关的侵权行为予以刑事制裁。如秦律规定，"盗徙封"，即私自移动田界的行为构成犯罪，要处以"赎耐"。

侵犯国家或个人其他财产的行为也是秦律打击的重点。如秦律规定：盗一百一十钱要"耐为隶臣"；超过二百二十钱要"黥为城旦"；盗过六百六十钱要"黥劓为城旦"。甚至"盗采人桑叶，赃不盈一钱"，也要罚劳役三十天。

秦朝的统治者为了维持国家机器的运转，对农民进行残酷的经济剥削，这种剥削主要体现为租赋和徭役，秦律对此予以严密的保护。

秦的租赋主要是田租和户赋。为保证田租收入，《田律》规定了田租应交纳粮草的种类、数量，同时规定了"匿田"罪，百姓不纳租或部佐征收百姓的田租不上报，都以"匿田"论处。为保证户赋的收入，秦在商鞅变法时就规定："民有二男以上不分异者，倍其赋"，以扩大户赋的收入。在秦律中也规定了"匿户"罪，这是指隐瞒人户，不征发徭役，也不缴纳户赋的行为。

徭役是国家劳动力的主要来源，为此，秦律规定，男子十七岁就要到政府登记，即"傅籍"，从此要为国家承担徭役，到六十岁方可"免老"，不再服徭役。"当傅弗傅"是一种犯罪，以欺骗手段"不当免老而免老"也是一种犯罪。

秦律对被征发徭役而逃亡的，不去报到的行为，规定的罪名为"逋事"；对已到达劳役地点而逃亡的行为，规定的罪名为"乏徭"；二者都会受到刑罚制裁。

二、民事方面

秦朝没有现代意义上的民法，也没有专门关于民事方面的单行法规，但是秦律中有大量调整民事行为的规定。在刑律以及其他法律法规或者在《法律答问》之中涉及秦朝民事法律关系的诸多方面。

（一）所有权

从现有的史料来看，秦朝存在两种所有权：一是国家所有权。国家所有权的范围十分广泛，当时社会的基本生产资料、生活资料和公共设施，都是属于国家所有。国家所有权实质上是皇帝所有权。二是家户所有权。秦朝已经出现生产资料和生活资料的私有化，但是秦朝不承认个人的私有权，只承认家族和户的所有权。

当所有权受到非法侵害时，秦朝主要以刑罚手段进行保护，但有时也会根据情况使用一些比较缓和的民事手段，如赔偿损失、确认所有权、返还原物、返还不当得利等。秦朝承认因所有物的灭失、转让、所有权人自愿放弃、主人自愿免除与奴隶的从属关系以及籍没入官等原因使原所有权归于消灭。

（二）债权

契约是秦朝"债"的主要依据，《云梦秦简》里的相关记载多是官府与百姓之间的契约。秦朝的书面契约称为"判书"，分为左右两券，债权人持右券，债务人持左券。秦朝的债权债务关系中也有担保人的存在，担保人既可以是官府，也可以是私人，秦律禁止强迫债务人以人身抵押。秦律也承认债权债务可能发生的变更。如《金布律》中规定：债务人迁移他县的，原县官府可将债权转让给债务人迁入的官府，让债务人继续履行债务。当债务难以偿还或履行时，秦律规定了很多强制履行的方式，如官吏无法履行其债务时，可以从其俸禄中按比例扣除；百姓对官府负有债务无法偿还时，可以强制其"居作"（劳役）偿还债务。对于债权债务的解除，既可以由双方当事人协议解除，也可以由债权人单方面宣布免除。某些情况下，债务人死亡也可使债权债务关系消灭。

（三）婚姻与家庭方面

在秦朝，婚姻关系的成立需要具备两个条件：一是达到成婚的年龄，也就是男子身高六尺五寸以上、女子身高六尺二寸以上才能成立婚姻关系；二是必须到官府登记，取得官方认可后，婚姻关系才合法有效。

在秦朝丈夫休妻也需要进行登记，否则构成"弃妻不书"罪。

秦朝由于奉行"法治"，遵循法家思想，故而受到儒家伦理道德以及"礼"的观念的影响较小，因此秦朝的婚姻制度虽然也是维护封建夫权，但是相对于后世来说对夫权是有一定限制的。一方面，秦律有一些维护封建夫权的规定，如妻子不能擅自离开丈夫（去夫亡），不能娶他人逃亡妻子为妻（娶人亡妻）以及寡妇不能随意改嫁（弃子而嫁），等等。另一方面，秦律也要求丈夫对妻子负有一定义务，如禁止已婚男子与他人通奸，不能随意殴打妻子，等等。在《法律答问》中记载，丈夫殴打妻子，导致妻子耳朵撕裂或者造成骨折脱臼的，对丈夫要处以"耐刑"。夫妻双方负有法律上的连带责任，双方互有告奸的义务，如丈夫有罪，妻子控告检举的，可以不被没为官奴婢，其陪嫁的奴隶、衣物、器具等也不予没收。

在家庭关系方面主要是维护封建家长父权，严惩子孙卑幼不孝的行为。秦律规定家长可以向官府控告子孙不孝，并要求官府对卑幼亲属处以刑罚的权利。对于此类控告，官府不得拒绝受理。但是，由于秦朝奉行法家思想，秦朝对父权的维护也比后世要弱。秦朝规定无充分理由，且未经过官府允许，家长不得随意杀害、伤害卑幼亲属，否则构成"擅杀子"，要处以"黥为城旦舂"的刑罚。同时对于子孙卑幼殴打尊长的行为，秦朝的处罚也比后世要轻。

[小案例]

这是记载于睡虎地秦简《封诊式》中的案例，案情非常简单：某里士伍甲到县廷控告说，甲的亲生儿子同里的丙不孝，请求处以死刑，县令当即让令史己前往捉拿。令史己和牢隶臣某捉拿丙，最终在某家将丙抓获。县丞某审讯丙，丙承认是甲的儿子，而且也承认的确对父亲不孝，于是，县廷就以不孝罪处罚了丙。

三、经济方面

（一）调整经济关系的法律规定

在现已发现的秦代法规中，有很大一部分是调整经济关系的，其中特别是对农业经济的调整。《田律》规定：春二月，不准伐山林，以保持水土和林木。不准堵塞水源，以利于农业生产。县级政权要按时上报农田的耕种情况、庄稼的生长情况以及土地受雨或受灾的面积。

《仓律》规定了每亩地不同作物的播种数量，并允许在不同情况下变通处理。对谷物的保存还作了详细规定：凡谷物入仓，一定记账，账目上报内史，如有丢失，主管者与有关人员要负责赔偿。

《效律》规定管仓的人如有弄虚作假、移多补少之类的行为，要"与盗同法"。

《司空律》规定对以劳役抵偿赎金或债务的人，在播种和治苗时要给他们二十天回家务农的时间。官吏不得在一家同时抽调两个人服劳役，以保证有足够的人力从事农业生产。

（二）手工业管理方面的法律规定

秦的统治者也很注重手工业，对此也有许多相应的法律规定。《均工律》规定：有技艺可以做工匠的隶臣，不准让他从事其他劳役。《工人程》对公营手工业作场的人员定额作了具体的规定，并根据劳动力的不同情况，规定了详细的折算办法。

（三）商业管理方面的法律规定

从总的政策看，秦朝对商业采取限制的原则，但在国家允许的范围内进行的商业活动，法律也予以调整和保护。这方面的规定主要有：

对某些商品规定了价格。如粮食价格为每石三十钱，劳役的折算价格每日八钱。允许市场价格存在，但在买卖时，货物要明码标价。

对流通的货币有严格限制。如以布帛为货币的，必须达到国家规定的长、宽及质量标准，否则不得流通。市场上的商贾对钱和布两种货币要同样对待，不得"择行钱市"。

对某些商品限制经营。如居住农村的百姓不准卖酒，有关官吏应严加禁止。

四、行政方面

秦朝十分重视吏治。在秦律中，对于选官的标准、官吏的考核、官吏在执行职务时的法律责任等都作了相应的规定。在《为吏之道》中，提出吏之"五善"作为"良吏"的标准："一曰忠信敬上，二曰清廉毋谤，三曰举事审当，四曰喜为善行，五曰恭敬多让。"

对于官吏的考核则依据承担职务的不同而采取不同的办法，对有关法律掌握得如何是考核官吏的一个重要方面。对官吏在执行职务时的法律责任，秦律主要规定了以下几种：一是犯令和废令，按照《法律答问》的解释，"令曰勿为而为之"，是为"犯令"，"令曰为之而弗为"，是为"废令"；二是玩忽职守，致使国家利益受损失；三是为奸事，即利用职权，胡作非为；四是任人不善，依照秦律规定"任人而所任不善者，各以其罪罪之"；五是论狱不直，即故意畸轻畸重处罚犯人；六是纵囚，即故意放纵罪犯；七是失刑，即由于过失而造成适用法律错误。

五、秦朝法律的主要特点

从上述秦律的主要内容来看，秦律的特点主要体现在以下几个方面：

（一）带有明显的奴隶制法制的痕迹

作为一个封建制国家，秦朝的法律有限制奴隶制度、支持奴隶解放的一面，但由于特定的历史条件，秦朝法制保留了奴隶制法的许多内容。在秦朝，国家和私人蓄奴受法律保护，奴隶的子女在一般情况下仍为奴隶，不准私自改变身份。如奴隶不驯服，官府会应奴隶主的请求而随时予以镇压。秦律规定的"收孥"之法也是在不断制造新的奴隶。

（二）法峻刑残

秦律以严酷著称。尽管在秦律中出现了以徒刑和罚金取代肉刑的趋势，但肉刑的适用仍相当广泛。族刑被广泛应用，刑徒的数量相当多，在法律适用上，无辜而受株连、轻罪而获重刑的情况是极为普遍的。

（三）条目繁杂、法网细密

秦律形式多样，内容比较完备。但秦律缺乏严格的系统性，条目比较繁杂，法网相当细密，有些细琐的小事也在法律中作出规定，细密到烦琐的程度。之所以如此，一方面同法家"塞民以法"的思想影响分不开，另一方面同秦朝的统治者缺乏封建立法的经验有关。

（四）注意运用法律调整经济关系

在自然资源管理方面，《田律》规定：春天不得砍伐林木，不得捕捉幼鸟、幼兽；在手工业生产和商业管理方面，也规定了严密的制度。这些规定无疑在促进秦朝经济发展方面起着积极作用。

第三节　秦朝的司法制度

一、司法机关

在中央，皇帝不仅是最高的立法者，而且是最高审判官，特别是秦始皇"昼断狱、夜理书"，直接审理案件，对一切重大案件拥有最后决定权。作为百官之长的丞相和仅次于丞相的御史大夫，也有权参与司法活动，有一定的审判权。中央常设司法机关为"廷尉"，其长官亦称"廷尉"，主要审理皇帝交办的诏狱等重大案件和审核平决各郡上报的重大或疑难案件。

在地方，郡的审判官是郡守或其他郡长官，县的审判官是县令或县长，有权审结一般案件，但死刑或重大疑难案件须上报廷尉审核裁决。县令下设有县丞、啬夫负责具体的诉讼工作。

二、诉讼程序和审判制度

（一）诉讼的提起

秦律将提起诉讼的形式分为两种：一种是官告，即官吏代表国家纠举犯罪；另一种是自诉，即被害人直接向官府呈诉。

秦律将自诉的案件分为两类，一类称"公室告"，另一类称"非公室告"。属于"公室告"案件，官府一律受理。属于"非公室告"案件，如官吏不纠举，当事人呈诉官府不受理，坚持要告，则"告者罪"。秦律对这两类案件是这样划分的："贼杀伤、盗他人为'公室'；子盗父母，父母擅杀、刑、髡子及奴妾，不为'公室'告"。此规定主要是为了禁止以卑告尊、以奴告主，是对奴妾和子女诉权的限制，但并非意味着此类行为不构成犯罪。

（二）调查取证与查封财产

司法机关受理案件后，应调查取证或现场勘察、检验，并作出"爰书"笔录。"爰书"内容包括姓名、身份、籍贯、有无前科、判过何刑、赦免与否等。对需要查封的财产，可强制"封守"，并登记制作"爰书"，由专人看守。如遇到人命案件时，应有法医验伤的相关记录。秦朝时的法医检验技术和司法鉴定水平已相当高超，在《封诊式》中有《贼死》（凶杀）、《经死》（缢死）、《穴盗》（凿洞偷窃）、《出子》（流产）等现场勘察或尸体检验的多件"爰书",内容丰富,记载翔实。

（三）官吏捕亡和案件的审理

秦律规定,对于被控告有罪而且赃证俱在的人,应立即予以拘捕,如犯人逃亡,要进行追捕。如官吏不追捕,有意放纵犯人,要令其服逃亡者应服的劳役,直到捕获逃犯为止。

受理案件以后,有关官吏应注重搜集证据,认真进行现场勘察和有关检验,询问证人,以备审理使用。审理案件时,犯人的口供是主要的定罪依据,为取得口供,刑讯是合法的,但对刑讯有一定的限制,提倡以不刑讯而获得犯人口供,如必须使用刑讯,要记录在案。

（四）判决的执行和刑徒管理

秦律要求司法官吏要依法判决,否则要受到处罚。司法官员徇私枉法或渎职失职,如量刑不当为"失刑"罪,重罪轻判或轻罪重判为"不直"罪,有罪不判或减轻案情使罪犯逍遥法外则为"纵囚"罪。

判决作出以后,当事人不服,可以要求重新审判,这叫"乞鞫"。乞鞫可以由罪犯本人提出,也可以由他人代为提出。

判决一旦成立就要立即执行。刑徒要立即送到服役地点;罚金要在规定时间内交纳,如犯人无力交纳,应以劳役抵偿。如果由于主管官吏延误,使犯人逃亡或死亡,由主管官吏赔偿。

秦朝刑徒相当多,因此,秦律中有许多关于刑徒管理的规定。如关于刑徒口粮的供应标准的规定,关于刑徒劳动管理的规定,关于刑徒囚衣、刑具的规定,等等。

三、监察制度

秦朝设立了监察机关,中央负责监察工作的是御史大夫,下设御史,他们的主要职责是纠举百官,同时对司法审判进行监督。秦在地方郡县也设立御史,以监督郡县官吏的行为,同时监督司法审判活动,因而又称作"监郡御史"。

秦代的御史监察之制尚处于初创阶段,其御史大夫、御史中丞以及其他御史虽领有纠察之责,辅佐皇帝监察百官,但仍负有其他各种行政事务,还不是专职的监察官员。不过,秦代开创的监察制度不仅为后世历代王朝所继承，而且以御史监察百官还构成了中国古代政治制度和司法制度的一大特色，其历史影响是极为深远的。

综上所述，秦王朝建立了空前完备的封建法制，对汉及其后世的封建立法产生了巨大影响。"汉承秦制"，汉初基本上全面继承了秦的法律，后来的封建法律是在秦汉法制的基础上演变和发展起来的，秦的立法为后世提供了宝贵的经验。由于秦统一后推行严刑峻法，激化了社会矛盾，导致秦的速亡，也为后世提供了深刻的历史教训。

【课后经典试题】

一、填空题

1. 秦朝的"具五刑"是一种以极端残忍的（　　　）与（　　　）并用的刑罚。

2. 秦朝强制男犯去山林砍柴以供宗庙祭祀用的刑罚叫作（　　　）。

3. 在秦朝，偷偷移动田界标志的犯罪是（　　　）。

4. 秦朝以（　　　）确定责任年龄。

5. 秦律中称故意为（　　　），过失为（　　　）。

6. 秦朝强制男犯人服守备一类的劳役的刑罚叫作（　　　）。

7. （　　　）是目前看到的我国历史上最早的货币立法。

8. 秦在战国时已设有（　　　）为最高司法审判机关。

9. 秦朝自诉案件分为两种：一是（　　　），二是（　　　）。

10. 秦律中有"公室告"和"非公室告"之分。官府对"公室告"的案件必须（　　　），对"非公室告"不得（　　　）。

11. 秦朝中自首称作（　　　）。

12. 秦律剃去犯人头发、鬓毛的刑罚叫作（　　　）。

二、单项选择题

1. 秦始皇时期，某地有甲乙两家相邻而居，但积怨甚深。有一天，该地发生了一起抢劫杀人案件，乙遂向官府告发系甲所为。甲遭逮捕并被定为死罪。不久案犯被捕获，始知甲无辜系被乙诬告。依据秦律，诬告者乙应获下列哪种刑罚？（　　　）（2006年司法考试试题）

A. 死刑　　　　B. 迁刑　　　　C. 城旦舂　　　　D. 笞一百

2. 秦朝男子的刑事责任能力的认定标准是（　　　）。

A. 身高　　　B. 身高和年龄　C. 年龄　　　　D. 身高或年龄

3. 秦刑罚中的"具五刑"是指（　　　）。

A. 一种死刑　　B. 一种耻辱刑　C. 一种赀刑　　　D. 一种自由刑

4. 依秦律，发布反对或推翻秦朝统治的言论构成下列哪项罪名？（　　　）

A. 以古非今罪　　　　　　　B. 妄言罪

C. 非所宜言罪　　　　　　　D. 怨望诽谤政治罪

5. 关于公元前 359 年商鞅在秦国变法，下列哪一选项是正确的？（　　　）（2007 年司法考试试题）

A. 商鞅取消郡县制，实行分封制，剥夺了旧贵族对地方政权的垄断权

B. 商鞅"改法为律"，突出了法律规范的伦理基础

C. 商鞅推行"连坐"制度，鼓励臣民相互告发奸谋

D. 商鞅提出"轻罪重刑"，反对赦免罪犯，认为凡有罪者皆应受罚

6. 在秦朝，"子盗父母""父母擅刑"等属于（　　　）。

A. 公罪　　　B. 私罪　　　　C. 公室告　　　D. 非公室告

7. 秦朝中央最高司法机关长官是（　　　）。

A. 太尉　　　B. 廷尉　　　　C. 御史大夫　　　D. 大理卿

8. 秦律对官吏应遵循的为官准则和具体职权规定在（　　　）。

A.《法律答问》B.《尉杂律》　C.《除吏律》　　D.《为吏之道》

9. 秦代郡的专职司法官是（　　　）。

A. 郡守　　　B. 郡守副　　　C. 县令　　　　D. 啬夫

10. 秦简《法律答问》记载的"五人盗，赃一钱以上，斩左趾，又黥以为城旦；不盈五人，盗过六百六十钱，黥劓以为城旦"，规制的是下列哪一犯罪行为？（　　　）

A. 教唆行为　　　　　　　　B. 包庇行为

C. 共同犯罪行为　　　　　　D. 累犯行为

11.《法律答问》是一部（　　　）。

A. 法律条款　　　　　　　　B. 私家法律

C. 官方法律解释　　　　　　D. 判例

12. 秦律在定罪量刑时有区分故意与过失的规定，故意犯罪为（　　　）。

A. 告　　　　　B. 不告　　　　C. 端　　　　　D. 不端

13. 秦朝的法律形式中没有（　　　）。

A. 律　　　　　B. 诏令　　　　C. 格　　　　　D. 式

14. 秦简《法律答问》载："把其假以亡，得及自出，当为盗不当？自出，以亡论"，规定的是（　　　）。

A. 包庇行为　　B. 教唆行为　　C. 帮助行为　　D. 自首行为

15. 秦简中的《田律》《仓律》《均工律》《金布律》可纳入（　　　）。

A. 刑事法规　　B. 行政法规　　C. 经济法规　　D. 国际法规

16. 秦朝司法审判的成例称之为（　　　）。

A. 法律答问　　B. 令　　　　　C. 廷行式　　　D. 律

17. 秦统一天下后，继续推行法家思想，对秦始皇政权和法制活动影响极大并成为其指导思想的是（　　　）。

A. 孔子的思想　B. 墨子的思想　C. 韩非的思想　D. 老子的思想

三、多项选择题

1. 赀刑是秦朝的一种独立刑，下列可以作为赀刑的客体的有（　　　）。

A. 箭　　　　　B. 盾　　　　　C. 甲　　　　　D. 服徭役

2. 秦代的诉讼原则有（　　　）。

A. 有罪推定原则　　　　　　B. 以法律和事实判决的原则

C. 有条件的刑讯原则　　　　D. 证据原则

3. 秦汉时期的刑罚主要包括笞刑、徒刑、流刑、肉刑、死刑、耻辱刑等，下列选项属于徒刑的是（　　　）。（司法考试试题）

A. 候　　　　　B. 隶臣妾　　　C. 弃市　　　　D. 鬼薪白粲

4. 秦代行政法规的内容涉及（　　　）。

A. 行政机构设置　　　　　　B. 官吏任用

C. 官吏职责　　　　　　　　D. 官吏奖励

5. 秦代的刑法原则包括（　　　）。

A. 区分故意与过失　　　　　B. 自首从轻

C. 累犯加重　　　　　　　　D. 诬告反坐

6. 秦代的法制指导思想中包括（　　　）。

A. 法令由一统　　　　　　　　B. 重刑主义

C. 德主刑辅　　　　　　　　　D. 事皆决于法

7. 为了维护封建尊卑、主奴关系，将诉讼分为（　　　）。

A. 非公室告　　B. 自告　　　C. 公室告　　　　D. 官告

8. 《云梦秦简》的法律文书包括（　　　）。

A. 《秦律十八种》　　　　　　B. 《秦律杂抄》

C. 《法律答问》　　　　　　　D. 《封诊式》

四、名词解释题

1. 制诏　　　　2. 律　　　　　3. 程　　　　4. 课

5. 式　　　　　6. 城旦舂　　　7. 鬼薪　　　8. 白粲

9. 隶臣妾　　　10. 司寇　　　　11. 候　　　　12. 盗徙封

13. 五善　　　14. 廷尉　　　　15. 公室告　　16. 乞鞫

五、简答题

1. 简述秦朝有哪些法律形式？

2. 简述秦朝的劳役刑。

3. 简述秦朝的审判制度。

4. 简述我国古代监察制度的渊源。

5. 简述秦朝的诉讼程序。

6. 简述秦朝的司法机构。

7. 简述秦朝的行政法规。

8. 简述秦朝的承担刑事责任的标准。

9. 简述秦朝的立法活动。

10. 简述秦朝的法制指导思想。

六、论述题

1. 论述对秦朝法律的历史评价。

2. 论述秦朝的刑罚制度。

3. 论述秦朝法律的特点。

4. 论述秦朝定罪量刑的主要原则。

第六章　汉朝的法律制度

(公元前 202 年—公元 220 年)

【学习目标】

两汉历经四百余年的封建统治,在政治和经济上有了很大发展,与此相适应,封建法制也进一步完备,在秦律的基础上有了显著的进展。本章为全书重点章之一。通过教学使学生了解汉代法制指导思想的变化;理解两汉的立法概况,掌握汉朝的法律形式;掌握汉朝封建刑事法制原则的发展变化;掌握汉文帝与汉景帝时期的刑制改革;理解民事立法与婚姻家庭制度和继承制度;掌握汉朝司法制度及春秋决狱的内容。

【开篇案例】

齐国的太仓令淳于意犯罪应当判刑,朝廷下令将他逮捕并押送至长安。淳于意没有儿子,只有五个女儿。在押解长安前,淳于意骂自己的女儿说:"生了几个孩子,没有一个是男的,家里遇到急事,一点用处都没有。"他的小女儿缇萦非常伤心,跟着父亲到了长安,希望能有机会解救父亲。到长安后,缇萦向朝廷上书说:"我的父亲在齐国做官,当地的老百姓都称赞他公正廉洁,现在他犯了法,按照法律也应当接受制裁。但令我感到伤心的是,人死了后就不能再复生了,人接受肉刑后,身体也不能复原,即便他想悔过自新,也做不到了。为了我的父亲,我愿意被收入官府做奴婢,来赎我父亲的肉刑,使我父亲能有机会改过自新。"

上书送到汉文帝那里后,文帝一方面被她的孝心所感动,同时也觉得肉刑不人道,不利于犯人改过从善,于是就下令说:"我听说舜的时候,有人犯罪后,只是给穿上有特殊图形的衣服,作为羞辱的标志,百姓就不犯法,这是为什么呢？因为政治清明到了极点。而现在有三种肉刑，但犯罪现象依然不能制止，这个过错在哪里呢？"他将当时犯罪现象频繁归结到自己身上，认为是自己的道德教化不当，使得对百姓的教育诱导不够，百姓才掉进法网。他责备自己说："《诗经》上曾经说过，和易近人的官员，就像是百姓的父母。现在人有了过错，还没有进行教育，就对他们实行刑罚，结果导致有的人想改过从善也没有机会了。肉刑造成人的肢体断裂，身体受损，以至终身残疾，给人造成巨大的痛苦，是不道德的，这怎么符合我们应当做百姓父母的意思呢？应该废除肉刑了。"

文帝的诏令下达后，丞相张苍、御史大夫冯敬上奏说：肉刑是用来惩罚犯罪的，已经存在了很长时间。皇帝您下了命令，可怜百姓一旦犯罪被处肉刑，将会终身受苦，即便罪人一心向善也没有办法了。您的盛德，我们做臣子的无论如何也赶不上。臣等建议对法律进行如下修改：判"完"罪的犯人，改为"完为城旦舂"，服四年刑；应当判"黥刑"的人，改为"髡钳城旦舂"，服五年刑；应当判"劓刑"的人，改为"笞三百下"；应当判"斩左趾"的，改为"笞五百下"；应当判"斩右趾"的、杀人后先自首的、官吏因为接受贿赂而枉法的、主守自盗的、已经被判有罪又犯有笞罪的，都判处"死刑"，予以弃市。

秦末农民大起义，推翻了秦王朝。秦灭以后，刘邦和项羽进行了夺取全国政权的斗争。公元前202年，刘邦打败项羽，统一全国，定都长安，建立了西汉王朝。西汉末年，外戚王莽夺取政权，建立新朝。但王莽政权仅存十七年就被农民起义推翻，以刘秀为代表的豪强地主集团夺取了农民起义的果实，于公元25年重新恢复了汉朝的统治，定都洛阳，史称"东汉"。

第一节　汉朝的立法概况

一、汉初的立法思想

汉初，社会政治经济形势较之于秦都发生了巨大的变化，汉初的统治者总结秦朝暴政虐民，严刑峻法而导致速亡的历史教训，在法制指导思想上发生了较大的变化。汉初的立法指导思想历经了黄老思想指导下的"约法省刑，无为而治"到儒家思想指导下的"德主刑辅，礼法结合"的变化。

（一）约法省刑，无为而治

汉高祖登基以后，面临的是国家经过长期战乱，经济凋敝，百姓穷困的局面。只有与民休养生息，才能使国家稳定和发展。此外，鉴于秦王朝虽曾强大一时但因暴政迅速灭亡的教训，汉初统治者不得不摒弃秦的苛法暴政，探索新的治国之道。

"无为而治"源于黄老思想，是道家的治国理念。黄老学派形成于战国中期，是以黄帝、老子学说为宗旨的学派，其在政治上主张"与民休息，清静无为"，在法律上主张"约法省刑，刑不厌轻"。发展至汉初，黄老学派已经形成以道为本，与儒、法相兼容的法律思想。黄老思想的核心是"清静无为"，落实到汉初的法制原则上，表现为轻徭薄赋，约法省刑，安定百姓，即不用繁重的徭赋来扰民，不以严苛的刑罚来残民，通过"与民休息"，发展封建经济，实现巩固封建统治的目的。黄老学派的法律思想对汉初的立法、司法产生了重要的影响。

（二）德主刑辅，礼法结合

经过汉初七十年的休养生息，百姓得以安居乐业，国家也积累了大量财富。然而经济的繁荣并没带来政治的稳定：在封建帝国内部，汉高祖刘邦所分封的诸侯王势力膨胀，威胁到中央政权的稳固；在对外关系上，与北方匈奴之战连年不断。黄老"清静无为"的思想显然已经无法满足汉王朝对内加强中央集权、对外开拓疆域的需要。

公元前140年，汉武帝即位后，积极探索新的治国之道。在选拔人才的策问过程中，儒学大师董仲舒以"《春秋》之义大一统"应对策问，提出的"罢黜百家，独尊儒术"主张深得武帝赞赏。从此，儒家学说逐步成为西汉正统思想。

董仲舒的儒学思想，是一种吸收了各家学派（法家、道家、阴阳家等）的新的思想体系，其思想以"天人感应"为哲学基础，以"德主刑辅""三纲五常"为主要内容，要求封建统治者治理国家应以"礼义教化"为主，而以"刑事处罚"为辅。西汉中期确立的这种法制指导思想为后世历代王朝所沿袭发展，成为中国封建社会的正统法律思想，对后世的封建立法产生了重要影响。

为阐发先秦儒家经典的微言大义，西汉中期以后，一些经学大师以儒家经义来逐字逐句地注释法律，导致律学的兴起。东汉时期，引经注律的经学极为兴盛，当时以律学章句闻名的儒学大师有十余家。他们的引经注律活动，使法律概念更加准确，语言更加精炼，同时进一步推动了法律的儒家化。为此，中国传统意义上的法律学术从汉朝开始，是依据儒家经典对制定法进行讲习、注释的学问，历史上称之为"律学"。"律学"主要是从文字、逻辑和技术上对法律条文进行详细解释，以刑罚的宽与严为关注的中心问题，讨论肉刑的存与废，律、令等法条的具体运用，以及礼与刑的关系等。

二、立法活动

(一) 约法三章

在西汉建国前夕，刘邦于公元前 206 年攻入咸阳后，以废除秦法为号召，与关中百姓"约法三章"："杀人者死，伤人及盗抵罪，余悉除去秦法"。这一做法使繁杂的秦律大为减省，因此深得民心，这是西汉立法的开端。

(二)《九章律》

西汉王朝建立后，面对新的形势，刘邦感到"三章之法不足以御奸"，于是命丞相萧何参照秦律制定汉律。萧何在秦六律的基础上增加了户律（主要规定户籍、赋税和婚姻之事）、兴律（主要规定征发徭役、城防守备之事）、厩律（主要规定牛马畜牧和驿传之事）三章，合为九章，称《九章律》（又称《汉律九章》）。《九章律》是汉朝的一部重要法典，是整个汉律的核心和主干部分。

(三)《傍章律》

为维护皇帝的尊严，补充《九章律》的不足，刘邦命叔孙通制定了《傍章律》十八篇。《傍章律》主要是有关宫廷礼仪方面的法规。此外，刘邦还命韩信定"军法"，张苍作"章程"。

(四)《越宫律》《朝律》

西汉初年，由于统治者贯彻了"无为而治"的方针，法律相对较为省简，也比较稳定，自刘邦至汉武帝期间，法律无大变化，保持了相对的稳定。汉武帝即位以后，连年对外战争，从而使社会矛盾与阶级矛盾日益激化，为了加强司法镇压，开始大规模增修法律。汉武帝命张汤制定了《越宫律》二十七篇，这是有关宫廷警卫方面的专门法律。又命赵禹制定了《朝律》六篇，这是有关诸侯朝贺制度的专门法律。

这两部法规连同《九章律》与《傍章律》总计六十篇，后人统称为"汉律六十篇"。

为了加强对农民起义的镇压，汉武帝时期还制定了《沈命法》和《通行饮食法》。为削弱和打击诸侯王的势力，又制定了《左官律》和《附益之法》，还制定了《腹非之法》，以加强对思想言论的控制。至此，汉律的内容大量增加，体系庞杂，刑罚也相当严苛。

自汉武帝以后直到西汉灭亡，西汉的法律基本上无大变化。后因"律令繁多"，"典者不能遍睹"，元帝、成帝等朝曾有约简法律之举，但也只是稍加删节，没有大的变化。

此外，在西汉末年，王莽建立新朝，托古改制，全面废除了西汉的法律，但并没有改变法律繁苛的状况。刘秀建立东汉王朝以后，废止了王莽政权的法律，恢复了西汉的旧律，所谓"解王莽之繁密，还汉世之轻法"。同时发布了许多释奴法令和弛刑诏书，想以此缓和社会矛盾。但由于西汉旧律的庞杂、繁苛，再加之东汉历代君主不断增加新的律令，因此，东汉的法律仍是科条无限，庞杂繁苛。应劭于建安六年对汉律进行了一次较大的整理与修订，但具体内容无从考察。

从两汉的立法活动中可以看出，西汉初年，刘邦废秦苛法，法律呈现由繁入简，由苛转轻的趋势，汉武帝时改变了这种发展趋势，后来虽有要求约简法律的呼声，但基本没有实现，东汉以后的法律又呈现由繁苛入轻简的发展趋势。这种发展是法律自身的要求，但也直接受制于阶级斗争形势的变化和立法思想的影响。

三、法律形式

汉朝法律除在内容上因袭秦律外，在法律形式上也有所继承和发展，并使之规范化。汉朝的法律形式主要有：

（一）律

自秦以后，律成为封建国家最基本的法律形式。汉律既包括综合性的法典，也包括各种专门法规。与其他法律形式相比，律有相对的稳定性。汉朝的律很多，如《九章律》《越宫律》《朝会律》《酎金律》《左官律》等。此外，与律相同性质的还有《沈命法》《相坐法》等。

由于汉朝的"律"是经各朝不断增益而发展起来的，四百年间基本没有进行过全面整理，因此，汉律的系统性较差，内容交叉、重复的情况比较严重，且较为庞杂，这是汉朝律的重要特点。

（二）令

皇帝于律外发布的诏令。令具有至高无上的权威，是汉朝法律最基本的法律形式，它可以改变、补充甚至取消某些现行的法律。

汉朝的令是历朝皇帝随时因人、因事发布的，因此，它有如下特点：

其一，令的数量特别多。到西汉末年不得不分类整理编成《令甲》《令乙》《令丙》，仅"集为令甲以下三百余篇"。

其二，令调整的范围十分广泛。其中，有加强封建司法的《廷尉挈令》《狱令》；有警卫宫廷的《宫卫令》；有赋税征收的《田令》；有祭祀礼仪方面的《祠令》《斋令》，等等。

其三，令具有最高的法律效力，同时具有相当大的灵活性。汉朝的令在司法实践中起着十分重要的作用。

（三）科

科作为弥补律令不足的法律形式，最早源于汉初。科是律以外规定犯罪与刑罚的一种单行条文，也称"事条"或"科条"。汉朝科的种类也比较多，西汉初有《宁告之科》，武帝时曾有《首匿之科》，到东汉章帝时，已经是"科条无限"。

（四）比

比是已经判决的典型案例，又称"决事比"。汉朝的比是秦朝"廷行事"的演变与发展。比在最初只是律条的一种补充形式，律无正条的，可以比附以为罪。但是由于比这种法律形式极为灵活，便于统治者任意断罪量刑，所以比在司法实践中的作用越来越重要，数量也越来越多，到汉武帝时仅死罪决事比就有一万三千四百七十二事。

第二节　汉朝法律的主要内容

一、刑事方面

（一）定罪量刑的若干原则

汉朝沿用了秦律中族刑连坐，自首减免，区分故意、过失等刑罚适用的一般原则，此外又确立了一些新的原则。

1. 上请

上请是指官吏、贵族及其子孙犯罪，司法机关不得擅自处理而必须奏请皇帝裁夺，并给以减免的制度。上请制度始于西汉，汉武帝以前是千石以上官吏犯罪先请，后来，享受这种特权的官吏越来越多，到东汉时，几乎所有官吏都享有这种特权。

2. 恤刑

汉朝的统治者为宣扬"仁政"，在法律中对老、幼、孕妇及残废者犯罪作出了减免刑罚的规定。汉景帝在诏令中规定：八十岁以上、八岁以下及残废者、孕妇等在监禁期间可以免带刑具。汉惠帝规定：七十岁以上、不满十岁者，有罪当处肉刑者可以徒刑代之。汉宣帝规定：八十岁以上，只有诬告、杀伤人应受刑事处罚，其他犯罪行为均可免除刑事处罚。

3. 亲亲得相首匿

汉律允许亲属之间可以首谋藏匿罪犯而不负刑事责任。汉宣帝地节四年（公元前66年）下诏明确了"亲亲得相首匿"这一原则。"亲亲得相首匿"具体指汉朝法律所规定的直系三代血亲之间和夫妻之间，除犯谋反、大逆以外的罪行，有罪应相互包庇隐瞒，不得向官府告发；属于卑幼首匿尊长的，不负刑事责任，反之，尊长首匿卑幼者，死罪以下也不负刑事责任，即使所匿为死罪，也可通过上请程序来减免刑事责任。

这种亲属之间隐匿犯罪不负刑事责任的原则，来源于孔子宣扬的"父为子隐，子为父隐，直在其中矣"。汉律中"亲亲得相首匿"这一规定，是儒家经义的直接法律化，对后世的封建立法具有重大影响。

4. 自首免罪

自首在汉律中称"自告"。汉律规定，犯罪者在其罪行未被发觉以前，自己到官府报告其犯罪事实，可以免除其罪。但规定了两种限制：一是共犯或集团犯罪中的主谋和首犯不得援引此例；二是一人犯有数罪，自首一罪，只减免一罪，没有自首的其他罪，仍要给以处罚。

上述几项原则，或秦律中所无，或虽有但在汉朝时发展变化较大，而"亲亲得相首匿"于汉朝始入律条。此外，汉律在故意中又区分出"造意"和"非造意"，在犯罪情节上比秦律的区分更为细微。

（二）刑罚

1. 汉初的刑罚制度

汉初沿用秦或前代的肉刑制度，如墨、劓、剕、宫等。

汉朝死刑刑名多沿秦或前代之制，如族刑、枭首、腰斩、弃市等皆继续使用。唯汉朝有"殊死"这一刑名，即斩首，用以处决死刑犯人。

关于徒刑，汉初也沿用秦之城旦春、鬼薪、白粲、司寇、罚作等刑罚。但汉朝另有"顾山"。汉平帝元始元年（公元元年）六月，专为女犯设立赎刑，女犯定罪判决后可以释放回家，但每月必须出钱三百由官府雇人到山上砍伐木材，以代替女犯应服的劳役。此刑罚只适用于女犯，因此也叫"女徒顾山"。

此外，汉朝还有罚金、徙边等刑名，也都是沿用秦或前代的制度。

2. 汉文帝、汉景帝时期的刑制改革

汉文帝十三年（公元前167年），下令废除肉刑，着手改革刑制。

（1）改革的起因。汉初统治者鉴于秦朝严刑峻法导致二世而亡的历史教训，认识到传统的肉刑不利于封建政权的稳固。汉文帝继位后，经济较前代有所发展，阶级矛盾相对缓和，人民生活趋于稳定，这些都为刑制改革创造了良好的客观环境。

据《汉书·刑法志》记载：汉文帝十三年（公元前167年），齐太仓令淳于公有罪当刑，调令押解长安，淳于公无男，只有五女，其幼女缇萦便随父到长安，上书文帝，表示愿意"没为官婢，以赎父刑"。文帝"怜悲其意"，下诏："刑至断肢体，刻肌肤，终身不息"，是"不德"，表示要以其他手段代替。

（2）改革的过程及内容。汉文帝诏令进行刑制改革，丞相张苍、御史大夫冯敬提出以下改革方案：凡当完者，完为城旦舂；当黥者，髡钳为城旦舂；当劓者，笞三百；当斩左趾者，笞五百；当斩右趾者，弃市。至此，我国奴隶社会以来的墨、劓、剕刑开始发生变化，从而也改变了原来的"五刑"制度。但是又出现了新问题：一是斩右趾改为弃市，扩大了死刑范围；二是以笞代替劓刑、斩左趾，结果受刑者由于笞数多而"率多死"。所以《汉书》著者班固称其为："外有轻刑之名，内实杀人。"

汉景帝即位元年（公元前156年）至中元六年（公元前144年）曾两次下诏减少笞数，第一次是笞五百减为三百，笞三百减为二百。第二次是笞三百减为二百，笞二百减为一百。而且还制定《箠令》，规定了刑具规格、受刑部位以及施刑时中途不得换人等措施。景帝对刑制的改革，减少了"笞未毕而人先死"的弊端。

（3）改革的意义。对汉初文帝"除肉刑"之举，后世多有评说，大多认为是出于"悲怜"缇萦，体现了文帝的"德政"。但是，从封建制度确立到汉初，已经历了三百多年，地主阶级在其统治实践中逐步认识到，既要使犯罪者受到惩罚，又能使其保存劳动能力，是更为有利的。

汉初刑制的改革，在中国法制史上意义重大，它是中国古代刑制由野蛮阶段进入较为文明阶段的转折点。这一改革，更加适应了封建经济基础的需要，同时为封建刑制向新"五刑"的过渡奠定了基础。

（三）主要犯罪

汉朝刑法中的罪名也多沿秦制，但又规定了许多新的罪名。为了便于了解其实质，现归纳为以下几个方面：

1. 危害中央集权制的犯罪

西汉时期，为了保护中央集权制度，打击和限制地方割据势力，制定了一系列法律：

（1）左官罪。自汉景帝起，规定诸侯不得擅自选任官吏，而由天子任命派遣。凡仕于诸侯的官吏为左官，不经中央派任而私仕于诸侯即构成左官罪。

（2）阿党附益罪。"阿党"，即诸侯国官吏知诸侯犯罪而不向中央举报；"附益"，是指中央的官吏为诸侯谋求利益而自己从中获得好处。阿党附益诸侯王对中央集权的君主专制造成极大的威胁，因此处罚都相当严厉。

（3）酎金罪。这是关于皇帝祭祀，诸侯贡金以助祭的规定。"酎金"为诸侯献于天子助祭的醇酒与赤金，一般按封国人口数计算数量。如果酎金色、量不合标准，轻则削地，重则夺爵。此罪始于汉文帝时期，汉武帝也曾藉检查献酎金不足为名，削弱和打击诸侯王及列侯势力。元鼎五年（公元前112年），汉武帝征南越，列侯无人响应，到九月即藉酎金不如法夺去一百零六名列侯的爵位。

（4）事国人过律。依汉律规定，诸侯王役使其封国吏民超出法定限额，依律免为庶人。其主要是防止诸侯王势力发展过大，危害中央集权。

（5）非正、出界。这是两个罪名，"非正"指非嫡系正宗继承爵位，依律免为庶人。"出界"指诸侯王擅自越出封国国界，依法耐为司寇或处死刑。

2. 危害皇帝安全和权威的犯罪

为保护君主的人身安全，汉律规定了下列罪名：

（1）无籍入宫殿门。汉律规定，凡进入皇帝宫殿者，须有"门籍"（凭证）和宫内的"引人"。没有门籍或引人而擅入者为"阑入"，阑入宫门者处徒刑，阑入殿门者弃市。

（2）失阑、不卫宫。守卫宫殿门的司马对阑入者不加制止为"失阑"，未发现阑入者为"不卫宫"。处罚视情况或免官或减死罪一等。

（3）犯跸。在汉朝，皇帝出行时有仪仗开路，如有人过失冲撞了皇帝的仪仗或车骑，即为"犯跸"。依律要罚金四两。

3. 侵犯皇帝权威与尊严的犯罪

为了维护皇帝的权威，汉律规定了下列罪名：

（1）矫制、矫诏。这是指传达皇帝诏书时有所篡改的行为。按不同情况分别给以不同的处罚。矫制诏书有两种情况，一种是"矫制不害"，可以减轻或免除处罚；另一种是"矫制有害"，则要处重刑。

（2）废格诏令。不执行皇帝的诏令或阻止他人执行皇帝诏令的行为，即为"废格诏令"，处罚亦很严厉。

（3）僭越，亦称"僭制"。即臣下使用皇帝的仪仗、服饰、舆乘等。僭越行为被视作对皇权的严重侵犯，是一种严重犯罪。

（4）不敬、大不敬。凡亵渎皇帝尊严的行为都构成不敬或大不敬罪。如触犯皇帝名号，宗庙醉酒狂歌，司马门前骑马，征召不到，干犯乘舆，奉诏不敬等，罪至处死。

（5）诽谤、非所宜言、腹诽。在皇帝面前怨望非议政治为诽谤罪；言语不当，触怒皇帝为非所宜言罪；语无微词而心有异议为腹诽罪。三罪均有大辟之刑。

4. 危害封建统治的犯罪

维护封建政权是汉律的首要任务，因此，汉律对各种政治反抗行为给以严厉制裁，甚至连三人以上无故群饮也要处以罚金，关于这方面的罪名主要有：

（1）首匿罪。汉朝《首匿科》中规定的罪名。"首匿"即首谋藏匿罪犯，主要是指藏匿"谋反""大逆"等危害封建统治的严重犯罪者。获此罪者，刑至弃市。

（2）通行饮食罪。"通行饮食"即为造反者传递情报，充当向导，提供饮食，获此罪者，也要处死。

（3）纂囚罪。"纂囚"即劫狱，这种行为也构成死罪。

（4）沈命与见知故纵。为了以法律手段强逼官吏加紧镇压农民的反抗，汉武帝时期制定了《沈命法》和《见知故纵法》。

《沈命法》的主要内容是：规定各级官吏对聚众造反者未发觉或发觉而未全部捕获者皆处以死刑。

《见知故纵法》的主要内容是：规定官吏发现有人犯罪而不举告、不追究，将与罪犯同罪，其监临主司者亦有连带的刑事责任。

另外，"大逆不道""谋危社稷""谋反""大逆"等罪名在汉朝也经常出现，虽然这些罪概括的行为还比较笼统，不十分确切，但处罚却相当严厉，一律处以死刑，并且不予赦免。

二、民事方面

（一）所有权

汉朝土地所有权关系与秦朝基本相同，土地分官田、私田两种。官田的所有权归国家，是地主阶级的整体财产，不得买卖，盗卖官田是一项重要罪名，要处以死刑。私田可以买卖，但为了防止土地兼并，汉哀帝时曾下诏规定，私人占田不得超过三十顷，超过部分收入官府。

对于其他私有财产的所有权，汉律也予以严格的保护。汉律规定"无故入人室宅庐舍，上人车船，牵引人欲犯法者，其时格杀之，无罪"，"盗马者死，盗牛者加"。如果盗窃的财物与皇帝有关，处罚就更为严厉，如"敢有盗郊祀宗庙之物，无多少皆死"，"汉诸陵皆属太常，有人盗柏，弃市"。这是一般的法律规定，在实践中往往要加重到族刑。

（二）买卖关系

汉朝买卖关系比较发达。买卖关系成立时要订立"券书"，即买卖契约。"券书"一式两份，双方各持其一，作为充当将来诉讼的证据。土地买卖和其他财物的买卖均需成立"券书"，"券书"内容一般包括双方姓名、标的、价格、中间人或见证人、日期等。

值得注意的是，由于盐铁国家专营，私人只能是买方主体。对外贸易须经国家批准。"阑出入关"及买入"塞外禁物"、卖出"武器马匹"都将招致刑罚。

（三）借贷法律关系

汉朝借贷关系比较发达。借贷关系成立时，应当书立契约。汉朝多以高利贷形式成立借贷关系，汉律重点在于保护债权人的利益，债务人不能按期偿还债务要承担法律责任。同时，为了缓和社会矛盾，汉律也规定"取息过律"构成犯罪，要处以刑罚。

（四）婚姻家庭制度

汉律对婚姻家庭关系的调整重点在于保护封建家长制度，以"父为子纲""夫为妻纲"作为婚姻家庭关系的准则，把父母与子女、夫妻之间关系确定为法律上的主从关系，以维护父权和夫权。

1. 严惩触犯家庭伦理罪

汉朝"不孝"是最严重的犯罪之一。这个罪名所包括的行为相当广泛。如告发父亲谋反即构成不孝罪，儿子也要被处以死刑。又如父母丧，子女在服丧期间与人通奸也以不孝罪处死。严惩"不孝"的目的，主要在于培养人们忠顺的意识和习惯，防止犯上作乱行为的发生。为保护家庭伦理，对家庭成员间不正当的性行为是严格禁止的，特别是以卑奸尊的行为，一律处以死刑。依汉律，常人奸，"耐为鬼薪"，若"夺弟妻为姬""与父妾奸""与子女奸"，被视为乱人伦的禽兽行为，都要处死。

2. 婚姻关系

（1）婚姻的成立。同秦律相比，汉律对婚姻、家庭关系的调整更多地渗透了儒家的伦理道德观念，对后世影响深远。《礼记·昏义》载"婚姻者，将合二姓之好，上以事宗庙，下以继后世也"。由此可见，封建婚姻的目的主要在于祭祀祖先和传宗接代。婚姻的成立完全排除婚姻当事人的意志，"父母之命，媒妁之言"是婚姻成立的首要条件。其次，婚姻需有聘财，汉朝聘财之巨，近乎卖女，体现了婚姻的买卖性质。关于婚姻成立的年龄，在汉惠帝六年（公元前 189 年）曾规定：女子年十五以上至三十岁不嫁者，征收五倍的人口税，体现了国家试图通过强制早婚恢复人口数量的措施。

（2）婚姻的解除。关于婚姻的解除，汉律中规定了"七弃"和"三不去"。

所谓"七弃"，是丈夫离弃妻子的条件，当具有以下七项条件之一，法律允许丈夫自行抛弃妻子，即"不顺父母、无子、淫、妒、恶疾、多言、盗窃"。

所谓"三不去"，是指虽然具备"七弃"的条件，但有下列三个条件之一，则可不被休弃，即有所娶无所归不去、与更三年丧不去、前贫贱后富贵不去。

从这些规定可以看出，解除婚姻的主动权完全操纵在丈夫手中。尽管法律上也有"三不去"的规定，但目的在于保护封建道德，而不在于保护妇女的利益。

3. 家庭与继承关系

西汉中期以后，儒家思想成为治国指导思想。在"父为子纲"和"夫为妻纲"的指导下，汉律对封建家庭关系调整的基本原则是"尊长卑幼"和"尊男卑女"。父母与子女、丈夫与妻子在家庭中的法律地位是极不平等的。父母可以殴打或出卖子女，即使是杀死子女，处罚也轻于一般的杀人罪，但子女殴打父母则要处以死刑，即使是误伤父母也要"枭首"。汉律允许男子纳妾和蓄婢，丈夫可以有妻有妾，而妻妾则要对丈夫尽忠诚义务。丈夫与人通奸，不过"耐为鬼薪"，妻子与人通奸，则要处死。

继承关系的核心是对政治权力的继承。汉律规定，皇帝、王位与爵位的继承权力属于嫡长子，汉律并不承认"非子"（非亲生子）、"非正"（非嫡妻之子) 对爵位的继承权, 违者往往被剥夺继承资格。财产的继承, 一般来说是与政治权力的继承结合在一起的, 但也出现了诸子平分的情况。女子虽没有继承权, 但嫁妆是对父母财产的变相继承。汉朝已有遗嘱继承, 汉朝的书面遗嘱称为"遗令", 也叫"先令书"。此外, 汉朝也出现了收养制度, 养子与亲子地位相同。

三、经济方面

(一) 田租

汉朝称土地税为"田租"。吸取秦朝重税导致亡国的教训, 汉朝统治者一直实行"薄赋"政策, 并主动多次减免田租。汉高祖时鉴于秦朝重税造成的民变而采取"什五而税一", 汉惠帝时再次重申什五税一。汉文帝时, 两次下诏将田租减为三十税一, 以后的十几年中无田租。直到汉景帝二年 (公元前155 年) 年才恢复什五税一。租税的减免减轻了农民的负担, 对发展封建经济、稳定封建社会秩序起到了重要作用。

(二) 算赋与口赋

汉朝人口税分为算赋与口赋两种, 课征对象是人丁。

算赋, 是秦汉时政府向成年人征收的人口税。早在公元前 203 年刘邦就曾发布命令, 规定凡是年龄在十五岁至五十六岁的人要缴纳算赋, 每人一百二十钱为一算, (东汉时也称"口算") 这是汉朝征收算赋的开端。算赋一律用货币缴纳, 除汉昭帝因谷价过贱伤农, 曾两次特诏暂用菽粟等实物代钱外, 几乎没有例外。西汉政府为了鼓励人口增长, 公元前 189 年曾规定女子年龄十五以上至三十未嫁五算, 即算赋五倍于常人。此外, 贾人与奴婢倍算, 即商人与奴婢的算赋一倍于常人, 这显然是为了实行抑商政策和限制蓄奴而采取的措施。

口赋, 是汉朝政府向未成年人 (十四岁及以下的儿童) 征收的人口税。也称"口钱""口赋钱"。西汉初年征收额是每人二十钱, 起征年龄是七岁; 到汉武帝时提前到三岁起征; 汉元帝时, 贡禹上书请求把起纳年龄再推迟到七岁, 被采纳。

(三) 币制改革

西汉初期, 废除了秦的铸钱, 改铸新币。汉文帝时, 由于允许地方郡国和私人铸钱，因此货币种类繁多，大小不一，轻重不等，杂行于市，给国家财政管理带来很多不便。汉武帝时期从禁止私人铸钱入手，将铸币权收归中央，由专门的铸币机关负责铸五铢钱，对私铸货币者处以极刑。此外，武帝为了支持征伐战争，曾经发行白鹿皮币。在王莽执政时期，也多次进行币制改革，不过均以失败告终。

（四）专卖制度

汉初，盐铁等物品为私人经营，国家仅设官收税而已，特别是文帝时，对盐铁经营采取放任政策。武帝时期为增加国库收入，对盐、铁、酒等同人们日常生产生活密切相关的重要物资实行专卖制度。具体办法是将冶铁、煮盐、酿酒等重要工商业收归国家垄断经营，在全国产盐铁的地方设立盐铁专卖署，并任命当地的大盐铁商为盐官、铁官，管理煮盐、制造铁器和买卖盐铁等事务。不产铁的地方设小铁官，以熔化废铁做农具或用具。盐铁官营后，严禁私人铸铁和煮盐，自从盐铁官营后，汉政府收入大为增加。

（五）均输平准法

元封元年（公元前 110 年），汉武帝采纳大农令桑弘羊的建议，在全国实行均输平准政策。所谓"均输"，就是调剂运输；"平准"即平衡物价。具体为由大农令统一在郡国设均输官，负责管理、调度、征发从郡国征收来的租赋财物，并负责向京师各地输送。置平准官于京师，总管全国均输官运到京师的物资财货，除去皇亲国戚所用外，作为官家资本经营官营商业。这样，官府可得到京师所需地方贡纳，并节省了运费，达到调剂市场需求、平抑物价、限制富商牟利活动和增加国家的财政收入的目的。

（六）算缗、告缗及其他抑商政策

算缗就是向大商人、高利贷者征收财产税。规定以每二千钱抽取一算（一百二十钱）的方式向商人征收财产税，而对于手工业者的产品则每四千钱抽取一算（一百二十钱）。对于隐瞒不报或自报不实者，鼓励知情者举告，叫作"告缗"。凡举告属实，即没收被告发者全部财产，并戍边一年，奖给告发者被没收财产的一半。汉武帝的这一经济手段使许多中等以上的商人"皆遇告"，商人大量破产。

此外，汉朝统治者还有其他的抑商政策，如不许商人穿丝绸衣服；不许商人乘车或骑马；不许商人"名田"，即购买土地，凡土地和奴婢超过法定数额则没入官府；不许商人及其子孙做官和迁徙商人到边远地区戍守等。

四、行政方面

汉朝的行政体制基本因袭秦朝，但随着儒家正统法律思想的确立，中央集权的逐步加强，行政立法有了新的发展，行政法律的内容也更加丰富。

（一）皇权的加强和行政体制的变化

1. 皇权的加强

皇帝制度创立于秦朝。汉朝以后，皇权逐渐加强并法律化，皇帝制度得到进一步发展。汉律中对皇权有明确规定，使皇帝集国家的立法权、行政权、司法权、军事权于一身。自西汉开始，凡军国大事只能由皇帝召集朝臣议定，其他任何大臣不得擅自召集。参加朝议的大臣可以发表自己的意见，但最后必须由皇帝作出决断，大臣只有顺从皇帝的旨意，执行各项职能。

2. 中枢机关的变化

汉初沿用了秦朝"三公九卿"的中央行政体制。皇帝以下，丞相、太尉、御史大夫为"三公"，位高权重。丞相掌丞天子，助理万机，权力很大。汉初著名的丞相有萧何、曹参、陈平等，太尉职掌军权，御史大夫帮助丞相处理朝政，并职掌监察权。但西汉中期以后，为了加强皇权，逐步削弱了以丞相为首的"三公"的权力，同时，尚书的权力逐渐膨胀。

3. 地方行政体制的变化

汉初，汉高祖又认为秦亡的原因除了暴政外，还有外无同姓相助，于是分封了十个同姓诸侯王。这些诸侯王不受郡县管辖，在自己的封国里设置百官，可以征收赋税、铸造钱币、拥有军队，因此全国形成封国与郡县并存的局面。

郡是地方最高一级行政单位，长官为郡守，郡下设县，长官为县令。东汉时期，地方制度发生了重大变化。州本来是西汉武帝时期设立的监察区，设刺史，成帝时改为州牧。东汉末年灵帝时，为了加强镇压黄巾起义的需要，正式将州确立为地方最高行政机关。从此，郡县制改为了州郡县三级地方行政体制。

（二）职官管理制度

1. 官吏的选任

察举和征辟是西汉选拔官吏的主要方式。

汉初，皇帝下诏责成中央和地方官吏推举贤能，向朝廷推荐官吏为"察举"。凡是被举荐者，皇帝多亲自策问，以示重视。汉代以察举进入官场的有晁错、董仲舒等。但察举不实，举非其人的情况也很多。

皇帝或高级官员直接聘任士人为官的方法为"征辟"，其中皇帝直接聘任士人为官称"征召"；大臣直接聘任为"辟召"。

除察举和征辟之外，还有上书拜官、任子（郡守任满三年可保一子为官）、荫袭（荫承先人爵位官位而为官）、赀选（通过捐卖而获取官）等方式补充用人之不足。为了储备官吏人选，汉武帝还在京师创设了"太学"，设博士弟子员，学习儒家经典，每年考核一次，合格者可以做官。

2. 考课制度

汉朝统治者十分重视通过考课制度以去除奸邪，保证官吏队伍的总体素质。汉代考核官吏主要采取"上计"的方式，自上而下逐级进行考察。并且制定了有关官吏考课程序的《上计律》。官员有政绩卓著、勤勉、明达法令者可升迁；对于不称职、违法失职的官员，可随时予以免官处分；若有贪污者，则要严惩。如文帝下诏："吏受赇枉法……皆弃市"。

五、汉朝法律的主要特点

（一）以"德主刑辅"作为法制指导思想

汉朝从武帝开始把儒家思想定为一尊后，便以"德主刑辅"作为法制的指导思想。二百余年后，东汉章帝时的"白虎观会议"又进行了总结，把董仲舒的理论进一步制度化，也从而使儒法进一步结合。这时，许多经学大师纷纷以经解律，或以律解经，甚至引经决狱，成为汉朝法律制度的特点。

汉朝"德主刑辅"法制指导思想的提出，主要是为了避免秦朝专任刑罚之失。汉统治者认为，以德礼教化为先，人有犯罪再施之以刑罚，采用刚柔相济的手段，以期稳定社会秩序，达到长治久安，巩固地主阶级专政。反映了汉朝地主阶级在立法方面积累了较为丰富的经验。因此，这一思想基本上为汉以后历代封建王朝所承袭。

（二）加强君主专制的中央集权制

汉朝为强化中央集权制采取了许多措施。

首先，确立统一的思想，即"罢黜百家，独尊儒术"。汉统治者认为，这是建立统一的君主专制中央集权制的理论基础。

其次，打击封建割据势力，防止结党营私。

最后，汉武帝时在全国建立十三州部监察区，派刺史"六条问事"，以打击强宗豪右和郡守二千石的不法行为。

（三）改革刑制

自汉文帝"除肉刑"后，景帝时又进一步改革，从而使刑罚制度发生了重大变化。这一变化是中国法制发展史上的重要事件，标志着中国古代刑罚制度从野蛮走向文明和进步。自汉朝至魏晋，对肉刑的除复，虽然长期争论不休，但隋朝《开皇律》中新的封建制五刑的确立，反映了汉朝刑制改革是符合历史发展必然趋势的。

（四）法律体系庞杂，律条繁多

汉朝是中国封建法制儒家化的初期阶段，在法律体系和法典编纂技术方面还很不成熟。一是律条结构较为混乱，体系庞杂；二是律文和各种法律规范形式繁多，尤其是汉武帝后期，颁布了太多法律，造成法条众多、法网繁密的局面，东汉时律令更是繁多。除法律之外还有很多具有法律效力的"诸儒章句"，与法律相互抵触，各类具有法律效力的规范有二万多条，七百多万字。这些都给法律的适用带来了困难。

第三节　汉朝的司法制度

汉朝，随着封建国家机器的逐渐强化，国家的司法职能也不断完善，逐渐形成了中央和地方两级比较完备的司法机构。

一、司法机关

（一）中央司法机关

汉朝中央的司法机关沿袭秦制，有皇帝、丞相、御史大夫和廷尉。

皇帝无疑拥有最高的司法权，皇帝对司法权力的控制主要通过对重大案件的复核或亲自审理。另外，皇帝还通过大赦、特赦来控制司法。

丞相在汉朝时权力很大，是最高的行政长官，同时也参与司法审判。汉武帝以后，为了限制丞相的权力而特别赋予尚书以司法审判权。汉成帝时增设"五曹",其中"三公曹"主管审判。东汉以后,尚书台成为封建国家的中枢机关,拥有"出纳王命"的权力,并专设"二千石曹",主管诉讼。

御史大夫相当于副丞相,主要任务是监察百官,享有广泛的审判权。中央和地方各级官吏的违法案件,一般均由御史大夫审理。西汉末,御史大夫改为司空,原来的监察审判权归属御史中丞。

廷尉是汉朝中央政府的最高司法官,又是地方的上诉审,号称"天下之平"。景帝时改名为"大理",武帝时又改回原名。

（二）地方司法机关

地方上的司法机关与行政机关在组织上是统一的,分为州、郡、县三级。

汉武帝时,为加强中央对地方的控制,划全国为十三州部,最初是作为监察区,各州派刺史一人为监察官。汉灵帝时,为加强地方政权,确定州为地方最高一级的行政机关,长官称"州牧",有的仍称"刺史"。州既是行政机关,又是最高的地方审判机关,是郡县的上诉机关。

郡的行政长官为太守,兼理司法审判工作。郡为县的上诉机关。

县的行政长官或称令或称长,兼理司法审判工作。县是地方上的基层审判机关。

汉时京师的行政长官最初称"内史",后改为"京兆尹",兼理司法审判工作。

二、诉讼与审判制度

（一）诉讼的提起及其限制

汉朝的起诉称为"告劾"。根据汉律规定,诉讼的提起分两种方式:一为当事人直接到官府起诉,称为"告",相当于今天的"自诉";二为有关官员（主要是监察御史和司隶校尉等）代表国家纠举犯罪启动诉讼,称为"劾",相当于今天的"公诉"。

汉朝对诉讼的限制有三:一是不准越级上诉,有特大冤屈者才可以直诉;二是"亲亲相隐"原则禁止卑幼控告尊长,卑幼对于尊长的犯罪行为要尽隐瞒的义务;三是严禁诬告,凡诬告,一律反坐。

（二）逮捕

司法机关在受理告劾之后,就必须立即依法逮捕嫌疑人。对于平民犯罪,只要有人告劾，不必经过侦察程序，也不问是否有疑问，立即予以逮捕。对于享有上请特权的官僚贵族，一般情况下，官府不能直接逮捕，而应先奏请皇帝裁夺，此即所谓"有罪先请"。凡被逮捕及监禁者均须戴刑具，同时汉律规定老幼、废疾及妇女犯罪可以不戴刑具，这就是通常所说的"颂系"。

（三）审理和判决

汉律有"鞫狱"和"断狱"，即对被告进行审理和判决。汉朝的审判主要是按《周礼》"以五声听狱讼"的方法，根据当事人的口供进行判决。为了获得口供，司法官可以对其进行刑讯。为了避免刑讯逼供造成的冤狱，经审讯获得口供之后三日，将再次询问复核，称为"传复"，目的是查看此次供词与上次相比是否有出入，从而给予受审者以反复的机会。

案件审讯完毕就应作出判决，一般由司法官员向当事人宣读判决结果，此谓"读鞫"。这是初审程序的最后阶段。

汉朝地方司法机关只对一般的刑事案件有判决权，死刑和疑难案件要上报，经廷尉或皇帝批准后方可判决执行。

（四）上书复审

判决以后，被告人对原司法机关的判决不服，允许本人或其亲属上书，向上级司法机关请求复审，即所谓"乞鞫"。但乞鞫有时间限制，如犯人在接到判决三个月不提复审的要求，即为放弃乞鞫的权力，过期不得再乞鞫。

（五）录囚与行刑

录囚制度始于西汉，是皇帝或上级长官直接详审罪囚，检查下级司法机关审决的案件有无差错，以便发现冤狱并随时平反的一种制度。这种制度最初是刺史的专职，州成为地方政权后，郡守也须录囚，并成为定制。皇帝有时也亲自录囚或不定期派大臣去各地录囚。皇帝录囚始于东汉，汉明帝、汉和帝等都在京城洛阳诸狱录囚，有时平冤后还会追究当事法官的刑事责任。录囚制度是受儒家"天人感应""仁政恤刑"等学说影响产生的，对于及早发现冤案，改善司法状况，稳定社会秩序都起到非常重要的作用，为后世所沿袭。

（六）疑狱奏谳

"谳"即评议刑罪。奏谳是汉朝创制的疑狱逐级上报复审制度。承办案件的官员不得越级行使审判权，除有上请制度给官僚贵族以法律特权外，遇有疑案不能决者也应逐级上报请示，直到皇帝。这一制度早在秦朝的时候就已萌芽，到汉朝得以系统化、制度化。疑狱奏谳制度对于统一适用法律，慎重处理案件，减少冤狱具有重要作用，对整顿司法秩序也有积极的效果，但该制度到东汉时期逐步流于形式，有名无实。

（七）秋冬行刑

汉律还对行刑的时间作出了专门规定，凡被处死刑的，除谋反、大逆等"决不待时"以外，立春后不得执行，待立秋后方可执行，即所谓"秋冬行刑"，以示"顺天行诛"，对后世影响深远。

秋冬行刑制度最早起源于西周时期。在《周礼·秋官》中，明确要求刑杀必须选择适合的日期。《礼记·月令》确定了最理想的刑杀时间为孟秋、仲秋、季秋三月（农历的七、八、九月，是秋天的三个阶段）。中国是以农立国的国家，统治者认为春夏乃农事季节，审判处决重大刑案，往往牵涉多人，"上逆天时，下伤农业"。这也是中国历史上秋冬行刑制度历久不变的重要原因。

（八）司法官吏的法律责任

汉律对司法官吏在执行职务时故意从轻处置或不处置罪犯的行为规定为故纵罪，将故意从重处置的行为规定为故不直罪。对"故纵"的处罚很严厉，放纵死刑犯人者往往要处死刑，相当于一种反坐的原则，而对于"故不直"的处罚则很轻。

三、春秋决狱

春秋决狱又叫"经义决狱"，是西汉中期以后，统治者寻求儒家经义与法律制度相结合，推行法律儒家化的一种手段，即引用《春秋》等儒家经典中的思想原则或一些名言警句在审判中作为分析案情、定罪量刑的法律依据。

董仲舒是当时系统地将儒家经义引入司法领域的主要人物。据汉书记载，董仲舒在年老致仕后，朝廷每有政议往往派人来咨询，董仲舒就以儒家经义来应对，并整理判例二百三十二个。在汉朝被援引为司法审判依据的儒家经典主要是《春秋》，此外还有《诗》《书》《礼》《易》等。

（一）春秋决狱盛行于汉朝的原因

秦的短促而亡，宣告了法家路线的失败，实践证明了仅仅依靠暴力来维持封建政权是行不通的。因此，在汉初，地主阶级的思想家对以何种思想作为汉朝基本的立法思想问题进行了探讨和尝试，最终有"罢黜百家，独尊儒术"之举。但是在法律制度上则是"汉承秦制"，法家的思想原则仍在法律中起作用。为改变这种情况，以儒家的思想改造法律，汉朝的统治者便提倡引经决狱，以儒家的思想原则来指导司法实施，不仅承认这种办案方法的法律效力，甚至直接将儒家经义上升为法律。这就是春秋决狱盛行于汉朝的根本原因。

（二）春秋决狱的精神及在实践中的推行

《春秋》经在法律上的含义包括"亲亲相隐""原心定罪"等。实际上，"原心定罪"是春秋之义中的最为重要的精神，汉儒将其作为司法审判的原则，该原则在董仲舒所整理的判例中被突出体现。"经义决狱"就是在审理案件要考察犯罪动机，如果行为动机不合乎儒家道德，对这种犯罪就应当予以严惩；如果动机合乎儒家道德，那么即使行为犯法也可从轻论处。

春秋决狱在实践中的推行，对于维护封建社会的纲常名教，将封建道德伦理观念渗透到法律中去，在促使礼法结合方面起到了巨大的作用。

（三）春秋决狱的影响

春秋决狱对后世封建法制的发展产生了极为深远的影响。秦朝时期法家只注重行为客观违法性，而汉朝将其修正为在法无正条或者遇有疑难案件时可着重关注行为人的主观动机，在一定程度上弥补了法律的漏洞与不足，扩张了法律适用的空间；衡平了犯罪人的主观与客观因素，兼顾了国法与人情。但是，春秋决狱的核心是"原心定罪"，这就为统治者破坏法制，随心所欲地出入人罪提供了合理借口。因为儒家经义的本身没能提供一个固定标准，完全可以不受任何约束地定罪量刑，因此造成了法律适用不统一的局面。

四、监察制度

中国封建社会的监察制度起源于秦，但有关秦的监察制度史载甚少，后人往往以汉制推秦制。

汉朝中央的监察机构为御史台，长官初为御史大夫，后为御史中丞，中丞下有治书侍御史二人。在地方上，汉废除了秦时在各郡设"监御史"的制度。汉初由丞相随时派"丞相使"监察各郡；汉武帝时，划全国为十三州部，各州派刺史一人为固定监察官，以汉武帝手书"六条问事"作为监察职权，主要内容是行政监察和司法监督。

为加强中央对地方司法活动的监督，皇帝还根据需要直接从御史中任命绣衣直指御史，所到之处，与州郡官吏共同审理重大案件，惩办地方上的豪强，可见其权力很大。负责京师及周围各郡的监察工作的官吏为司隶校尉，对所辖范围内的官吏违法案件进行纠举，地位也十分重要。

由秦开创并在汉朝有了明显发展的监察制度，构成了中国封建专制主义中央集权制度的一大特色。它对于贯彻执行封建法律，防止官吏贪赃枉法，起到一定的积极作用，但这种作用随着封建政治的日益腐败而日趋减弱。

【课后经典试题】

一、填空题

1. 汉朝以典型判例作为法律形式的一种，称作（　　　　）。

2. 汉朝专门适用于女犯的徒刑称作（　　　　）。

3. 在汉朝，如为农民起义通风报信、提供饮食，则构成（　　　　）。

4. 汉代明确规定利率，超过法定利率者叫（　　　），要受到惩罚。

5. 汉武帝后期立法指导思想的中心是（　　　　）。

6. 汉朝的（　　　）就是向大商人、高利贷者征收财产税。对于隐瞒不报或自报不实者，鼓励知情者举告，叫作（　　　　）。

7. （　　　）和（　　　）是西汉选拔官吏的主要方式。

8. 汉丞相萧何参照秦律制定，在秦六律的基础上增加了（　　　　）、（　　　）和（　　　）三篇。《九章律》是汉朝的一部重要法典，是整个汉律的核心和主干部分。

9. "约法三章"：（　　　　），伤人及盗抵罪，余悉除去秦法。这是西汉立法的开端。

10. 《朝律》是汉武帝时赵禹制定，又名《朝贺律》，是关于（　　　　）方面的内容。

11. 录囚制度始于（　　　）朝。

12. 汉朝在城市中设有（　　　　），是进行交易的场所；设（　　　　），是管理市政的长官。

13. 汉朝起诉形式分两种：当事人或其亲属直接到官府控告，称为

（　　　　）；官吏代表国家纠举犯罪，称为（　　　　）。

14. 汉朝审讯被告，称为（　　　　）；在审讯取得口供后，为防止犯人翻供，实行（　　　　）制度；事无可疑后，向被告及其亲属宣读判决，称为（　　　　）；如果被告及其亲属不服判决，可以申请上诉复审，称为（　　　　）。

15. 所谓"春秋决狱"，是指以（　　　　）作为司法审判的根据，其最重要的原则是（　　　　），即所谓"志善而违于法者，（　　　　）；志恶而合于法者，（　　　　）"。

16. 汉朝时贵族官僚犯罪之后，可奏请皇帝，由皇帝根据这些人的不同情况来给予减免刑罚的制度，称为（　　　　）。

17. 汉朝把为起义农民通情报、当向导、供给饮食的犯罪称为（　　　　）。

18. 汉代将宣读判决书叫作（　　　　）。

二、单项选择题

1. 汉宣帝地节四年下诏曰：自今子匿父母、妻匿夫、孙匿大父母，皆勿坐。其父母匿子、夫匿妻、大父母匿孙，罪殊死，皆上请廷尉以闻，亲亲得相首匿正式成为中国封建法律原则和制度。对此，下列哪一选项是错误的？（　　　　）（2010年司法考试试题）

A. 近亲属之间相互首谋隐匿一般犯罪行为，不负刑事责任

B. 近亲属之间相互首谋隐匿所有犯罪行为，不负刑事责任

C. 亲亲得相首匿的本意在于尊崇伦理亲情

D. 亲亲得相首匿的法旨在于宽宥缘自亲情发生的隐匿犯罪亲属的行为

2. 汉武帝时，有甲、乙二人争言相斗，乙以佩刀刺甲，甲之子丙慌忙以杖击乙，却误伤甲。有人认为丙"殴父也，当枭首"。董仲舒引用《春秋》事例，主张"论心定罪"，认为丙"非律所谓殴父，不当坐"。关于此案的下列哪种评论是错误的？（　　　　）（2006年司法考试试题）

A. "论心定罪"是儒家思想在刑事司法领域的运用

B. 以《春秋》经义决狱的主张是旨在建立一种司法原则

C. "论心定罪"仅为一家之言，历史上不曾被采用

D. "论心定罪"有可能导致官吏审判案件的随意性

3. 西汉末年，某地一男子偷盗他人一头牛并贩卖到外乡，回家后将此事告诉了妻子。其妻隐瞒未向官府举报。案发后，该男子受到惩处。依照汉代法律，其妻的行为应如何处理？（　　　　）（2005 年司法考试试题）

A. 完全不负刑事责任

B. 按包庇罪论处

C. 与其丈夫同罪

D. 按其丈夫之罪减一等处罚

4. 汉代曾发生这样一件事情：齐太仓令获罪当处墨刑，其女缇萦上书请求将自己没为官奴，替父赎罪。这一事件导致了下列哪一项法律制度改革？（　　　　）（2005 年司法考试试题）

A. 汉高祖规定"上请"制度　　　　B. 汉文帝废除肉刑

C. 汉文帝确立"官当"制度　　　　D. 汉景帝规定"八议"制度

5. 西汉武帝时颁布"告缗令"的目的主要是（　　　　）

A. 加强社会治安管理　　　　B. 加强对外贸易管理

C. 推行国家专卖制度　　　　D. 推行重农抑商政策

6. 汉朝最重要的法典是（　　　　）。

A.《九章律》　　B.《贞观律》　　C.《开皇律》　　D.《泰始律》

7. 中国古代的录囚制度始于（　　　　）。

A. 秦朝　　　　B. 西汉　　　　C. 东汉　　　　D. 三国

8. 汉代行使监察职能的专门机关是（　　　　）。

A. 御史台　　　B. 廷尉　　　　C. 尚书台　　　　D. 大理寺

9. "春秋决狱"原则确立于（　　　　）。

A. 秦朝　　　　B. 汉朝　　　　C. 三国两晋　　　　D. 南北朝

10. 汉刑制改革的具体原因，源于（　　　　）。

A. 淳于公上书　　B. 缇萦上书　　C. 萧何上书　　D. 张汤上书

11. 提出"父为子隐，子为父隐"原则的是（　　　　）。

A. 孔子　　　　B. 汉文帝　　　　C. 汉武帝　　　　D. 张汤

12. 汉律规定，与诸侯王结党、共同对抗朝廷者，构成（　　　　）。

A. 阿党附益罪　　　　B. 事国人过律罪

C. 非正罪　　　　D. 出界罪

13. 汉朝把向当事人宣读判词叫作 (   )。

    A. 断狱   B. 鞫狱   C. 读鞫   D. 乞鞫

14. 中国古代最早实行盐、铁、酒专卖的是 (   )。

    A. 秦朝   B. 汉朝   C. 隋朝   D. 唐朝

15. 汉律规定，诸侯王擅自越出其封国国界者构成 (   )。

    A. 出界罪   B. 左道罪   C. 阿党附益罪   D. 非正罪

16. 汉初的法制指导思想以黄老思想为主，黄老思想的特点是(   )。

    A."明德慎罚"   B."一断于法"   C."专任刑罚"   D."无为而治"

17. 汉律规定，非嫡系正宗而继承爵位者，构成 (   )。

    A. 非正罪   B. 事国人过律罪

    C. 阿党附益罪   D. 出界罪

18. "女徒顾山"的规定最早出现在 (   )。

    A. 秦朝   B. 汉朝   C. 南北朝   D. 唐朝

19. "亲亲得相首匿"原则，最早确立于 (   )。

    A. 汉朝   B. 曹魏时期   C. 北齐时期   D. 隋朝

20. 汉朝的行政体制在中央实行"三公九卿"的制度，其中的"三公"不包括 (   )。

    A. 丞相   B. 太尉   C. 廷尉   D. 御史大夫

21. 汉代审判制度中规定，当事人经过初审之后，已得到口供，但须三日后再行复审，称为 (   )。

    A. 乞鞫   B. 读鞫   C. 传复   D. 断狱

22. 汉代廷尉的职责是 (   )。

    A. 负责笞刑案件的审理

    B. 负责诏狱的审理

    C. 负责墨劓刑案件的审理

    D. 负责杖刑案件的审理

23. 汉代司法中用来比照判案的成例被称为 (   )。

    A. 廷行事   B. 科   C. 决事比   D. 格例

24. 汉朝关于百官朝会方面的法律规定见于 (   )。

    A.《朝律》   B.《越宫律》   C.《九章律》   D.《傍章》

25. 汉律定罪量刑的原则不包括（　　　　）。

A. 亲亲得相首匿　　　　　　　B. 官当

C. 八议　　　　　　　　　　　D. 恤刑

26. 汉初的"约法三章"规定：杀人者死，伤人及盗（　　　　）。

A. 死罪　　　B. 抵罪　　　　C. 无罪　　　D. 免罪

三、多项选择题

1. 汉朝法律中体现儒家指导思想的制度和原则主要有（　　　　）。

A. 亲亲得相首匿　　　　　　　B. 春秋决狱

C. 上请　　　　　　　　　　　D. 秋冬行刑

2. 秦汉时期的刑罚主要包括笞刑、徒刑、流放刑、肉刑、死刑、羞辱刑等，下列哪些选项属于徒刑？（　　　　）。

A. 候　　　　B. 隶臣妾　　　C. 弃市　　　D. 鬼薪、白粲

3. 董仲舒解说"春秋决狱"："春秋之听狱也，必本其事而原其志；志邪者不待成，首恶者罪特重，本直者其论轻。"关于该解说之要旨和倡导，下列哪些表述是正确的？（　　　　）（2013 年司法考试试题）

A. 断案必须根据事实，要追究犯罪人的动机，动机邪恶者即使犯罪未遂也不免刑责

B. 在着重考察动机的同时，还要依据事实，分别首犯、从犯和已遂、未遂

C. 如犯罪人主观动机符合儒家"忠""孝"精神，即使行为构成社会危害，也不给予刑事处罚

D. 以《春秋》经义决狱为司法原则，对当时传统司法审判有积极意义，但某种程度上为司法擅断提供了依据

4. 汉律六十篇包括（　　　　）。

A.《九章律》　　B.《朝律》　　　C.《傍律》　　　D.《越宫律》

5. 汉朝的法律形式有（　　　　）。

A. 春秋经义　　B. 律　　　　　C. 令　　　　　D. 廷行事

6. 汉朝定罪量刑的原则是（　　　　）。

A. 亲亲得相首匿　　　　　　　B. 贵族官僚有罪先请

C. 罪疑从赦　　　　　　　　　　D. 以身高确定刑事责任

7. 汉朝为打击割据势力，设置了如下罪名：（　　　）。

A. 阿党附益罪　　　　　　　　　B. 事国人过律

C. 僭越罪　　　　　　　　　　　D. 漏泄省中语

8. 汉朝把对被告人进行审讯和判决称作（　　　）。

A. 鞫狱　　　　B. 传复　　　　C. 读鞫　　　　D. 断狱

9. 汉朝时期的法律形式有（　　　）。

A. 律　　　　　B. 令　　　　　C. 科　　　　　D. 比

10.《九章律》在《法经》六篇的基础上，增加了（　　　）。

A. 兴律　　　　B. 户律　　　　C. 杂律　　　　D. 厩律

11. 属于汉朝法律形式的有（　　　）。

A. 科　　　　　B. 格　　　　　C. 廷行事　　　D. 决事比

12. 汉朝官吏选拔的途径主要有以下几种（　　　）

A. 察举　　　　B. 荫袭　　　　C. 科举

D. 辟召　　　　E. 征辟

13. 汉律规定享受减免刑罚的最高年龄为（　　　）。

A. 60岁以上　　B. 70岁以上　　　C. 80岁以上

D. 90岁以上　　E. 100岁以上

14. 以下属于汉朝立法的是（　　　）。

A.《傍章律》　B.《朝律》　　　C.《越宫律》　　D.《左官律》

15. 汉朝不负刑事责任年龄大体分为（　　　）。

A. 8岁以下80岁以上　　　　　　B. 7岁以下80岁以上

C. 10岁以下80岁以上　　　　　　D. 10岁以下70岁以上

16. 据《晋书·刑法志》记载，东汉时私人解释法律的有（　　　）。

A. 叔孙通　　　B. 郭令卿　　　C. 马融

D. 郑玄　　　　E. 李悝

四、名词解释题

1.《九章律》　2.《朝律》　　3. 约法三章　　4. 亲亲得相首匿

5. 阿党附益　　6. 殊死　　　7.《左官律》　　8.《见知故纵法》

9. 女徒顾山　　10. 阑入　　　　11. 《腹非之法》　　12. 《酎金律》

13. 告劾　　　　14. 告缗令　　　15. 《越宫律》　　　16. 决事比

17. 上请　　　　18. 矫制、矫诏　19. 缇萦上书　　　　20. 录囚

21. 春秋决狱

五、简答题

1. 汉朝有哪些法律形式？

2. 简述汉朝刑罚制度的改革。

3. 如何理解汉朝的春秋决狱？

4. 汉朝为限制地方割据势力采取了哪些措施？

5. 简述文景帝刑制改革的主要内容。

6. 简述汉朝立法指导思想的发展变化。

7. 试举例说明两汉封建法律儒家化开始形成的标志。

8. 简述汉朝的刑事责任年龄。

9. 简述汉朝的恤刑原则。

10. 简述汉代法律的主要特点。

六、论述题

1. 试述汉代司法"儒家化"的情况及其影响。

2. 论述西汉前期的法制指导思想的变化。

3. 试述汉文帝、汉景帝废除肉刑的主要内容及其影响。

4. 试述汉朝的春秋决狱。

5. 试述"亲亲得相首匿"制度及其历史影响。

七、案例分析题

1. 案例一：

材料一：《太平御览》卷六百四十引："甲父乙与丙争言相斗，丙以佩刀刺乙，甲即以杖击丙，误伤乙，甲当何论？或曰殴父，当枭首。论曰：臣愚以父子至亲也，闻相斗，莫不有怵怅之心，扶杖而救之，非所以欲诟父也。《春秋》之义，许止父病，进药于其父而卒，君子原心，赦而不诛。甲非律所谓殴父，不当坐。"

材料二：《通典·礼二十九》："时有疑狱曰：甲无子，拾道旁弃儿乙，养

之以为子。及乙长，有罪杀人，以状语甲，甲藏之。甲当何论？董仲舒断曰：'甲无子，振活养乙，虽非所生，谁与易之？〈诗〉云：螟蛉有子，蜾蠃负之。春秋之义，父为子隐，甲宜匿乙。'诏：不当坐。"

材料三：《春秋繁露·精华》："春秋之听狱也，必本其事而原其志。志邪者不待成，首恶者罪特重，本直者其论轻。"

材料四：《盐铁论·刑德》："故春秋之治狱，原心定罪，志善而违于法者，免，志恶而合于法者，诛。"

问题：

(1) 什么是春秋决狱？春秋决狱产生的原因为何？

(2) 请把材料三翻译成白话文，并分析春秋决狱定罪量刑的原则。

(3) 春秋决狱对中国封建法律制度产生了哪些影响？

2. 案例二：

公元前 167 年，齐太仓县令、著名医学家淳于意被人告发私通诸侯。当时法律规定，私通诸侯罪当处肉刑，于是淳于意被押解到京师长安。淳于意的小女儿缇萦随行至长安并上书汉文帝，称其父任太仓县令时清廉公正，虽犯罪依法当处肉刑，但如此则无法复原，更不能改过自新，要求自己入宫为奴婢，以替父赎罪，使其有机会自新。文帝看了之后深受感动，下诏令废除肉刑，而代之以徒刑。于是汉初开始了刑制改革，淳于意也因此被改判处徒刑。

问题：

该案例反映的是中国法制史上的哪个事件，并请说明该事件的历史意义。

八、材料翻译分析题

请翻译下列文字，并进行简要分析。

1. 汉宣帝元康四年（公元前 62 年）下诏说："自今以来，诸年八十以上，非诬告、杀伤人，它皆勿坐。"东汉光武帝建武三年（公元 27 年）再下诏令："男子八十以上，十岁以下，及妇女从坐，自非不道，诏所名捕，皆不得系。"

2. 叶公语孔子曰："吾党有直躬者，其父攘羊，而子证之。"孔子曰："吾党之直者异于是：父为子隐，子为父隐。——直在其中矣。"

——《论语·子路》

第七章　三国两晋南北朝的法律制度

（公元 220 年—公元 581 年）

【学习目标】

三国两晋南北朝是一个长期分裂、割据、战乱的动荡时代，其法制建设具有明显的承前启后的过渡性质。通过教学使学生从立法技术、法律形式及律学理论等方面，了解和掌握这一时期的律学成就与法制体系的变化。学习难点是正确理解律学理论的发展创新和法律制度的儒家化趋势。

【开篇案例】

《晋书·卞壶传》"王式违礼案"：东晋时，淮南郡中正王式有一继母，其前夫逝世后，嫁给了王式的父亲。后来王式的父亲逝世，其继母在服丧期满后，要回前夫家中。前夫家中也有继子，对王式的继母奉养至终，后与前夫合葬。王式曾说，在其父亲临终之前，其继母曾请求回前夫家中，而王式的父亲已经答应。于是依礼制应当服"齐衰"之丧，即服丧一年。卞壶奏道："即使如王式父亲临终许诺，也必须确定名分，否则于礼不合。如果丈夫有许诺，就应当按照'七出'的规定，在生前离婚，不能将已经绝义的妻子在家中依服制留养。如果王式的父亲因快要临终而出现谬乱，强留应有自由之身的继母，必然是以违背礼法之方法相要挟，则使得去留无所适从，而王式则正应当据礼纠正。……继母就像母亲，这是圣人之教。王式作为国士，反而违反礼教，自古未有。这既对其父亲没有追亡之善，对其母亲也没有尽到孝敬之道。在其继母生前任其去留自由，在其继母死后任其与他人合葬，这就是'生事不以礼，死葬不以礼'。亏教伤情，不能担任中正之职。同时，本案中侍中、司徒、临颍公组，应当宣扬教义，但是却包庇违背礼教之人而不贬黜，扬州大中正、侍中、平望亭侯晔，淮南大中正、散骑侍郎弘，主持邦论，朝野信任，却不能依礼正违，崇孝敬之教，同样不能胜任其职位。请免除组、晔、弘等三人的官职，大鸿胪削去爵土之位，交廷尉治罪。"后来皇帝下诏，免其他人之罪，但将王式交付乡邑清议，终身不再起用。

东汉末年，由于黄巾起义导致各地诸侯混战，公元 220 年，魏、蜀、吴三家鼎足而立，史称"三国"。后魏入川灭蜀汉，但大权旁落司马氏，公元 265 年，晋王司马炎称帝夺魏，建立西晋。公元 280 年，西晋灭东吴，完成统一。公元 316 年，因西北少数民族入侵，西晋灭亡。公元 317 年，司马睿于南方建立东晋，进入东晋十六国时期。公元 420 年，东晋王朝灭亡之后，在南方先后出现了宋、齐、梁、陈四个朝代，史称"南朝"。灭掉西晋的北方少数民族拓跋氏建立北魏，后来分裂为东魏、西魏，不久被北周、北齐所替代，史称"北朝"。

三国两晋南北朝是中国历史上封建割据对峙的时代。这个时期政治上的特点是门阀世族统治，大地主豪强垄断政权。一些有见识的统治者为求得生存和发展，比较重视法制建设。因此，这个时期的立法活动比较频繁，其法制指导思想、法律形式、法典体例、法律内容、司法制度等各个方面都发生了较大变化，是中国法制史上一个承前启后的过渡时期。

第一节　三国两晋南北朝时期的立法概况及发展

这一时期，由于社会动乱，汉朝形成的统治思想也受到冲击。例如，曹魏政权的创始人曹操主张"术兼名法"，强调"治定之化，以礼为首；拨乱之政，以刑为先"[1]。蜀汉的诸葛亮主张"科教严明""威之以法"[2]。在司法实践中，他们都努力贯彻法家的"壹刑"原则，不别亲疏，不殊贵贱，一断于法。西晋王朝建立以后，进一步宣扬以封建等级、伦理纲常为核心的儒家思想，纳礼入律，促进了中国封建法律的儒家化，为中国封建正统法律制度的成熟奠定了基础。

---

〔1〕《三国志·魏书·高柔传》。
〔2〕《三国志·蜀志·诸葛亮传》。

一、律学的发展

律学是中国传统法律发展史上的一项重要内容，也是法学在传统社会的一种特殊表现形式，魏晋律学则是在汉朝律学的基础上发展起来的。西晋开始设"律博士"，专门传授律学。张斐、杜预即是其中杰出的代表，而张斐、杜预注《晋律》，使得律学在魏晋时期获得空前的发展。这一时期，知名的律学家还有刘颂、钟繇、丁仪等。

以张斐、杜预为代表的魏晋律学不同于汉朝的"春秋决狱"。汉朝的"春秋决狱"是将儒家经典中的思想扩大引申到司法审判中，随意性很大。而魏晋律学是从司法审判的现实出发，着重于法律名词的解释和规范，研究的重心在于立法技术、法律的运用、刑法原理和定罪量刑的原则，使律学成为一门独立的学科，而不再是经学的附庸。魏晋律学吸收了前人的成就，并有所发展和创新，为中国古代法律词汇的规范化做出了突出贡献。

张斐、杜预二人对晋律的注释被确立为官方注释之后，律学由盛转衰。一方面，律学家们只看重对律文的注释，忽视了对法律原理的研究；另一方面，官方注释的确立也限制了私家言论，使律学对法律原理的探讨远远落后于对律文的注释。总体来说，律学在中国法制发展历程中占有重要地位，也为集中国传统法典之大成的《唐律疏议》的注疏奠定了基础。

二、立法活动

（一）三国时期的立法

1. 科

作为汉朝的法律形式一种的"科"，又叫"科条""事条"。东汉末年，法律已经不适应当时混乱的局面，并且汉朝法律到东汉末年已是"文书盈于几阁，典者不能遍睹"[1]，统治阶层需要新的典章制度来调整混乱的政治局面。但是曹操一直是以汉臣的名分主持政务，无论是修改汉朝法律还是将曹魏律法称为律令，均有所顾忌。因此，曹魏时十分注重"科"这一法律形式，制定了"新科""甲子科"，以至于当时有"科法""科律"这一类的称谓。

---

〔1〕《汉书·刑法志》。

"科"作为曹魏政权一种主要的法律形式存在的时间并不长，但其历史作用很大，为以后曹魏《新律》的制定奠定了基础。

2.《新律》

随着社会形势的不断变化，汉律越来越不适应统治者的需要，重新制订法律法规已是大势所趋。魏明帝即位后，于太和三年（公元 229 年）诏令司空陈群等人"删约旧科，傍采汉律，定为魏法"[1]，制《新律》十八篇，一般通称《魏律》。据当时参与修律工作的刘劭记载，《新律》主要在以下四个方面修改了汉律：

其一，调整了篇目。《新律》以汉朝《九章律》为基础，又将汉律中原来属于《傍章律》等法规中的内容加以调整、分类，综合为"劫掠""诈伪""毁亡""告劾""系讯""断狱""请赇""惊事""偿赃"等九篇，与《九章律》合为十八篇。所以刘劭说："于正律九章为增，于旁章科令为省矣"[2]。

其二，改革了体例。汉沿秦制，"具律"一篇仍为第六章，《新律》将其改为"刑名"，并将其冠于篇首。这样一来，使法典体例更合于刑律的"篇章之意"。

其三，约简了条文。汉律由于历代皇帝的增修，条目纷繁，内容庞杂。《新律》除在篇目上进行调整外，还删去了一些不符合当时需要的"旁章科令"，即所谓"改汉旧律不行于魏者皆除之"[3]。

其四，统一了刑种。文景废肉刑以后，汉朝的刑种并不统一，肉刑亦时废时行。为改变这种情况，《新律》明确规定了刑罚种类，死刑、髡刑、完刑、作刑、赎刑、罚金、杂抵罪，共七种。

此外，与《新律》同时制订的还有《州郡令》四十五篇及《尚书官令》《军中令》，与《新律》共一百八十余篇。这改变了东汉末年法律"律令紊乱、科比冗杂"[4]的状况，对晋律的制定有直接的影响。

蜀汉、东吴在法制上基本沿用汉律。蜀汉丞相诸葛亮等人制定过"蜀科"，亦称"汉科"，蜀科及其他单行法规均已佚失难考。

---

〔1〕《晋书·刑法志》。
〔2〕《晋书·刑法志》。
〔3〕《晋书·刑法志》。
〔4〕《晋书·刑法志》。

（二）两晋时期的立法

曹魏末年，晋王司马昭即命贾充、羊祜、杜预、裴楷等人以汉律、魏律为基础修律，历时四年，至晋武帝司马炎泰始三年（公元 267 年）完成，次年颁行全国，史称《晋律》，又称《泰始律》。《晋律》颁布以后，由张斐、杜预为之作注，经武帝批准后颁布，与律文具有同等的法律效力，成为《晋律》的权威注本，故又称《晋律》为《张杜律》。东晋时基本沿用《晋律》以及张、杜的注解。

《晋律》共二十篇，包括"刑名""法例""盗律""贼律""诈伪""请赇""告劾""捕律""系讯""断狱""杂律""户律""擅兴""毁亡""卫宫""水火""厩律""关市""违制""诸侯"。在篇目上将曹魏《新律》的"刑名"分为"刑名""法例"二篇，删去"劫掠""惊事""偿赃"等篇，新增"卫宫""水火""关市""违制""诸侯"等五篇，共计六百二十条。

《晋律》相对汉律而言，其突出的特点在于"简约"。《晋律》的条目大约是汉律的十分之一，体例、条文更加简明，文字简省，刑罚适中，较秦汉旧律，确是一大进步。《晋律》是三国两晋南北朝时期唯一颁行全国的法典，也是这个时期最具影响力的法典。南朝基本上沿用《晋律》。

（三）南朝时期的立法

南朝历时一百六十余年，经宋、齐、梁、陈四朝，但在封建法制上，甚少有建树。四朝基本上都沿用《晋律》，即所谓"江左相承，沿用晋律"[1]。

梁曾有一次较大规模的立法活动，制定出律二十卷，令三十卷，科三十卷。但不过是《晋律》的改头换面，篇目次序均同，名称略有变动，如"盗律"改为"盗劫"，"贼律"改为"贼叛"。另外删去《晋律》中的"诸侯律"，增置"仓库"一篇。

梁灭亡以后，陈武帝也曾组织人修订法律，然而是"篇目条纲，轻重简繁，一用梁法"[2]，因而《陈律》实质上仍是《晋律》的延续。

（四）北朝时期的立法

北朝历时一百四十余年，几个朝代都比较重视法律的修订，立法活动比

---

[1] 程树德：《九朝律考·后魏律考序》。
[2] 《隋书·刑法志》。

较活跃，出现了几部对后世有重大影响的法典。近人程树德说："南北朝诸律，北优于南，而北朝尤以齐律为最"[1]。

1. 《北魏律》

北朝政权大规模的立法活动始于北魏。北魏是鲜卑人建立的政权，入主中原后，比较注重封建法制建设，先后组织数十名著名的律学家参与修律工作，由皇帝亲自主持。至孝文帝太和年间（公元 477—499 年）修成《北魏律》，共二十篇，篇名可考者有"刑名""法例""宫卫""违制""户""厩牧""擅兴""贼""盗""斗""系讯""诈伪""杂""捕亡""断狱"等十五篇。《北魏律》融汉律、魏律、晋律之所长，开北系诸律之先河，在中国法制史上占有重要地位，是北朝诸律的基础。

2. 《北齐律》

北齐建国之初，立即着手修律，至武成帝河清三年（公元 564 年），历时十四年修成《北齐律》。《北齐律》的修订，全面总结了历代封建王朝的立法经验，且富于创新精神，对前代的法典，不是照搬，而是"所增损十有七八"[2]，故《北齐律》以"法令明审，科条简要"[3]著称。《北齐律》共九百四十九条，分十二篇。篇目包括"名例"（合"刑名""法例"）以及"禁卫""婚户""擅兴""违制""诈伪""斗讼""贼盗""捕断""毁损""厩牧""杂"。《北齐律》是比较成熟的封建法典，它上承汉律精神，下开隋唐先河，是隋唐律的直接范本。

3. 《麟趾格》

东魏孝静帝天平年间（公元 534—537 年）下诏"群臣于麟趾阁议定新制"，兴和三年（公元 541 年）颁布实施，史称《麟趾格》。

4. 《大统式》

西魏大统元年（公元 535 年）着手制定新法，大统十年（公元 544 年）命尚书苏绰编订《大统式》，共五卷，颁行天下。"式"这种法律形式最早见于秦的《封诊式》，汉初有品式章程，《大统式》的编定标志着"式"已经成为重要的法律形式。

---

[1] 程树德：《九朝律考·后魏律考序》。
[2] 《隋书·刑法志》。
[3] 《北齐书·崔昂传》。

5. 《大律》

北周武帝保定三年（公元 563 年）修成，由赵肃、拓跋迪等仿《尚书·大诰》而制，谓之《大律》，共二十五篇，一千五百三十七条，原文已佚失。《大律》"大略滋章，条流苛密，比于齐法，繁而不要"。[1]

这个时期虽然主要是沿用汉代的律、令、科、比四种法律形式，但出现了向律、令、格、式四种形式过渡的趋势。在司法实践中，"春秋决狱"的方法虽仍在沿用，但已出现衰落的势头。

第二节　魏晋刑罚体系的发展变化

建立在士族大地主经济基础上的三国两晋南北朝的法律制度，以维护贵族官僚大地主在法律上的特权地位为其显著特征。随着对秦汉以来立法经验的不断总结，这个时期的法律制度无论内容上还是形式上，都发生了许多重要的变化。

一、"八议"制度入律

"八议"之说源于《周礼·八辟》。曹魏政权制定《新律》时，"八议"制度首次入律，此后也为《晋律》等封建法典所继承。"八议"是中国古代法律规定的保护官僚权贵免受司法处罚的一种特权制度，它是指当八种特殊身份的人犯罪时，一般司法机关无权审判，必须奏请皇帝裁决，由皇帝根据其身份及具体情况减免刑罚的制度。这八种身份是：亲（皇亲国戚）、故（皇帝故旧）、贤（德行修养高的圣贤）、能（才能卓越者）、功（功勋卓著的人）、贵（高级权贵）、勤（勤谨辛劳者）、宾（前代国宾）。"八议"中适用最多的是"议亲"和"议贵"，所谓"亲贵犯罪，大者必议，小者必赦"[2]，这使贵族官僚地主享有特权，凌驾于一般法律制裁之上，为统治阶级中不法分子破坏法律大开方便之门。需要注意的是，《北齐律》中规定，犯"重罪十条"的人，不在"八议"之内，也就是说，对一些重大危害国家利益和社会伦理道德的犯罪不适用"八议"制度。

---

〔1〕《隋书·刑法志》。

〔2〕《太平御览》卷六五二引《傅子》。

二、"官当"制度出现

"官当"是指官僚贵族用官品和爵位抵当徒刑的一种制度。"官当"制度是"八议"制度的延伸,将对官僚贵族的特权保护进一步扩大到普通官吏。《晋律》中就有"免官比三岁刑"[1]的规定。北魏时期首次规定"王官阶九品,得以官爵除刑",在《北魏律·法例》中规定:五等列爵(公、侯、伯、子、男)和官品在五品以上,每等当刑二年,免官的,三年以后按原官阶降一级叙用。随后又规定,"自王公以下,有封邑,罪除名,三年之后,宜各降本爵一等,王及郡公降为县公,公为侯,侯为伯,伯为子,子为男,至于县男,则降为乡男。五等爵者,亦依此而降,至于散男。其乡男无可降授者,三年之后,听依其本品之资出身。"[2]南朝《陈律》中首次使用"官当"一词,并正式入律。其中规定,被判四年和五年徒刑的人,如果是官吏,可以用官职抵罪二年,所剩的年数都要服劳役。判三年刑的,则以官职抵罪二年,剩下的一年可以赎罪。假若因公犯有过失罪,仅处以罚金。判二年刑的,如有官职,允许纳赎。一年徒刑这样的轻罪,不是官吏也可以赎罪。这种"官当"与"赎刑"的结合,使得对官僚贵族的保护更加严密。

"官当"制度的规定详细、明确,一直沿用到宋朝,明、清时期为加强官吏控制而取消"官当"制度,但代之以"罚俸""降级"。

三、"重罪十条"制度的确立

"重罪十条"制度正式确立于《北齐律》,是指危害封建国家根本利益的最严重的十种犯罪。这十条罪名是:反逆(意图推翻国家政权的行为),大逆(侵犯皇帝宗庙、山陵和宫阙的行为),叛(背叛朝廷或国家利益),降(投降敌伪),恶逆(谋杀或殴打尊亲属),不道(以极端残忍或恶毒的手段害人),不敬(偷盗皇室器物或祭祀用品,过失危及皇帝安全),不孝(对父母与祖父母不按规定敬养或不依礼服丧),不义(卑贱者逆杀尊贵者),内乱(亲属之间犯奸乱伦)。触犯这十条罪名的,不在"八议"论赎的范围内。

---

[1]《太平御览》卷六五一引《晋律》。
[2]《魏书·刑罚志》。

在汉朝就已有"不道""不孝"的罪名。西晋修律时，张斐还专门对"不敬""不道""恶逆"等行为做了解释。北齐在总结历代立法经验的基础上，将直接危害国家根本利益的最严重的犯罪归纳为十项，置于《北齐律》的篇首"名例"中，作为封建法典重点打击的对象。"重罪十条"由北齐始入律，是隋唐"十恶"之罪的基础，被此后历代所沿用。

四、"准五服以制罪"与留养制度的产生

《晋律》与《北齐律》中相继确立"准五服以制罪"的制度。所谓"五服"，即根据血缘亲属关系远近而规定的五种丧服的服制。"准五服以制罪"，又称"服制定罪"，是指家族亲属之间的犯罪行为，依照五服制度所规定的亲等差别来定罪量刑。服制越近，以尊犯卑，处罚越轻；以卑犯尊，处罚越重。

"准五服以制罪"是《晋律》中首创，"峻礼教之防，准五服以制罪"[1]，这一原则所遵循的是儒家三纲五常的伦理道德标准，旨在维护封建上下、尊卑、贵贱、亲疏的社会等级秩序，实际上是将儒家的礼义思想融合到刑法原则当中，是礼法融合的产物。

留养制度，又称"存留养亲"，是指犯人直系尊亲属年迈而家中无成年子孙或期亲近属照料时，犯死罪而非"重罪十条"者，允许上请；犯流刑可免发遣；犯徒刑可以缓期，将犯人留下照料尊长，等尊长去世后再实际执行。留养制度体现了儒家"亲亲"原则和孝道精神，是中国古代法律家族化、伦理化的体现。

五、封建五刑制度的逐步形成

自汉文帝废肉刑开始，奴隶制五刑制度开始发生改变。三国两晋南北朝时期，由于社会动荡不安，统治者奉行"重典治乱世"的原则，多使用秦、汉时期旧法制，加之北方少数民族落后的司法习惯，这一时期刑罚制度颇为残酷。但这一时期，为了缓和社会矛盾，适应社会发展，各代统治者都对刑罚制度进行了不同程度的改良，封建五刑制度在这一时期初步形成规模，为隋唐时期刑制的正式形成奠定了基础。

---

〔1〕《晋书·刑法志》。

（一）刑罚制度的完善

曹魏《新律》中将法定刑定为死、髡、完、作、赎、罚金、杂抵罪七种，并减轻了一些刑罚。《晋律》中将法定刑定为五种：死、髡、赎、杂抵罪和罚金。《北魏律》中将法定刑定为六种：死、流、宫、徒、鞭、杖。《北齐律》最终将法定刑定为五种：死、流、徒、鞭、杖，这为隋唐笞、杖、徒、流、死的封建五刑体系的建立奠定了基础。虽然这一时期还有一些残酷的刑罚存在，但总体趋向于宽缓。

（二）死刑等级的增废

曹魏时，将死刑定为三等：枭首、腰斩和弃市。晋时沿用曹魏时期的死刑制度，但适当减少了适用死刑的罪名，并且区分三等死刑适用的程度，"枭首者恶之长，斩刑者罪之大，弃市者死之下"〔1〕。南朝梁的死刑只有枭首和弃市，没有腰斩。北朝时期，由于受少数民族风俗习惯影响，死刑较为残酷。北魏时期，死刑分为斩、绞、车裂、腰斩和沉渊等。北齐刑制中废除弃市，保留枭首、斩和绞，增加了辕等残酷的刑罚。

（三）肉刑的存废以及宫刑的废除

自汉文帝刑制改革以后，关于肉刑的存废问题就一直争论不断，曹魏时陈群、钟繇等主张恢复肉刑，但夏侯玄、王朗等则极力反对。魏明帝制定《新律》时，法定刑里并未规定肉刑，以劳役刑取代了肉刑。晋代刘颂等人虽也主张过恢复肉刑，但因不符合社会的发展，始终没有恢复。但在司法实践中，肉刑的适用并没有中断过。宫刑兴废无常，北魏、东魏时期仍然有使用宫刑的记载。西魏文帝大统十三年（公元547年），曾经下诏规定：应当宫刑的人，不再施用宫刑，直接没官为奴。北齐后主天统五年（公元569年），也下诏规定：应当处以宫刑的人，都要免除宫刑没为官奴。自此，宫刑不再是法定刑。

（四）族刑连坐范围的不断缩小

族刑连坐是株连无辜亲属的野蛮刑罚，在中国沿用数千年之久。秦汉以来，广泛盛行夷三族刑，特别是妇女因父族犯族刑，从而连坐受戮，因夫家犯族刑，也要连坐受戮。曹魏《新律》中规定：大逆不道者，本人腰斩，家

---

〔1〕《晋书·刑法志》。

属从坐，但不再诛及祖父母和孙辈。后来根据司录主簿程咸上奏修改律令，规定在室之女从父母之诛，已嫁之妇从夫家之罚。

《晋律》中规定，养子养女不再连坐生父母所犯的弃市重罪。后来又明令废止夷三族刑。东晋明帝太宁三年（公元 325 年），曾经一度恢复夷三族刑，但是已经不再株连妇女。

《梁律》进一步缩小株连范围，其中规定：凡是谋反、降叛、大逆以上重罪，本人一律处斩，父亲、儿子和同胞兄弟，无论年龄大小，均连坐弃市，母亲、妻子、姐妹以及应连坐处死者的妻、儿、女、妾等，都要没入官署充任奴婢。梁武帝大同元年（公元 546 年）下诏："自今犯罪，非大逆，父母、祖父母勿坐。"[1]

（五）流刑的确立

这一时期，流刑逐步确立为法定刑。梁武帝天监三年（公元 504 年）恢复"流徒"之罪。北魏、北齐均有"降死从流"的原则，将流刑定为法定刑，作为死刑和徒刑的中间刑，填补了汉朝刑制改革以来刑罚轻重无度的空白。北周遂将流刑分为五等，分别为二千五百里、三千里、三千五百里、四千里以及四千五百里，服流刑的均要施加鞭刑。在此基础上，隋唐将流刑确定为法定刑，成为封建五刑之一。

六、行政体制

（一）九品中正制的产生

九品中正制，又称"九品官人法"，是魏晋南北朝时期重要的选官制度，指朝廷在郡设小中正官，州设大中正官，中正官依照家世、才能、德行将辖区内的士人分成上上、上中、上下、中上、中中、中下、下上、下中、下下九个等级，由小中正官将品级结果申报大中正官，再由大中正官上报司徒，最后由朝廷依照品第高下任官的制度。九品中正制始创于魏，至晋时渐趋完备，南北朝时又有所变化。此制上承汉朝的察举制，下启隋唐的科举制，是中国封建社会三大选官制度之一。

曹操开九品中正制先河，曾提出"唯才是举"的口号，只要是有才能的，

---

〔1〕《晋书·刑法志》。

都可以选拔为官。他选择各地名望高的人士来出任中正官，将当地的士人按才能分成九等，由朝廷按等级选任官吏。选任官吏指导思想的改变，带来了"猛将如云、谋士如雨"的盛况，逐渐改变了东汉以来由门阀世族把持官吏选任的局面，为建立新的选官制度创造了条件。曹操死后，魏文帝曹丕采纳尚书陈群的意见，将曹操"唯才是举"的口号制度化，创立了"九品官人法"。但是该制度创立之后，世族大家出身的大官逐渐把持了中正官的职位，将人才品级的标准从德行、才干逐渐变为以家世为标准。晋以后则完全以家世作为品级的标准，出身寒门的才能、德行再高也只能定在下品，出身豪门的才能、德行再低也能位列上品，造成了当时"上品无寒门，下品无世族"[1]的现象。这不仅使士族与庶族对立，矛盾激化，还使得在官员选任上弊端丛生、贿赂公行，加速了士族、官员的腐化。

（二）中央三省制的形成

东汉光武年间，为了防止权臣篡权，虽设"太尉""司空""司徒"三公之位，但把一切行政大权归于由皇帝直接指挥的尚书台。三公成为虚设之位。由于权柄下移，尚书的作用越来越重要。

三国时期，尚书脱离少府，独立出来，称为"尚书台"，掌管政务。曹操为魏王时，置秘书令，典尚书奏事。魏明帝时，改秘书为中书，尚书的职权逐渐转移到中书。于是在尚书台之外复有中书省，而原来作为皇帝侍从的侍中也逐渐成为要职。中书省为起草诏令，是决策机构和立法机构，而尚书台负责奉行诏令，是执行机构。西晋时期，始设门下省，以侍中为主管长官，以抑制中书省，形成尚书台、中书省、门下省三省并立的中央机构设置。

中央三省制的形成，不仅使当时政治机构分工严密化、合理化，还相对地加强了皇权，这都有利于中央集权的专制统治。中央三省的形成，使九卿逐渐闲置。梁武帝时为了调整职务，曾增设大府卿、大匠卿、都水卿，使九卿变成十二卿。北魏仍然改为九卿。北齐时期将廷尉改为大理，将少府改为太府，并将其官署改称为"寺"，于是产生了"九寺"的名称。从此，国家机关的名称不再以官衔相称，这是国家机关发展史上的一个重要变化。

---

〔1〕《晋书·刘毅传》。

第三节　三国两晋南北朝时期的司法制度

一、司法机关

三国两晋南北朝时期的司法制度基本承用汉制，但也有一些新变化。

（一）中央司法机关

这一时期，最高司法机关仍为"廷尉"，但已有所变化，不仅名称上有所变化，在机构设置上也与汉朝不尽相同。三国时期吴将"廷尉"称为"大理"，曹丕称帝之初，也曾将廷尉改称为"大理"，后又恢复称"廷尉"。廷尉分设廷尉正、廷尉监、廷尉平三官，合称"廷尉三官"。南朝宋、齐、梁、陈以廷尉卿为廷尉长官，也设"廷尉三官"。

北魏入主中原以后，吸收魏晋官制，由廷尉寺主管司法，廷尉卿为长官，少卿为其副职。北齐改廷尉为大理，并扩建其机构为大理寺，设卿、少卿、丞各一人为主官，其下设正、监、平各一人，律博士四人，明法掾二十四人，司直、明法各十人。自此，封建司法审判机关体系的规模基本确定。

（二）地方司法机构

地方司法机关的设置仍沿汉朝旧制，地方司法权由地方行政长官所控制。司法权由县令、郡太守、州刺史掌领。

由于战事频繁，地方行政长官可以"军法从事"为借口擅杀部属平民，而不受通常司法约束。南朝宋曾限定军官"非临军战阵，一律不得专杀"[1]，违者以杀人论。陈时也有"将帅职司军人犯法，自依常科"[2]的规定，但多流于形式。

二、诉讼制度的变化

（一）诉讼权利的限制

两晋和北齐时期，禁止在押犯控告他人。对于自诉案件，禁止子孙控告父母和祖父母，违者处死。而对于父母、祖父母控告子孙不孝，或违反教令，

---

〔1〕《宋书·孝武帝本纪》。
〔2〕《陈书·宣帝纪》。

要求官府处死，官府一般予以允许。

（二）直诉制度的形成

直诉制度是中国古代的一项诉讼制度，即某些案情重大和冤抑莫伸者，可超出一般受诉官司和申诉程序之范围，直接向最高统治者陈诉。其中，"登闻鼓"制度是中国古代最为典型的直诉制度。"登闻鼓"是在朝堂外设鼓，有冤抑者可以击鼓向皇帝或钦差大臣直诉的制度，这种制度在魏晋时期出现，一直沿用到清朝，是对不许越级起诉制度的补充。

（三）刑讯制度的发展

这一时期，由于社会动荡不安，统治者奉行"重典治国"的原则，所以法律上允许刑讯，并且将其制度化。以南梁的"测罚"和南陈的"测立之罚"最为典型。《梁律》中首定"测罚"，又称"饿罚"，是指如果犯人不招供罪行的，要断绝饮食三天，然后才允许少量进食，"测罚"的期限为十天。《陈律》中设"测立之罚"，又称"立测"，是指对不招供的囚犯先鞭二十，笞三十，然后身戴刑具，站在高一尺、上尖圆、仅容两足的土堆上。首次为七刻；再次分两回，朝三刻，夕七刻。七日一行鞭，至鞭杖数满一百五十仍不招供，可免死。此方法入隋而止。

（四）死刑奏报制度

死刑案件必须报请皇帝批准的死刑奏报原则，是这个时期形成的一种制度。魏、南朝宋都作了此类规定，这主要是为了加强皇帝对司法权的控制，同时也体现了"慎刑"精神。

魏明帝时，曾下令廷尉及各级狱官对要求恩赦的死罪重囚，及时奏闻朝廷。南朝宋孝武帝曾规定，凡死刑重犯须上报朝廷，由有关人员严加听察。北魏太武帝也明确规定，各地死刑案件一律上报奏谳，由皇帝亲自过问，必须无疑问、无冤屈方可执行。

死刑复奏制度直接影响到后世的司法审判与刑罚执行制度，后发展为隋唐时期的死刑三复奏与五复奏制度。

三、监察制度

这一时期，监察机关仍为御史台，但已从少府中独立出来，成为皇帝直接掌握的独立监察机关。长官仍为御史中丞（北魏称"御史中尉"，南朝称

"南司"），职权广大，"自皇太子以下，无所不纠"[1]。因地位渐高，中丞以下设有名目繁多的御史。自魏以后，地方不设监察机关，由中央派御史监察，发展成御史出巡制度。御史甚至可"风闻言事"，对各级官吏进行弹奏，但御史中丞失纠则要免官。

东汉时的司隶校尉，魏晋时仍设，与御史中丞"分督百僚"。至东晋废，分其行政权归扬州刺史（京师在扬州），分其监察权归御史台。司隶校尉一职不复存在。

【课后经典试题】

一、填空题

1. 三国时期的《魏律》将"具律"改为（　　　　）。

2. 《蜀科》是三国时（　　　　）国的法典。

3. 中国古代用官品或爵位折抵徒刑的制度叫作（　　　　）。

4. "重罪十条"的确立是在《（　　　　）律》中。

5. 东魏于孝静帝兴和三年（公元 541 年），命群官议定新法，制定了（　　　　）。

6. "八议"最早规定在《（　　　　）律》中。

7. （　　　　）开始设"律博士"，专门传授律学。

8. 《晋律》颁布以后，由（　　　　）和（　　　　）为之作注，经武帝批准后颁布，与律文具有同等的法律效力，成为《晋律》的权威注本。

9. 南朝历时一百六十余年，经宋、齐、梁、陈四朝，但在封建法制上，甚少建树，四朝基本上都沿用（　　　　）。

10. 留养制度，又称"存留养亲"，最早见于（　　　　）。

二、单项选择题

1. 魏明帝制《魏律》时"八议"正式入律，"八议"中不包括（　　　　）。
A. 亲　　　　B. 故　　　　C. 能　　　　D. 忠

2. "重罪十条"是为了镇压危害封建专制统治和违反伦理纲常的行为而

---

[1]《通典》卷二十四《职官六》。

制定的。"重罪十条"的规定，始见于（　　　　）。

　　A.《新律》　　B.《晋律》　　　　C.《北齐律》　　D.《大统式》

　　3.《晋律》颁行后，张斐、杜预两大律学家为之作注，经朝廷批准颁行天下，称为（　　　　）。

　　A.《法律答问》　B.《大杜律》　　　C.《小杜律》　　D.《张杜律》

　　4. 将《新律》之"刑名"篇分为"刑名"与"法例"两篇的律典是（　　　　）。

　　A.《九章律》　B.《晋律》　　　　C.《北魏律》　　D.《北齐律》

　　5. 以"法令明审，科条简要"而著称的律典是（　　　　）。

　　A.《新律》　　B.《泰始律》　　　C.《北齐律》　　D.《大律》

　　6. 北齐时，将中央审判机关廷尉改称为（　　　　）。

　　A. 尚书台　　　B. 御史　　　　C. 司寇　　　　D. 大理寺

　　7. 首次规定"刑名"律，并将其列入律首的法典是（　　　　）。

　　A.《法经》　　B.《九章律》　　C.《新律》　　　D.《晋律》

　　8. 第一次将"服制"列入律典中，作为定罪量刑原则的是（　　　　）。

　　A.《新律》　　B.《大律》　　　C.《北魏律》　　D.《晋律》

　　9.《晋律》共有（　　　　）。

　　A. 十二篇　　　B. 十八篇　　　C. 二十篇　　　D. 六十篇

　　10. 官吏可以用官品爵位来抵罪的一种特权制度是（　　　　）。

　　A. 议　　　　　B. 请　　　　　C. 赎　　　　　D. 官当

　　11. 三国两晋南北朝的官吏选任采取（　　　　）。

　　A. 任子　　　　B. 察举　　　　C. 九品中正制　　D. 征召

　　12. 三国两晋南北朝时期，为了体现恤刑及加强皇帝对司法审判的控制，确立了（　　　　）。

　　A. "皇帝亲自断狱"制度　　　　　B. "登闻鼓"直诉制度

　　C. 死刑复奏制度　　　　　　　　D. 律博士

　　13. 三国两晋南北朝时期，唯一通行于全国的法律是（　　　　）。

　　A.《九章律》　B.《晋律》　　　　C.《北魏律》　　D.《北齐律》

　　14. 标志着"格"作为一种独立的法律形式出现的法律是（　　　　）。

　　A.《麟趾格》　B.《晋律》　　　　C.《北魏律》　　D.《北齐律》

15. "死刑复奏制度"确立于（　　　　）。

A. 西周时期　　B. 秦汉时期　　C. 北魏时期　　D. 隋唐时期

三、多项选择题

1.《晋律》又称为（　　　　）。

A.《泰始律》　B.《张杜律》　　C.《泰和律》　　D.《新律》

2. 晋律是以哪些律典为基础制定的？（　　　　）

A.《九章律》　B.《新律》　　C.《北齐律》　　D.《陈律》

3. 魏晋南北朝时期法律发生了许多发展变化，对后世法律具有重要影响。下列哪些表述正确揭示了这些发展变化？（　　　　）（2004 年司法考试试题）

A.《北齐律》共 12 篇，首先将刑名与法例律合为名例律一篇

B.《魏律》以《周礼》"八辟"为依据，正式规定了"八议"制度

C.《北周律》首次规定了"重罪十条"

D.《北魏律》与《陈律》正式确立了"官当"制度

4. 北朝在法制上的建树优于南朝，其中尤其以（　　　）著称于世。

A.《九章律》　B.《北魏律》　　C.《北齐律》　　D.《陈律》

5. 下列属于"八议"内容的有（　　　　）。

A."议亲"　　B."议故"　　C."议贤"　　D."议能"

6. 三国两晋南北朝时期，贵族享有的特权有（　　　　）。

A."准五服以制罪"　　　　B."八议"

C."重罪十条"　　　　　　D."官当"

7. "重罪十条"制度中的"重罪"包括（　　　　）。

A. 反逆　　B. 不道　　C. 恶逆　　D. 盗窃

8. 三国两晋南北朝时期，司法机关的变化包括（　　　　）。

A. 设立律博士　　　　　　B. 廷尉改为大理寺

C. 设立都官尚书　　　　　D. 设立御史台

9. 三国两晋南北朝时期，"礼法结合"进一步发展的表现有（　　　　）。

A."八议"入律　　　　　　B."官当"制度形成

C. 创置"准五服以制罪"制度　D."重罪十条"的确立

10. 三国两晋南北朝时期，法律内容的主要变化包括（   ）。

A. 确立"十恶制度"   B. "八议"入律

C. 改"具律"为"名例"   D. 创立"录囚"之制

三、名词解释题

1. 《泰始律》   2. 《新律》   3. 《北齐律》   4. 五服制罪

5. 重罪十条   6. 存留养亲   7. 八议   8. 官当

9. 死刑复奏   10. 登闻鼓

五、简答题

1. 简述"八议"入律。

2. 简述"准五服以制罪"原则的主要内容。

3. 简述"官当"制度。

4. 简述"重罪十条"的主要内容。

5. 简述《北齐律》的创新之处。

6. 简述三国两晋南北朝时期法律形式的变化。

7. 简述三国两晋南北朝时期刑罚制度的变化。

8. 简述三国两晋南北朝时期的诉讼制度。

9. 简述三国两晋南北朝时期律典体例的发展变化。

六、论述题

1. 试述三国两晋南北朝时期的律学成果。

2. 试述三国两晋南北朝时期的礼与律进一步融合的表现。

3. 试述三国两晋南北朝时期的法制成果。

4. 试述三国两晋南北朝时期各政权主要的立法活动。

5. 试述三国两晋南北朝时期法制的主要特点。

七、案例分析题

1. 案例一：《三国志·魏书·夏侯尚传》"许允职事犯罪案"。

（许）允字士宗，世冠族。父据，仕历典农校尉、郡守。允少与同郡崔赞俱发名於冀州，召入军。明帝时为尚书选曹郎，与陈国袁侃对，同坐职事，皆收送狱，诏旨严切，当有死者，正直者为重。允谓侃曰："卿，功臣之子，法应八议，不忧死也。"侃知其指，乃为受重。允刑竟复吏，出为郡守，稍迁为侍中尚书中领军。

问题：

该案例反映的是三国两晋南北朝时期的哪个重要制度，并请说明该制度的具体规定及意义是什么？

2. 案例二：《魏书·刑罚志》"费羊皮卖女葬母案"。

三年，尚书李平奏："冀州阜城民费羊皮母亡，家贫无以葬，卖七岁子与同城人张回为婢。回转卖于俞县民梁定之，而不言良状。案盗律'掠人、掠卖人、和卖人为奴婢者，死'。回故买羊皮女，谋以转卖。依律处绞刑。"诏曰："律称和卖人者，谓两人诈取他财。今羊皮卖女，告回称良，张回利贱，知良公买。诚于律俱乖，而两各非诈。此女虽父卖为婢，体本是良。回转卖之日，应有迟疑，而决从真卖，于情不可。更推例以为永式。"太保、高阳王雍议曰："……卖子葬亲，孝诚可美，而表赏之议未闻，刑罚之科已降。恐非敦风厉俗，以德导民之谓。请免羊皮之罪，公酬卖直。"诏曰："羊皮卖女葬母，孝诚可嘉，便可特原。张回虽买之于父，不应转卖，可刑五岁。"

问题：

（1）此案涉及"亲属相犯"的处罚以及对于买卖人口的相关规定，依据材料，费羊皮和张回最终分别被处以哪种刑罚？

（2）该案例反映了传统法律的什么特点？

八、材料翻译分析题

1. 请阅读下列文字，并回答问题。

旧律（指汉律）因秦《法经》，就增三篇，而"具律"不移，因在第六。罪条例既不在始，又不在终，非篇章之义。故（新律）集罪例以为"刑名"，冠于律首。

——《晋书·刑法志》

上述文字材料记述了汉、魏时代法典体例发展演变的概况，请分析材料并结合中国法制史的有关知识回答下列问题：

（1）"旧律"在篇目上增加了哪三篇？

（2）"旧律"在篇目体例上存在什么问题？

（3）"新律"在篇目体例上有哪些主要变化，这种变化说明了什么？

2. 请阅读下列文字，并结合材料分析当时的相关制度。

据《隋书·刑法志》记载，东晋成帝时，庐陵太守羊聃为非作歹，滥施刑杀，一次错杀无辜一百九十人，"有司奏聃罪当死"，但因景献皇后是他祖姑，属"议亲"之列，竟免处死。

第八章　　隋唐的法律制度

（公元 581 年—公元 907 年）

【学习目标】

本章是中国法制史学习的重点。隋唐两代是中国封建社会发展的鼎盛时期，也是中国古代法律成就最为辉煌的时期。学习隋唐的法律制度，有助于全面认识和把握中国传统法律制度以及中华法系。通过教学使学生深入了解唐朝立法的指导思想、立法活动、法律形式以及司法制度，把握唐朝法律的特点及其影响。

【开篇案例】

《旧唐书·刑法志》"房强兄弟谋反连坐案"：根据旧时法律，兄弟分家后，不再适用有关"荫"的规定，但适用连坐俱死，祖孙适用连坐配没。当时（唐太宗贞观年间）有同州人房强，弟弟在岷州任统军，因为谋反伏诛；按照当时的法律，房强应当因为缘坐处死。唐太宗录囚的时候得知此案，怜悯其将死，因此动容，于是对大臣们说："因为风俗教化未能博施，所以如今仍然需要刑典。这不是庶人的过错，怎么能因此滥施重刑呢？这更显得君主不德。用刑之道，应当视情节之轻重，再加以刑罚。怎么能不察其原本而一概加以诛罚呢，这违反了恤刑而重人命的原则。而且反逆表现为二种：一是兴师动众；二是出恶言而犯法。这两者轻重有别，但是按照法律都要连坐处死，这使我心中不安。"于是让百官详议。房玄龄等人重新议论后上书："如今应当规定，祖孙与兄弟缘坐，应当处以配流。其中，以恶言犯法但是没有造成危害的，犯罪情节较轻，兄弟免死，止于配流。"皇帝准许。自此，古代传承下来的死刑，除去大半。

公元 581 年，北周大臣杨坚夺取政权，建立隋朝，又先后消灭南朝的梁、陈政权，实现了封建社会的再度统一。隋朝继续推行北魏以来的均田制，有力地促进了封建经济的恢复和发展。在政治上，隋确立了三省六部的中央行政机构，废除九品中正制，实行科举制。隋文帝时期比较注重法制建设，其所制定的《开皇律》是唐律的蓝本。

公元 618 年，唐朝建立，唐初的统治者吸收了隋朝灭亡的教训，深知与民休息，才能长治久安。所以，唐初的统治者十分注重减轻赋役，加强吏治，建设法制，使唐朝的经济迅速发展，法制空前完备，《唐律疏议》被后世封建统治者奉为楷模。随着唐朝法制体系的形成、完善和向邻国传播，中华法系在东方国度影响广泛，成为当时世界范围内最著名的法系之一。

第一节　隋朝的法律制度

隋朝自公元 581 年由杨坚建立，至公元 618 年灭亡，仅存在三十七年。隋朝前后颁布过两部法典，一部是隋文帝时期的《开皇律》，另一部是隋炀帝时期的《大业律》。虽然隋朝存在时间较短，但其法制建设在中国法制史上占有重要地位。

一、立法活动

(一)《开皇律》的制定

隋文帝于开皇元年（581 年）针对北周刑罚繁杂苛酷的情况，命高颎、郑译等人在北魏、北周旧律的基础上改定新律。在颁行新律的诏书中，隋文帝指出：修定法律，要"取适于时"，前代的几种极残酷的刑罚都应革除，旧法中的"杂格严科"也应删去。可见，这部法典总体是贯彻宽简原则，与以往比较，"以轻代重、化死为生"[1] 的条目甚多。

开皇三年（583 年），隋文帝审阅刑部奏报，年断狱数犹至万条，认为律文仍太严密，于是又命苏威等人更定新律，这次修订的法典，就是历史上著名的《开皇律》。《开皇律》是隋文帝时期立法上的重大成就，也是当时法律改革的主要成果。

---

〔1〕《隋书·刑法志》。

《开皇律》在篇章体例上继承了《北齐律》"法令明审、科条简要"的特色。共分十二篇："名例""卫禁""职制""户婚""厩库""擅兴""贼盗""斗讼""诈伪""杂律""捕亡""断狱"，条目五百。自战国、秦、汉起，中经三国、两晋、南北朝，直至隋修《开皇律》，封建法典的十二篇体例才最终确定下来。其后唐、宋、元相继承袭无大更改。

（二）《开皇律》的主要内容

1. 确立封建制五刑

《开皇律》中的法定刑为笞、杖、徒、流、死五种。其中笞刑分五等，笞十至笞五十，每十笞为一等；杖刑为五等，杖六十至杖一百，每十杖为一等；徒刑分为五等，分别为徒一年、徒一年半、徒二年、徒二年半、徒三年；流刑分为三等，分别为流一千里、流一千五百里、流二千里，一律不加鞭；死刑为绞、斩两等。

与《北周律》相比，《开皇律》中废除了磬、枭、裂等残酷的生命刑，缩短流刑的距离和徒刑的服刑年限，改鞭刑为杖刑，改杖刑为笞刑。以绞、斩死刑替代以往残酷的生命刑，以笞、杖、徒、流刑替代以往野蛮的肉刑制度，无疑是历史上的进步，也是隋朝政治经济发展、社会文明程度提高的一种反映。隋朝确立的封建制五刑体系去重就轻、删繁为简，构成了一个相对稳定和合理的刑罚体系。这一刑罚体系由唐律直接继承和改进，一直沿用到清末。

2. 确立"十恶"罪名

"十恶"是指谋反、谋大逆、谋叛、恶逆、不道、大不敬、不孝、不睦、不义、内乱等危害封建政权和封建礼教的十种最严重的犯罪。《开皇律》将"十恶"放置在"名例"中，作为封建法律重点打击的对象。"十恶"的犯罪不被赦免，与一般的犯罪量刑有一定的区别，因此又称为"十恶不赦"。"十恶"来源于《北齐律》中的"重罪十条"，《开皇律》将《北齐律》"重罪十条"中的"反逆、大逆、叛、降"改为"谋反、谋大逆、谋叛"，强调将犯罪扼杀在谋划阶段，又增设"不睦"，维护宗族伦理关系。这样，"十恶"成为定制，后被唐律所吸收，成为我国封建法律内容的重要组成部分。

3. 官僚、贵族法律特权的制度化

《开皇律》中既承袭了三国两晋南北朝的"八议""官当""听赎"等制度，又有所发展。《开皇律》创制了"减"之制度。"减"，又称"例减"，是指对"八议"人员和七品以上官员犯罪而非犯"十恶"者,按例减刑一等。隋朝比照魏晋南北朝的"以官当徒"规定了"以官当流"。《开皇律》中规定:因犯私罪,用官品当徒刑的,五品以上,一官折抵徒刑二年;九品以上,一官折抵徒刑一年;应当判处流刑的,三等流刑都按照徒三年来计算;若是犯了公罪,一官可以多当徒一年,折抵流刑加一等。《开皇律》的"例减"与"三流同比徒三年"的规定,为违法犯罪的贵族官僚地主提供了更多的司法保障,反映了隋朝法律维护封建特权的固有性质。

《开皇律》在篇章体例和基本内容上,较前代法典均有显著改进,是对秦汉以来封建法律的总结,也为唐律奠定了基础,成为唐律的蓝本。其所确立的一些制度,如"十恶""五刑"等,均被唐律和后代法典沿用并完善,因此,《开皇律》在中国法制史上具有重大影响。

(三)《大业律》

公元604年,隋炀帝夺取帝位,次年改元大业。他以"改革高祖严苛的法律"为由,下令删修刑律。大业三年(607年),新律修成,定名为《大业律》,共十八篇,五百条,颁行全国。

《大业律》与《开皇律》相比,主要有如下变化:

其一,增加了篇目。将《开皇律》中的"卫禁""职制"分别改为"卫宫""违制";"斗讼"改为"斗","户婚"分为"户""婚"二篇;"厩库"分为"仓库""厩牧"二篇;"贼盗"分为"贼""盗"二篇;新增"关市""请赇""告劾"三篇。

其二,减轻了刑罚。《大业律》较《开皇律》变重为轻者二百余条,关于施行枷杖、决罚、讯囚的规定也轻于《开皇律》。

其三,删改了"十恶"条目。据《唐律疏议》记载,《大业律》删去"十恶"中的两条,存留八条,并入其他律文。

由上可见,《大业律》对《开皇律》篇名的改动,基本上是《北魏律》的复旧,是立法技术的倒退。但其律条仍为五百条,就内容上看,并不算差。问题在于隋炀帝另修新律不过是"欲袭制礼作乐之名,本无补弊救偏之意"[1]。他当政期间的种种严刑峻法,均在《大业律》之外,隋炀帝的弊政与《大业

---

[1] 《九朝律考·隋律考》。

律》不能混同。

二、隋朝法制的主要经验教训

其一，重视法制建设，是国家富强的必要条件。隋文帝前期比较重视法制建设，他主张"薄赋敛，轻刑罚"，又勤于政事，躬自节俭，因此不到十年，统一了国家，而且使隋朝的社会经济有了很大发展。文帝时期制定的《开皇律》以及其他法律制度，也为唐以后的封建王朝所继承，这绝不是偶然的。王夫之说："隋无德而有政，故不能守天下而固可一天下，以立法而施及唐宋，盖隋亡而法不亡也。"〔1〕

其二，严格执法，是健全法制的关键所在。一个国家的兴衰，与法制是否完备有很大的关系，但若仅有完备的法制而不严格执法也会导致国家的衰败。《开皇律》是当时比较完善的法典，但隋文帝后期，恣意滥杀，法律已成具文，隋的衰亡也就不可避免。

其三，刑罚滥酷，加速覆亡。隋初后期，社会动乱，文帝、炀帝一味依靠严刑镇压来维持统治。文帝在诏令中曾公开允许律外用刑，炀帝更是一味地酷刑滥杀，严重地破坏了封建法制，激化了社会矛盾。专任刑罚是导致隋朝短促而亡的主要原因，这一规律，也在封建王朝的法制实践中反复得到证实。

第二节　唐朝的法律制度

一、立法思想

由于唐朝前期统治者目睹了隋朝政权由建立、发展到动荡、灭亡的过程，因此唐朝统治者以隋为鉴，提出并实施了一系列缓和社会矛盾的思想和措施。尤其是唐太宗李世民深刻体会到"水能载舟，亦能覆舟"的道理，清醒地认识到民心和政权存亡之间的关系，实行仁政，推动形成了大唐盛世。唐初统治者缓和社会矛盾的思想也反映在立法指导思想之中。

（一）德礼为本，礼刑并用

唐朝统治者为了实现政权的长治久安，确立了"德礼为政教之本，刑罚

---

〔1〕《读通鉴论》卷十。

为政教之用"[1]的立法指导思想，即以礼义教化作为治理国家的基本方法，而以刑罚制裁作为治理国家的辅助手段。德与刑均不可缺少，要德刑相济、礼法并用，既重视德的指导作用，同时又不放弃刑的使用。由于这一原则的贯彻实施，使唐朝的礼法融合达到了封建社会的高峰，从而结束了自西汉武帝以来延续了七百年之久的"经义决狱"。惟其如此，唐律才被后世公认为"一准乎礼，而得古今之平"[2]。

（二）立法要求宽简、划一、稳定

立法宽简是指法律内容要宽大，用刑尚轻，反对严刑峻法，轻罪重罚，法律形式要简明，便于百姓了解法律，也便于司法官吏掌握、运用。反对法条烦琐、杂乱，内容重迭，前后矛盾。唐高祖夺取政权前后反复强调立法必须宽大、宽简，并付诸实践，收到积极效果。唐太宗即位后指出："用法务在宽简"[3]，在这种思想指导下，《贞观律》较《开皇律》大为简约。

立法划一，是指法律条文要统一，以防止官吏营私枉法。立法划一的思想后来在《永徽律疏》中进一步得到体现，不但将律文统一，还将律条的解释统一。

法的稳定是保障法律实施的前提，唐初的统治者很重视法的稳定性，唐太宗说："法令不可数变，数变则烦，官长不能尽记，又前后差违，吏得以为奸"[4]。然而，社会在不断发展变化，法律当然不能一成不变，对某些不合时宜的内容，必须作适当的修改。于是，唐律中明确规定了修改法律的程序，擅自改动的，要负刑事责任。

（三）执法要求审慎

唐太宗强调办案必须严肃、慎重，审判要重证据。特别对于死刑案件，唐律规定了严格的复议程序和"三复奏""五复奏"的奏报程序，违犯者要承担刑事责任。审慎执法，对于死刑的执行尤其慎重，是唐初法制的一个重要特色。

---

[1]《唐律疏议·名例》。
[2]《四库全书总目提要》。
[3]《贞观政要·刑法》。
[4]《资治通鉴》卷一九四。

二、立法活动

唐朝的立法活动可以分为前期、后期两个阶段，界线是"安史之乱"。前期的立法活动以修律为主，兼及令、格、式，后期则主要是编敕和刑律统类。

（一）《武德律》

公元617年，李渊攻入长安，与民"约法十二条"，规定只对于杀人者、强盗、逃兵、叛逆者处以死刑，其他隋朝旧律一律废除。唐朝建立后，唐高祖李渊于武德二年（619年）颁行"新格五十三条"，这是唐朝立法活动的开端。武德四年（621年），唐高祖李渊命裴寂等人以《开皇律》为蓝本，再加上"新格五十三条"的内容，制成《武德律》，共十二篇，五百条，于武德七年（624年）正式颁行天下。但《武德律》只是在《开皇律》的基础上有所增减，并无建树。

（二）《贞观律》

贞观元年（627年），唐太宗李世民命长孙无忌、房玄龄等人在《武德律》的基础上再次修律，于贞观十一年（637年）修成并颁行天下，史称《贞观律》，共十二篇，五百条。《贞观律》以《开皇律》《武德律》为基础，但在内容上有较大改动，主要体现在以下方面：

其一，增设"加役流"作为死罪的减刑。贞观初年，魏征等认为律令苛重，建议将绞刑五十条免去死罪，改为斩右趾，后又确定用"加役流"作为宽恕死罪的刑罚，为封建立法提供了死罪减刑较为可行的办法。

其二，区分两类反逆罪，缩小缘坐处死的范围。隋律规定：兄弟虽分居，如有人谋反，则"连坐俱死，子孙配没"。唐太宗认为反逆有"兴师动众""恶言犯法"两类，应区别对待，于是据此改作"反逆者，祖孙与兄弟缘坐；恶言犯法者，兄弟配流而已"，缩小了株连的范围。

其三，确定了五刑、十恶、八议、请、减、赎，以及类推、断罪失出入、死刑三复奏、死刑五复奏等断罪量刑的主要原则。据《旧唐书·刑法志》记载，《贞观律》使"比古死刑，殆除其半"，比隋朝旧律"减流入徒者七十一条"。

（三）《永徽律疏》

永徽元年（650年），唐高宗李治命长孙无忌、李绩等人以《武德律》《贞观律》为蓝本，再次修订新律。于永徽二年（651年）颁行天下，史称

《永徽律》。《永徽律》是《贞观律》的翻版，对《贞观律》的改动不大。

《永徽律疏》的撰定，是永徽年间立法的一件大事。《永徽律疏》于唐高宗永徽三年（652年）开始修订，长孙无忌等人奉命对《永徽律》的律条和注进行了逐条解释，并对司法中可能发生疑难的问题自设问答，永徽四年（653年）完成，共三十卷，当时称《律疏》，后世称为《唐律疏议》。颁行后的"律疏"与"律"具有同等的法律效力，成为统一解释律文的法律依据。因《贞观律》等都已佚失，所以，《永徽律疏》就成为我国历史上迄今保存下来的唐朝最完整、最具有社会影响的封建法典。

《永徽律疏》的修订在当时有两方面的直接原因：一是《永徽律》颁布以后，大理寺、刑部、地方司法机关都存在不少定罪量刑畸轻畸重，处罚不一致的问题；二是在当时的科举考试"明法科"中，对《永徽律》的理解不一致，缺少"凭准"。

《永徽律疏》总结了汉朝以来立法和注律的经验，不但对主要的法律原则和制度从历史上寻根溯源，说明其沿革，而且尽可能引证儒家经典，用以作为律文的理论根据。

（四）《开元律》

开元二十二年（734年），唐玄宗李隆基命李林甫等人刊定《开元律》及其《律疏》。开元二十五年（737年）完成律十二卷，疏三十卷，并颁行天下。《开元律疏》只是对《永徽律疏》进行刊定，并没有大的修改。经开元年间的刊定，律文及疏议更为完备。

（五）《唐六典》

《唐六典》又称《大唐六典》，是唐玄宗开元二十六年（738年）制定的，它以唐朝官制为纲目，规定百官的职掌以及国家行政管理和活动的基本原则，是我国最早的行政法典。六典为理典、教典、礼典、政典、刑典、事典，共三十卷。

《唐六典》的主要内容是关于国家机构的设置、人员编制、职责以及官员的选拔、任用、考核、奖惩、俸禄、致仕制度等方面的规定，以及有关的历史沿革，并分别作注附于正文之下。

中国古代的行政立法在《云梦秦简》中已有明确记载，如《除吏律》《置吏律》等，后代王朝的令、格、式中，不少是属于行政立法的范畴，但这些立法，往往是某一方面的单行行政法规。《唐六典》是在总结有关的历史经验、结合唐朝社会实际的基础上，编纂的我国第一部行政法典。自此，行政法成为一个独立的法典门类，对后世王朝的行政立法产生了重要影响。

（六）《大中刑律统类》

刑律统类的出现一方面是由于"安史之乱"以后，社会环境发生变化，中央统治被藩镇和宦官所把持，已经没有能力进行修订律、令、格、式的活动。另一方面，律、令、格、式是比较稳定的法律形式，不适合作为解决急需处理问题的方式，而编敕和刑律统类比较灵活和实用，所以成为统治者的选择。

大中七年（853 年），唐宣宗李忱诏令刑部颁行《大中刑律统类》。《大中刑律统类》是将《唐律疏议》的条文按照性质分为一百二十一门，然后将相关的令、格、式、敕附于律文之后。这种将律、令、格、式、敕混为一体、分门编排的体例被称为"刑律统类"，后世简称"刑统"，它对五代十国时期和北宋时期的立法产生了直接影响。

三、法律形式

（一）律

律是主要规定犯罪和刑罚的法典，是唐朝最稳定的法律形式。律虽然以刑事规定为主，但其内容广泛，也不仅仅是刑事方面的规定。律在唐朝四种主要法律形式中法律效力最高。

（二）令

令是国家基本制度的汇编。令与律不同，令是从正面明确规定各种制度或严格规范某类行为的强制性规范。令的地位低于律，其主要作用是规范国家体制以及尊卑贵贱的等级秩序。

（三）格

格是由皇帝发布的、国家机关必须遵行的各类单行敕令与指示的汇编。汇编后的格使单行的敕条上升为普遍性与经常性的法律，也是"百官有司所常行"[1]的定制，唐时称之为"永格"。唐朝重要的格有《武德格》《贞观

---

[1]《新唐书·刑法志》。

格》《开元格》等。格涉及范围广，灵活具体，成为系统法律的重要补充。

（四）式

式是有关国家各级政权组织或各类机关活动的规则，也包括中央与地方、上级与下级之间的公文程式的细致规定。唐朝编定的式称之为"永式"，是带有行政法规性质的法律规范。

此外，唐朝虽然把律、令、格、式规定为国家法律的基本形式，但在司法实践中，应用的法律形式却不止上述四种，还有典、律疏等。另外，皇帝发布的制敕，虽然只是临时处分的依据，但是在司法实践中，仍然具有最高的法律效力。

四、唐律篇目简释

《唐律疏议》共三十卷，五百零二条，分为十二篇。

唐律继承了中国古代立法的传统，将近代意义上的基本法规如刑法、民法、婚姻法等融为一体，采用刑事立法的形式，除"名例"篇外，全部律条连同注、疏议和问答，几乎都围绕着"罪"和"刑"分别加以规定、解释、阐发和答疑。

唐律的结构，可以分为总则和分则两部分。第一篇"名例"，大致相当于现今的总则篇，第二篇至第十二篇相当于分则篇。

第一篇"名例"，《唐律疏议》解释了"名例"的涵义："名者，五刑之罪名；例者，五刑之体例"[1]。"名"是唐律适用刑罚的各种罪名，"例"则是定罪断刑的通例。"名例"篇集中体现了初唐法制的指导思想，体现了唐律的基本精神和原则，在唐律中具有十分重要的地位。

第二篇"卫禁"，"卫者，言警卫之法；禁者，以关禁为名"[2]。"卫禁"篇是关于警卫皇帝、宫、殿、太庙、陵墓，保卫州、镇、城、戍、关、津、要塞和边防的法律，保护皇帝安全和国家主权是本篇的主要内容。

第三篇"职制"，是关于官吏的设置、选任、失职、渎职、贪赃枉法以及交通驿传等方面的法律，规定官吏职守、惩治官吏贪赃是本篇的重点。

---

〔1〕《唐律疏议·名例》。
〔2〕《唐律疏议·卫禁》。

　　第四篇"户婚"，是关于户籍、赋役、田屯、家庭、婚姻等方面的法律，保证国家赋役来源、维护封建婚姻家庭关系是本篇的重点。

　　第五篇"厩库"，是关于养护公私牲畜、库藏管理、官物出纳等方面的法律，旨在维护官有资财不受侵损。

　　第六篇"擅兴"，"擅"指擅权，"兴"是兴造，是关于军队征调、指挥、行军出征、军需供给和兴造工程等方面的法律。严惩擅自调动军队，不按期供给军需物资，以及擅自征发民工兴建工程等，确保皇帝对军队的绝对控制是本篇的首要内容。

　　第七篇"贼盗"，"贼"主要指谋反、谋大逆、谋叛、恶逆、不道等属于"十恶"范围的犯罪和恶性杀人、伤人罪。"盗"包括强盗、窃盗、监守自盗等非法盗取公私财物的犯罪。本篇严刑镇压谋反、谋大逆、谋叛罪，打击各类盗罪，是唐律中十分重要的内容。

　　第八篇"斗讼"，包括斗殴和诉讼两个方面，是关于惩治斗殴、杀伤、越诉、诬告、教唆词讼、投匿名书告人罪等方面的法律。无论斗殴还是诉讼，唐律首先关注当事人的身份问题，发生在不同品阶的官员之间、官民之间、良贱之间、亲属之间的同一行为，因身份不同而处理不同，这是本篇的基本特点，鲜明体现了封建等级制度。

　　第九篇"诈伪"，是关于诈欺和伪造的法律。诈欺和伪造的行为有多种多样，其中属于政治性的诈伪，如伪造皇帝印玺、官文书、兵符等，处刑加重。

　　第十篇"杂律"，凡是不便列入其他篇的犯罪，一并归入本篇。因此，它的作用是拾遗补缺，范围很广，诸如私铸钱、负债违契不偿、赌博、失火、放火、决堤、违反市场管理规定等，各种和奸、强奸罪也集中规定于本篇中。

　　第十一篇"捕亡"，是关于追捕逃犯和兵士、丁役、官奴婢逃亡者的法律，规定了各种逃亡人犯以及追捕官吏的失职、泄密等方面的罪责，对于重罪人犯，力所能及的人皆有协助追捕之责，违者处刑。

　　第十二篇"断狱"，是关于审讯、判决、执行和监狱管理方面的法律，对于刑讯、审理、复审、死囚复奏报决、疑罪处理以及监狱管理的具体办法等作了规定。

第三节　唐朝法律的主要内容

一、刑事方面

（一）定罪量刑的主要原则

1. 严惩"十恶"

"十恶"包括：一是谋反，二是谋大逆，三是谋叛，四是恶逆，五是不道，六是大不敬，七是不孝，八是不睦，九是不义，十是内乱。"十恶"的内容基本可以分为两类，一类为侵犯封建地主阶级统治秩序的行为，一类为触犯封建纲常礼教的行为。凡犯"十恶"之罪者，均予以严惩，谋反、谋大逆还要株及亲属，而且不适用一般通例。

作为刑事制度，所谓"严惩"，主要包含以下内容：

（1）惩及于"谋"（如谋反、谋叛、谋大逆、谋杀祖父母父母、谋杀缌麻以上亲），即惩罚预备犯乃至思想犯。

（2）"十恶"罪犯本人处以比一般罪行显重的刑罚（多为死刑）。

（3）株连亲属。如"诸谋反大逆者，皆斩；父子年十六以上皆绞，十五以下及母女、妻妾（子妻妾亦同）、祖孙、兄弟、姊妹，若部曲、资财、田宅并没官，伯叔父、兄弟之子皆流三千里，不限籍之同异"[1]，株连邻伍、官司（知情不告或不即时追捕者）。

（4）常赦所不原（宥），即一般大赦时不得赦免"十恶"。

（5）决不待时，即"十恶"中的死刑犯处决一般不必受"断屠月""禁刑日"之类限制（但在特殊情形下是有限制的）。

（6）不适用"八议"请减优待，即犯"十恶"者死罪不得上请，流罪不得例减。

2. 贵族、官僚犯罪减免刑罚

唐朝的官僚贵族刑法特权制度十分完备。主要有以下内容：

（1）"八议"。"八议"是中国封建刑律规定的对八种人犯罪必须交由皇帝裁决或依法减轻处罚的特权制度。"八议"制度，溯源于《周礼》"八辟"

---

[1]《唐律疏议·贼盗》。

之制，曹魏《新律》正式将其定入法典。唐朝的"八议"承袭了曹魏以来的基本规定，其用意在于贯彻"刑不上大夫"的原则。"八议"之人犯罪时，司法机关不得直接审理，必须申报皇帝，说明他们本应得到的处罚及应议的理由，然后交大臣"集议"，最后再申报皇帝，由皇帝考虑处理。"八议"者如犯流罪以下，通例减一等处理，不必"议"。犯"十恶"者，不享有上述优待。

（2）"请"。"请"就是一定范围的官僚贵族犯死罪时，法司进行审理后，列举罪状，拟出判决，并开列其应该享受奏请特权的理由，不通过宰相，直接奏请皇帝裁决。

"请"是低于"议"一等的法定优待办法。唐律规定三种人犯罪可以享有"请"的特权：一是皇太子妃大功以上亲属；二是应议者期亲以上亲属及孙；三是五品以上官爵。这些人犯死罪，司法机关应就其罪状及身份，报请皇帝裁决。与"议"不同的是，司法机关对于这类死刑案件，可以陈述依法应该判处绞刑或斩刑的意见，由皇帝决定，而对"议"的案件，则"不敢正言绞、斩"。得"请"者犯流罪以下，照例减一等。出于这些人的身份低于应"议"者，因而对这些人享受优待的限制，也较"议"严格。除"十恶"罪外，犯"反逆缘坐、杀人、监守内奸、盗略人、受财枉法"等罪也不得享受优待，不适用"请"，犯流罪以下也不得减刑。

（3）"减"。"减"是指对于一定范围的官僚贵族犯流刑以下之罪，照例减刑一等。两种人适用于"减"：一是六品、七品官员；二是得"请"者的直系亲属及兄弟、姐妹、妻子。这两种人犯流罪以下，依例减一等。所谓例减一等，就是将所受的刑罚降低一等处理。

（4）"赎"。唐律规定的赎刑制度，是指一定范围的官僚贵族犯流刑以下罪时，依法可以用缴纳资财代刑。这些官僚贵族主要指三种人：一是应该"八议""上请""官当"之人；二是九品以上官员；三是应"例减"之官员的近亲属。此外还包括"五品以上妾犯非十恶者，流罪以下听以赎论"。关于赎刑的金额标准，唐律中有规定，如流刑赎铜八十斤到一百斤，徒刑赎铜二十斤到六十斤，杖刑赎铜六斤到十斤，笞刑赎铜一斤到五斤。死刑在皇帝特旨赦免时也可赎铜一百二十斤。

（5）"官当"。所谓"官当"，是指一定品级的官员和有爵者犯罪，依法可以官或爵抵当徒刑。有"议、请、减"身份者，若是官员，可以其官品抵当徒罪或流罪。如犯私罪，五品以上，一官可以当徒二年。九品以上，一官当徒一年。如犯公罪，可以分别多加一年徒刑抵当。以官品抵当流罪时，流刑三等均相当于徒刑四年。唐律规定"诸以官当徒者，罪轻不尽其官，留官收赎"[1]，也就是说，假如有五品官犯了应处徒刑二年的"私罪"，依律例减一等，含徒一年半，但五品以上之官，一官可以当徒两年，即"罪轻不尽其官"，因而不必罢官，交铜三十斤收赎了事。还规定："官少不尽其罪，余罪收赎"，亦即所有现任官及历任的官品都已算上，还不足当罪，这时，官职虽然丢了，但"余罪"仍可不必执行刑罚，"收赎"而已。

3. 同居相隐不为罪

唐律继承了汉代以来的"亲亲得相首匿"原则，并将其扩大为"同居相隐"。《唐律疏议·名例》规定："诸同居，若大功以上亲及外祖父母、外孙，若孙之妇、夫之兄弟及兄弟妻，有罪相为隐。部曲奴婢为主隐，皆勿论。"其含义是所有同居亲属（不论服制）均可相隐，不同居的大功以上亲属亦可相隐，不同居小功以下亲属相隐也可以比照普通人减轻三等处罚，同时将"相隐"的范围扩大到部曲、奴婢为主人隐匿罪行，依法不予论罪。但是，犯有谋反、谋大逆、谋叛三种"十恶"重罪者，不在"相隐"之列。

4. 老、少、废、疾犯罪减免刑罚

为了体现"宽"的精神，唐律中规定了对老、少、废、疾犯罪可以减免刑罚，而且还按照年龄和残疾的不同程度分别处理。唐律中将年龄的标准分为三档：七十以上，十五以下；八十以上，十岁以下；九十以上，七岁以下。将残疾的程度分为两档，分别是废疾（痴、哑、侏儒、折一肢、盲一目等）和笃疾（双目盲、两肢废、癫狂等）。唐律规定：七十岁以上，十五岁以下以及废疾者，犯流罪以下，一般可以收赎；八十岁以上，十岁以下以及笃疾者犯死罪的，一般可以上请，盗及伤人，允许收赎，其他犯罪不予追究；九十岁以上，七岁以下，虽犯死罪，一般不予追究。

5. 累犯加重处罚

唐律中没有现代意义上的累犯。《唐律疏议·名例》规定："诸犯罪已发

---

[1]《唐律疏议·名例》。

及已配而更为罪者，各重其事"，即是对"累犯"进行加重处罚。唐律中的疏对于律文有更明确的解释："已发者，谓已被告言；及已配者，谓犯徒已配，而更为笞罪以上者，各重其后犯之事而累科之"，即是对"累犯"采取"各重其后犯之事"的处罚原则。

6. 对官吏区分公罪与私罪

唐律规定的公罪是指官吏"缘公事致罪而无私曲者"，即官吏由于承办公事不力、失误或差错，而不是出于自己的私利的犯罪。私罪是指官吏"私自犯及对制诈不以实、受请枉法之类"，即与公事无关，而是为了私利的犯罪，或虽是承办公事，但假公济私、贪赃枉法等，也属私罪。公罪是由于官吏的过失行为构成的，故处刑从轻。私罪一般是由于官吏以权谋私的故意行为构成的，故处刑从重。按唐律的规定，如犯私罪以官当徒者，五品以上，一官当徒二年，九品以上一官当徒一年；若犯公罪，比私罪各加一年当。

7. 自首减免刑罚

唐律中继承了历代对于自首者减免刑罚的规定，并进一步系统化和明确化。首先是明确自首的成立条件，"诸犯罪未发而自首者"。如果自首的事实已被他人告发，或已被官府知晓，那么只能算是"自新"而不是"自首"。

同时，唐律中还有视为自首的规定：一是代首，遣人代首与本人自首相同；二是容隐者告，得相容隐者告发与本人自首相同；三是归首，知人欲告发即自首，已亡叛而归来自首，或亡叛者仅仅返回居所地，亦视同半自首，减罪二等；四是捕首，共同逃亡的同案犯，轻犯能捕回重犯者，视同自首，免除其罪；五是盗贼于财主处首露或悔过将财物还主者，亦同自首；六是官吏公事失错，自觉举者，视同自首，原其罪。对于自首的处理方式是"原其罪"，但必须如数退还赃物。

此外，唐律中限制了某些犯罪成立自首。对于一些后果无法挽回的犯罪不适用自首的规定。如伤人、杀人以及造成实际损害的、侵害财产已经无法挽回的，等等。

8. 对共同犯罪的处理

唐律的共同犯罪指二人以上的故意犯罪，对共犯的处理，要分别首从，"诸共同犯罪者，以造意为首，随从者减一等"，"造意"即主谋，是首犯，"随从者"是从犯，其罪减首犯一等。但下述情况另作别论：

一家人共同犯罪，只处罚同居的尊长。这个规定旨在加强尊长对家人进行教令的义务，同时也提高了尊长在全家的权威，但对侵犯人身及财产的共同犯罪，仍依一般共犯的首从原则处理。

外人与监临主守官吏共同犯罪，虽由外人"造意"，仍以监临主守官吏为首犯，外人按一般从犯处理，这个规定旨在加强监临主守官吏的职责。

9. 类推原则

《唐律疏议·名例》规定："诸断罪而无正条，其应出罪者，则举重以明轻；其应入罪者，则举轻以明重"。《唐律疏议·贼盗》疏议解释为："金科虽无节制，亦须比附论刑。岂为在律无条，遂使独为侥幸"，意思是即使刑律无相应定罪条文，也不能使有些恶行逍遥法外，一定要"比附论刑"。所谓"举重以明轻"，是指比照从前情节较重判决先例来决定眼下正待判决的情节较轻的案件；所谓"举轻以明重"，是指比照从前较轻的情节判决先例来决定眼下正待判决的情节较重的案件。

10. 关于涉外案件的处理原则

唐律对少数民族、蕃夷属国不强求适用儒家化的唐律，允许他们自依本地本族风俗和习惯法处理事务，还进而允许在中国对于"化外人"（外国人）自己的事务适用其自己民族的习惯法。《唐律疏议·名例》："诸化外人，同类自相犯者，各依本俗法；异类相犯者，以法律论。"换言之，属于同一国家的外国人相犯，依据该国的法律处理；不同国家的外国人相犯，或唐朝人与外国人相犯，则依唐律。唐律这一规定反映了尊重外国习俗和维护国家主权的法律意识。

（二）刑罚体系

唐朝的刑罚主要是笞、杖、徒、流、死五种法定刑罚，共二十等，通称"封建五刑"。

1. 笞刑

笞是五刑中最轻的刑罚。"笞者，击也，又训为耻。言人有小愆，法须惩戒，故加捶挞以耻之"[1]。笞刑适用的对象主要是轻微的犯罪行为，带有耻辱刑的含义。执行笞刑所用的刑具是用两股荆条拧成的"笞杖"。击打的部位

---

〔1〕《唐律疏议·名例》。

是犯人的腿部和臀部。笞刑共分五等：笞十、笞二十、笞三十、笞四十、笞五十。

2. 杖刑

杖刑是唐律中次轻的刑罚。执行时用"常行杖"击打犯人的腿部、臀部和背部。杖刑分五等：杖六十、杖七十、杖八十、杖九十、杖一百。

3. 徒刑

徒刑是比笞、杖更重的刑种。《唐律疏议·名例》中说："徒者，奴也，盖奴辱之"，这是在一定期限内剥夺犯人人身自由并强制服劳役的刑罚。徒刑由县级判定，送州复审。通常男犯从事户外的重体力劳动，如修庙、修仓库等；女犯从事一些相对强度较轻的劳动，如舂米、缝纫等。徒刑也分五等：一年、一年半、两年、两年半、三年。

4. 流刑

流刑是仅次于死刑的重刑，是将犯人遣送到一定距离以外的边远地区，并在一定期限内强制服劳役，期满后非经特赦不得擅自迁回原籍的一种刑罚。流刑分为三等：流二千里、流二千五百里、流三千里，均服劳役一年。

流刑的执行分为"居作"和"发配"两种情形。犯流罪应居作者，其执行与徒刑居作大致相同，就是在当地供官役。此外，流刑犯人要戴脚钳劳作。犯流罪应发配者，一般按照二千里至三千里的距离发配远方。流配者，可以携带妻妾同往，不得"私放妻妾"（借故休弃）。在该地服役满一年后，即可在该地定居落户。

"加役流"是唐朝流刑中最重的一种，即流三千里、劳役三年，始于唐太宗贞观时期，作为对某些死刑犯的宽宥处理。一般流刑，到配所皆服劳役一年，而"加役流"则增加服役二年。

5. 死刑

死刑是剥夺犯人生命的极刑，唐朝分为斩、绞两种。由于斩刑使犯人身首异处，所以斩重于绞。相对于历代残酷的生命刑，唐朝的生命刑比较和缓。

同墨、劓、刖、宫、大辟的奴隶制五刑相比，隋唐以来的封建制五刑显然更为文明。奴隶制五刑是以残害身体的肉刑为主要执行方式，封建制五刑则是以限制人身自由为主要执行方式。这是中国古代刑罚制度从野蛮逐步向文明过渡的体现，也是对西汉文景时期开始的废除肉刑的刑制改革成果的肯定与继承。

（三）主要罪名

1. 危及封建专制政权的犯罪

唐律的首要任务是保护皇帝的尊严和权力，维护封建专制政权。谋反、谋大逆、谋叛，这三个直接危害封建政权的罪名，居"十恶"之首，是唐律认定的最严重犯罪，这里仅以谋反为例。

谋反，律注解为"谋危社稷"，"社稷"是封建国家的代称，谋反显然是指危害封建政权的行为，被认为是罪大恶极，所以处刑极重。"贼盗"篇规定："诸谋反及大逆者，皆斩，父子年十六以上，皆绞，十五以下及母、女、妻、妾、祖孙、兄弟、姊妹、若（以及）部曲、资财、田宅并没官……伯叔父、兄弟之子，皆流三千里，不限籍之同异"。不仅处罚极重，而且对此种罪名的认定，法律规定得相当细密。

其一，谋反者"其事未行，即同真反"。

其二，谋反者没有造成实际后果或不可能造成实际后果，也要严惩。

其三，即使本人无意谋反，又无谋反行动，但只要"口陈欲反之言"，也要流放二千里。

其四，凡谋反者，一律决斩，不分首从。

其五，谋反者不仅严惩本人，有关亲属，不论知情与否，一律"缘坐"。

其六，对官员、贵族犯罪的议、请、减、赎等的法定优待办法，以及对老、小、病、残犯罪的减免办法，只要涉及谋反，一律另作处理。

其七，法律严厉责成所有的人告发谋反罪，逮捕罪犯。如有人知而不告，处以绞刑；官吏接到告发，不即追捕，经半日者，与不告同罪；"同居相隐"的原则也不适用于谋反罪。

2. 危及皇帝的安全和尊严的犯罪

为保证皇帝的安全和尊严，"卫禁"篇中有下列规定：擅入宫门者，徒二年；入殿门，徒两年半；入上阁内者，绞；持杖及御在所者，斩；冲撞皇帝的仪仗队，徒一年；冲撞武装卫队，徒二年。登高临宫中、殿中者，分别徒一年、二年；向宫殿内投石、放弹、射箭，分别徒一年半至绞。

另外在"贼盗""诈伪""职制"等篇中也详细规定了一系列危害君主安全和尊严的罪名。如给皇帝制药不依本方，做饭误犯食禁，即使是误犯，也属"大不敬"，一律处绞；对抗皇帝的使臣，绞；指责、诽谤皇帝者，斩。总之，凡是被认为有损于皇帝绝对安全和尊严的任何作为或不作为，在唐律中均从重处刑，以确保皇帝的安全和尊严不可侵犯。

唐朝的君主不但握有最高的立法权，而且掌握最高司法权。唐律规定，经皇帝大赦的犯罪，不准他人再向官府控告，违者，以所告之罪反坐告者，有关官吏如受理了这种控告，以"故意出入人罪"论处；依法享有"议""请"优待的人犯罪如何处罚，最后皆由皇帝处断；死刑的最后决定权，也牢牢掌握在皇帝手里，经皇帝批准的死刑，必须三次"复奏"，皇帝批复后，才可执行，违者，有关官吏流二千里；应上奏的案件不上奏，或上奏而不等批复即执行者，各杖八十；假造皇帝制书及增减字句者，绞。

军队是国家机器的主要部分，军事直接关系到国家的安危存亡。唐律中对军队的调动有严格的规定，这是为了保证君主对军队的绝对控制。唐律中有"擅发兵"的罪名，如无紧急军情，又不事先上报而擅自调动军队，或虽已上报但不等候批复就擅自发兵为"擅发兵"。唐律规定，"擅发兵，十人以上徒一年；百人徒一年半，（每增）百人加一等；千人绞"。给擅发兵者调发士兵，按所给的人数，比擅发兵者减一等治罪。

3. 触犯封建等级制度的犯罪

确保官员、贵族的特权和严格划分"良""贱"，维护封建等级制度，是唐律的另一主要内容。

唐律确保官员、贵族的人身和尊严不受侵犯。《唐律疏议·斗讼》中规定，殴打官员、贵族的处刑重于殴打平民，被殴打人的官品愈高，则殴打者的处刑愈重。如平民之间徒手斗殴者，笞四十，伤人者，徒一年；但如殴打皇帝袒免亲属，虽无任何损伤，即处徒刑一年，伤者徒二年；殴打皇家缌麻以上亲属，则由疏到亲，更加一等论处。

依律应"议""请""减"者犯罪，在被审讯时享有"不合拷讯"的特权，法官如使用刑讯而导致定罪有出入者，以"故意或过失出入人罪"论处。

此外，官员、贵族的住宅、车子、服装以及使用的器物等，依官品不同，各有一定规格不许逾越，如有犯者，则"举轻以明重"，须从重论处。

唐律严格划分良贱。良人在法律上又称"凡人""百姓""白丁"等。良人的主体是农民，他们不享有任何法律特权，他们是唐王朝的主要财源、兵源和劳动力资源。贱民在唐律中又分"官贱""私贱"两类,"官贱"有官奴婢、官户、杂户等,"私贱"有奴婢和部曲两种。官、私奴婢的地位最低,是官府和主人的一种财产。唐律明确规定:"奴婢贱人,律比畜产"〔1〕。唐律关于良贱之间和主贱之间同罪异刑的规定甚多,如凡人故杀凡人,处斩;而主人杀死无罪的部曲、奴婢,不过徒一年。唐律规定,良贱之间不得通婚。奴婢私自嫁给良人为妻妾,准盗论处,知情而娶的良人,同罪。奴婢所生子女,仍为奴婢。在诉讼上,部曲、奴婢必须为主人隐罪,如果敢于告发主人(谋反、谋大逆、谋叛除外),处以绞刑。而主人告发部曲、奴婢犯罪,即使诬告,也无罪。

4. 危及封建国家机器正常运转的犯罪

为保证封建国家机器的正常运转,唐律严惩文武官吏失职和贪赃枉法行为。

其一,要求官吏坚守岗位,依法办事,忠于职守。《唐律疏议·职制》中规定:"诸官有员数",即设置官员有一定的编制,超编设置者,多一人杖一百,多三人加一等,至十人徒两年,军务紧急酌量情势临时设置者例外;官吏应值勤而不值,应值夜而不值,各答二十,满一昼夜各答三十;官员接到委任,限期已满而不到任者,超过一日答十,罪止徒一年;州县均有境界,刺史、县令不因公事私自出界,过一夜者,杖一百;泄露机密大事者,绞。

官吏对某些犯罪失于察觉、疏于防范或未及时采取有效措施的,官吏的罪责往往规定于该罪的律条中,这是唐律律条的一个特色。

其二,要求官吏廉洁奉公,严惩利用职权营私舞弊、枉法贪赃的行为。《唐律疏议·职制》中规定,监临官在监临范围内接受被监临人的财物,向被监临人借财物,私自役使被监临的下属人员,做生意营利等,按情节分别处以答、杖、徒刑;如监临人家属有上述行为,减监临官本人二等治罪。官吏出差,不得在执行公务之处接受礼物,索取或强要财物,违者分别情节,以坐赃论或坐赃减等论处。监临主守监守自盗或盗取被监临人的财物,比一般盗罪加二等,赃满三十匹者,绞。监临主司受财枉法者,以财物价值折绢数,计绢一尺即处杖一百,多一匹加一等,满十五匹者绞,与强盗罪的处罚相同;

---

〔1〕《唐律疏议·名例》。

受财而不枉法者，一尺杖九十，二匹加一等，二十匹加役流。

其三，要求官吏恪守礼法，严惩悖礼、诈欺以及弄虚作假的行为。"职制"篇规定："闻父母丧，匿不举哀"，徒三年，入于"十恶"之不孝。在父母丧期内任官（冒哀求仕），祖父母、父母年老无人侍奉而丢弃他们出外任官（委亲之官）各徒一年。"诈伪"篇规定，以诈欺手段谋得官职，流二千里，依法不应任官，而诈欺得官者，徒两年。"职制"篇规定："诸贡举非其人，及应贡举而不贡举者"，一人徒一年，多二人加一等，罪止徒三年。

其四，对军政要务的擅权、渎职行为，予以严厉制裁。"擅兴"篇中除规定了"擅发兵"的罪名外，还规定在军队出征时，如调拨兵马、军需有延误，为"乏军兴"罪，不论过失与故意，均斩；身为主将，临阵先退者，斩。"职制"篇规定，驿使延误行程期限，一日杖八十，每多二日加一等，罪止徒二年；若是紧急军务，罪加三等，若因延误行程而影响军务者，延一日加役流；导致守地陷落，军民受损者，绞。

5. 危及封建国家的安全和经济利益的犯罪

国泰民安是历代统治者顺利实现其统治的基本条件，为此，必须维护封建国家的安全和利益，以及社会治安和秩序。唐律有关这方面的内容相当丰富，主要的规定涉及"卫禁""擅兴""贼盗""诈伪""杂律"等篇。

"卫禁"篇规定：不走城门、翻越城墙及武库墙者，徒一年；水陆关口各有门禁，行人通过须有"过所"，如无此凭证而"私度"者，徒一年；不应度关的人，不准发给"过所"，擅发者，以及取得"过所"并度关者，或冒充他人，领取"过所"并度关者，为"冒度"，各徒一年；不经关隘，不走津济（水路渡口）而通过者，为"越度"，徒一年半；重罪犯人逃亡私度关，主要官吏知情者，与之同罪，不知情者，依不察觉有重罪而故意放纵论罪。

"卫禁"篇还规定：充当间谍，为敌人提供情报以及收留外国间谍者，一并处绞；驻守边境人员，没有发觉外奸入境，内奸出境者，徒一年半；有关主管，徒一年；为严惩走私，凡携带违禁品私度关者，坐赃论。

"杂律"篇规定：私铸钱者，流三千里；作案模具已齐备，但未铸钱，徒二年；模具未齐备者，杖一百。

"厩库"篇规定："诸故杀官私马牛者，徒一年半"。如仓库被盗，主管官吏处笞刑至徒刑；如放纵盗贼则与之同罪。

6. 危害封建社会的治安和秩序的犯罪

其一，严惩强盗、窃盗。"贼盗"篇规定：窃盗不得财，答五十；得财值绢一尺，杖六十；满一匹加一等，至五十匹加役流。强盗不得财，徒二年；得财一尺徒三年；二匹加一等；十匹及伤人者绞；杀人者，斩。持杖的强盗，不得财，流三千里；得财五匹，绞；伤人者，斩。为严惩此类罪犯，"贼盗"篇规定：诸盗，前后三犯徒者，流二千里；三犯流者，绞。唐律通篇明确规定累犯三次加重处刑的仅此一条，足见对于惩治盗罪的重视。

其二，惩治斗殴、伤、杀行为。"斗讼"篇规定：凡人之间的斗殴，首先，看是否使用兵刃，未用兵刃，又分以使用手足或使用他物两种情况。以兵刃殴人最重，他物次之，手足殴人最轻。其次，根据伤害程度分为未伤、已伤、已死，已伤又按伤害部位分为几档。最后，依据犯罪者的主观心理状态，分斗、谋、故、过失、误、戏几种。凡殴人致伤，被殴者有可能因而致死的，唐律责成伤害人分别立下十日至五十日的"辜限"，"辜限"长短，依被伤害人的伤情而定，被伤害人在"辜限"内死亡，伤害人各依杀人罪论处，此谓"保辜"。

其三，严防"水火败损"，严惩放火、决堤等行为。"杂律"篇规定：凡不修或不及时修筑堤防者，主管官杖七十；不论因公、因私，擅自掘开堤防偷水供用者，杖一百。失火及违反规定烧荒者，不论是否造成损失，答五十；官署及仓库失火，主管者徒二年；损失重者，坐赃论。故意放火烧官府或私人房屋、财物者，不论是否造成损失，徒三年；损失计赃满五匹者，流三千里；满十五匹者，绞；致人死、伤者，以故意杀人、伤人论罪。唐律规定人们有报火警和救火的义务，应告不告，应救不救者，减失火罪二等论处。

其四，维护城市和市场管理秩序。"杂律"篇规定：在城市中，不得在街巷及人多之处无故快速驾车驰马，不得向城内官、私住宅或道路射箭，违者分处笞刑、杖刑。在市场上，强买强卖，故意抬价、压价，由此得利者，杖八十。市场管理官吏评定物价不公，按其偏差的数额，坐赃论；官吏由此获利者，以窃盗论。

7. 拾遗补缺，概括一切可能的犯罪

为了严惩一切可能的赃罪，"杂律"篇首就"坐赃致罪"设了专条。唐律称不法所得财物为赃。赃罪有六种：受财枉法、受财不枉法、受所监临、强盗、窃盗、坐赃。前三种均属有关主管官吏的赃罪，此外，凡非主管官吏因不法取得财物而犯罪，称"坐赃致罪"，这种赃即坐赃。赃罪中除前五种赃外，其余均可归入坐赃。故坐赃的适用面最广。坐赃折绢一尺笞二十，满一匹加一等，十四徒一年，罪止徒三年，给予财物者，比受财者减等论处。

"杂律"篇的最后两条对一切可能违背封建统治利益的行为进行了防范。一是"诸违令者，笞五十；别式，减一等"。凡令有禁制而律无罪名的行为，如《仪制令》规定的"行路，贱避贵，去避来"之类；又如《礼部式》规定的官服的颜色因官品不同而异等，这些在律条中虽无罪名，违者仍须处刑。二是"诸不应得为而为之者，笞四十；事理重者，杖八十"。这就进一步规定，凡是律、令均无正条，但根据封建的"理"（即"礼"的精神）属于不应当做的行为，一概不能免于刑责，情节较重的，还要加重处刑。于是，任何违礼而被认为必须入罪的行为，无一能逃出法网。

二、民事方面

（一）所有权

1. 土地所有权

唐朝实行"均田制"，授予百姓的土地分为口分田、永业田两部分。口分田，少壮受田，老死后要还给官府；永业田可以继承。口分田、永业田理论上都不可自由买卖，"户婚"篇规定有"卖口分田"之罪，但又有自狭乡迁往宽乡时可以出卖，永业田在家贫无以供葬时可以出卖等规定。

2. 遗失物、埋藏物、漂流物的所有权

唐律令将遗失物称为"阑遗物"，将埋藏物称为"宿藏物"。关于拾得物的物权归属，唐令规定无人认领者收归官府，基本上不考虑拾得人可以获得或分享部分遗失物物权的可能性。《唐律疏议》甚至规定"得阑遗物不送官"者以丢失财物或坐赃论罪。关于漂流物的物权归属，唐律明确承认拾得漂流物的人可以获得原物百分之四十或者百分之二十价值的报酬，亦即承认可以取得部分所有权；如无人认领，则取得全部所有权。关于埋藏物的物权归属，唐律中明确规定，在公地里获得埋藏物，官府取得完全所有权；在私人地里获得埋藏物，与地主各得一半所有权；若系文物之类，则由官府收购。《唐律疏议·杂律》规定，"诸于他人地内得宿藏物，隐而不送者，计合还主之分，坐赃论减三等。若得古器形制异，而不送官者，罪亦如之。"

3. 山林、矿产的所有权

唐律中规定，山林、矿产之利"与众共之"，允许民间自由开发利用，但禁止私人"占固"（垄断），违者杖六十。铜、铁矿也允许民间开采，但必须纳税。"安史之乱"后，朝廷实行盐铁专卖，但实际上并不禁止民间开采矿产。

（二）债权

1. 买卖契约

唐令中规定了多方面的制度。一是大宗买卖必须立"市券"，即必须使用官式（税讫后盖官印的）契约文书。唐令中记载了这样的规定："凡买卖奴婢、马牛，用本司本部公验以立券。"《唐律疏议·杂律》规定："诸买卖奴婢、马牛驼骡驴等，已过价，不立市券，过三日笞三十，卖者减一等。"这就是大宗买卖必须以"要式契约"进行。二是瑕疵责任规定。《唐律疏议·杂律》规定："立券之后，有旧病者三日内听悔，无病欺市如法，违者笞四十"，这里实际上已经包括了买卖标的物有瑕疵时可以变更或撤销合同的规定。三是亲邻先买权制度。玄宗天宝十四年（755年）规定："天下诸郡逃户，有田宅产业妄被人破除，并缘欠负租庸，先已亲邻买卖，及其归复，无所依投，须加安辑。"这说明先前已经有"亲邻先买权"存在。五代后周法令规定："如有典卖庄宅，准例房亲、邻人合得承当；若是亲邻不要，及著价不及，方得别处商量，和合交易。"这一规定显系从唐朝的类似规定延续而来。

2. 借贷契约

唐令中也规定了多方面的制度。一是关于抵押借贷的规定。唐令规定："收质者，非对物主不得辄卖；若计利过本不赎，听告市司对卖，有剩还之。"这就是规定须由债权债务双方当面（相对）出卖质押物，市场管理官员监督，超过本利的价值必须归还债务人。二是关于放贷利率的规定。唐令规定："诸公私财物出举者，……每月收利不得过六分。积日虽多，不得过一倍。若官物及公廨，本利停讫，每计过五十日，不送尽者，余本生利如初，不得更过一倍。"这就是后世著名的"积日虽多，不过一本一利"制度的前身，但是又特别提高公家（官府）放贷利率上限（一本两利）。三是关于"牵掣"，即债权人私力救济的规定。《唐律疏议·杂律》规定："诸负债不告官司，而强牵财物过本契者，坐赃论。"《唐律疏议》曰："谓公私财物，违契不偿，应牵掣者，皆告官司听断。若不告官司而强牵财物，若奴婢、畜产，过本契者，坐赃论。"依此规定，若先告官而牵掣债务人财物，或牵掣财物不超过债务，都是合法的。

（三）婚姻与家庭关系

1. 婚姻的成立

（1）婚约制度。《唐律疏议·户婚》规定："诸许嫁女已报婚书及有私约，而辄悔者，杖六十。虽无许婚之书，但受聘财亦是。"这是对婚约效力的规定，婚约的成立形式在当时是"男家致书礼请，女氏答书许讫"，或者只要接受聘财就视为婚约成立，不得任意毁约。其中还特别规定"（以女）更许他人者杖一百；已成（婚）者徒一年半"。

（2）禁止"违律为婚"和"嫁娶违律"。唐律明文规定禁止"同姓为婚""有服亲属（或虽无服而尊卑不等亲属）为婚""为婚妄冒""有妻更娶妻""以妻为妾、以婢为妻、以妾及客女为妻""良贱为婚""娶逃亡妇女""官员为己或亲属娶所监临女""先奸后婚""和娶人妻""卑幼自娶妻"等行为。这些都可以称为"为婚违律"，大多要"各正离之"，即撤销婚姻。此外有嫁娶违律，即"居丧嫁娶""父祖被囚禁而嫁娶"等，即嫁娶时间不合法，这样的婚姻一般只处罚主婚或当事人，不撤销婚姻。

（3）"父母之命，媒妁之言"[1]。唐律以祖父母、父母为法定主婚人，"诸卑幼在外（自定婚），尊长后为定婚者，从尊长"；"祖父母、父母被囚禁而嫁娶者，死罪徒一年半"，但"祖父母、父母命者，勿论"；"诸嫁娶违律，祖父母、父母主婚者，独坐主婚"。另外，"名例"篇疏议规定："嫁娶有媒"，"户婚"篇疏议规定，"为婚之法，必有行媒"，嫁娶违律时，媒人也有罪。

2. 婚姻关系的解除

婚姻关系的解除，唐律的规定主要有：

（1）"七出"与"三不去"。唐以周礼以来的"七去"原则为法定休妻理由。唐《户令》规定，"诸弃妻须有七出之状：一无子，二淫逸，三不事舅

---

[1]《孟子·滕文公下》。

姑，四口舌，五盗窃，六妒忌，七恶疾。皆夫手书弃之。……虽有弃状，有三不去：一经持舅姑之丧，二娶时贱后贵，三有所受无所归。即犯义绝及淫逸恶疾，不拘此令。"据此可知，男子可以凭"七出"原因中任何一条休妻，但是如果有"三不去"情形则不可休妻。不过法律又规定，有义绝、淫逸、恶疾三种情形时，"三不去"不适用。《唐律疏议·户婚》规定："妻无七出及义绝之状而出之者，徒一年半；虽犯七出，有三不去，而出之者，杖一百。追还合。若犯恶疾及奸者，不用此律。"

（2）"义绝"。《唐律疏议·户婚》规定："诸犯义绝者离之，违者徒一年。"《唐律疏议》中解释："夫妻义合，义绝则离。违而不离，合得徒一年之罪。"所谓"义绝"，《唐律疏议》曰："义绝，谓殴妻之祖父母、父母及杀妻外祖父母、伯叔父母、兄弟、姑、姊妹，若夫妻祖父母、父母、外祖父母、伯叔父母、兄弟、姑、姊妹自相杀及妻殴詈夫之祖父母、父母、杀伤夫外祖父母、伯叔父母、兄弟、姑、姊妹及与夫缌麻以上亲，若妻母奸及欲害夫者，虽会赦，皆为义绝。"所谓"义绝"，实为婚姻双方家族间"伦理之义"已经断绝，此时即使夫妻双方感情尚可不愿分离，也必须离婚。是否构成"义绝"，要经"官司判为义绝者，方得此坐"，这是一种强制离婚的制度。

（3）两愿离婚。《唐律疏议》规定："若夫妻不相安谐而和离者，不坐。"《唐律疏议》的解释是："若夫妻不相安谐，谓彼此情不相得，两愿离者，不坐。"两愿离婚为合法，不追究法律责任。

（4）禁止妻妾"擅去"。《唐律疏议·户婚》规定："妻妾擅去者，徒二年；因而改嫁者，加二等。"《唐律疏议》曰："妇人从夫，无自专之道。……若心乖唱和，意在分离，背夫擅行，有怀他志，妻妾合徒二年。因擅去而改嫁者，徒三年。"

3. 家庭关系

（1）家长权。关于家长权，唐律有以下规定：一是财产支配权。祖父母、父母在，子孙不得别籍异财（分家析产），只有在家长明令或主持时才可以分家析产，即使父母身故，二十七个月丧期内也不可别籍异财，同时，卑幼不得擅自使用家财。唐《杂令》还规定："诸家长在而子孙弟侄等不得辄以奴婢、六畜、田宅及余财物私自质举及卖田宅。其有质举卖者，皆得本司文牒，然后听之。若不相本问，违而与及买者，物即还主，钱没不追。"二是教令权、责罚权、送惩权。唐律规定家长对子孙有教导权、使令权、支配权、责罚权。祖孙不得违反教令，唐律规定："子孙违反教令及供养有阙者，徒二年。"《唐律疏议》说："祖父母、父母有所教令，于事合宜，即须奉以周旋，祖孙不得有违。……皆须祖父母、父母告，乃坐。"同时，《唐律疏议》还规定，"若尊长殴伤卑幼折伤者，缌麻减凡人一等，小功、大功递减一等"，所谓"折伤"，就是伤成残疾状态。家长责罚子孙只要没有造成残疾，就算合理正当。在子孙违反教令时，父母即使殴杀子孙，不过徒一年半。这里的子孙违反教令须"祖父母、父母告，乃坐"，实际上是授予家长以"送惩权"，子孙的二年徒刑，完全取决于家长告官与否；官府是否定罪判刑，完全取决于家长的一面之辞。三是主婚权。《唐律疏议·户婚》规定："诸卑幼在外，尊长后为定婚，而卑幼自娶妻，已成者婚如法，未成者从尊长。违者杖一百"，还规定，"妇人夫丧服除，誓守志，唯祖父母父母得夺而嫁之。"

（2）家长的责任。关于家长的责任，唐律的规定较为丰富：一是祭祀祖先的责任。二是教养子孙的责任。三是申告户口的责任。《唐律疏议·户婚》规定："诸脱户者，家长徒三年。脱口及增减年状，以免课役者，一口徒一年，二口加一等，罪止徒三年"；"诸私入道及度之者，杖一百。若由家长，家长当罪。"四是保证田地不荒芜、输纳租税的责任。《唐律疏议·户婚》规定："诸部内田畴荒芜，……户主犯者，亦计所荒芜五分论，一分笞三十，一分加一等"，还规定"户主课税不充者，笞四十"。五是主婚责任。《唐律疏议·户婚》规定："诸嫁娶违律，祖父母父母主婚者，独坐主婚。"六是家人共犯时由家长独担罪责。《唐律疏议·名例》规定："诸共犯罪者……若家人共犯，止坐尊长。于法不坐者，归罪于其次尊长。尊长，谓男夫。"

（3）子孙的孝敬赡养义务。关于子孙的孝敬赡养义务，唐律规定的主要有：必须服从父祖教令；不得骂詈祖父母、父母；祖父母、父母在不得别籍异财；有能力供养祖父母、父母时不得供养有阙；在为父母祖、父母服丧期间不得嫁娶、作乐、释服从吉；不得隐匿祖父母、父母丧讯或者诈称其死亡；不得告发祖父母、父母，必须隐匿其犯罪（"十恶"除外）。

4. 继承

唐朝的继承制度，主要是关于宗法继承和财产继承两个方面。

（1）宗法继承。宗法继承，又称"宗祧继承""祭祀继承"，就是所有与宗法身份传承相关的、延续祖宗血脉的继承。具体包括宗子（家长族长）身份和主祭权的继承、封爵和荫庇权利的继承等。其继承的基本法律原则就是"嫡长子继承"，就是嫡妻所生的长子继承。《唐律疏议·户婚》规定了"立嫡"，即确定宗法继承人的程序，"诸立嫡违法者，徒一年。即嫡妻年五十以上无子者，得立嫡以长；不以长者亦如之。"

（2）财产继承。唐律在财产继承上采取诸子均分制度，并允许孙代位继承。唐《户令》规定："诸应分田宅及财物者，兄弟均分。妻家所得之财，不在分限。兄弟亡者，子承父份。兄弟俱亡，则诸（孙）子均分。其未娶妻者，别与聘财；姑、姊妹在室者，减男聘财之半。寡妻无男者，承夫分。"

（3）"户绝"。关于"户绝"（即无男性后裔）时的继承问题，唐令规定："诸身丧户绝者。所有部曲、客女、奴婢、店宅、资财，并令近亲转易货卖，将营葬事及量营功德之外，余财并与女；无女，均入以次近亲；无亲戚者，官为检校。若亡人存日，自有遗嘱处分，验证分明者，不用此令。"这里的"女"，包括已经出嫁的女儿。

三、经济方面

（一）赋税制度

唐律对赋税制度作了严格规定，要求所有居民农户必须按照法律规定如数按期交纳税金与田赋，违者必予处罚。唐朝统治者对征收赋税的官吏作了法律上的约束。官吏擅自增加赋税的构成犯罪，不但多征部分没入官府，并且"计所擅坐赃论"；如果中饱私囊，则"以枉法论，至死者加役流"。此外，唐律对于差科赋役违法及不均平者，规定了"杖六十"的处罚。

（二）市场管理

唐律强调对于各类市场的管理，要求主管市场的官吏必须公平评议市价。如有从中舞弊者，"计所贵贱，坐赃论"[1]。对于垄断市场，随意哄抬物价者，如果"利自入者"，则给予杖八十的处罚。

（三）度量衡的规范化与产品的标准化

唐律在度量衡的规范化与产品的标准化方面，也作了严格规定。凡市场

---

〔1〕《唐律疏议·杂律》。

通行的度量衡，如斗、秤等，必须经管理市场官吏的鉴定，并加盖官印，方准使用。违者，分别情节，给予笞至杖刑的处罚。唐朝要求各类产品必须达到标准化，必须符合国家质量要求。如果"器用之物，及绢布之属"制作不牢，以假充真或长短宽狭不合要求而擅自出卖者，处以"各杖六十"。如果主管官吏知情不加处理，则"各与同罪，不觉者，减二等"[1]。

（四）货币制度

唐朝实行严格的货币制度，严禁"私铸钱"等各种违法犯罪行为。《唐律疏议·杂律》规定："诸私铸钱者，流三千里，作具已备，未铸者，徒二年；作具未备者，杖一百。"即违犯国家制造货币的法令，私制货币者，流三千里；造钱模具已经具备，即便没有制造货币，也要判处徒刑二年；如果有私造货币的犯意，尽管模具并没有完备不能实施造钱，也要给予杖一百的处罚。至于危害国家的制币单位和标准，制造钱币"薄小"，以"取铜以求利者"，判处徒刑一年。

四、行政方面

（一）三省六部制

唐朝中央政府的体制沿用隋朝的三省六部制。"三省"指中央政府的三个中枢机构中书省、门下省与尚书省。中书省负责传承皇帝的命令，草拟诏书；门下省负责对诏书审核驳正，并交皇帝批准；尚书省负责执行皇帝诏敕和经皇帝批准的各项政令。宰相由三省的长官集体出任，与皇帝共同决定军国大政方针、决定官吏的任免，甚至皇帝的继承人选。在职权上，三省划分明确，各有分工，互相制约。

尚书省下设六部，即吏、户、礼、兵、刑、工六个部门。吏部负责职官的任命、考课、管理等；户部负责户籍与财政收入管理等；礼部负责祭祀、礼仪、教育、科举等；兵部负责六品以下武官的选授、考课、武举、军事行政等；刑部负责对大理寺审理案件的复核以及对京师百官的案件会审等；工部负责土木、水利工程及农、林、牧、渔业等。

三省六部制的确立表明唐朝封建行政体制走向成熟化与定型化，对后世

---

[1]　《唐律疏议·杂律》。

产生了深远的影响。

（二）官吏管理制度

1. 科举制度

唐朝官吏的主要来源有两种：一是科举，二是门荫。科举制度最早源于隋朝，唐朝承袭。参加科举的考生是各级官学考试选拔的生徒和经地方州县审核身份并初试合格的乡贡。科举考试的科目主要有秀才、明经、进士、明法、明字、明算等。科举考试中第者即取得做官的资格，取得资格后，还必须通过吏部的考试，称"释褐试"，考取后，才被正式任命为官。

2. "致仕"

官吏退休，称"致仕"。唐朝"致仕"年龄为七十岁，但如身体尚好，精力未衰者，可继续为官。如体弱早衰者，可以提前"致仕"。五品以上"致仕"要由皇帝批准；六品以下由自己提出，经由吏部备案即可。

第四节　唐律的特点及其影响

一、唐律的主要特点

（一）一准乎礼

自汉以来，我国古代法律与儒家思想历经数百年的演化渗透和融合过程，至唐朝臻于完善，使唐律成为封建纲常法典化的典型代表，从而实现了礼与法的合一，法律规范与道德规范的统一。唐律的"一准乎礼"，主要表现在：

其一，唐律总的精神在于贯彻儒家思想中的"三纲五常"，将封建纲常直接法律化。《唐律疏议》以礼作为指导思想，"德礼为政教之本，刑罚为政教之用"[1]，即礼是本、是纲，而刑是礼的辅助。

其二，唐律律条中有些本来就是礼的内容，直接上升为"律"。如"同居相隐""老少废疾减免刑罚"的规定，而依据服制定罪的规定在唐律中随处可见。

其三，唐律中将礼作为定罪量刑的标准。凡是违背礼教的，都要严加惩处。例如"良贱有别"，以及"十恶"中"不孝""不睦"等罪名。

---

〔1〕《唐律疏议·名例》。

其四，唐律借助其《疏议》引用儒家经典注释律文，将儒家思想上升为法律，使儒家所倡导的封建伦理道德观念成为封建立法和司法的指导思想和准则。

（二）用刑持平

唐律的刑罚比较轻省。首先，唐律中死刑、流刑较前大为减少，三等流刑也只服劳役一年。其次，在刑罚适用上体现了从轻的原则，如老少废疾减免刑罚的原则、自首减免刑罚的原则等。最后，唐律中加刑时，只在同一刑罚中累加，一般加不致死；减刑时，则死刑二等以及流刑三等各同为一减，即斩刑减一等为流三千里，流三千里减一等为徒三年；唐朝创立的加役流制度，也可作为死刑的减刑。此外，唐律还有"疑罪从轻"的明文规定，较前后各代用刑更为客观、慎重。因此，唐律在封建法典中被认为是"得古今之平"、刑罚适中、罪刑相当的典型。

（三）立法技术完善，法律完备

唐律以"名例"篇为纲，其余篇目为目，篇章结构井然有序，律文只有五百零二条，相当简约。唐律规范详备，涉及社会政治、经济、军事、外交、婚姻、家庭等领域，确立并完善了封建法律中一系列重要原则和制度，它所规定的四百余种罪名，大至谋反大逆、杀人劫掠，小至家庭骂詈、夫妻斗殴，凡是有害于封建社会秩序的言行，无不网罗其中，各种社会关系的调整，无不周详严密。唐律科条简约，并附以凝练的注疏，其律文和注疏表现了高度概括力和文法的严密性，不仅与"繁于秋荼"的秦律和"科条无限"的汉律有天壤之别，其后的明、清律例也无法比肩。

二、唐律的历史地位

唐律是中国封建法典的代表作，是自先秦至隋唐以来中国法制文明的集大成之作。唐律的出现和传播，标志着中华法系正式形成和成熟。

（一）唐律对东亚邻国的影响

唐朝是当时东方最强盛的帝国，长安是东方政治经济文化的中心。唐律对当时东方邻国的影响甚大。

1. 日本

日本"大化革新"后的《近江令》，其篇目内容大多同于唐《贞观令》；

公元701年颁行的《大宝律令》，篇目、顺序与唐律全同，仅将"八议"改为"六议"（去议勤、议宾）；将"十恶"改为"八虐"（去不睦、内乱）；流刑不载里数，分近流、中流、远流三等。

2. 朝鲜

高丽王朝四百余年法制，基本沿袭唐制。"考察高丽王朝的法律共七十一条，其实是在《唐律》的五百条上撷取六十九条，从唐《狱官令》中摘录二条而成。"[1]朝鲜历史上最后一个统一的封建王朝李朝的《经国大典》，基本上模仿《唐六典》和《明会典》。

3. 越南

至于越南，无论是李朝的《刑书》三卷，还是陈朝的《国朝刑律》，基本"遵用唐宋之制"；黎氏王朝的《鸿德刑律》，参用隋唐，折中宋元明律。

（二）唐律对后世封建法典的影响

唐律是后世刑典的范本，对后世的封建法制产生了极大影响。五代时期的《大梁新定格式律令》，其卷数与篇目和唐律完全一致。宋朝法制"因唐律、令、格、式而随时损益"[2]，《宋刑统》基本是《唐律疏议》的翻版，变动不过几条。元朝"参照唐宋之制"，修订《至元新格》，条文多半同于唐律，唐律十二篇，《至元新格》与之相同者九篇，元朝在司法实践中也经常引用唐律。明、清的法律在内容以及原则上也基本因袭了唐律。明初，太祖朱元璋确定制律方针"宜尊唐旧"，他登基初年曾下令"日进二十条"唐律，讲读唐律供制定新律参考，因此《大明律》"与唐律同者十六七"；清人承袭明律，清律受唐律影响同样大，"与唐律大同者四百一十有奇；与唐律合者，亦什居三四"[3]。

第五节　唐朝的司法制度

一、司法机关

唐朝皇帝掌握一切案件的最后裁决权。凡死刑案件，至少须三次奏请皇

---

〔1〕 杨廷福：《唐律初探》，天津人民出版社1982年版。

〔2〕 《宋史·刑法志》。

〔3〕 沈家本：《重刻唐律疏议序》。

帝批准，以体现"慎杀"原则。对罪犯实行赦免，也须由皇帝决定或批准，大赦令必须以皇帝名义颁布。皇帝还经常通过"录囚"检查司法机关的工作。

（一）中央司法机关

唐朝中央以大理寺、刑部为司法机关，御史台也参与司法审判工作。

大理寺设卿、少卿为正副长官，下设正、丞、主簿、司直、评事及众多属吏，是最高审判机关，负责审理中央百官犯罪及京师徒刑以上案件，对徒、流罪的判决，须送刑部复核；死罪的判决须奏请皇帝批准。另外，对刑部移送的地方死刑疑案有重审之权。

刑部以尚书、侍郎为正副长官，以下有郎中、员外郎等官及大批属吏，是中央司法行政机关，负责复核大理寺、州、县上报的徒刑以上案件，在审核中，如有可疑，徒、流以下案件可发回重审，死刑案件则移送大理寺重审。

御史台以御史大夫、御史中丞为正副长官，下设侍御史、监察御史等众多官员和属吏，是中央监察机关，在司法方面主要是监督大理寺和刑部的司法审判活动，遇有重大案件，也参与审判。

"三司推事"是唐朝的一种会审制度，遇有重大案件，由大理寺、刑部和御史台的长官共同审理，时称"三司使鞫审"，又称"三司推事"。对于不便解送中央审理的地方大案，则派大理寺评事、刑部员外郎、监察御史为"三司使"，前往审理。

唐初为加强京畿地区的控制，在京城长安设立京兆府。京兆府以府尹为长官，少尹二人为副职，下设法曹司法参军事作为司法辅佐。京兆府尹不但主管京畿地区的行政，而且有权审理京师百官徒刑以下的案件，以及隶属辖区管辖的各类案件。从而具有中央与地方两级司法机关的性质，在唐朝整个司法体系中居于特殊的地位。

（二）地方司法机关

唐朝的地方司法机关由州、县两级组成。司法长官由地方行政长官兼任，但其下属设置了专门掌管诉讼的官员，这也是唐朝地方司法机构的重要特征。

县是基层的行政机构，也是基层的审判机关。县令（县丞）主掌司法，下设县尉掌管治安，司户佐掌田、户、赋役及因户婚田土引发的民事纠纷，司法佐掌管刑事纠纷。另外还设有典狱、问事等佐官，辅佐县令（县丞）司法。

州的行政长官刺史兼理司法，每年巡视属县一次，录囚徒，察狱讼，纠察不法县吏，发现疑难狱讼及时上报中央或上奏皇帝。其下设法曹参军事，又称"司法参军"，主管刑事案件；设户曹参军事，又称"司户参军"，主管民事案件，辅佐刺史司法。

另外，御史台派到各地行使监察职能的监察御史，必要时也参与各地对重要案件的审理。

二、诉讼审判制度

（一）告诉程序及责任

告诉有严格的程序，不许越诉。越诉及受理越诉者各笞四十。有重大冤抑者可以直诉。唐律严禁诬告，诬告反坐。代人写诉状若增添情节，与事实不符，笞五十。投匿名书告人罪，流二千里。

（二）告诉的限制

（1）子孙不得告父祖，卑幼不得告尊长，但谋反、谋大逆、谋叛等罪除外。

（2）同居应相隐者不得告言亲属，部曲、奴婢不得告主人。

（3）八十岁以上，十岁以下，除法律另有规定的罪名外（谋反、谋大逆、谋叛等），一般不得告诉。

（4）囚徒不得告举。《唐律疏议·斗讼》规定："诸被囚禁，不得告举他事。其为狱官酷己者，听（告）之。"被囚的犯人原则上无告诉权，谋反、谋大逆、谋叛等罪除外。

（三）案件的管辖和受理

唐朝法律对于案件管辖问题有明确的规定。所有案件都以州县为第一审；京师官吏的徒刑以上案件，以大理寺为第一审；京师卫戍司令部纠获的案件也送大理寺一审。县可以终审笞、杖刑案件；州可以终审徒刑案件、流刑应决杖征赎的案件。

如遇两地官府均有管辖权的情形，"诸鞫狱官，囚徒伴在他所者，听移先系处并论之"[1]。移送的原则是轻罪囚就重罪囚；若轻重相等，则囚少就囚

---

[1] 《唐律疏议·斗讼》。

多；若多少相等，则后禁囚就先禁囚。但若两地相距百里以上，则"各从事发处断之"，即不必移送罪囚。

（四）审判回避制度

唐《狱官令》规定，所有鞫狱官与被鞫人是五服以内亲戚关系的，或者是大功亲属以上有婚姻关系的，或与被鞫人有师生关系，曾任被鞫人所在地区都督、刺史、县令的，以及与被鞫人有仇嫌的，"皆须听换推"，也就是说唐时审判回避范围包括以上几种情况。所谓"换推"，就是另择审官。此外，《狱官令》还规定，所有关于讯囚的事宜，凡非主管官吏，"皆不得至囚所听闻消息"，防止其他官员干扰审判。

（五）拷讯制度

综合《唐律疏议·断狱》和唐《狱官令》的规定，可以总结出唐朝拷讯制度的主要内容：①有证据可证实犯罪，但被告仍不供认者方可拷讯；②"立案同判"，即同审官员共签，然后拷讯；③拷讯用杖须为常行杖（有法定规格标准）；④拷讯不得过三度（总共不过三次）；⑤每次拷讯须间隔二十日；⑥拷打总数不得过二百下；⑦"其拷囚及决罚者，皆不得中易人"；⑧杖以下罪拷笞不得过"所犯之数"；⑨有议请减特权者不得拷讯；⑩老幼、笃疾、孕妇及初产妇不得拷讯；⑪有疮病在身者不得拷笞；⑫被拷者（被告）限满不招供，反拷告人（受害人及其亲属告发者除外）；⑬拷满被告不招供，取保放人。唐律还规定，依法拷讯，邂逅致死者勿论，即不追究官员责任，但违法拷讯，"以故致死者，徒二年"。

（六）司法官的责任

在审判中，如必须使用刑讯，则须立案，然后与有关人员会同拷讯，否则，主审官吏杖六十。如果罪状、赃证明确，犯人即使不招认，也可以依法判决。同时，司法官"出入人罪"均构成犯罪，但"出人罪"的罪责轻于"入人罪"。

审判中，司法官必须依据律、令、格、式的正文断罪，皇帝的"敕"，凡未编入"永格"者，不得引为"后比"，否则，以"出入人罪"论。

（七）上诉复审及死刑复奏程序

审理完毕，凡判处徒以上的人犯，应取其"服辩"，即允许犯人申述其是否服罪及对判决的意见，如犯人不服，应复审，违者，司法官笞五十。

死刑判决必须奏报皇帝，经皇帝核准后，执行前，还要三次奏报，经皇帝批准，才可执行，违者，流三千里，即死刑"三复奏"制度。妇女犯死罪而有孕者，产后一百日方可执行，未产而执行者，有关官吏徒二年，不满百日处决者，徒一年。

三、监狱管理

唐中央设有大理寺狱。在京师，有京兆狱和河南狱；在地方，州、县均设有监狱。因大理寺审判一般采取直接面审的形式，因此唐朝设大理寺狱，作为拘押人犯的场所。大理寺狱是唐朝的中央监狱，主要关押诸司犯罪的官吏和京城地区重要案犯。地方上的监狱体制与行政区划相适应，为州（府）、县两级。唐朝地方的监狱完全从属于地方行政机关，归接受皇帝委派的地方行政长官管辖。

唐朝的监狱实行分押分管，《唐六典》规定："贵贱、男女异狱。"此外，唐朝还对监狱囚禁的待讯质的人犯和已判决而待执行的人犯，实行不同的关押方式。对于械具的使用也有严格的规定，狱官不得擅自增减改变或者有所解脱，否则要处以刑罚。

【课后经典试题】

一、填空题

1. 隋文帝时期颁布一部重要法典是（   ）。
2. 唐玄宗时制定的行政法典，史称（   ）。
3. 隋朝《开皇律》共（   ）篇。
4. 唐高宗时期颁布的主要法典叫《（   ）律》。
5. 唐朝实行三省六部制，三省为（   ）省、（   ）省和尚书省。
6. 唐律中关于官员的设置、职守及惩治贪赃枉法等方面规定的法律是（   ）篇。
7. 《大业律》是（   ）时期的法典。
8. 唐朝对重大案件由大理寺卿、刑部尚书、御史中丞共同审理，叫作（   ）。
9. 唐律规定，（   ）是指盗窃御用物品，因过误而导致皇帝的人身安全受到威胁等罪行。

10. 唐代（　　　）是中央最高审判机关。

二、单项选择题

1. 唐代的法律形式不包括（　　　）。

A. 律　　　　　B. 格　　　　　C. 令　　　　　D. 比

2. 最早规定封建制五刑的法典是（　　　）。

A.《大业律》　　B.《开皇律》　　C.《九章律》　　D.《贞观律》

3. 隋文帝的《开皇律》首次确立了以下哪项制度？（　　　）

A. 封建制五刑　　B. 加役流　　　C. 重罪十条　　D. 十恶

4.《开皇律》规定的笞刑分（　　　）等。

A. 三　　　　　B. 四　　　　　C. 五　　　　　D. 六

5. 唐代（　　　）是中央最高审判机关。

A. 大理寺　　　B. 刑部　　　　C. 御史台　　　D. 尚书省

6. 关于唐律中五刑，下列哪一选项是正确的？（　　　）（2007 年司法考试试题）

A. 笞刑、羞辱刑、流放刑、经济刑、死刑

B. 笞刑、徒刑、流放刑、株连刑、死刑

C. 笞刑、杖刑、徒刑、流刑、死刑

D. 杖刑、徒刑、流刑、肉刑、死刑

7. 唐朝开元年间，旅居长安的突某（来自甲国）将和某（来自乙国）殴打致死。根据唐律关于"化外人"犯罪适用法律的原则，下列哪一项是正确的？（　　　）（2006 年司法考试试题）

A. 适用当时甲国的法律

B. 适用当时乙国的法律

C. 当时甲国或乙国的法律任选其一

D. 适用唐朝的法律

8. 唐宣宗时期，将刑律分类为门，附以有关的格敕令式，编成（　　　）。

A.《唐六典》　　　　　　　B.《大中刑律统类》

C.《武德律》　　　　　　　D.《贞观律》

9. 唐律关于户籍、赋役、田宅、婚姻方面的内容规定在（　　　　）。

A.《卫禁篇》　　B.《职制篇》　　C.《户婚篇》　　D.《斗讼篇》

10.《唐律·名例律》规定："诸断罪而无正条，其应出罪者，则举重以明轻；其应入罪者，则举轻以明重"。关于唐代类推原则，下列哪一说法是正确的？（　　　　）（2014年司法考试试题）

A. 类推是适用法律的一般形式，有明文规定也可"比附援引"

B. 被类推定罪的行为，处罚应重于同类案件

C. 被类推定罪的行为，处罚应轻于同类案件

D. 唐代类推原则反映了当时立法技术的发达

11. 在唐朝遇到重大案件，常由大理寺卿会同刑部尚书、御史中丞共同审理，叫作（　　　　）。

A. 三司使　　　　B. 三司推事　　　C. 小三法司会审　D. 大三法司会审

12. 唐律的总则"名例"篇规定："诸化外人，同类自相犯者，各依本俗法；异类相犯者，以法律论"，体现的原则是（　　　　）。

A. 属人主义与属地主义相结合　　B. 属人主义

C. 属地主义　　　　　　　　　　D. 保护主义

13.《唐律疏议》集中规定了唐律的指导思想、基本原则和刑罚制度，相当于现代刑法典中的"总则"的是（　　　　）。

A. 卫禁　　　　　B. 斗讼　　　　　C. 杂律　　　　　D. 名例

14. 在财产继承方面，唐朝法律沿袭的是（　　　　）。

A. 嫡长子继承制　B. 诸子均分　　C. 宗祧继承　　　D. 封爵继承

15. 唐朝法律规定，由官府强制解除婚姻关系的情形是（　　　　）。

A. 和离　　　　　B. 出妻　　　　　C. 恶疾　　　　　D. 义绝

三、多项选择题

1. 对唐律类推原则规定表述正确的有（　　　　）。

A. 其应出罪者，则举重以明轻

B. 凡应减轻处罚的，则列举重罪处罚规定

C. 其应入罪者，则举轻以明重

D. 凡应加重处罚的，则列举轻罪处罚规定

2. 隋朝修订颁行的法律包括（　　　）。

A.《新业律》　　　B.《开皇律》　　　C.《大业律》　　　D.《开皇格》

3. 唐朝中央司法机关包括（　　　）。

A. 大理寺　　　B. 刑部　　　C. 都察院　　　D. 御史台

4. 唐律规定承审官如与当事人有（　　　）关系者，须回避。

A. 借贷　　　B. 亲属　　　C. 师生　　　D. 仇隙

5. 唐律除了规定"八议"特权以外，还规定了（　　　）等法律特权。

A. 请　　　　B. 减　　　　C. 赎　　　　D. 官当

6. 永徽四年（公元653年），唐高宗李治的妹夫房遗爱谋反案发犯"十恶"罪。依《永徽律疏》的规定，对房遗爱应作何处置？（　　　）（2007年司法考试试题）

A. 可适用"八议"免于死刑　　　B. 应被判处死刑

C. 可以赦免　　　　　　　　　D. 不适用自首

7.《疑狱集》载："张举，吴人也。为句章令。有妻杀夫，因放火烧舍，乃诈称火烧夫死。夫家疑之，诣官诉妻，妻拒而不认。举乃取猪二口，一杀之，一活之，乃积薪烧之，察杀者口中无灰，活者口中有灰。因验夫口中，果无灰，以此鞫之，妻乃伏罪。"下列关于这一事例的哪些表述是不成立的？（　　　）（2006年司法考试试题）

A. 作为县令的张举重视证据，一般用猪来作为证据

B. 张举之所以采取积薪烧猪的方法来查验证据，乃因当时的法律没有规定刑讯的程序

C. 该案杀人者未受刑而伏罪，因其符合当时法律规定禁止使用刑讯的一般条件

D. 张举在这个案件中对事实的判断体现了当时法律所规定的"据状断之"的要求

8.《唐律疏议·贼盗》载"祖父母为人杀私和"疏："若杀祖父母、父母应偿死者，虽会赦，仍移乡避仇。以其与子孙为仇，故令移配。"下列哪些理解是正确的？（　　　）（2013年司法考试试题）

A. 杀害同乡人的祖父母、父母依律应处死刑者，若遇赦虽能免罪，但须移居外乡

B. 该条文规定的移乡避仇制体现了情法并列、相互避让的精神

C. 该条文将法律与社会生活相结合统一考虑，表现出唐律较为高超的立法技术

D. 该条文侧面反映了唐律"礼律合一"的特点，为法律确立了解决亲情与法律相冲突的特殊模式

9. 关于《永徽律疏》，下列哪些选项是错误的？（　　　　）（2008 年司法考试试题）

A. 《永徽律疏》又称《唐律疏议》，是唐太宗在位时制定的

B. 《永徽律疏》首次确立了"十恶"即"重罪十条"制度

C. 《永徽律疏》对主要的法律原则和制度做了精确的解释，而且尽可能以儒家经典为根据

D. 《永徽律疏》是对《贞观律》的解释，在中国立法史上的地位不如《贞观律》

10. 关于历史上法学家法律解释、法学著作的效力，下列哪些选项是正确的？（　　　）（2007 年司法考试试题）

A. 中国西晋及唐朝，律学家、官员对法律的解释经皇帝批准颁行以后，具有法律效力

B. 古代罗马帝国时代，经皇帝授权的法学家的解释具有法律效力

C. 美国有许多著名的法学家同时为杰出法官，他们的法学作品具有立法的意义

D. 在现代德国，法学教授的著述是法官适用民事法律时的重要参考材料

四、名词解释题

1. 《开皇律》　　　2. 《贞观律》　　　3. 十恶　　　　4. 义绝

5. 死刑复奏　　　　6. 三法司　　　　7. 出入人罪　　　8. 《唐六典》

9. 三复奏　　　　　10. 御史台

五、简答题

1. 简述唐初的立法指导思想。

2. 简述唐代主要立法活动。

3. 《唐律疏议》中规定的五刑制度的具体内容是什么？

4. 简述唐律类推原则的规定。

5. 简述唐代"化外人"相犯的处理原则。

6. 简述唐代关于离婚的规定。

7. 《唐律疏议》中规定了哪些刑罚原则？

8. 简述《唐六典》的主要内容。

9. 简述唐代中央三大司法机关的职责划分。

10. 唐代诉讼审判制度的主要内容有哪些？

六、论述题

1. 试述《唐律疏议》十二篇的主要内容。

2. 分析唐代四种法律形式的区别。

3. 唐律的主要特点是什么？

4. 分析《唐律疏议》中"十恶"制度的内容、特点及实质。

5. 唐朝法律对后来的封建法律和周边国家的影响有哪些？

七、案例分析题

1. 案例一：

材料：诸同居，若大功以上亲及外祖父母、外孙，若孙之妇、夫之兄弟及兄弟妻，有罪相为隐；部曲、奴婢为主隐，皆勿论。其小功以下相隐，减凡人三等。若犯谋叛以上者，不用此律。

——《唐律疏议·名例》

问题：

（1）这段文字反映了唐律的什么原则，其历史渊源是什么？

（2）适用这一法律原则时有何例外，为什么？

（3）唐律这一规定的立法宗旨是什么？

2. 案例二：

唐律规定："诸共犯罪者，以造意为首，随从者减一等。若家人共犯止坐尊长；侵损于人者，以凡人首从论，即其监临主守为犯，虽造意，仍以监主为首，几人以常从论。"

问题：

试分析上述材料所说明的唐律中的相关原则。

八、材料翻译分析题

请翻译下列文字，并进行简要分析。

1. "诸八议者，犯死罪，皆条所坐及应议之状，先奏请议，议定，奏裁；流罪以下，减一等。""犯十恶者，不用此律。"

——《唐律疏议·名例》

2. "诸断罪而无正条者，其应出罪者，则举重以明轻；其应入罪者，则举轻以明重。"

——《唐律疏议·名例》

第九章 宋朝的法律制度

（公元 960 年—公元 1279 年）

【学习目标】

通过本章的学习，使学生应在了解宋朝立法思想的变化的基础上，理解两宋的立法状况；掌握刑事法律、民事经济法律和唐律相比较的发展变化；掌握司法原则和制度的发展变化。

【开篇案例】

北宋年间，邢州，有强盗入户行抢，遭主人反抗，强盗将一家人尽杀，当时夫妻二人先亡，次日唯一的儿子也身亡。

宋朝户中人死绝而无男子即为户绝，户绝者的家财，营葬功德之外，三分之一是给出嫁女，其余财产入官。州司按照户绝法的规定将这家的财产断给了已经出嫁的女儿。

此案报到刑部后被驳回，理由是这家父母死时，他们的儿子还活着，财产应当全归儿子所有，所谓出嫁女儿是儿子的出嫁姐妹，无权分得兄弟的财产。

公元 960 年，掌握后周军政大权的殿前都点检、归德军节度使赵匡胤发动了陈桥驿兵变，夺取后周政权称帝，改国号宋，建都汴梁，史称"北宋"。北宋的建立结束了五代十国五十多年动乱分裂的局面，并于公元 979 年统一了全国。公元 1127 年，北方金人大举南侵，汴京失陷，宋徽宗父子被俘，北宋政权遂告结束。南渡的官僚拥立康王赵构于临安称帝，重建宋朝，史称"南宋"。两宋共历三百二十年。

两宋时期在法律制度建设上，一方面保持了"一准于唐"的连续性；另一方面，高度的中央集权制度更加发展，封建法制出现强化趋势，因而这一时期的法律从内容到形式都有相应的变化。

第一节　宋朝的立法概况

一、立法思想

宋朝统治者的法律指导思想，除了继受儒家正统法律思想外，又推崇黄老思想，继而采纳程朱理学。在加强中央集权、调和统治阶级内部关系、保护促进社会经济发展方面，显示出其时代特色。

（一）加强中央集权，防止割据分裂

深知"节镇太重、君弱臣强"危害的宋太祖，在政权建立初期，就确立了加强中央集权，防止割据分裂的方针。于是，"杯酒释兵权"等强干弱支的措施纷纷出台。这些措施的落实，消除了五代时期将领更换皇帝的隐患。法制方面的一些新举措，如最高复审机构"审刑院"的设置，禁革科举考生与考官之间的恩师门生关系，审理权和判决权的分立等，无不是中央集权思想的实践。

（二）崇文抑武，儒道兼用

宋太祖即位后，面对五代以来重武轻文的习气，竭力提倡文治，相当注重吏治文臣在经世治国中的作用。鉴于五代"州郡掌狱吏不明习律令，守牧多武人，率恣意用法"[1]的教训，宋初统治者还很重视地方现任官员的吏治才干，要求他们学法知法。一方面要求武臣读书学法，由"律学博士"对官员讲授、考核，考核成绩居末位者，还要处以罚金；另一方面大力起用懂法的文人任官。据《宋史·刑法志》记载，当时"士补初官，皆试律令"。

在继受儒家正统思想的同时，宋初统治者还十分欣赏黄老之学。在加强中央集权的目的实现以后，黄老之学逐渐被推上显学地位。理学出现之前的宋初法制指导思想是儒道兼用，理学出现并逐渐占据主导地位之后，宋朝法制指导思想体现出了独尊理学的特征。

---

〔1〕《宋史》。

（三）"大度兼容"，强调慎法

宋太祖强调慎法，目的是巩固赵氏王朝的统治。正如宋初名臣吕蒙正所说："水至清则无鱼，人至察则无徒，小人情伪，在君子岂不知之，若以大度兼容，则万事兼济。"[1]

慎法思想用于统治阶级集团内部时，表现为"大度兼容""保全柴氏子孙""不杀士大夫"等具体政策；用于处理与被统治阶级的关系时，主要表现为要求注意刑事政策上的宽猛关系。前者在有宋一代基本上得以落实，后者在执行过程中有很大的变化。随着社会经济政治形势的发展变化，"犯罪"现象不断增多，为了维护正常的封建统治秩序，对宽猛关系的认识发生了变化。但统治政权已越来越倾向于迷信重刑，"重法地"的规定就是其典型表现。后来，朱熹更直接提出，当政者"当以严为本，而以宽济之"。认为"刑愈轻而愈不足以厚民之俗，往往反以长其悖逆作乱之心"，所以他主张重刑，"惩其一以戒百，……使之无犯"[2]。朱熹的观点是当时法制指导思想变化的反映。

（四）义利并用，重视经济立法

在这一时期，一方面由于封建经济得到恢复发展，出现了一些新的经济因素，需要由国家进行调节疏导；另一方面由于内冗外耗，国家财政屡屡发生困难，急需理财求富。宋朝统治者调整了历代立法中重刑轻民的传统做法，义利并重，重视经济立法。所以，宋朝成为中国古代经济立法最为活跃的时期，其立法活动频繁，法规内容涉及社会经济活动的各个方面，法规的制订、实施各方面都是前所未有的，大体上注意到了国家与经济活动者之间的利益分配关系，较能顺应商品经济的规律。在"庆元新政""熙宁新政"时期，制定了大量有新意的经济法规，对后世有重大影响。

二、立法概况

（一）《宋刑统》

宋建隆四年（963年），宋太祖命窦仪等人在总结前朝法律法令的基础上，编纂了《宋建隆重详定刑统》，简称《宋刑统》。同年七月，由太祖下诏

---

[1] 《宋史》。
[2] 《朱子语类》。

"刻板摹印，颁行天下"。这是宋朝的第一部正式刑律，也是我国历史上第一部刊版印行的封建法典。

《宋刑统》共三十卷，十二篇，五百零二条。其篇目、内容与《唐律疏议》大体上相同。所不同之处在于：

其一，唐律在篇条之外未分门，而宋刑统沿袭了《大中刑律统类》首创的分门传统，在每篇之下又分若干门，十二篇共分二百一十三门。所谓"门"，就是把性质、类别相同或相近的律条分成单元，便于查考。

其二，《宋刑统》每条后所附的敕、令、格、式，是从唐开元二年（714年）至宋建隆二年（961年），长达一百五十多年间的敕、令、格、式中的刑事规范，将其附于律文之后，形成了律令合编的综合性刑事法典的体例结构形式。

其三，《宋刑统》在刑制上，增设了"折杖法"，即除死刑外，其他刑均可折杖行刑。

《宋刑统》虽经几次修改，但内容变动较少，是宋朝主要的综合性刑事法典。

（二）编敕

编敕是宋朝最为重要的立法活动，实际上也起着调整和变革法律的作用。《宋史·刑法志》记载："宋法制因唐律、令、格、式，而随时损益则有编敕。"

敕是皇帝发布命令的一种形式。宋朝皇帝对特定的人或事随时发布的指示或命令称为"散敕"。将散敕汇编，整理成册，使之通过一定的立法程序上升为国家法律，即是编敕。为适应强化中央集权的需要，编敕成为宋朝一项经常和重要的立法活动。

宋朝是封建君主专制高度发展的朝代，因此，皇帝颁发的诏敕就成为具有至高无上效力的法律形式。而敕由于是皇帝随时发布的，可以补充、修改甚至废弃律文，比律更具有灵活性，更能适应宋朝高度集中的皇权的需要，因而在宋朝的司法实践中，敕不但被广泛地用来作为断案处刑的依据，而且其法律效力大于律。

宋朝编敕的发展进程可分为"律敕并行"和"以敕代律"两个阶段。建隆四年（公元 963 年），宋太祖在制定刑统的同时，便命窦仪等人进行编敕，编成《建隆新编敕》四卷，与《宋刑统》并行颁示天下，这是"律敕并行"的开端。之后陆续有宋太宗《太平兴国编敕》十五卷，真宗《大中祥符编敕》三十卷，仁宗《天圣编敕》十二卷等。这阶段的编敕虽对《宋刑统》有修改，但是当时律仍具有独立的地位，因此可以说是"律敕并行"阶段。宋神宗即位后，为了适应变法图强的需要，于熙宁二年（公元1069年）明确宣布："律不足以周事情，凡律所不载者，一断以敕。乃更其名目曰'敕、令、格、式'"，而律恒存于敕之外。这就是说，在具体司法活动中，敕的地位高于《宋刑统》，而且又把唐以来的法律形式"律、令、格、式"改为"敕、令、格、式"，这就形成了"以敕代律"的局面。从"律敕并行"发展为"以敕代律"，既反映了宋朝封建君主专制集权的发展和强化，也反映了宋朝法律形式的变化。

宋神宗时还设立了"详定编敕所"，作为专门的编敕机构，而且规模越来越大。除中央有编敕外，还有适用于各司、路、州、县的编敕，即由政府官员把皇帝针对一司、一路、一州、一县的有关敕令汇编成册，上报朝廷，批准行用。

（三）条法事类

宋朝的编敕在南宋孝宗前都是以时间为阶段的综合统编。统编的敕、令、格、式因同一条目散见于各篇，给司法官吏查找使用带来许多困难。因此南宋自孝宗开始，力图矫正北宋后期法典编纂的弊端，致力于法典的系统化和便捷化。所谓"条法事类"，是指在敕、令、格、式四种法律形式并行和编敕的基础上，将敕、令、格、式以"事"分类统一分门编纂，形成的一种新的法典编纂体例。南宋时期编纂的条法事类主要有：宋孝宗《淳熙条法事类》，宋宁宗《庆元条法事类》，宋理宗《淳祐条法事类》。保存至今的，只有《庆元条法事类》的残卷。

（四）编例

"例"指具有法律效力的判例，"编例"也是宋朝重要的法律形式。

宋朝的例可分为断例和指挥两种。断例是审判案件的成例，即以前事作为后事的断案标准。指挥是中央机关对下级官署的指令。将断例和指挥加以汇编，使之成为一般法律形式即为编例。北宋初期的例还只是对律的补充，后来相继袭用，宋徽宗时发展到"引例破法"。南宋时，例的地位尤为突出，所谓"吏一切以例行事，法当然而无例，则事皆泥而不行"。南宋引例断案的发展，体现了行政集权对司法的干预，为官吏"出入人罪"提供了方便，是造成宋朝法律制度紊乱的重要原因。同时，也对明、清两代采用律例合编的法律编纂体例产生了直接影响。

第二节　宋朝法律的主要内容

一、刑事立法的变化

（一）加重惩治盗贼，立"盗贼重法"

《宋史·刑法志》指出："祖宗仁政，加于天下者甚广。刑法之重，改而从轻者至多。惟是强盗之法，特加重者。"这是由于宋朝阶级矛盾与社会问题始终异常尖锐和严峻，农民起义对宋朝统治构成极大威胁，为了镇压广大民众的反抗，宋朝推行重典惩治盗贼的刑事政策。

"盗贼"是中国古代刑法中一个古老的犯罪概念，它不仅直接危害了封建专制的政权，也侵犯了统治阶级所要保护的生命、财产关系，为历代封建刑法锋芒之所向。宋朝自建国初年起，阶级矛盾就十分尖锐，"盗贼"问题也就成为统治阶级严厉惩处的对象。《宋刑统》中规定的"盗贼"范围十分广泛，包括谋反、谋大逆、杀人、造妖书妖言、强盗、窃盗、恐吓取人财物等方面的犯罪。应当指出，宋初鉴于五代时司法黑暗、刑罚奇酷的教训，曾修订窃盗罪的律条，对于一般窃盗罪，其处罚确实比前代有所减轻，以此来标榜"仁政"，但对于"谋大逆""谋反""强盗"等罪名的处罚却要比前代重得多。与唐朝相比而论，唐律中对"谋大逆""谋反"等罪名是区别情节的，分别处以流、绞、斩之刑，而宋朝则是不问情由皆处以死刑，而且刑罚手段残酷，从腰斩、弃市直至凌迟。唐律中对"强盗持杖不得财"处以流三千里，而宋朝则是处死。北宋至南宋时，凡强盗罪，都要没收家产，甚至罪及家小。可见，宋朝对"盗贼"处罚的加重程度远远超过了唐律。

宋神宗熙宁四年（1071年）制定了"盗贼重法"，其内容是重惩劫盗犯及其家属。按常法，劫盗罪或死或流，只是犯者本人处刑。但"盗贼重法"的制定实施，不仅犯者本人处死，而且罪及家属，没收财产，处罚显然加重了。

（二）"重法地法"

宋仁宗嘉祐年间，制定了"重法地法"，即将京师开封及附近诸县划为重法地，规定凡在重法地内犯盗贼罪者加重惩处。"重法地法"的制定，首先是为了强化京师地区的治安措施，保证封建最高统治集团人身及财产安全。后来逐步扩大实施范围，将矛头直接指向农民的反抗活动。为了镇压日益扩大的农民反抗，自宋神宗以后，不但重法地量刑日益加重，而且重法地的范围也不断扩大。此外还规定，对于"杀官吏""焚舍房""群行州县""劫略江海""窝藏盗贼"等犯罪，即使不在重法地，"亦以重论"。

（三）立"折杖法"

宋开国之初，为改变唐末、五代藩镇割据时的严刑峻法局面，树立新政权的威信，宋太祖于建隆四年（963 年）颁行了一种变相减轻刑罚的"折杖法"，即除死刑外，笞刑、杖刑、徒刑、流刑（包括加役流）均可折杖行刑。其内容是：加役流决脊杖二十、配役三年；流三千里决脊杖二十、配役一年；流二千五百里决脊杖十八、配役一年；流二千里决脊杖十七、配役一年；徒三年决脊杖二十、放；徒二年半决脊杖十八、放；徒二年决脊杖十七，放；徒一年半决脊杖十五、放；徒一年决脊杖十三、放；杖一百决臀杖二十、放；杖九十决臀杖十八、放；杖八十决臀杖十七、放；杖七十决臀杖十五、放；杖六十决臀杖十三、放；笞五十决臀杖十、放；笞四十、三十决臀杖八、放；笞二十、十决臀杖七、放。"折杖法"的颁行，旨在缓和社会矛盾，笼络民心，改革"五刑之苛"。

"折杖法"使"流罪得免远徙，徒罪得免役年，笞杖得减决数"，在宋初对于减轻刑罚严酷及缓和社会矛盾起到了一定的作用。但其中对刑种和刑等设置并不严密，而且对谋反、谋大逆、强盗等重罪不予适用，具体执行中也存在流弊。

（四）施用"刺配之法"

"刺配之法"始于五代，原为宽宥死罪之刑。宋太祖时以宽宥死罪为借口，推行"刺配之法"，即赦免死罪犯者的死刑，而处以决杖、流配、刺面三刑合一的代用刑，但不久即以刺配为常法，滥加施用，形成了刺配之罪繁多，流配人犯充盈配所之局面。

刺配是指将杖刑、刺面、流配三种刑罚合为一体施用，使一人之身、一事之犯而兼受三刑的折磨。这实际上是刑罚的加重表现，也是古代肉刑之一——黥刑的复活。

宋朝"刺配之法"的适用对象主要是杂犯死罪被宽待减死之人，犯强盗、窃盗之罪者以及被称为凶恶之人的累犯等。

（五）凌迟刑的施用

凌迟，也叫"陵迟"，俗称"千刀万剐"，是以利刃零刀碎割，使受刑者受尽痛苦和折磨而缓慢死亡的一种残酷的死刑。凌迟之刑起于五代，北宋仁宗时荆湖地区出现杀人祭鬼的恶行，仁宗下令对首犯施以凌迟，首开凌迟先例。在南宋《庆元条法事类》中，凌迟被列为死刑法定刑。此后，为元、明、清所继承，直至清末才被废除。

凌迟刑是中国古代最残酷的生命刑。宋朝凌迟刑的施用，是用以制裁"口语狂悖致罪者"，后广泛用于镇压危害封建国家统治的各种反逆大罪。

宋朝"刺配之法"的盛行和凌迟刑的广泛施用，是宋朝刑罚制度的残酷和封建君主集权的强化在法律上的必然表现。

（六）严惩"贪墨之罪"

贪墨即指官吏贪赃枉法行为。北宋建立之初，为稳定社会秩序，巩固统治，统治者吸取五代吏治腐败和贪墨之风盛行的教训，实行从严治贪的方针。宋太祖、宋太宗时期，常将贪赃枉法的官吏处以弃市或杖毙于朝。宋初还规定，对贪赃枉法之官，限制"请""减""当""赎"等的适用；职官若以赃论罪，遇赦不得叙用，永为定制。这些措施，有效地阻止了贪赃之风的恶性发展。但自宋真宗以后，贪赃或监守自盗，虽"罪至极法"，却多被宽待，统治者对官吏逐渐采取较为宽容的政策，至南宋时期，又曾下诏继续严惩贪官污吏。

二、民事与经济立法的发展

两宋时期随着商品经济的发展，"贵义贱利"的传统思想逐渐被"义利并重"的思想取代，民事法律关系与制度也发生了相应的变化。

（一）所有权

宋初统治者十分注重对所有权的保护。两宋将所有权划分为物主权（即动产所有权）和业主权（即不动产所有权）。《宋刑统》对动产所有权，诸如埋藏物、遗失物、无主物、漂流物孳息等所有权都作了明确的规定，动产所有权的取得，以占有或者掌握为必要条件。不动产所有权的转移包括租佃、典、押等形式，都要订立书面契约并取得官府承认，否则发生纠纷时法律不予保护。

对于土地所有权问题，宋朝统治者不抑制土地兼并，土地可以自由买卖，并规定："垦田即为永业"。太祖开宝二年（969 年）又规定了红契制度〔1〕和赋税制度，用加盖官府红印的契据来确认土地的所有权，以收取契约税的方式来保护土地交易的合法性。

（二）户籍与身份

宋朝商品经济的发展和租佃制的兴起，导致阶级关系发生变化，农民的人身依附关系被大大削弱。唐朝时没有独立人格的贱民和部曲，在宋朝成为国家编户齐民，有了一定权利主体资格。在户籍方面，宋以有无不动产为标准，将户口分为主户和客户。主户与客户都属于平民，都具有独立的法律人格。此外，依《宋刑统·户婚律》的规定，宋朝具有完全民事行为能力的年龄是二十一岁至六十岁。

（三）债法与契约关系

宋朝商品经济高度发展，契约关系发生广泛，契约种类繁多，包括买卖契约、典卖契约、租赁契约、赠与契约、借贷契约等。

1. 借贷契约

宋朝的契约之债强调双方的"合意"性，对强行签约违背当事人意愿的，要从重处罚，同时维护家长的财产支配权。借贷契约因袭唐制，区分"借"和"贷"，"借"指使用借贷，而"贷"则指消费借贷。法律规定不得高利贷。

2. 买卖契约

不动产买卖契约的成立要件包括：

其一，"先问亲邻"。"应典卖、倚当物业，先问房亲，房亲不要，次问四

---

〔1〕　不动产买卖契约必须缴纳契税，并由官府在契约上加盖官印，称为"红契"，未经缴纳契税的契约称"白契"。两者最大的区别是"白契"没有法律效力，而"红契"是具有法律效力的。

邻，四邻不要，他人并得交易"。

其二，"输钱印契"。到官府印契，缴纳契税。

其三，"过割赋役"。契约上必须写明标的租税、役钱，并由官府在双方赋税簿账内改换登记后，才能加盖官印。违反者，田产还原主，价钱一半没入官府。

其四，"原主离业"。北宋仁宗时期专门规定买卖契约达成后，必须转移土地的占有，卖主必须离业，不允许再租佃耕种该地。

宋朝不动产（主要指土地）买卖分为绝卖、活卖、赊卖三种。绝卖为一般意义上所有权关系发生转移的买卖。活卖又称"典卖"，所谓典卖制，是封建社会买卖不动产的一种方式，卖主将田产以较低的价格出典于人，在约定的期限内可以备价赎回，过期不赎，则视为绝卖。由于出典土地房产的绝大多数是农民，因此地主利用典卖制度不仅可以廉价地取得土地的收益，而且当农民到期无力收赎时，便依法取得了土地的所有权。宋朝典卖制度的确立是保证地主兼并农民土地的一种手段。赊卖是采取类似商业信用或预付方式，而后收取出卖物的价金的所有权转移方式。这些交易都必须订立书面契约，取得官府承认，才能合法有效。

宋时对房宅的租赁称"租、赁"；对牲畜车马的租赁称"庸、雇"，法律规定得十分详细。地主和佃农订立租佃契约，必须明定纳租与纳税的条款，地主同时要向国家交田赋。佃农过期不交地租，地主可投诉于官府，由官府代为索取。

（四）继承制度

宋朝的继承制度包括宗祧继承、爵位继承和财产继承。宗祧和爵位在一般情况下都由嫡长子继承，财产是由诸子和女儿继承。

宋朝的财产继承制度主要是沿用唐朝的规定，又针对商品经济发展中新出现的问题，增加了"户绝资产""死商钱物"等内容，形成了更加严密和完善的继承制度。

1. 一般遗产的继承

宋律在唐律诸子均分的基础上进一步明确了继承人的范围及顺序。第一顺序为子（包括亲子和养子）及未嫁女。诸子均分，未娶妻者多分聘财；未嫁女分得男子聘财的一半。第二顺序为孙、守寡妻妾。如果儿子死亡，孙子可以子承父分，代位继承。守寡而无子的妻妾有权继承丈夫应分的遗产份额。改嫁妻妾、别居无户籍妻妾及其子女不得继承遗产。

2. 户绝财产的继承

户绝是指无男性子嗣之户。宋朝法律规定无男性子嗣之户夫妻双方或者一方健在时收养的继子称为"立继子"，养子和立继子的继承权与亲生子相同。

户绝财产继承分为遗嘱继承和法定继承两种。北宋曾颁布《户绝条贯》，规定："若亡人遗嘱，证验分明，依遗嘱施行"。南宋时期遗嘱继承的规定越来越明确：一是财产无子女可以继承的可以用遗嘱处分财产。二是遗嘱应该由官府公证，"自陈，官给公凭"或"经官印押"，否则无效。三是遗嘱继承人应该是缌麻以上亲属，可以分得遗产的三分之一。"其得遗嘱之人，依见行成法，止合三分给一"[1]，也就是说，遗嘱继承的前提条件是既无男性子嗣，也无女性继承人。遗嘱继承人的范围比较广泛，不受同宗身份的限制，但遗嘱必须经族人见证、官府审批，否则无效。遗嘱的诉讼时效为十年。

没有立遗嘱按照法定继承来继承，法定继承顺序为在室女、近亲、官府。户绝财产除用于丧葬费外，全部由在室女继承；出嫁女只能获得三分之一财产，其余入官；归宗女被休或无夫无子，在娘家居住的，与在室女待遇相同。无女则归近亲，无近亲则入官。南宋时，归宗女的户绝财产继承权下降，仅为在室女份额的一半。宋朝法律允许近亲尊长为夫妻双亡的绝户立嗣，称为"命继子"；命继子可继承部分财产，但少于在室女与归宗女。

3. 中外客商死后钱物的继承

宋朝内地及海外商业贸易发达，客商居于他乡，死于异地，其财产的处理较为复杂。《宋刑统》新增"死商钱物"一门，准用唐及五代有关敕令规定并稍加改动：死商有父母、妻、子、兄弟、未嫁姊妹、未嫁女和亲侄等随行者，任其继承收管；无上述亲属相随，其钱物先由官府保管，待继承人确定后依数酬还；如无继承人，钱物充公。此外，客死在中国的外国商人的直系亲属，可认领其遗留的财产。

纵观整个中国法制历史，如此完善的财产继承制度前所未有，对女子继

---

[1]《宋会要·食货》。

承权的确认、对外商遗产的处理原则也是以往朝代所未涉及的，充分反映了宋朝民事法律规范的成熟与完备。

（五）禁榷立法

禁榷又称"专卖"，是国家对某些商品的生产或销售进行垄断经营的制度。宋朝财政匮乏，禁榷制度是其获取财政收入的重要途径之一。与前代相比，宋朝禁榷范围有所扩大，除传统的盐、酒、茶外，矾、铁、煤等均列为禁榷商品，并制定专门法规进行规范。

（1）盐法。宋朝颁布了关于盐的生产、买卖、贩运方面的法律，即盐法。其中规定严禁私自买卖盐，有犯私盐者，一两笞四十，一斤加一等，处罚相当严厉。在运输和销售方面，则分官运、官销和商运、商销两种。官销指官府有专门的机构专营，商销则是由官府批发给商人在指定地区零售。宋朝官府虽对盐严格控制，但由于官盐价高，因此私盐的贩卖还是禁而不绝。

（2）酒法。酒法是关于酒的酿造、征税和专卖等方面的法律。宋朝对酒酿造和销售都严格控制，颁布了酒法，凡酒类商品，必须向官府购买，禁止民间私自酿造，有犯者，给予严厉处罚。

（3）茶及其他物品。宋朝对茶、矾等物品也颁布了相应的法律实行禁榷，严禁私营。

这些禁榷立法实际上是一种抑商措施，阻碍了宋朝商品经济的发展，反映了重农抑商在宋朝阶段仍作为一种国家政策被推行，因而进一步加剧了土地的兼并活动，延缓了商品经济的发展速度。

第三节　宋朝的司法制度

一、司法机关

宋朝的司法机关基本上沿袭唐制，在中央设大理寺和刑部，但由于封建君主专制集权的发展，在司法制度上，皇帝对中央和地方的司法权控制得更加严密了。因而在司法机构方面又不完全同于唐朝，这主要表现在：

（一）中央司法机关

中央司法机关仍为大理寺、刑部、御史台。大理寺是审判机关；刑部是兼具行政与司法职能的部门，享有比大理寺更高的审判权；作为最高监察机关的御史台也具有司法监督和审判重大疑难案件的职能。宋初设立的审刑院对皇帝负责，是宋初加强中央集权的产物。

1. 审刑院

宋太宗时在宫中设立了审刑院。凡上奏案件，须先送审刑院备案，然后交大理寺、刑部。判决也要先经审刑院详议，再转呈皇帝裁决。审刑院作为审批复核机关，实际上就是在刑部之上增加一级复审机关。审刑院的设立，是削弱大理寺、刑部的司法权，加强皇帝对司法权控制的措施之一，至宋神宗时，因机构重叠而撤销了审刑院，恢复了大理寺、刑部的职权。但对于诏狱的审判，则由皇帝下诏组成的特别审判机构——制勘院、推勘院进行。

2. 大理寺

宋朝大理寺主要负责详断全国各州县报请复审的刑事案件。宋朝时称复审为"奏谳"。大理寺的审判官也依审讯和用法的分工而将"审"与"判"分职。由断司负责审讯，由议司负责用法，所有案件先经断司，后经议司，几经审议后才能定判。

3. 刑部

宋朝刑部的职能主要是复核大理寺所详断的全国死刑已决案件及官员叙复、昭雪等事。

宋朝还设有专门受理诣阙投诉的机关，依次为登闻鼓院、登闻检院、理检院。凡逐级上诉至尚书省仍不得直的案件，当事人可以依次向这三个机构直诉。当事人必须依照法定次序依次向这三个机构实封投状，由皇帝指定官吏重新审理。

(二) 地方司法机关

1. 提点刑狱司

提点刑狱司是中央在地方各路的司法派出机构，监督州县司法活动，后世的巡按制度即是在这一基础上发展起来的。诸路提点刑狱司在真宗时称提点刑狱公事，宋仁宗、宋神宗时改称"提刑司"。在州设司法参军和司理参军，分别掌管检法议罪和调查审讯。

2. 州 (府)、县

宋朝地方实行州 (府)、县两级制，仍由行政长官兼理司法。各县有权审判杖刑以下案件，徒刑以上案件须将审理意见报送州府判决。各州有权审判徒刑以上案件，但死刑案件须上报提刑司复核，重大疑难案件要上报刑部，由大理寺审议，或经皇帝裁决。

二、诉讼审判制度

宋朝关于审判程序的规定基本沿袭唐律，但随着商品经济的发展和民商经济案件的增多以及宋朝封建君主专制集权的加强，又出现了新的特点。

（一）皇帝躬亲狱讼

宋朝皇帝经常直接介入司法审判活动之中，亲自审理案件，以加强对司法权的控制。从宋太祖时开始，司法官吏常依御笔手诏断罪。这种御笔断罪所做出的判决可不依法条，又不许到任何衙门陈述冤抑。凡对"御笔断罪"执行不力者，多以"大不恭"论处。

宋朝皇帝还经常亲自进行录囚。宋太祖曾下令两京和诸州长吏督促狱掾，每五日一录囚。后太宗重申此制，并要求每十日向皇帝奏闻一次，后将十日一录囚定为常制。此外，太祖、太宗还曾经多次亲录开封的在押囚犯，使数十人获得赦免。南宋时期，孝宗、理宗不仅每年大暑审录决遣，而且实行"大寒虑囚"。

（二）恢复了死刑复奏制度

宋朝恢复了五代时已废止的死刑复奏制度，即将死刑的批准权收归皇帝，目的是为使"生杀之权出于上"。

（三）"务限法"与民事诉讼时效

宋朝在民事案件的诉讼时限上规定了"务限法"，即根据农务、农时来规定民事案件起诉、受理、宣判的时限。具体的做法是：民间关于田宅、婚姻、钱债等纠纷必须于每年十月初一日后至正月三十日前把诉状交于官府，三月三十日前官府必须审理裁定完毕，逾期不能审结的，须上报原因。在二月初一至十月初一的务限内，不受理民间的婚姻、田宅、钱债的诉讼纠纷。

除"务限法"外，宋朝还规定了其他民事诉讼的时效。如对于继承财产分割后三年，或遗嘱继承实施后满十年的案件，不得受理。南宋规定，买卖田宅满三年以后再发生纠纷，不得受理。

（四）"听狱之限"

宋朝在刑事案件的诉讼时限上规定了"听狱之限"。宋太祖时规定：在中央，大理寺审结案件，大事限三十日，中事限二十日，小事限十日。刑部，大事限十五日，中事限十日，小事限五日。在地方，大事限四十日，中事限二十日，小事限十日。如超过限期则给以处罚。这种要求司法机关限期结案的规定，目的在于提高审判效率，发挥司法镇压的职能。

（五）"翻异别勘"制度

"翻异别勘"源于唐末五代。宋朝在审判中要求口供前后一致，才能断罪定刑，若犯人否认其口供，且"所翻情节，实碍重罪"，则这个案件就改换法官或改换司法机关审理。由上级改换法官审理称"别推"，改换司法机关审理称"别移"，这就是"翻异别勘"制度。为了防止囚犯反复翻异，法律限制翻异一般不过三次。南宋以后，将其放宽到五推为限。

（六）"理雪"制度

宋朝规定判决生效后，犯人及其家属可依法逐级进行申诉，有关司法机关必须按规定处理，称为"理雪"。这一规定的目的在于防止冤案，平反冤案，及时纠正错判之案，但理雪的期限仅限于判决之后的三年内。

（七）重视勘验证据

在司法审判活动中，宋朝重视口供、书证、物证、证人证言等各种证据，尤其注重法医检验和司法鉴定。宋朝制定有勘验法规，官府也设有专门的勘验官，对勘验的人员责任、勘验笔录文书程式、勘验的范围、内容和规则等都有具体的规定。《宋刑统·诈伪律》有"检验病死伤不实"门，《庆元条法事类》也有"检验"门及"验尸格目""检验格目"等相关敕令格式，规定了检查勘验制度的具体内容。

宋朝法医学发展到很高的水平。南宋理宗淳祐七年（1247 年），湖南提点刑狱宋慈（1186—1249 年）在总结历代法医勘验，并结合自己实践经验的基础上，写成《洗冤集录》一书。该书是世界上第一部比较系统的法医学专著，后获准颁行全国，成为司法官员法医检验活动的指南。该书选定官府历年颁定的条例格目，汲取民间医药学知识，编成检复总说、验尸、四季尸体变化、自缢、溺死、杀伤、服毒等五十三项内容。明朝以后，该书被译成朝、日、法、英、德、荷等多国文字出版，在世界范围内产生了重要影响。

三、监察机关

宋朝的监察机关沿袭唐制，在中央设御史台，下设三院：台院、殿院和察院。御史台既是监察机构，同时又具有司法职能。为了加强监督，宋朝还扩大了御史台的司法职能，凡违法失职的官吏，往往由御史台侦讯。宋太宗时增设御史台推勘官，使之分赴各地审理大案。

【课后经典试题】

一、填空题

1. 宋代的法律形式，除了律、令、格、式外，（　　　）与例占有重要地位。

2. 南宋理宗淳祐七年（1274年），湖南提点刑狱宋慈在总结历代法医勘验，并结合自己实践经验的基础上，写成（　　　）一书。

3. 宋朝皇帝对特定的人或事随时发布的指示或命令称为（　　　），将其汇编，整理成册，使之通过一定的立法程序上升为国家法律，即是（　　　）。

4. 元仁宗时期制定的（　　　），是一部关于纲纪和吏治的法典。

5. 南宋时期将"编敕"更名为"（　　　）"。

6. 《宋刑统》在每篇之下设门，共（　　　）门。

7. 宋朝不动产买卖契约必须缴纳契税，并由官府在契约上加盖官印，称为（　　　），未经缴纳契税的契约称（　　　）。两者最大的区别是（　　　）没有法律效力，而（　　　）具有法律效力。

8. 宋朝的（　　　）又称"专卖"，是国家对某些商品的生产或销售进行垄断经营的制度。

二、单项选择题

1. 南宋庆元年间，某地发生一桩"杀妻案"。死者丈夫甲被当地州府逮捕，受尽拷掠，只得招认"杀妻事实"。但在该案提交本路（路为宋代设置的地位高于州县的地方行政区域）提刑司审核时，甲推翻原口供，断然否认杀妻指控。提刑司对本案可能做出的下列处置中，哪一种做法符合当时"翻异别勘"制度的规定？（　　　）（2005年司法考试单选题）

A. 发回原审州府重审

B. 指定本路管辖的另一州级官府重审

C. 直接上报中央刑部审理

D. 直接上报中央御史台审理

2. 宋承唐律，仍实行唐制"七出""三不去"的离婚制度，但在离婚或改嫁方面也有变通。下列哪一选项不属于变通规定？（　　　）（2012 年司法考试单选题）

A. "夫外出三年不归，六年不通问"的，准妻改嫁或离婚

B. "妻擅走者徒三年，因而改嫁者流三千里，妾各减一等"

C. 夫亡，妻"若改适（嫁），其见在部曲、奴婢、田宅不得费用"

D. 凡"夫亡而妻在"，立继从妻

3. 关于宋代法律和法制，下列哪一选项是错误的？（　　　）（2009 年司法考试试题）

A. 《宋刑统》为我国历史上第一部刊印颁行的法典

B. 宋代法律因袭唐制，对借与贷作了区分

C. 宋仁宗朝敕、例地位提高，"凡律所不载者，一断于敕、例"

D. 宋建隆四年颁行"折杖法"

4. 南宋时，富人甲去世，妻已亡，家中有继子乙及在室女丙。关于甲的遗产继承，依当时法律，下列哪一选项是正确的？（　　　）（2008 年司法考试试题）

A. 乙享有全部财产继承权，丙没有继承权

B. 丙享有全部财产继承权，乙没有继承权

C. 乙享有 1/4 财产的继承权，丙享有 3/4 财产的继承权

D. 乙、丙都没有继承权，财产收为官府所有

5. 宋朝中央派出的监督各路司法审判工作的机关是（　　　）

A. 制置三司条例司　　　　　　　B. 提点刑狱司

C. 转运使　　　　　　　　　　　D. 经略安抚使

6. 宋朝将判案的成例叫作（　　　）。

A. 成　　　　　B. 廷行事　　　　　C. 断例　　　　　D. 比

7. 宋朝关于犯人推翻原口供、司法机关重新派人审理的制度为（　　　）。

A. 翻异别勘制　　　B. 上谳制　　　　　C. 申诉制　　　　　D. 录囚制

8. 宋朝为加强对盗贼的处罚，所立的专门法规有（　　　）。

A. 盗贼重法　　　B. 重法地法　　　C. 折杖法　　　　D. 刺配之法

9. "折杖法"创设于（　　　）。

A. 唐朝　　　　　B. 宋朝　　　　　C. 元朝　　　　　D. 明朝

10. "鞫谳分司"的司法审判制度始于（　　　）。

A. 秦朝　　　　　B. 汉朝　　　　　C. 宋朝　　　　　D. 元朝

11. 宋太祖为了加强皇帝对司法的控制，在中央特设（　　　）。

A. 廷尉　　　　　B. 宣徽院　　　　C. 审刑院　　　　D. 大理院

12. 正式确定凌迟为法定刑的王朝是（　　　）。

A. 唐朝　　　　　B. 宋朝　　　　　C. 元朝　　　　　D. 明朝

13. 根据农时需要，在特定期限内不受理民事诉讼案件的务限法制度确立于（　　　）。

A. 隋朝　　　　　B. 唐朝　　　　　C. 五代时期　　　D. 宋朝

14. 世界上第一本法医学著作，是宋慈撰写的（　　　）。

A. 《元典章》　　　　　　　　　　B. 《洗冤集录》

C. 《封诊式》　　　　　　　　　　D. 《法律答问》

15. 宋代的条法事类是一种（　　　）。

A. 法律解释　　　B. 特别法　　　　C. 法律汇编　　　D. 行政法

16. 宋朝统治者担心民事诉讼影响农业经济发展，规定民事诉讼受理时间的制度称之为（　　　）。

A. 翻异别勘　　　B. 务限法　　　　C. 鞫谳分司　　　D. 春秋决狱

17. 在中国古代法典中，首次在篇下设"门"的法典是（　　　）。

A. 《新律》　　　B. 《宋刑统》　　C. 《泰始律》　　D. 《开皇律》

18. 宋朝法律规定，一般案件的理雪期限是判决生效的（　　　）。

A. 三天之内　　　B. 三个月之内　　C. 六个月之内　　D. 三年之内

19. 凌迟正式成为法定刑是在（　　　）。

A. 唐朝　　　　　B. 宋朝　　　　　C. 五代十国　　　D. 元朝

20. 宋代法律规定，凡在本宗族外收养的拟制亲子称为（　　　）。

A. 养子　　　　　B. 异姓养子　　　C. 庶子　　　　　D. 命继子

三、多项选择题

1. 中国南宋规定户绝指家无男子承继。按照南宋的继承制度，若出现户绝，立继承人的方式有哪些？（　　　　）（2003 年司法考试多选题）

A. "立继"　　　　B. "祖继"　　　　C. "嗣继"　　　　D. "命继"

2. 宋朝的禁榷法包括（　　　　）。

A. 盐法　　　　B. 茶法　　　　C. 市舶条法　　　　D. 酒法

3. 宋朝法律规定，不动产买卖契约的成立，必须具备的程序方面的要件包括（　　　　）。

A. 先问亲邻　　　B. 过割赋税　　　C. 输钱印契　　　D. 原主离业

4. 宋朝创设了一些新的刑罚制度，表现在（　　　　）。

A. 折杖法　　　　B. 刺配　　　　C. 廷杖　　　　D. 充军

5. 根据宋朝法律规定，典卖与一般卖的区别是（　　　　）。

A. 典卖是活卖　　　　　　　　B. 一般卖是绝卖

C. 典价比卖价低得多　　　　　D. 一般卖不可以收赎

6. 宋朝为加强对盗贼的处刑，所立的专门法规有（　　　　）。

A. 盗贼重法　　　B. 重法地法

C. 折杖法　　　　D. 刺配之法

E. 凌迟

7. 宋朝中央最高监察机关御史台下设（　　　　）。

A. 登闻鼓院　　　B. 台院

C. 理检院　　　　D. 殿院

E. 察院

8. 宋代不动产买卖契约的成立，必须具备以下程序方面的要件（　　　　）。

A. 先问亲邻　　　B. 过割赋税

C. 输钱印契　　　D. 经官给据

E. 原主离业

9. 宋朝为了加强对盗贼的处罚，制定了（　　　　）。

A. 重法地　　　　B. 盗贼重法

C. 凌迟　　　　　D. 具五刑

E. 通行饮食罪

10. 宋朝诉讼审判制度的特点是（　　　）。

A. 进一步集中审判权力　　　　　　B. 实行廷杖

C. 实行鞫谳分司　　　　　　　　　D. 完善勘验制度

E. 实行翻异别勘制度

四、名词解释题

1. 《宋刑统》　　　2. 折杖法　　　　3. 编敕　　　　4. 编例

5. 盗贼重法　　　　6. 凌迟　　　　7. 重法地法　　8. 务限法

9. 条法事类　　　10. 刺配之法　　11. 提点刑狱司　12. 典卖

13. 典卖制　　　　14. 户绝　　　　15. 审刑院　　16. 听狱之限

17. 翻异别勘　　　18. 理雪　　　　19. 《洗冤集录》

五、简答题

1. 简述宋代典当契约的内容。

2. 简述《宋刑统》与《唐律疏议》的区别。

3. 简述宋朝"折杖法"的内容和意义。

4. 简述宋朝的红白契制度。

5. 简述宋朝刑罚制度的主要变化。

7. 简述宋朝的不动产买卖契约的成立要件。

8. 简述宋朝的民事诉讼时限。

9. 宋朝加强中央集权在司法上的表现有哪些？

六、论述题

1. 论述宋代的编敕。

2. 试述宋朝的中央司法机关及其职能。

3. 试述宋代的立法思想。

七、案例分析题

1. 案例一：

据王婆生情造意，哄诱通奸，唆使本妇下药毒死亲夫；又令本妇赶逐武松不容祭祀亲兄，以致杀死人命，唆令男女故失人伦，拟合凌迟处死。据武松虽系报兄之仇，斗杀西门庆奸夫人命，亦则自首，难以释免，脊杖四十，刺配二千里外。

——《水浒传》

问题：

（1）简述王婆被处的凌迟之刑。

（2）简述武松被处的刺配之法。

2. 案例二：

宋太祖于建隆三年（962 年）密镌一碑，立于太庙寝殿之夹室，谓之誓碑。平时用销金黄幔遮蔽，门钥封闭甚严。太祖命令有关部门，唯太庙四季祭祀和新天子即位时方可启封，谒庙礼毕，奏请恭读誓词。届时只有一名不识字的小黄门跟随，其余皆远立庭中，不敢仰视。天子行至碑前再拜，跪瞻默诵，然后再拜而出，群臣及近侍皆不知所誓何事。北宋的各代皇帝"皆踵故事，岁时伏谒，恭读如仪，不敢泄漏"。直到靖康之变，金人将祭祀礼器席卷而去，太庙之门洞开，人们方得看到此碑。誓碑高七、八尺，阔四尺余，上刻誓词三行：一为"柴氏（周世宗）子孙有罪不得加刑，纵犯谋逆，止于狱中赐尽，不得市曹行戮，亦不得连坐支属"；一为"不得杀士大夫，及上书言事人"；一为"子孙有渝此誓者，天必殛之"。

——（宋）叶梦得《避暑漫抄》

问题：

该记载反映的宋代立法指导思想是什么？

八、材料翻译分析题

请翻译下列文字，并进行简要分析。

先是，藩镇跋扈，专杀为威，朝廷姑息，率置不问，刑部按覆之职废矣。建隆三年，令诸州奏大辟案，须刑部详覆。寻如旧制：大理寺详断，而后覆于刑部。凡诸州狱，则录事参军与司法掾参断之。自是，内外折狱蔽罪，皆有官以相覆察。又惧刑部、大理寺用法之失，别置审刑院谳之。吏一坐深，或终身不进，由是皆务持平。

——《宋史·刑法志》

第十章　元朝的法律制度

（公元 1271 年—公元 1368 年）

【学习目标】

元朝作为中国历史上第一个少数民族大一统的帝制政权，其在法典结构、用刑原则、民族性统治政策在法律上的实践等方面都对后世产生了深远的影响。通过本章教学，使学生了解了解元朝的四等人制度、民事法制制度、司法制度。掌握元朝的立法制度、刑事法律制度；掌握元律的主要特点。

【开篇案例】

收继婶母案。大德八年（1304 年）五月，中书省枢密院呈：蒙古军驱王火你赤病故，其妻张秀儿守服六年，有本使菊米娘子将秀儿强要配与火你赤亲侄王保儿为妻。礼部议得：王火你赤妻张秀儿服制已满，其侄王保儿欲行收继，虽系蒙古军驱，终是有姓汉人，侄收婶母，浊乱大伦，拟合禁止。省准。"元朝对民法婚姻解除的规定，尤能脱出旧日法典传统的'七出'规定的窠臼，即今日之大理院进步的一些判例，也不过如此"。

13 世纪初，蒙古各游牧部落结束了内部纷争，在领袖铁木真的领导下建立了蒙古汗国。蒙古汗国建立后，便开始了拓展疆域的南征北战，1271 年，忽必烈建立元朝；1276 年，宋帝投降，南宋灭亡；1279 年，元朝消灭宋朝残余势力。元朝是中国历史上第一个由少数民族贵族占统治地位的统一的多民族国家，是一个以蒙古贵族为主，联合汉族、色目、契丹等上层分子联合专政的军事封建政权。其复杂的民族矛盾和阶级矛盾构成了元朝社会的主要矛盾。元朝的法制建设吸取了中原地区的立法先进经验，同时又保留了维护蒙古贵族利益的旧习惯、旧制度。尽管元朝的法律制度远不如唐、宋、明、清那样辉煌，但也是中国法制发展历史中的一页，对中华法制文明的发展也做出了不可忽视的贡献。

第一节　元朝的立法概况

一、立法指导思想

作为军事上的征服者，蒙古贵族在统治元朝期间实行民族歧视政策，在政治上、思想上给予蒙古民族政治主导地位和特权，并突出其传统文化的特点。但汉族法律的先进性与权威性是元朝统治者不可否认的，他们认识到，要统治中国，就必须以儒家的纲纪礼义为基础，因此，奉行汉法是统治的必须。元朝立法指导思想缺乏系统性，但从有关典籍的历史记载和元朝的法制实践中仍能知其大概。

（一）"尽收诸国，各依风俗"

建元前，成吉思汗在治理征服之地时，十分重视对不同地区和民族使用不同律法风纪的策略，即所谓"尽收诸国，各依风俗"。此外，他还主张遵循祖宗旧制。这些思想既有利于对被征服民族的统治，又有利于保留蒙古族特殊的风俗习惯。

（二）"祖述变通""附会汉法"与"参照唐宋之制"

世祖忽必烈建元后，面对空前广阔的统治疆域和众多复杂的人口，在法制上不能不转换方略。以"祖述变通""附会汉法""参照唐宋之制"以及儒道为立国之本为法制指导思想。这是因为统一后的元朝地广人众、事务繁多，粗陋的习惯和法规无法满足现时的需要。同时，由于中原地区延续已久的封建生产关系受到战争的极大破坏，"行汉法"既可疗治经济的创伤，也可使政治秩序得以安定。另外，中原人民的反抗斗争和汉族知识分子的影响，也与这一思想的确立有直接的关系。形成了独具特色的元朝法制。

（三）"因俗而治"，蒙汉异法

元朝在实行和改造汉法时，对许多涉及蒙古贵族统治利益的旧制度、旧风俗进行了相当大的保留，"附会汉法"与"祖述变通"的思想并行不悖。

推行分封采邑制，设置达鲁花赤、蒙古人为正官原则，蓄奴制等就是"祖述变通"思想的具体体现。此外，为了维护蒙古人的特权，基于强烈的民族优越感和较狭隘的民族偏见，元朝法制还具有浓厚的民族压迫特色，蒙古统治者将境内的居民分为蒙古、色目、汉人、南人四等，严格蒙汉之分。在法律内容和司法制度中渗透着蒙古民族的传统文化精神，在统治方式上则相当程度上仍沿用传统的政治统治经验，尤其在元初表现出了特有的残暴性。

二、元朝的立法活动

(一)《大札撒》

元朝建立以前，在成吉思汗时期，曾在蒙古习惯法的基础上制定了一部简单的成文法，称为《大札撒》。"札撒"，即法令之意，其主要内容是规定奴隶对主人，贵族、官吏对君主的人身依附关系。另外还规定了对盗马畜及犯寇的处罚。《大札撒》是蒙古统治者初创性的法律规范，既不完备，也不系统。

(二)《至元新格》

这是元世祖至元年间颁行的一部诸法合体的综合性法典。至元二十八年（1291年）五月，中书右丞何荣祖以公规、治民、御盗、理财等十事编为一书，名曰《至元新格》，被元世祖采纳而刻版颁行。

(三)《大元通制》

这是元英宗至治年间成书的一部法律集成。《大元通制》共二千五百三十九条，分为三纲一目。三纲：诏制（九十四条）、条格（一千一百五十一条）、断例（七百一十七条）；一目：别类（五百七十七条）。纲目之下又分若干细目，其细目与唐宋法典的篇目体系基本一致，其条文的具体内容，也承袭了唐宋法典的基本精神，但在行文体裁上缺乏一般法典所具有的系统划一的形式，所以只能认为其是一部有法典性质的法律集成，还称不上是一部法典。《大元通制》的"断例"相当于唐宋法中的"律"；"条格"相当于"令""格""式"；"诏制"相当于"编敕"。

(四)《经世大典》

这是元文宗时中央官吏奉命修成的政治经济法律制度的综合政书，全称《皇朝经世大典》。全书共八百八十卷，另有目录十二卷，公牍一卷，纂修通议一卷，分帝号、帝训、帝制、帝系、治典、赋典、礼典、政典、宪典、工典十门。其中宪典分名例、卫禁、职制、祭令、学规、军律、户婚、食货等二十二篇。

(五)《元典章》

这是元朝地方官吏自行编制的一部法律汇编，全称《大元圣政国朝典章》，由《前集》和《新集》组成。《元典章·前集》共六十卷，列诏令、圣政、朝纲、台纲、吏部、户部、礼部、兵部、刑部、工部十大类，每类下又各分门目；《新集》不分卷，列国典、朝纲、吏、户、礼、兵、刑、工八大类，其下亦各分门目。

第二节　元朝法律的主要内容

一、刑事方面

(一) 刑罚

1. 以七为尾数的十一等笞杖刑

蒙古国前期，华北地区的刑制和金国刑制相同，即笞杖刑量自十下至一百下，每等加十，共十等。元世祖即位后，对原有刑罚体系的刑量等级进行改革，形成以七为尾数的特殊制度。

2. 折杖法

元朝的"折杖"是在金代刑罚体制的基础上改造形成的，是将杖折为笞，徒折为杖。由于技术上的原因，在分别以笞折杖、以杖折徒的过程中，笞杖徒十七等被折变为十一等而不是十等，也就是说，折变为十至一百十的十一等，再按元世祖"天地我各饶一下"指令各减三，遂形成七至一百七的十一等笞杖刑。

3. 死刑

元朝死刑为斩、凌迟二等，以"凌迟处死"为极刑，斩刑居其次。

4. 刺字

在受刑人皮肤上刺字着色的一种刑罚，是古代黥刑的变种，元朝将它作为某种特殊犯罪的附加刑。

（二）量刑原则

一般来讲，凡宋、金法律视为犯罪的行为，在元朝法律中也被规定为犯罪行为（当然不包括那些因政治向背而定之罪）。在某些方面，根据社会生活的实际情况，健全了罪名体系。例如《唐律》《宋刑统》的奸罪类中，未特别列出"强奸幼女"的罪名，而据《元史·刑法志》载，元朝明确规定："诸强奸幼女者处死，虽和同强，女不坐。"处罚比一般强奸罪要重得多，一般的强奸无夫妇女只是杖一百零七下。

此外，在定罪量刑方面实行蒙汉异罚，这也是元朝刑法的一个重要原则。据《元史·刑法志》载，汉人刑事案件由刑部系统管辖，而蒙古人、色目人犯罪由大宗政府管辖。蒙古人打死汉人，最多只罚出征和赔烧埋银，但汉人若打死蒙古人，则要处死。蒙古人囚徒在监狱的待遇也优于汉人。

二、民事方面

（一）所有权

女真族建立的金朝入主中原以后，不再坚持宋代限制民田占量的法律，大大放松了对土地私有权的干预，私人对私有土地的处分权也不受限制。元朝建立后，沿袭了金代的法律，不限制土地买卖兼并。

（二）契约关系

1. 买卖契约

元朝不动产买卖必须具备"经官给据""先问亲邻""印契税契""过割赋税"四个要件才能生效。"经官给据"，是买卖不动产前必须先向官府报告，取得官府的书面许可。"先问亲邻"，即亲邻享有先买权。"印契税契"，即书面契约必须经官府加盖官印、缴纳交易税和契约。"过割赋税"，即在买卖田宅的同时，必须将附着其上的赋税义务转移给新业主（占有者）。

2. 典当契约

元朝典卖称"典质""典当"，契约形式与买卖契约基本相同。在元朝田宅交易的"契式"中，"典""卖"两字可以相换，用"典"者为典当契约；用"卖"为买卖契约。在法律上与买卖契约一样，必须具备"经官给据""先问亲邻""印契税契""过割赋税"四个要件才能生效。

3. 借贷契约

蒙古国时期，有称为"羊羔儿利"的高利贷，年利百分之百，并转利为本，"累息数倍"，债务人往往因此家破人亡。有鉴于此，耶律楚材于 1237 年向元太宗"奏令本利相侔而止，永为定制"，规定以本金数额为借贷利息总额的上限，也就是"一本一利"。至元十九年（1282 年）四月，又规定了借贷利率将利率限制为月利三分（百分之三）以下。

（三）损害赔偿

元朝以前，法律对损害赔偿一贯采取极严格的限制，"侵权行为"这一概念几乎不存在。侵犯他人人身及财产的行为一律视为犯罪，以刑罚处罚，而由犯罪行为造成的损害很少可以获得赔偿。元朝对这一原则有所修正，法律中附带损害赔偿的内容较多。在人身伤害方面，元朝法律规定：对造成被害人残疾的，加害人应受刑罚并承担赔偿责任。根据伤害性质和程度的不同，所追索的损害赔偿分别称为"养济之资""养瞻之资""医药之资"等。

（四）婚姻

元世祖至元八年（1271 年）规定："诸色人同类自相婚姻者，各从本俗法；递相婚姻者，以男为主（蒙古人不在此限）。"体现了"保存蒙制，蒙汉糅杂"的法制指导思想。其婚书、职业媒妁、收继婚等实体制度，颇具特色。

1. 法定婚书制度

婚书即书面婚约，是双方当事人同意建立婚姻关系的意思表示。至元六年（1269 年）规定："今后但为婚姻，须立婚书，明白该写元议聘财，若招召女婿，指定养老或出舍年限，其主婚、保亲、媒妁等人画字，依理成亲，庶免争讼。"建立婚姻关系必须订立婚书，写明议定的聘财数额。如果是招赘女婿，须写清养老或出舍的年限，主婚人、保亲人、媒人要在婚书上签字画押，然后依理成亲，以达到消弭争讼的目的。

2. 媒妁的管理和职业化

与先秦时期公职的"媒氏"及宋代专为宗女而设立的"官媒"不同，元朝的媒妁是从事民间婚姻撮合事务的，为职业媒妁，并且只有经基层官吏、地方长老等保荐的"信实妇人"，才能充任媒妁，并由官府登记在册，严格管理。官府对媒妁管理的重要内容之一，是限定"媒钱"数额。

3. 收继婚的泛起

收继婚，就是未婚男性收娶家族中的寡妇为妻。"收继"一词见于元朝史料，如《元典章》《通制条格》等。蒙古族入主中原以后，一些蒙古习俗被带到中原，收继婚亦在其中。

4. 严禁寡妇带产改嫁

元朝以前，法律允许改嫁寡妇带走原有妆奁，不准改嫁寡妇带走的，限于亡夫的遗产（或应得份额）。元朝法律首次规定禁止改嫁寡妇继承亡夫遗产，并不准继续保有从父母处继承得的妆奁财产。明清继元朝之后，都有"（寡妇）改嫁者，夫家财产及原有妆奁，并听前夫之家为主"的规定。

三、其他方面

（一）行政立法

1. 中枢和地方行政机构

（1）中枢机构。元朝中枢机构采用一省制，以中书省取代三省。中书省以中书令为长官，为防其擅权，此职常缺。设置时则以皇太子兼领，下设左右丞相、平章政事、左右丞等。皇太子一般不到职视事，由左右丞相以下及其他副职实际负责政务，统称"宰相"。中书省下仍置吏、户、礼、兵、刑、工六部，各司其职。

元朝中央另设一些机构主管全国有关主要政务，较有特色的是：

枢密院。掌军事，皇太子兼领枢密使，下设枢密副使、同知院事等。枢密院低于中枢省。汉官在其中任职者不得过问军事机密。

宣政院。掌理全国佛教及吐蕃（西藏）地区军民政教事务。至元初置，原称"总制院"。至元二十五年（1288年），因唐制吐蕃来使见于宣政殿而更名。以国师（亦称"帝师"）总领，设同知、副使、佥院等官职。机构庞大，职官僧俗并用，遇重大军事，须会同枢密院商定。

（2）地方行政机构。元朝地方行政机构大体仿宋、金旧制。元世祖置中书省时，以行中书省为中央临时派出机构，不久即以行省为固定的行政区域，大体形成行省、路、府（州）、县四级制。行省设丞相为长官，由蒙古亲王、显贵充任，职权甚大，军、民、财、政无所不掌。为慎于择人，其职常缺，以副手平章事统理省事。明朝虽不设中书省，但行省之名仍旧。路设总管府，以总管为长官。府、州、县设尹为长官。各级地方皆设蒙古管事官达鲁花赤一人掌握实权。此外，元初为征战需要，在四川、江淮各地设行枢密院，此后废置不常。元末镇压人民起义，又在多处增设。行枢密院、行中枢省及行御史台，为元朝控制地方行政、军事、监察的三个机关，表明统治者强化中央集权的意图。

2. 官吏的监察

（1）中央。元朝中央监察机关是御史台，负责纠察百官善恶、政治得失。直属机构有殿中司、察院和内八道肃政廉访司。殿中司主管纠察朝会班列失序，纠举在京百官到任告假违例事故，鉴别入内奏事大臣的资格等。

（2）地方。元朝地方监察机关是"行御史台"，简称"行台"。本为御史台的派出机关，职能与御史台相同，后演变为地方监察机关。长官为御史大夫一人，下属员吏大体与御史台相同。全国设立江南、陕西两个行御史台。

（二）经济立法

1. 专卖法

（1）盐法（食盐专卖法）。元朝总结唐宋以来盐法的利弊得失，尤其是吸收了宋代盐法多变导致盐政混乱的教训，将盐法条理化，使盐法逐步成为独立的单行法规，比前代更为严格，变动也比较少，盐课收入成为国家最重要的财政收入之一。

（2）酒法（酒类专卖法）。蒙古国时期曾实行酒类专卖，但建元以后取消酒榷，向百姓按户摊派原有酒课，允许其酿酒。对酿酒货卖者，派员核实其酿酒所用米谷数量，令其前往税务机关缴纳酒税。不论是否"造酒食用"，民户都要被摊派酒课，酿酒货卖者还必须另外纳税，可以说是一种变相的酒类专卖。

（3）茶法（茶叶专卖法）。元朝的茶法，颇显杂乱，大体上是借鉴宋代茶引法，茶商向榷茶司购买茶叶，缴纳茶叶价款和"引钱"，然后取得茶引。

2. 市舶则法（海外贸易法）

元朝海外贸易由朝廷直接控制，管理海外贸易的机构，沿袭宋制仍称"市舶司"。元朝以宋代《市舶条法》为基础，制定《市舶则法》，共二十二条。这部法规都是通行全国的海外贸易法规，与宋代市舶条法相比，内容更丰富，结构更严密。

《市舶则法》主要有以下几个方面的规定：

（1）抽分则例。抽分又称"抽解"，即对货物按一定比例抽取实物税。

元朝与宋代一样，出口货不征税，只对进口货抽分征税。

（2）市舶公据制。类似于现代的外贸许可证制度。"公据"是官府发放的许可证的通称，如前述茶叶专卖法中也有采用公据的做法。

（3）船舶检查制。开船时，由市舶司官员进行严格检查，没有夹杂金、银、铜钱等违禁之物，才可以放行开航。

（4）定点定时往返制。船舶出海，只许在原申请前往的国家和地区贸易，但如确因"风水打往他国"，经查属实后，可承认其贸易合法。出海船舶均须于规定时间往返，并且回舶船只在前赴原发市舶司途中，不得随便靠岸，只能到指定的停泊处临时停靠；如发现违规者，要立即报告当地市舶司，由当地市舶司派员"封堵坐押"，开赴原发市舶司。

（5）对外国人、下番使臣的管理。携带礼物来中国朝见的番国使者，必须开具礼物清单，报请当地市舶司秤盘检验，市舶司查实其别无夹带后，才可以向行省、都省申请入京。如有违反规定，将追究舶商、船主的法律责任。

3. 赋税制度

元朝政府控制北方和南方在时间上有先后，两地的赋税制度也有所区别。北方主要征收税粮和科差，南方沿用南宋旧制，继续征收秋税和夏税，这样做的目的是减轻因改朝换代而引起的社会生活的震荡。

四、元朝法律的主要特点

（一）公开规定各族人民在法律上的不平等地位

元朝是我国历史上第一个以少数民族贵族占统治地位的统一的多民族国家，蒙古贵族以征服者自居，强烈的民族优越感和狭隘的民族偏见，使元朝法律具有明显的民族歧视和民族压迫的特点。法律公开确定民族不平等原则，并将居民按民族的不同和被征服的先后划分为四个等级。蒙古人为一等，色目人（西夏、回回、西域人）为二等，汉人（原来金国统治下的汉人和契丹、女真人）为三等，南人（南宋统治下的汉人和西南地区的各少数民族）为四等。实行案件审理及刑法处置上的不平等制度。元律明文规定，蒙古人打汉人，汉人不得还手，否则治罪。蒙古人打死汉人，最多只罚出征和赔烧埋银，但汉人若打死蒙古人，则要处死。在案件的审理上，每涉及蒙古人与汉人、南人的纠纷，审理机关总是偏袒蒙古人。至于蒙古官员犯罪，除由蒙古司法官员断案外，连行刑也必须由蒙古人执行。

（二）扩大了贵族官僚对奴隶的占有，加强了佃户对地主的人身依附关系

按照元律，蒙古人和色目人可以随便占有汉人和南人为奴婢，奴隶的来源主要是战争中的俘虏。元律确认了奴隶子女永为奴隶，并以籍没妻子儿女为奴的手段惩罚犯罪，这就更进一步扩大了奴隶的来源。而且元律确认了奴隶占有者可以随意处置奴隶的权力。

元律通过加强佃户对地主的人身依附关系来保护农奴制残余。佃户对地主的人身依附关系，本来在宋朝时已有削弱，但是到了元朝，由于蒙古社会的落后的生产方式对中国农村经济的影响，佃户又越来越具有农奴性质。佃户不仅要交沉重的地租，而且地主对佃户的人身也可以任意处置，佃户的子女也生来就供地主驱役。这种佃户农奴实际上是在封建社会中所有制关系上的一种倒退。

（三）保护僧侣特权

元朝推行军事镇压的同时，也注意利用宗教来欺骗和麻醉人民。元朝以佛教为国教，并给以僧侣种种特权。僧侣享有免役权，犯罪也不受普通法律制裁。而他人若打骂僧侣则要受到"截手""断舌"的制裁。

（四）刑罚制度的变化反映了蒙古旧制残余

元朝刑罚制度的变化主要表现在笞杖刑的数量每等由十改为七，以示天、地、人各饶其一之意。

（五）立法技术落后

元朝法无定制，立法技术落后。如《大元通制·名例》以下诸篇，篇目杂乱无章，此外，不少条文是个别判例的重复；部分条文没有确定刑罚而仅泛称"禁之""罪之"等；有些惩罚如"游街"的原始色彩很重。这些均反映了蒙古民族脱胎于奴隶制游牧社会的特定历史内容和特点。

第三节 元朝的司法制度

一、司法机构

元朝司法机构的格局，设置繁杂，职掌混乱，互不统摄。其主要机构，中央有大宗正府、刑部、宣政院，地方则是行政司法合一的行省、路、府、州、

县各级衙门。

（一）中央司法机构

1. 大宗正府

元初将大理寺改为大宗正府，作为元朝重要的中央司法审判机关，主要审理蒙古宗室、王公贵族及京师地区蒙古、色目人犯罪或诉讼案件。大宗政府设断事官称为"达鲁花赤"。

2. 刑部

中枢省属下的一个部，兼有司法行政和司法审判职能。但在实践中，其审判权常常被大宗正府、诸王、驸马侵夺。

3. 宣政院

宣政院是元朝最高的宗教管理机关与宗教审判机关。由于职掌的特殊性，自成系统。宣政院曾在一些地方设置"行宣政院"，根据元制，凡各地涉及僧侣的奸盗、诈伪、人命重案，虽然由地方官审理，但必须上报宣政院。这是中国历史上首次形成的宗教与世俗权力共存的特殊的司法制度。

（二）地方司法机构

元朝地方司法机关就是地方行政机关，地方司法官就是地方行政官。元朝的地方建制，依次是行省、路、府、州、县。元朝地方设十个行中书省，简称"行省"，作为中央派出机构。地方重案须通过行省上报中央，刑部判决也经行省下达执行。行省之下大体上分路、府、州、县各级，设达鲁花赤为掌印总辖官，即地方政务最高负责人，可直接鞫勘罪囚。达鲁花赤的人选必须由蒙古人担任。

二、诉讼审判制度

诉讼审判制度大体采用宋代旧制，不同程度地继承了死刑复奏制度、"务限法"和越诉制度。元朝进一步强化了前代关于诉讼当事人在身份上和资格上的限制，确定了"干名犯义"的罪名，认为除了反叛、谋逆、故意杀人外，凡子证其父、奴讦其主、妻妾弟侄告发夫兄叔伯等诉讼行为，都是大伤风化的"干名犯义"，一律禁止。这一规定为明清所承袭，在维护封建纲常方面发挥了重要作用。"干名犯义"的告诉，对被告作自首处理，对原告则予以惩罚。

元朝诉讼审判制度比较有特色的是，在元朝的司法审判实践中，任意轻重、延宕狱讼、贪赃枉法、压制诉讼的现象比比皆是，诉讼制度方面的一些合理规定，不但未得到基层官吏的认真执行，还常被皇帝临时颁布的诏令所坏弃。

【课后经典试题】

一、填空题

1. 元初至元年间制订与颁布的元朝第一部较为系统的法典，名为（　　　）。

2. 元仁宗时期制定的（　　　），是一部关于纲纪和吏治的法典。

3. 元朝建立以前，在成吉思汗时期，曾在蒙古习惯法的基础上制定了一部简单的成文法，称为（　　　）。

4. 元朝笞、杖刑的尾数为（　　　）。

5. 元朝掌管路府州县审判的官员为（　　　）。

6. 在中国古代的法典中，最早按"六部"体例制定的法典是（　　　）。

7. 元朝于五刑之外，还设有肉刑，其中包括（　　　）。

8. 在成吉思汗主导下完成的蒙古族第一部成文法是（　　　）。

9. 元朝的地方司法机构分为（　　　）。

10. 元朝中央的审判机关大宗正府相当于唐宋时期的（　　　）。

二、单项选择题

1. 元朝专理宗教审判的机关是（　　　）。

A. 枢密院　　　　B. 宣政院　　　　C. 道教所　　　　D. 大宗正府

2. 元朝由地方官吏自行编制的一部法律汇编是（　　　）。

A.《大元通制》　　　　　　　B.《泰和律》

C.《元典章》　　　　　　　　D.《至正条格》

3. 元朝把臣民分为四个等级，地位最低的是（　　　）。

A. 南人　　　　B. 色目人　　　　C. 蒙古人　　　　D. 汉人

4. 元朝地方上的司法权，掌握在（　　　）的手中。

A. 宗正府　　　　B. 达鲁花赤　　　　C. 审刑院　　　　D. 御史台

5. 元朝中央司法机关的变化包括 (   )。

A 设大宗正府　　B. 设都察院　　C. 设法部　　D. 设刑部

6. 元朝时，各地僧侣的狱讼大案由地方官审理后，要上报中央的审判机关 (   )。

A. 大宗正府　　B. 刑部　　　　C. 宣政院　　　D. 枢密院

7. 在元朝建立前后的立法活动中，被《新元史·刑法志》称为元朝"一代法制之始"的是 (   )。

A.《大札撒》　B.《条画五章》C.《至元新格》　D.《大元通制》

8. 元朝死刑定制为 (   )。

A. 绞、斩二等　　　　　　　　B. 斩、凌迟二等

C. 绞、斩、凌迟三等　　　　　D. 绞、斩、枭首、凌迟四等

9.《大元通制》中的"断例"相当于其他王朝的 (   )。

A. 敕　　　　　B. 令、格和式　C. 律　　　　　D. 疏议

10. 元朝蒙古王公贵族垄断的特权审判机构是 (   )

A. 大宗正府　　B. 大理寺　　　C. 刑部　　　　D. 廷尉

11. 下列选项中，属于元朝法律所规定的特殊婚姻形式的是 (   )。

A. 入赘　　　　B. 收继婚　　　C. 义绝　　　　D. 和离

三、多项选择题

1. 元朝先后颁布的法典或编纂的法律文献有 (   )。

A.《至元新格》　B.《风宪宏纲》

C.《大元通制》　D.《元典章》

E.《至正条格》

2. 元朝中央司法机关的变更如下 (   )。

A. 取消刑部，设立大理寺

B. 取消大理寺，建立大宗正府

C. 加重刑部权力

D. 设立审判院

E. 由宣政院兼管宗教审判事务

3. 下列哪项属于元朝刑罚方面的变化 (   )?

A. 以七位尾数的十一等笞杖刑 B. 折杖为笞

C. 刺字   D. "准五服以制罪"

4. 元朝把臣民分为的四个等级，下列属于这四等级划分的是（   ）。

A. 南人   B. 色目人   C. 蒙古人   D. 外国人

5. 元朝不动产买卖必须具备的条件是（   ）。

A. 经官给据   B. 先问亲邻   C. 印契税契   D. 过割赋税

6. 元朝在全国设立（   ）和（   ）两个行御史台。

A. 江南   B. 陕西   C. 山东   D. 广东

7. 元朝的地方司法机关，行省之下有（   ）。

A. 路   B. 府   C. 州   D. 县

四、名词解释题

1.《元典章》   2. 大宗正府   3. 宣政院   4.《大札撒》

5.《至元新格》 6. 行省   7. 枢密院   8. 刑部

9. 南人   10. 汉人   11.《大元通判》

五、简答题

1. 简述元朝的刑罚制度。

2. 简述元朝的立法概况。

3. 简述元朝的法制特点。

4. 简述元朝的司法体系。

六、论述题

1. 为什么说元朝的法制具有很强的民族不平等性？

2. 试述元朝监察机构的特点。

3. 试述元朝诉讼审判制度的特点。

七、案例分析题

根据下面两段对烧埋银的规定，分析元朝对损害赔偿的规定。

"诸杀人者死，仍于家属征烧埋银五十两给苦主。"

"蒙古人因争及乘醉殴死汉人者，断罚出征，并全征烧埋银。"

第十一章　明朝的法律制度

（公元 1368—公元 1644 年）

【学习目标】

明朝统治者为了维护封建君主专制集权，建立了我国历史上封建专制主义中央集权极度发展的国家制度，法制也明显反映出维护这种高度专制主义的中央集权制度的特点。通过本章的学习，使学生了解和掌握明朝的立法活动、刑事法律制度、民事法律制度和司法制度；掌握《大明律》体例的变化和《大诰》的分颁；了解明"例"的作用。

【开篇案例】

胡惟庸案起于明洪武十三年（1380 年），终于二十五年（1392 年）。明初，朱元璋对宰相胡惟庸专权擅政、结党营私、骄横跋扈的举动极为不满，采取种种方式对其进行限制。洪武十三年（1380 年）正月，有人上书告胡惟庸谋反，朱元璋遂以"枉法诬贤""蠹害政治"等罪名，将胡惟庸和涂节、陈宁等处死。胡惟庸死后其谋反"罪状"逐渐暴露。朱元璋肃清谋反党羽，株连杀戮者达三万余人，前后延续了十年之久，朱元璋并作《昭示奸党录》通告天下。因"胡党"而株连致死或已死而追夺爵除的开国功臣有李善长、南雄侯赵庸、荥阳侯赵遇春、永嘉侯朱亮祖等一公，二十一侯。胡惟庸被杀后，朱元璋遂罢丞相，革中书省，并严格规定嗣君不得再立丞相；臣下敢有奏请说立者，处以重刑。丞相废除后，其事由六部分理，皇帝拥有至高无上的权力，中央集权得到进一步加强。明朝史籍中关于胡惟庸案的记载多有矛盾，因此他是否确实谋反当时就有人怀疑，明朝史学家郑晓等皆持否定态度。明史学家吴晗也曾撰专文《胡惟庸党案考》加以批驳。

元朝末年，蒙古贵族的残暴统治终于引起以红巾军为代表的全国性大起义。1368 年，原红巾军领袖朱元璋在南京称帝，建立明朝。同年，朱元璋率军北伐，元灭亡。明朝是中国封建社会后期一个重要的王朝，存续了 276 年。明朝处于我国封建社会后期，在封建经济继续发展的同时，资本主义经济开始萌芽，另外由于内外矛盾交织，不断爆发人民的反抗斗争，又长期面临外来的威胁和侵扰，统治者为了维护封建君主专制集权，建立了我国历史上封建专制主义中央集权极度发展的国家制度，法制也明显带有维护这种高度专制主义的中央集权制度的特点。明朝取得的立法成就，是继唐朝之后的又一个高峰，在中国古代法制发展史上占有重要的历史地位。

第一节　明朝立法思想与立法概况

一、明朝的立法思想

明初的立法指导思想集中体现了明太祖朱元璋治理国家的宗旨。

（一）礼法并用、明刑弼教

自西周倡导"德主刑辅"以来，德与刑的关系一直是以德为主，以刑辅之，基本上是"先教后刑""大德小刑"。宋代理学大师朱熹对德刑关系做了新的阐发，他有意提高了刑的地位，提出"教刑并重"，不必拘泥于先教后刑，甚至可以"刑罚立而后教化行"。

明初，为了应付内外危机，朱元璋采纳了这一既不违背古圣先贤的治国之道，又能够强化刑的威慑的理论。但在强调刑罚的惩治作用的同时，也主张以德治天下。《大明律》颁布后，朱元璋告诫大臣："朕欲仿古为治，明礼以导民，定律以绳顽"[1]。明确指出礼与刑在维护国家政权中不可偏废任何一方，礼刑并用。但与前代不同的是，他主张"先刑后教"，"明刑弼教"，更注重用法律的强制手段来推行教化，使教化与刑罚不分主次，用刑罚的强制力来辅助教化的推行。

（二）法贵简当，使人易晓

朱元璋认为，宋元法律比较繁杂，既不利于普通百姓知法守法，也容易

---

〔1〕《大明律》。

导致司法官员徇私枉法。因此，他主张"法贵简当，使人易晓"，要求立法简单明了，便于实施，以防止贪官污吏"出入人罪"。同时还强调法律条文不必面面俱到，而应突出立法重点，集中发挥法律的作用。吴元年（1367年）律令颁布后，朱元璋担心百姓难以知晓，影响其实施效果，曾命臣下编成《律令直解》，印发全国各地，要求百姓了解其内容。这些措施对于宣传普及法律，重建封建法制，巩固统治秩序，起到了重要作用。

（三）重典治国

明初最重要的立法思想是"刑乱国用重典"，这一思想源于西周时期"刑新国用轻典，刑平国用中典，刑乱国用重典"[1]的刑罚世轻世重的刑事政策。而这一思想在明朝的确立，与朱元璋本人的经历密切相关，也有着深刻的社会经济原因。首先，朱元璋出身贫寒，又经历过元末农民大起义，他认为元朝灭亡的主要原因在于法制废弛、吏治腐败。"胡元以宽而失，朕收平中国，非猛不可"[2]，由此奠定了刑用重典的基础。其次，明朝建立之初，东南沿海常有倭寇骚扰，国内经济遭长期战争破坏，陷于崩溃边缘，地主与农民的阶级矛盾十分尖锐，社会秩序混乱。因此，朱元璋认为，要巩固政权、治理这样一个"乱世"，也必须要用重典。由此可见，复杂的社会经济和政治形势是朱元璋"吾治乱世，刑不得不重"的主要原因。

明朝的重典治国包括重典治吏和重典治民两个方面：

重典治吏是朱元璋对历代治国经验的总结，是强化君主专制皇权的重要措施。朱元璋认为，元朝灭亡的主要原因在于中央集权统治削弱，吏治腐败。地主豪绅、贪官污吏对农民的盘剥和掠夺达到了疯狂的程度，这也是激起农民起义的重要根源。因此，朱元璋试图通过重典治吏达到强化中央集权统治的目的。朱元璋亲定的《大诰》，尤其体现了用严刑峻法惩治贪官污吏的思想。

重典治民是朱元璋对反抗明朝政治统治的民众施以重刑的措施。明朝初年，由于经过元末战乱，奸盗盛行，淳朴民风已失，加之土地和赋税等问题引起的矛盾冲突加剧，一些参加反元起义的农民转而对抗新建立的明朝。针

---

[1]《周礼·秋官·大司寇》。
[2]《明通鉴》。

对这一严重威胁，为了稳定封建统治秩序，朱元璋主张用重刑严惩那些敢于反对明朝统治的"顽民"，以达到"欲民畏而不犯"，"使人知所警惧，不敢轻易犯法"的目的。

二、立法活动

明朝继承和发展了唐宋时期的立法成就，使法律体系更趋完善，法律内容更加丰富。明朝的法律形式主要有律、大诰、令、例、会典等，其中律是主要法律形式，其他法律形式是律的补充。但在司法实践中，其他法律形式也分别发挥着相当重要的作用。

（一）《大明律》

《大明律》是明太祖朱元璋在位时期历经三十多年才制定完成的明朝最基本的法典。据《明史·刑法志》载："盖太祖之于律令也，草创于吴元年（1367年），更定于洪武六年（1373年），整齐于二十二年（1389年），至三十年（1397年）始颁示天下。"这就是明律的制定所经过的四个阶段。

吴元年（1367年），朱元璋在应天（南京）称吴王，平定武昌以后，即着手立法活动，由右丞相李善长为律令总裁官，本着"法贵简当，使人知晓"的原则，制定了律二百八十五条，令一百四十五条。这是明朝立法的开端。

洪武六年（1373年），朱元璋命刑部尚书刘惟谦详定明律，次年二月完成，颁行天下。篇目一准于唐律，共十二篇，六百六十条，内容较唐律繁，并且将"名例"置于篇末。

洪武二十二年（1389年），重修《大明律》，又将"名例"冠于篇首。下带六篇，并正式以《大明律》为名颁行天下。至此，明律已正式修订整齐。

至洪武三十年（1397年），《大明律》经多次修订，历三十年，最后编撰完成，颁行全国。《大明律》共三十卷，四百六十条。在体例上，为适应强化六部、集中皇权的政治需要，按六部官制分门，置"名例"于律首，合为名例律、吏律、户律、礼律、兵律、刑律、工律七篇，使自《法经》以来，沿袭已久的封建法典结构体系为之一变。七篇的篇条为：名例律一卷四十七条；吏律二卷，职制十五条，公式十八条；户律七卷，户役十五条，田宅十一条，婚姻十八条，仓库二十四条，课程十九条，钱债三条，市廛五条；礼律二卷，祭祀六条，仪制二十条；兵律五卷，宫卫十九条，军政二十条，关津七条，厩牧十一条，邮驿十八条；刑律十一卷，盗贼二十八条，人命二十条，诈伪十二条，犯奸十条，杂犯十一条，斗殴二十二条，骂詈八条，诉讼十二条，受赃十一条，捕亡八条，断狱二十九条；工律二卷，营造九条，河防四条。

《大明律》是明统治者总结了自唐宋以来，特别是明初三十年的统治经验而精心制定的，确如《明史·刑法志》所言，体现了"日久而虑精，一代法始定"[1]。而且其条文简于唐律，精神严于宋律，是唐以后法典编修体例上的一大变革，为清律所继承。所以，在中国封建法律发展史上居重要的地位。

（二）明《大诰》

《大诰》是明初的一种特别刑事法规，其名源于《尚书·大诰》。

明太祖朱元璋在制定大明律的同时，还于洪武十八年（1385 年）至二十年（1387 年）之间，亲自指导编纂了明《大诰》，其中包括《御制大诰》《御制大诰续编》《御制大诰三编》和《大诰武臣》四篇，共二百三十六条。其主要内容是辑录了洪武年间官民过犯，朱元璋对臣民法外用刑的典型案例一百五十六件，并记录了明太祖对吏民的大量"训导"，以及结合陈述案件或另列专条颁布的新的重刑法令。

朱元璋编订《大诰》的目的，就是想用严惩官民犯罪的案例来警戒臣民，发挥法律的威慑作用，使人民"趋吉避凶"，防止犯上作乱和减少犯罪，从而达到巩固封建统治的目的。实质上《大诰》是一部特别刑法，朱元璋曾多次发布诏令，要求法司"依律与大诰议罪"，并采纳法律手段强制推行《大诰》，使其做到家喻户晓，人人皆知。明《大诰》也是中国法制史上空前普及的法规，每户人家必须有一本大诰，科举考试中也列入大诰的内容。

明《大诰》充分体现了朱元璋以重典"治乱世"的立法指导思想。《大明律》中规定的刑罚已比前代加重许多，而《大诰》比之更为严酷。所举案例，多为法外用刑，轻罪重判。《大诰》中还规定了不少明律中所没有的禁令和罪名，使本来一些根本不构成犯罪的行为也被处以重刑，如对儒士拒绝出仕朝廷处以"诛其身而没其家"。此外，明《大诰》中还反映了朱元璋重典治吏的一贯主张。在《大诰》条目中，惩处贪官污吏和豪强作恶的居多数，还有其他一些吏治禁令。在总共二百三十六条中，有百分之八十以上条款是

---

[1]《大明律》。

有关治吏的内容。这说明朱元璋企图通过惩治贪官污吏来改善吏治，通过治吏进一步有效地治民，以达到巩固封建统治的目的。

朱元璋死后，明《大诰》便被束之高阁，在司法实践中失去了法律效力。

（三）《大明令》

《大明令》成书于吴元年（1367 年），颁布于明开国之初，是与《大明律》并行于世的重要法律。《大明令》革新体例，以六部分目，其中吏令二十条，户令二十四条，礼令十七条，兵令十一条，刑令七十一条，工令二条。《大明令》对明朝的基本制度、各司衙门职掌和司法原则等都作了较为全面的规定。

《大明令》是中国唯一一部完整保留到今天的古代令典，也是中国法制历史上最后一部以"令"为名的法典。

（四）《教民榜文》

《教民榜文》是明初一种特别刑事法规，一般是皇帝的谕旨或经皇帝批准的官府告示、法令、条例等。

明洪武三十一年（1398 年），明太祖命户部制定和颁行了《教民榜文》四十一条，集中规定了有关民事方面的内容，充实了明朝有关户婚、土地、乡村诉讼制度方面的内容。朱元璋时期的榜文包含很多教育百姓遵纪守法的内容，《教民榜文》的内容贴近民间生活，是明代立法体系的重要组成部分。

（五）《问刑条例》

条例是明律之外最重要的单行法规，一般常简称"例"。由于朱元璋在《大明律》颁布以后，严令"定律不可轻改"，"子孙守之，群臣有稍议更改，即坐以变乱祖制之罪"[1]。因此洪武以后的君臣对《大明律》"历代相承，无敢轻改"。为了补充律的不足，防止"法外遗奸"，明朝继续采用宋、元以来以例断案的传统，并将例附于律文之后。经历朝积累，例的数量与日俱增，逐渐演变为通行的条例。

明孝宗弘治十三年（1500 年），取其经久可用者，编成《问刑条例》二百九十七条，颁行天下，与《大明律》并用，这是明朝单独编订审判定罪科刑事例的开始，确立了律例并重的制度。神宗万历十三年（1585 年）又重修

---

〔1〕《明史·刑法志》。

《问刑条例》共三百八十二条。将律为正文，例为附注，合为一体，形成律例合编的新体例。《大明律》于是定名为《大明律附例》，这种律例一体的形式，对清律有直接的影响。

明朝以例断案，对严密法网起到了一定作用，但同时也对明朝的法制造成了极大破坏，由于条例繁多，也使作为"常法"的《大明律》逐渐成为具文，出现"以例代律""以例破律"，使奸吏得以枉法曲断，任意"出入人罪"。

(六)《大明会典》

明朝自英宗时起陆续编纂会典。《大明会典》于明孝宗弘治十五年（1502年）完成，共一百八十卷，但未及颁布。后来明武宗正德年间重加增补，以《正德会典》之名颁行天下。明世宗、明神宗两朝也曾校刊增补，编有《嘉靖续纂会典》和《万历会典》，其中只有《正德会典》和《万历会典》流传至今。

《大明会典》的体例仿《唐六典》，"以官统事，以事隶官"，是调整封建国家机关活动规范的行政法典。从内容上看，《大明会典》取材于官修律、令、礼、式、宪纲和各司档案书籍，内容广博，是集历朝法令、定一代章程的行政法典。《大明会典》体系完备，内容丰富，为清朝会典的制定奠定了基础。

第二节　明朝法律的主要内容

一、刑事方面

(一) 刑事法律的变化

1. 在刑律适用上，"重其所重，轻其所轻"

明律与唐律相比较而言，在以下三个方面体现了"重其所重"的特点。

其一，加重对反抗行为的镇压。明律对"谋反"和"谋大逆"，不仅不问情节就将犯罪者本人凌迟处死，而且祖父母、子孙、兄弟及同居之人，不分异姓，及伯叔父、兄弟之子，凡年十六岁以上，不限籍之异同，不论笃疾残废，一律处斩；而唐律则区别情节，给予不同的处罚。不仅如此，明律还扩大了"十恶"的适用范围。在唐律中，吏卒杀死本部五品以上长官才为

"不义"；而明律规定凡军士杀死本官百户、千户、指挥等都适用"十恶"之处罚。

其二，加重对盗窃罪的处罚。明律为了维护地主阶级的私有财产和封建国家的经济基础，加重了对盗窃罪的处罚。如对于强盗罪，若已行不得财，唐律规定徒二年，明律则要杖一百流三千里；若已行又得财，唐律要根据情节不同，处以不同的刑罚；而明律则规定不分首从，一律处斩。再如对于盗窃罪，唐律规定情节最重者止加役流，明律则规定"三犯者绞"。特别是为了加重对盗贼的惩罚，明律还增设了"刺字"和"起除刺字"之法，凡犯盗窃之类罪，都要在右小臂上刺"盗"字以示羞辱，若有起除字样者，杖六十补刺。明律还将盗系官财物、强盗、窃盗等罪列入"常赦所不原"之例。

其三，重惩欺隐田粮赋役的行为。由于封建经济的发展，明朝不实行"均田制"，因而废除了唐律中"占田过限"的规定，允许皇族贵戚和宦官占有大量土地。为了保证国家的赋税收入，明政府在各地编制了赋役黄册（户口册），登录各户人丁财产情况，作为征收赋税的依据。还在各地编定了鱼鳞册（土地册），记载各户的土地亩数，作为征收田粮的依据。明律把欺隐田粮赋役的行为列为惩治重点。如规定：凡欺隐田粮者，要处以笞杖刑，其田入官，所隐税粮依数征纳。里长知而不举与犯人同罪。还规定：凡民户躲避差役者杖一百，发还原籍当差。明朝把全国户籍分为军户、民户、匠户、灶户，依法令规定分别承担各种不同的赋税义务，不得私自脱籍逃户，否则都要受到严厉的刑罚。

明律在实行"重其所重"的同时，与唐律相比，还有一个显著的变化就是"轻其所轻"。这主要表现在对于不直接威胁封建统治的"典礼及风俗教化"之事方面。如"闻父母丧匿不举哀"，唐律流二千里，明律仅杖六十，徒一年；又如对祖父母、父母在，子孙别籍异财，唐律徒一年，明律仅杖一百。"轻其所轻"的原因是由于阶级矛盾的发展激化，统治者在礼仪教化方面的收效愈来愈小，因此不得不一改唐以来德主刑辅的手段，而加强司法镇压的手段。

2. 严法整饬吏治

明太祖朱元璋出身底层，深知贪官污吏对百姓的盘剥和巧取豪夺是激起农民反抗的重要原因。因此，他决心下大功夫整饬吏治。他认为，只有建立一套行之有效的官吏制约机制，才能确保国家机器的运转和国家职能的发挥。于是加大对官吏的监管力度和对贪官的惩处力度，严禁官吏贪赃枉法及朋党交结。

（1）重惩贪吏。朱元璋称帝以后非常重视重惩贪官污吏。明代重惩贪官污吏的法律规定，集中体现在《大明律》和《大诰》中。

《大明律》对贪官污吏惩处的规定明显重于前朝。首先，为重惩贪官污吏，明律也设"六赃"之罪，并绘成图，标于律首，作为仅次于"十恶"的重罪予以惩处，其中监守盗、受财枉法、受财不枉法和坐赃四种罪名，均涉及官吏贪赃行为。其次，明律中专列"受赃"一卷，规定官吏受财、坐赃致罪等内容，量刑明显重于唐、宋、元各律，如明律中对监守盗，不分首从，并赃论罪，一贯以下杖八十，四十贯处斩；而唐宋律规定赃三十匹绞，元朝规定赃三百贯处死。又如明律中对官员受财枉法，一贯以下杖七十，八十贯绞；而唐律规定十五匹绞，元朝规定一百贯以上杖一百零七。最后，对监察官利用职权受贿索财行为，明律规定还要比其他官吏加重二等惩罚。官吏一旦犯有赃罪，立即除名，永不叙用。

在《大诰》的二百三十六条中，属于惩治贪官污吏的条文多达一百五十五条，而且用刑比《大明律》更为严厉。如《大明律》中规定官吏犯赃，计赃科罪，凡不枉法，均不处死刑；[1]但《大诰》却有众多官吏因不枉法赃罪被凌迟或枭首。朱元璋还要求，对官吏犯赃案件，必须顺藤摸瓜，层层追查。如明洪武十八年（1385年）户部侍郎郭桓等人贪污巨额官粮案败露后，明太祖即以重典治之："自六部左右侍郎下皆死"，[2]受牵连处死的官吏数万人；查出曾借用、寄存赃粮的商人富民都被抄家；对审判不力的大理寺官员吴庸等也处以死刑。

朱元璋重惩贪官污吏，往往不只限于案犯本人，而是杀一儆百。他曾创用"剥皮实草"之刑，将犯赃满六十两以上官吏，在本地衙门旁边专设的"皮场庙"剥皮装草，然后立于官府公堂，以警告继任官吏。他还利用民众惩治贪赃官吏，允许各地百姓监督、陈告、扭送赃官，并可越级诉讼，直至进

---

〔1〕《大明律》。
〔2〕《明史·刑法志》。

京。明律规定，官吏征收税粮和摊派差役作弊枉法，受害者可以捉拿该官吏，并自下而上陈告；若上司拒绝受理，也要依法论处。

明朝以严法整饬吏治，以重典治赃官，对于改善明初政治，加强封建国家机器的统治效能，缓和阶级矛盾，起了积极作用。但应指出的是贪官污吏的存在是封建国家的本质所决定的一种不可根治的现象，即使在朱元璋以严刑峻法惩治贪官污吏的时候，也未能杜绝贪赃现象的发生，朱元璋自己也不得不承认，"我欲除贪赃官吏，奈何朝杀而暮犯！"

（2）重惩"奸党"。在明代，朱元璋为了巩固帝业，防止大臣结党及内外官勾结，首创"奸党罪"。"奸党罪"是在明朝重典治世的立法思想指导下而设立的。

朱元璋在总结历代兴亡的经验教训时，特别指出对皇权的最大威胁来自"女宠、侍人、外戚、权臣、藩镇、四裔之祸"[1]，尤其重视唐宋两代官员结党，导致皇权旁落的教训。朱元璋即位后，为巩固集权统治，防止大权旁落，曾立铁牌于宫中，严禁内臣干政，违者处斩。洪武五年（1372年），又作《铁榜》九条，告诫功臣不得营私谋利，官军不得私自为公侯服务。在《大明律》中，也专门增设了历代法典中所没有的"奸党"条目，严惩官吏交结朋党、营私乱政。根据该条规定，凡有下列行为之一者，均属"奸党"，一律严惩："凡奸邪进谗言，左使杀人者，斩。若犯罪律该处死，其大臣小官巧言谏免，暗邀人心者，亦斩。若在朝官员交结朋党，紊乱朝政者，皆斩。妻子为奴，财产入官。若刑部及大小各衙门官吏不执法律，听长上司主使出入人罪者，罪亦如之。"[2]与此相关，《大明律》还规定了"交结近侍官员"和"上言大臣德政"等专条："凡诸衙门官吏，若与内官及近侍人员互相交结，漏泄事情，夤缘作弊，而符同奏启者，皆斩；妻子流二千里安置"；"凡诸衙门官吏及士庶人等，若有上言宰执大臣美政才德者，即是奸党，务鞫问穷究来历明白，犯人处斩，妻子为奴，财产入官。若宰执大臣知情，与同罪"。[3]

明朝统治者强化君主专制集权，严厉惩处"奸党罪"，不仅处刑极其苛

---

〔1〕《明史·纪事本末》。
〔2〕《大明律》。
〔3〕《大明律》。

重，而且不惜罗织罪名，株连虐杀无辜。洪武年间，因宰相胡惟庸与凉国公蓝玉两案而被坐"奸党罪"下狱诛杀的文武官吏达四五万人之多。朱元璋还利用胡惟庸案，罢除丞相官职，将其所属权力收归皇帝独揽。明成祖也曾以"奸党"之名大肆屠杀建文帝近臣。后继君主以"奸党"诛杀大臣之事，史书多有记载。

明代严厉惩治"奸党"的做法，对于防止官吏互相勾结、徇私舞弊，加强君主中央集权，起到了一定的积极作用，但同时也是造成明代冤狱迭出的根源之一，使得皇帝疏远朝臣，重用宦官，最终导致统治阶级内部出现危机。

（3）严惩失职渎职。为了强化吏治，使官吏尽职尽责，明律还规定了名目繁多的失职、渎职罪。

对文官，《大明律·吏律》规定：贡举非其人，或应贡举而不贡举，一人杖八十，罪止杖一百；保举有过官吏，杖一百，罢职役不叙；官吏无故擅离职役，应值班、值宿而不值者，笞二十至四十；官员赴任过限期，无故不朝参、不办公，一日笞十，罪止杖八十。此外，文卷失错、漏使印信、收粮违限等失职行为也要处罪。

对武官，《大明律·兵律》规定：如有人擅入太庙或宫殿门，警卫人员未觉察或故纵者，分别处杖刑直至绞刑；宿卫守卫人员私自代替，各杖一百；随从车驾人员违期不到或早退，依职务高低分别处绞刑或杖刑。其他如失误军机、不操练、纵放军人歇役等都属于应处刑的失职罪。

在《大明律》中，还有"讲读律令"条的规定，要求"百司官吏务要熟读"国家律令，并能"讲明律意，剖决事务"。每年年终还要进行考核，初犯罚俸钱一个月，再犯笞四十，三犯降职叙用；若擅为更改，变乱成法，则要处斩。

（二）刑罚制度的变化

与明朝极端专制的君主集权制度相适应，明朝刑罚手段的残酷性也非常突出。明律仍规定五刑制度，但对徒刑五等分别附加杖六十至一百，对流刑三等分别附加杖一百。此外，又增加凌迟、充军、枷号等律外酷刑。

1. 凌迟

凌迟是中国古代最残酷的死刑，俗称"千刀万剐"。凌迟之刑始于五代，宋元时期继续沿用。明律的五刑中虽然没有这一刑名，但律文中却规定了十三项罪名适用凌迟。于是，凌迟已经成为明朝广泛适用的一种酷刑。

2. 充军

明律在五刑之外，将宋、元创设的充军刑进一步制度化，作为正式的刑名。所谓充军，就是强迫犯人在戍守地服军役，是明朝除死刑外最重的刑罚。充军按遣放里程分为极边、烟瘴（均四千里以外）、边远（三千里）、边卫（二千五百里）、沿海附近（一千里）五等，均加杖刑一百，称为"五军"。充军按期限分为"终身"和"永远"两种。"终身"者服役到本人死亡为止；"永远"者则要罚及子孙，直到"勾尽补绝"，才能"开豁"。明代充军刑运用的十分广泛，而流刑则"常设而不用"，实际上是以充军刑取代了流刑，这也反映出刑罚的加重。

3. 枷号

明朝在五刑之外，增设了枷号刑，并逐渐成为常刑。所谓枷号，也称"枷示"，即给罪犯戴枷示众的刑罚，枷上写明罪犯刑名及罪状，令其在监狱外或官衙前戴大枷示众，以对其进行羞辱折磨。此外还有戴枷发遣，即令罪犯戴一百五十斤的重枷前往戍守地。犯人经常不数日便死亡，此种刑罚与死刑无异。

4. 廷杖

明朝将重典治吏的法外酷刑廷杖作为常制固定下来。所谓廷杖，即在皇帝的决定与监督之下，在殿廷之上对违抗圣命的大臣直接执行杖刑。由司礼监监刑，锦衣卫施杖。廷杖在隋唐时期已经出现，但仅偶一用之，而明则为常制。明朝的廷杖是朱元璋创立的，他曾将永嘉侯朱亮祖父子杖死于朝堂，工部尚书薛祥也死于杖下。武宗正德年间，一批朝臣谏止皇帝南巡，结果竟有一百四十六人受廷杖，杖下毙命者十一人。廷杖制度是封建君主施展权威，强迫臣下服从自己意志的一种野蛮手段。

明朝刑罚制度的残酷，是中国封建社会发展到后期，各种社会矛盾更加尖锐激化的必然反映。明朝统治者意图用残酷刑罚来巩固统治，却事与愿违，反而加速了明王朝的灭亡。

二、民事方面

明朝民事方面的法律制度继承了宋元以来的传统，但在如下一些方面有重要发展：

（一）所有权

1. 土地所有权

明朝的土地所有权包括国有与私有两种形式，其中以各级官僚贵族地主的土地所有权为主要形式。明朝不实行均田制，从法律上废除了"占田过限"之类的规定。为发展农业，确保土地的使用，明太祖在建国之初就规定：凡逃弃荒田一律归先占开垦者所有，旧主即使回归也丧失土地所有权，只可请求退还房屋坟墓。洪武年间还曾多次下诏，确认垦荒者即获得土地所有权，政府给予免税奖励。号称垦荒私有土地可以永久性免税。这些法令是对传统的"溥天之下，莫非王土"观念的否定，也突破了唐宋时将无主荒地视为国有"公田"的旧法律原则。

为了保护土地所有权人全面行使占有、使用、收益、处分等权利，明朝统治者从法律上确认各种土地所有权，并排除各种不法侵害。凡盗卖、盗种、换易、冒认及侵占他人土地与房屋者，田一亩、屋一间以下笞五十；田五亩、屋三间加一等，最高至徒三年；若系强占，则杖一百、流三千里。

2. 在其他财产所有权方面，确立了强调先占的原则

唐宋以来，法律否认拾得人对所拾遗失物有占为已有的任何可能。明律却一改传统，着重保护拾得人的权利。《明律·户律·钱债》"得遗失物"条规定："见得遗失之物，限五日内送官，官物还官；私物召人识认，于内一半给予得物人充赏，一半给还失物人。如三十日内无人识认者全给。"拾得人负有送官公告的义务，即使失主识认领回原物，也要付出原物一半给拾得人。公告三十日无人认领，拾得人就可获得该物全部所有权。

对于先占原则的强调也表现在埋藏物的归属问题上。明律在"得遗失物"条还规定："若于官私地内掘得埋藏之物者，并听收用。"埋藏物完全归发现人所有，只是"古器、钟鼎、符印、异常之物"必须送官。

在财产所有权上强调先占原则，保护先占人的所有权，反映了明代社会财产私有权观念的深化，也反映了力求促进有效使用土地、财产的立法意图，以及防止民间为争夺财产而烦扰官府，力求实用、简便的立法思想。

（二）契约制度

1. 借贷契约

明律规定，借贷必须订立契约。在契约中应写明借贷双方姓名、籍贯、借款原因、数量、日期和利率，并附保证条款，并由借贷双方及中人签字画押。借贷利息不得超过月利百分之三，累计利息总额与本金相等即停止计息，利息最高不得超过本金的百分之一百，违者笞四十；债务人欠债不还，五贯以上，满三个月者，也要追究刑事责任，最高杖六十。对于有担保的债务，债权人强夺债务人的财产抵债的，处杖八十；对于债权人"虚钱实契"夺取债务人的土地房屋的行为，处以笞五十至杖八十、徒二年。

2. 租佃契约

明律规定，土地租佃必须订立租佃契约。在契约中应明确租佃标的物、地租、交租期限与方式、承佃人其他义务、违约责任、保人连带责任等。地租一般包括劳役地租、实物地租和货币地租三种形式，必须明确租佃双方的权利和义务。交租的时间包括"秋收交还""到冬交纳""按季理还"，可约定一次性交清，也可分期交纳。交租方式有承租人送租到家，也有送至祠堂交纳等。保人连带责任是承佃人久缺租金时，由保人代付。

3. 典卖制度

明律规定，典卖田宅必须订立书面契约，缴纳"契税"，契税税率为契价的百分之二。契约由官方认可，由州县官府加盖官印，否则，"笞五十，仍追田宅价钱一半入官"。明律在典卖制度方面主要在于保护典权人的利益，如规定一物不得两典，违者处刑；典期届满，典卖人无力回赎者，可另立绝卖契纸，或听其别卖，归还原典价。同时，明律也保护典卖人的利益，如典期届满后，典卖人"备价取赎，若典主托故不肯放赎者，笞四十"。

（三）加强对经济关系的法律调整

明朝统治者为了适应商品经济发展的需要，加强了对经济关系的法律调整。先后制定了钱法、税法、盐法、茶法等，并对借贷、买卖及市场管理作出了具体的规定，反映了封建国家对社会经济干预的加强。

1. 钱法和钞法

《大明律·户律》中专列有钱法和钞法，规定：宝钞（纸币）与铜钱"相兼行使"，违者处以杖刑。凡伪造宝钞，不分首从窝主，若知情行使者，皆斩。凡私铸铜钱者绞，匠人同罪。这对于保证金融市场的稳定起到了一定的作用。

2. 税法

明朝政府为了保证财政来源，增加国库收入，对商品都要依法征收市税和关税，并对匿税者规定了刑事责任。《大明律·户律》规定："凡客商匿税及卖酒醋之家不纳课税者，笞三十，物货酒醋一半入官"，并将所入官物的百分之十"付告人充赏。"

明中叶时，赋役多而杂，官绅凭特权豁免，农民受压榨更重。嘉靖年间，出现严重的财政危机，朝廷乃决定改革赋役制度，其中最突出的是张居正所推行的"一条鞭法"。"一条鞭法"初名"条编"，又名"类编法""明编法""总编法"等。后"编"又作"鞭"，间或用"边"，主要是把原来的田赋、徭役和杂税合并起来，折成银两，分摊到田亩上，按田亩多少收税。

"一条鞭法"的实施，使由赋役问题产生的阶级矛盾暂时缓解，有利于农业生产的发展。也使长期以来因徭役制对农民所形成的人身奴役关系有所削弱，农民获得较多的自由。此外，赋役的货币化，使较多的农村产品投入市场，促使自然经济进一步瓦解，为工商业的进一步发展创造了条件。

3. 盐法和茶法

盐和茶都是封建国家财政收入的重要来源，所以早在西汉时封建政权就推行盐铁官营的禁榷制度，唐朝又开始将茶叶的专卖权垄断在政府手里，明朝政府继承了这些传统政策，亦以严法禁止贩卖"私盐"和"私茶"。

洪武六年（1673年）立《盐引条例》，规定犯私盐者绞，有军器者斩。其后《大明律》专列盐法十二条，处罚有所减轻，规定了凡犯私盐杖一百，徒三年，若有军器者加一等，拒捕者斩。《大明律》规定：凡犯私茶者，同私盐论罪。明律将"引"作为区别官盐、官茶与私盐、私茶的标志。凡客商向官府交钱买"引"者为官，无"引"自贩为私。如果伪造"引"，则处死刑，家产没收。

4. 市廛法

市廛法是中国古代的市场管理法。明律中专列"市廛"一卷，其主要内容有：不准买卖双方把持行事；不准傍高下比价以惑乱取利；不得私造度量衡或其作弊增减，违者杖六十，工匠同罪；若所卖货物以次充好，以假冒真，答五十，其物入官。这些规定反映出明朝的市场管理非常严格，其管理经验也相当丰富。

三、行政方面

（一）废宰相，置内阁

明朝初年，袭元朝旧制在中央设三省六部。洪武十三年（1380 年），朱元璋借胡惟庸案在中央废除传统的丞相制度和三省制度，由皇帝直接控制吏、户、礼、兵、刑、工六部，将御史台扩大为都察院，并特设通政使司统一收发各部门与皇帝之间的奏章文件。六部尚书与都察院左都御史、大理寺卿、通政使合称"九卿"，为中央最高官员。这样，明朝的一切决策权都集中于皇帝。皇帝指定翰林学士代为审阅奏章、草拟"圣旨"，翰林学士在宫殿"大内"办公，称之为"内阁"，逐渐成为事实上的决策机构。大学士官阶虽仅正五品，但实际权力很大。首席大学士称"首辅"，虽无宰相之名，却有宰相之职。

（二）职官管理制度

1. 科举与"八股取士"

明朝统治者继续采用唐宋以来通过科举考试选择官吏的做法。择优录取的原则给了各阶层的人进入仕途的机会，因此，科举取士成为明朝官员的主要来源。但吏员经若干年服役也可以选官，一般只任辅助性的低级官职。在地方官的任免上，严格实行"北人官南，南人官北"的籍贯回避制度。明朝中期起，吏部还以抽签的方式决定官员的任职地方。

明朝的科举取士制度较隋唐时期有所发展，只有官学（官办学校）的学生才可参加科举考试。国子监为全国最高学府，学生称"监生"，由各地官学选送，各府州县都设官学，学生有固定数额，称"生员"，俗称"秀才"，生员一般经考试推荐为"监生"，也可以参加每三年举行一次的乡试（省级考试），考取即为"举人"。举人可直接任官，监生也可被选拔为官。举人参加每三年一次的会试（全国性考试），会试合格后再经殿试合格，即为"进士"。进士可以直接任知县（正七品），前几名进士一般选入翰林院任职。

明朝的科举考试在四书五经范围内命题，答题者必须模仿古人语气，不得言及时事，不得自由发挥，考试文体为强调排比对偶的八股文，故这一时期的科举取士又称"八股取士"。

2. 考课制度

明朝的官吏考课制度较隋唐更为严密。考课分"考满"和"考查"两种。

"考满"是指由上级主管官员对任期届满的下级官员进行考察评定,并依据被考察官员任期内的政绩表现,给出称职、平常、不称职三类"考语"(即评语)。对于不称职者降级调用,称职者升官,平常者复职(在同一级别内转任其他官职)。

"考查"分为"京察""大计"两种。"京察"是在都察院主持下进行的,考查在京各级官员,每六年举行一次;"大计"是各地方上级官员对下级的考查,每三年举行一次。考查主要是按"八法"纠查违法失职官员。所谓"八法",即官吏八种违法失职行为:贪、酷、浮躁、不及、老、病、罢(疲软)、不谨,考查中发现官吏有营私舞弊行为,按保举连坐法严惩。

明朝官员满六十岁退休致仕,回乡官员称"乡宦",仍享有免役与司法特权。

第三节　明朝的司法制度

明朝司法制度从维护极端君主专制的需要出发,在总结前朝经验的基础上,有明显的发展。

一、司法机关

(一)中央司法机关

明朝中央正式的司法机关是刑部、大理寺、都察院,合称"三法司"。明朝中央三大司法机关的组织形式虽然与唐宋基本相同(只改御史台为都察院),但各自的具体分工有所变化。

1. 刑部

在明朝,刑部由唐宋时期的复核机关改为中央最高审判机关,专司审判之职。组织相应扩大,由明初设四司扩充为十三清吏司,分别受理地方上诉案件,审核地方徒以上重案,审理京师地区和中央百官的案件。刑部有权判决死刑以下案件,但徒流刑案件须报送大理寺复核。

2. 大理寺

大理寺掌复核。凡刑部所审案件，都须将案卷连同罪犯移送大理寺复核。流刑以下案件，大理寺如认为判决得当，则允准刑部具奏行刑，否则可以驳回更审。死刑案件，刑部审理和大理寺复核后须报请皇帝批准。

3. 都察院

都察院又称"风宪衙门"，掌纠察，对官吏的违法失礼行为有权纠察弹劾，对刑部的审判和大理寺的复核也有权进行监督。

（二）地方司法机关

明朝地方政权分为省、府、县三级。府、县长官知府、知县亲理狱讼事务；在省则专设提刑按察使，提刑按察使有权处决一省徒刑以下案件。徒刑以上案件须报送刑部审核批准。

明初在各乡设"申明亭"，由本乡人推举公直老人三五名，报官备案。本乡有纠纷小事，由老人主持，在申明亭调解。还规定调解时可用竹篦责打当事人。调解后不愿和息，可再向官府起诉。"申明亭"是明代用于基层民间调解的制度，起到申明教化、稳定社会秩序的作用，反映了明朝统治者"明刑弼教"的法制思想。明中期以后，"申明亭"及老人制度逐渐废弛。

（三）军户案件的管辖

明朝实行编户齐民的户籍制度，军人编入军户并采取世袭制。军户之间的一般案件，如奸盗、诈伪、户婚、田土、斗殴纠纷，不受普通司法机构管辖，而由各卫所的镇抚司、省都指挥使司的断事司审理。但人命案件则约会当地司法机构检验审理，军民交叉诉讼也由军事机构与当地司法官会同审理。

（四）关于涉外案件的处理原则

唐律中，将外国人称作"化外人"，属于同一国家的外国人相犯，依据该国的法律处理；不同国家的外国人相犯，或唐朝人与外国人相犯，则依唐律。元律也有蒙古人自相犯，专用蒙古律例的条文。明律采用属地原则，"凡化外人犯罪者，并依律拟断"，即一律按明朝的法律论处。

（五）监察机关

明初改御史台为都察院，作为中央监察机关，并加强了监察机构的组织与职能。都察院以左右都御史为长官，以下有左右副都御史，左右佥都御史等官。都察院既可对全国所有官吏的违法犯罪行为进行纠弹，还可以直接参与监督审判活动。凡有重大案件,刑部、大理寺必须与都察院共同审理。

明朝创设了六科给事中这一独立的监察组织,在皇帝的控制下负责纠察六部官吏的违法事件。六科给事中是向中央各部派设的督察官员,其中刑科给事中对刑部的审判活动有直接监督权,一旦发现问题可直接向皇帝奏报。

明朝还加强了对地方机关的监察。明将全国划分为十三道,设监察御史一百一十人,隶属都察院,而接受皇帝节制。发现问题可"大事奏裁,小事立断",可见其权力之大。明朝监察制度的加强是维护皇权的重要手段。

二、完善会审制度

会审制的发展,是封建社会晚期皇权控制的审判制度日趋完备的表现。明朝为了加强皇帝对审判权的控制,让法律得到统一适用,对司法机关的审判活动予以监督,对重案、疑案以及死刑复核案实行会审制度,包括三司会审、圆审、会官审录、朝审、大审、热审等。

(一) 三司会审

明朝的"三司会审"是在唐代的"三司推事"基础上形成的。明朝的三司会审即由刑部、大理寺和都察院会同审理重大或疑难案件的联合审判制度。凡遇有重大或疑难案件,均由三司会同审理,最后由皇帝裁决。

(二) 圆审

圆审又称"九卿会审"。在明朝,遇有特别重大案件,根据皇帝的诏令,可由大理寺卿、都察院左都御史、通政使以及吏、户、礼、兵、刑、工等六部尚书共同审理,最后由皇帝审核批准。

(三) 会官审录

在明代,会官审录是由皇帝直接任命中央各行政机构官吏审理大案重囚的制度,定制于洪武三十年(1397 年),由五军都督府、六部、都察院、六科给事中、通政司、詹事府,有时包括驸马都尉在内,共同审理大狱,死罪和冤案奏闻皇帝,其余案件依律判决。会官审录是清代秋审制度的前身。

(四) 朝审

明朝的朝审是由三法司长官与公、侯、伯等爵高位重者在吏部尚书(或户部尚书)的主持下,于每年霜降后共同审理大案重囚的制度。这种制度开始于明英宗天顺三年(1459 年),英宗认为人命至关重要,一旦处死就无法复生，后果难以挽回。所以规定在每年的霜降以后，对于将要处决的重案囚犯进行重新复审。

（五）大审

大审是由皇帝委派太监会同三法司官员共同审录罪囚的制度。它始于英宗正统年间，宪宗成化十七年（1481 年）后定制，每五年举行一次。这是明朝独有的一种由宦官指挥司法、会审重囚的制度，囚犯经过大审，大多可以获得从轻发落。外省由刑部、大理寺派员至省城，会同巡按御史审录囚犯。大审在清朝被取消。

（六）热审

热审是由司礼监传旨刑部，会同都察院、锦衣卫于小满后十余天暑热季节进行的会审制度。自永乐二年（1404 年）起，因夏天炎热，为清理牢狱，乃令中央府、部、科协同三法司遣放或审决在押囚犯。一般笞罪无干证者，即行释放；徒流刑以下减等发落；重囚有疑难者以及戴有枷号者，奏请皇帝最后裁决。

明朝会审制是出于加强皇帝对司法控制权的需要，但也在一定程度上体现了三法司职权的分工和制约的特点，同时也表明明统治者对司法审判和监督机制的重视，对案狱审理的慎重和对刑罚处置的缓决，同时也是明统治者"慎刑"思想的体现。

三、厂卫直接行使审判权

明朝在普通的审判机关之外，又设立了特殊的审判机构直接行使审判权，这种特殊的机构简称"厂卫"。厂即东厂、西厂、内行厂，由宦官一手掌管；卫即锦衣卫，是由皇帝的亲军系统发展而来。厂卫之制是皇权高度集中的产物，是凌驾于司法机关之上的特殊机构。

锦衣卫，皇帝禁卫军十二卫之一，原掌仪仗和警卫事宜。明太祖为了加强专制统治，赋予锦衣卫兼管刑狱、巡察缉捕之权力。洪武十五年（1382年），于锦衣卫下设南北镇抚司，北镇抚司"专理诏狱"。有关妖言、人命、强盗及其他军民诉讼，锦衣卫都有权管辖，并设有法庭和监狱。洪武后期，为平息民愤，朱元璋曾下令焚毁锦衣卫所有刑具，一切审判均归三法司。

明成祖时期不仅恢复了锦衣卫断狱，而且又于永乐十八年（1420 年）增设了东厂，职掌"缉访谋逆，妖言，大奸恶"，其权力在锦衣卫之上。明宪宗时期，又设立西厂，"四出刺民间阴事"。明武宗时设立了比锦衣卫、东厂、西厂权势更烈的内行厂。

从职能上看，厂、卫基本无差别。但由于锦衣卫属于外官，奏事需用奏疏，不如太监与皇帝亲近，故厂的势力总体上要大于卫。

明朝厂卫组织直接承旨于皇帝，作出的判决司法机关均不得过问。此外，厂卫组织无需任何事实证据，仅凭只言片语就可随意侦捕人犯，而且滥用刑罚，摧残人犯。这种厂卫干预司法的活动是明朝实行极端君主专制的产物，对封建法律秩序起了极大的破坏作用，也是导致明朝灭亡的原因之一。

四、监狱

汉朝以后，监狱多称之为"狱"，明朝开始，监狱称"监"，清朝末年，合称"监狱"。明朝监狱组织自中央到地方已系统化，中央监狱系统包括：刑部司狱司管辖的刑部监狱、都察院监狱、五军都督府和兵部下属的军事监狱及锦衣卫监狱；地方各省、府、州、县也设立监狱。全国监狱均由刑部提牢厅管辖，提牢主事的职责是点视囚犯和监狱。都察院等机关可以派人提调监督。明朝还对囚犯的衣、粮、医药等方面作了相关规定，明确了囚犯的生活管理制度。

【课后经典试题】

一、填空题

1. 明代充军刑按遣放里程的远近分为五等，均加杖刑一百，称为（　　　　）。

2. 明《大诰》共四编，即《御制大诰》《御制大诰续编》《御制大诰三编》和（　　　　）。

3. 明朝开国皇帝朱元璋的立法指导思想的核心是（　　　　）。

4. 《大明律》共（　　　　）条。

5. 源于唐律的杀人离乡的刑名，明清时期将犯人强制迁出一千里外安置的刑罚叫作（　　　　）。

6. 明朝历经三十余年制定的法典是（　　　　）。

7. 明代的鱼鳞图册是指（　　　　）。

8. 明代中央司法机构是（　　　　）。

9. 明代大理寺的职权是（　　　　）。

10. 明代刑部的职权是（　　　　）。

11. 明代掌管纠察的机构是（　　　　），设有（　　　　）。

二、单项选择题

1. 明代有关侵犯公私财产罪名的附加刑是（　　　　）。

A. 充军　　　　B. 凌迟　　　　C. 枷号　　　　D. 刺字

2. 为打击臣下"朋比结党"的行为，消除对皇权的威胁，《大明律》特设（　　　　）。

A. 诽谤罪　　　B. 妖言罪　　　C. 奸党罪　　　D. 挟书罪

3. 明朝参加"九卿圆审"的官员为三法司长官与吏、户、礼、兵、工五部尚书及（　　　　）。

A. 司礼太监　　B. 通政使　　　C. 丞相　　　　D. 内阁大学士

4. 明朝以惩治官吏和豪强犯罪为主要内容的特别法是（　　　　）。

A.《大明律》　B.《大明令》　C.《问刑条例》　D.《大诰》

5. 明朝将各种类型的赋役并为统一的货币税，这种赋税制度称为（　　　　）。

A. 一条鞭法　　B. 人头税　　　C. 田税　　　　D. 工商税

6. 充军刑创设于（　　　　）。

A. 唐朝　　　　B. 宋朝　　　　C. 元朝　　　　D. 明朝

7. "厂""卫"是明代的（　　　　）。

A. 特殊审判机关　　　　　　　B. 宗教管理机关

C. 立法机关　　　　　　　　　D. 行政机关

8. 在中国历史上，法律对"奸生子"的继承权明确加以确定的时期是（　　　　）。

A. 秦朝　　　　B. 隋朝　　　　C. 宋朝　　　　D. 明朝

9. 明朝时由皇帝发令，司礼监监督，锦衣卫行刑，在殿廷之上杖击大臣的制度称为（　　　　）。

A. 热审　　　　B. 朝审　　　　C. 折杖法　　　D. 廷杖

10. 由朱元璋亲自编纂的刑事单行法规、判例和训导的汇编是（　　　　）。

A.《元典章》　B.《大明律》　C.《大明会典》　D.《大诰》

11. 明代初期，朱元璋提出的立法原则有（　　　　）。

A. 法令由一统　　　　　　　　B. 治乱世用重刑

C. 约法省刑　　　　　　　　　D. 独尊儒术

12. 《大明律》共有（　　　）。

A. 六篇　　　　B. 七篇　　　　C. 十二篇　　　　D. 十八篇

13. 现存的《大明律》是指（　　　　）。

A. 《吴元年律》　　　　　　　B. 《洪武七年律》

C. 《洪武二十二年律》　　　　D. 《洪武三十年律》

14. 明初在各乡设申明亭，其主要作用是（　　　）。

A. 征发徭役　　　B. 征收丁银　　　C. 主持调解息讼　D. 考察基层官吏

15. 《大明律》的编制体例仿效了（　　　　）。

A. 唐律　　　　B. 《宋刑统》　　　C. 《元典章》　　　D. 《唐六典》

16. 关于明朝的六科给事中，下列说法错误的是（　　　）。

A. 六科给事中是明代特设的法律监察机关

B. 明朝六科隶属都察院，与御史共同行使监察百官之职

C. 六科给事中有"封驳"的权力

D. 明朝六科为监督六部而设

17. 在明朝，主掌"一省刑名按劾之事"的是（　　　）。

A. 提刑按察使　　B. 布政使　　　C. 巡按　　　　　D. 刑科给事中

18. "申明亭"的设立体现了明朝哪个立法指导思想？（　　　）

A. 重典治吏　　　　　　　　　B. 刑乱国用重典

C. 轻其所轻，重其所重　　　　D. 明刑弼教

19. 明朝的中央监察机关是（　　　）。

A. 御史台　　　　B. 大理寺　　　C. 都察院　　　　D. 提刑按察使司

20. 中国法制史上最后一部以"令"为名的法典为（　　　）。

A. 《武德令》　　B. 《开皇令》　　C. 《大明令》　　D. 《大清令》

21. 限制海外贸易并颁布《迁海令》的王朝是（　　　）。

A. 宋朝　　　　　B. 元朝　　　　C. 明朝　　　　　D. 清朝

三、多项选择题

1. 明太祖朱元璋在洪武十八年（1385年）至洪武二十年（1387年）间，

手订四编《大诰》，共 236 条。关于明《大诰》，下列哪些说法是正确的？
（　　　）（2014 年司法考试试题）

　　A. 《大明律》中原有的罪名，《大诰》一般都加重了刑罚

　　B. 《大诰》的内容也列入科举考试中

　　C. "重典治吏"是《大诰》的特点之一

　　2. 关于明《大诰》，下列哪些选项是正确的？（　　　）（2008 年司法考试试题）

　　A. 明《大诰》是朱元璋在位时，为防止"法外遗奸"而制定的

　　B. 明《大诰》强调"重典治吏"，其中多数条文是专为惩治贪官污吏而定

　　C. 明《大诰》对《大明律》中原有的罪名，一般都加重了处罚

　　D. 明《大诰》在当时家喻户晓，是中国法制史上空前普及的法规

　　E. 朱元璋死后《大诰》被明文废除

　　3. 关于明清时期的司法制度，下列哪些选项是正确的？（　　　）（2008 年司法考试试题）

　　A. 明清时期各中央司法机构的职能与隋唐时期相反，刑部负责审判，大理寺负责复核

　　B. 明朝的廷杖之制是根据皇帝意志而形成的法外用刑惯例

　　C. 明清会审制度是慎刑思想的反映，但是导致多方干预司法，使实际执法与法律制度日益脱节

　　D. "申明亭"为明代法定的基层调解机构，对维护社会秩序有一定积极作用

　　4. 《大明律》将唐律的篇目改为"名例律""吏律"等各律，此外还有（　　　）。

　　A. 户律　　　　　B. 礼律　　　　　C. 兵律　　　　　D. 刑律

　　5. 明初在对百姓进行教化方面采取的创新措施有（　　　）。

　　A. 建"申明亭"　　　　　　　B. 发布《教民榜文》

　　C. 由老人主持轻微诉讼的调解　　D. 实行"准五服以制罪"原则

　　6. 明代司法机构"三法司"包括（　　　）。

　　A. 刑部　　　B. 大理寺　　　C. 都察院　　　D. 宣政院

　　7. 明初法制指导思想的内容包括（　　　）。

A. 刑乱国用重典   B. 法贵简严

C. 亲亲、尊尊   D. 明刑弼教

8. 明代的"厂卫"包括（   ）。

A. 锦衣卫   B. 中厂   C. 东厂   D. 西厂

9. 明朝中央司法机关的特点包括（   ）。

A. 设立审刑院

B. 刑部和大理寺职能互换

C. 设立作为特殊审判机构的"厂""卫"

D. 赋予监察机关以更大的审判权限

10. 明太祖创制的《大诰》包括（   ）。

A.《大诰武臣》   B.《御制大诰》

C.《御制大诰续编》   D.《御制大诰三编》

11. 明朝统治者为了适应经济发展的需要，制定了许多经济方面的法律，如在明律中详列（   ）。

A. 钞法   B. 钱法   C. 盐法   D. 茶法

四、名词解释题

1.《大明律》   2.《明大诰》   3.《教民榜文》   4.《大明会典》

5.《问刑条例》 6. 奸党罪   7. "申明亭"   8. 都察院

9. 廷杖   10. 充军   11. "一条鞭法"

五、简答题

1. 简述明初的立法指导思想。

2.《大明律》在体例上的特点有哪些？

3.《大诰》是在什么情况下制定的？其内容和特点以及施行情况如何？

4. 明朝为了加强中央集权，在立法内容上做了哪些方面的改变？

5. 明朝法律的特点是什么？

6. 何为"三法司"？

7. 何为"申明亭"？

8. 明朝诉讼管辖制度有哪些？

9. 何为"干名犯义"？

10. 明朝司法机构和诉讼审判制度有哪些特点？这些特点反映了什么？

11. 简述《大明律》的基本特点。

12. 简述明朝的司法机关。

13. 简述明朝的会审制度。

14. 简述明朝重点惩贪政策及法律制度。

六、论述题

1. 试述明朝立法情况。

2. 与唐律相比，明律在体例和内容是有何重要变化？其变化的主要原因是什么？

3. 试述明朝会审制度的主要内容及其特点。

4. 试述明朝中央司法机关的特点。

七、案例分析题

案例一：

郭桓是在明初洪武年间户部侍郎，在任期间，利用职权与地方官勾结，贪污浙西秋粮等。洪武十八年（1385 年）郭桓贪污案发，朱元璋亲自参与审判。经查实，此案的赃款折合粮食共达二千四百万石，属情节严重的大案。结果郭桓及六部左右侍郎以下数百人均被处死，追回赃款七百万石。连坐入狱者达数万人。

案例二：

明初，每年布政司、各府州县官吏前往户部核对钱粮、军需供给等事，因路途遥远，往往带着事先开好的空印文书（即加盖印章的空白公文），以备急用。此事习以为常。但是洪武十五年（1382 年），明太祖朱元璋知道此事后大怒，怀疑其中有弊，责令严查空印案。凡是与此案有关的部门及地方官员（正职）一律处以死刑，助理官员（副职）处以杖一百，戍边。受牵连者达万人以上。

问题：

上述两个案例体现了明初何种立法指导思想？

第十二章　清朝前期的法律制度

（公元 1644—公元 1840 年）

【学习目标】

清朝是中国的末代封建王朝，其法制已经达到相当完备的程度，形成了由行政立法、民事经济立法、刑事立法、诉讼立法为内容的法律体系。通过教学使学生了解清朝在立法、司法上所取得的成就，以及对中华法制文明的贡献。

【开篇案例】

《清史稿·柏葰传》"柏葰案"。柏葰，原名松葰，字静涛，巴鲁特氏，蒙古正蓝旗人。道光六年中进士……咸丰八年（1858 年），主持本次顺天乡试，被授予文渊阁大学士。

御史孟传金上疏揭发本次科举录取不能令人信服，咸丰帝命重新复核试卷，其中 50 本试卷有问题。咸丰帝大怒，剥夺柏葰等人的职位，命载垣等人会同审理此案。审讯过程中查明柏葰听信家人靳祥的请托，取中罗鸿绎，但此时靳祥已经死于狱中。咸丰九年（1859 年），载垣等人审理结束后将案情报告咸丰帝，咸丰帝还有一些打算从轻发落的意思，但肃顺等人坚持法办。于是咸丰帝召集诸位王公大臣，下谕旨："科场是国家的抡才大典，交通舞弊之事，定例一向非常严格。想来各位主考官，从无敢以身试法的。不料柏葰身居一品大员，竟然辜恩藐法到如此地步！柏葰身任大臣，而且还是科甲进士出身，难道不知道科场定例？竟因家人的请托，就撤换试卷。假使靳祥没有死的话，加以夹讯，就不愁把真相都交待了。既有成例可循，即不为已甚，就所供认的各情节，情理上虽可以原谅，但法律难以宽宥，想到这里，不禁为其流泪!"柏葰于是伏法。

咸丰十一年（1861 年），穆宗即位，肃顺等在政治斗争中失败，御史任兆坚上疏请求为柏葰昭雪，同治帝命礼、刑两部详细商议，商议结果报给同治帝后，同治帝下诏："柏葰听受嘱托，罪无可辞。惟载垣、端华、肃顺等因律无仅关嘱托明文，比贿买关节之例，拟以斩决。由载垣等平日与柏葰挟有私仇，欲因擅作威福，竟以牵连蒙混之词，致罹重辟。皇考圣谕有'不禁垂泪'之语，仰见不为已甚之心。今两宫皇太后政令维新，事务从宽大平允。柏葰不能谓无罪，该御史措词失当。念柏葰受恩两朝，内廷行走多年，平日勤慎，虽已置重典，当推皇考法外之仁。"于是任用其子钟濂候选员外郎，赐四品卿衔，以六部郎中遇缺即选。钟濂后官至盛京兵部侍郎。

1644 年清军入关后，建立清王朝。清朝是以满族贵族为主体并联合各族地主阶级建立的中国历史上最后一个封建王朝。清朝统治中国达二百六十八年之久，其间经历了两个性质不同的社会发展阶段，即 1840 年以前的封建社会和 1840 年以后的半殖民地半封建社会。本章阐述的是 1840 年以前清朝的法律制度，这是中国历史发展中的重要时期，也是中国法制历史发展中的重要时期。

清朝的法律制度，渊源于明朝，其基本的体系和内容与明朝法律制度相同，即所谓"清承明制"。但是随着经济政治形势的变化，为了巩固极端发展的君主专制制度，清朝统治者运用法律手段全面保护满族贵族的特权，在思想文化领域内实行空前严厉的镇压措施，并加强了对资本主义萌芽的摧残。在司法制度上进一步健全和发展了会审制，形成严密而有效的司法管辖体系。这些特点构成了清朝法律制度的发展变化，也反映了时代的特点。

第一节　清初法制的指导思想与立法概况

一、清初的立法思想

清统治者入主中原后，迅速采取了联合汉族官僚地主阶级、镇压明末农民起义军的政策，并全盘继承明朝的政治法律制度，以天命正统自居，建立起超越前代的封建大帝国。清初法制指导思想正是基于这个总方针而形成的。

（一）入关前，"参汉酌金"

清入关之前即后金的法律制度，正处于习惯法向成文法的过渡时期，比较简陋。受汉族成文法的影响，努尔哈赤和皇太极时期开始对原有习惯法进行整理，相继颁布了《禁单身行路令》《离主条例》等。为了适应经济发展和扩大统治的需要，统治集团的有识之士主张积极吸收汉族法制文明的成就。皇太极的大臣宁完我曾说过，对《大明会典》不能全部照行，只能"看会典上事体，某一宗我国行得，某一宗我国行不得，某一宗可增，某一宗可减，参汉酌金，用心筹思，就今日规模立个金典出来"[1]，这种主张得到皇太极的赏识，确立了"参汉酌金"的立法指导思想，"参汉"就是引进或借鉴明朝的法制，"酌金"就是记录整理后金原有的习惯法，目标是将二者结合起来，"渐就中国之制"。

（二）入关以后，"详译明律，参以国制"

入关之后，清的统治地域更广阔，人口更多，中原地区又有悠久制定法传统，因此清政权选择了依明朝现有法律制度进行统治。尤其重要的是，清初统治者极为推崇明朝法律制度，认为明朝法制全力维护高度君主专制中央集权制度的特点完全符合清政权的需要。因此，将明太祖创建的法制视为楷模，力图以此实现清朝的长治久安。顺治元年（1644 年）六月，摄政王多尔衮下令"问刑衙门准依明律治罪"，十月，顺治帝也下令，新律制定以前，"仍照明律行"。第二年，又下令修律官"参稽满汉条例"，制定统一的大清律。顺治帝在为该律所作的序文中清楚地表明了"详译明律，参以国制"的立法指导思想，即详细推究演绎和吸收借鉴明朝律令，适当参考保留本民族习惯法。但实际上，由于主持定律的多为明朝旧臣，对后金旧制多不甚了解，所以大多照抄明律。在这一立法思想指导下，历经顺治、康熙、雍正、乾隆四代近百年时间，清律不断修改完善，至乾隆初期律文基本定型。

（三）"正人心、厚风俗"

清统治者为了压制及肃清汉族地主、官僚士大夫的反动意识，防止不利其专制统治的"异端"思想传播，入关后竭力以儒家正统自居。康熙、雍正、

---

〔1〕《天聪臣工奏议》卷中。

乾隆三朝皇帝钦定，"御纂"有关儒家《易》《书》《诗》《礼》《春秋》五经方面的著作有几十部之多，力图以儒家"天命"、忠君的思想统一中原汉族地主阶级的意识，并大力提倡程朱理学，全盘继承、发展"明刑弼教""正人心、厚风俗"的理学思想，以此作为法制指导原则。

二、立法活动

清朝主要法律形式有律、条例、则例、会典、事例等。突出的特点是各种各样的"例"的地位进一步上升，且种类繁多，实用性强，成为法律的主要形式。

（一）《大清律例》的制定

1.《大清律集解附例》

公元 1644 年清军入关，清朝开始了对全国的统治。为了适应统治全国的需要，清世祖福临于顺治元年（1644 年）准刑部之请，制订法律。至顺治三年（1646 年），制成《大清律集解附例》颁行全国。这是清朝第一部完整的成文法典，是在"详译明律，参以国制"思想指导下制定的，除个别条款有所增删改并外，其余基本上是明律的翻版，缺点是与清初的社会现实脱节。

2.《刑部现行则例》

康熙即位后，刑部奏请重新校正律文，于康熙九年（1670 年）完成。康熙十八年（1679 年），为了解决律与例之间轻重互异的矛盾，刑部奉命重新酌定新旧条例，次年编成《刑部现行则例》。该则例对大清律律文以外的各类犯罪，规定了相应的处罚内容。至康熙二十八年（1689 年），因律和则例并行有矛盾，又交九卿议准，将《刑部现行则例》附入大清律内，删去重复条款，并于每条正文后增加总注，解释律文。康熙四十六年（1707 年），刑部将其奏呈朝廷。由于康熙"留览未发"，没有正式颁行。

3.《大清律集解》

雍正初年，针对现行则例轻重不协，调和"事同而法异"的弊病，命大学士朱轼等人，以析异同归、删繁就简、轻重有权、宽严得体的原则，对大清律进行重新修订，至雍正三年（1725 年）完成，于雍正五年（1727 年）颁布《大清律集解》，该律成为后来《大清律例》律文的定本。

4.《大清律例》

乾隆继位以后，对原有律例逐条考正，重加编辑，折衷损益，同时对条例详细校订，后又经乾隆亲自审定，于乾隆五年（1740年）完成修订工作，定名《大清律例》，"刊布中外，永远遵行"〔1〕。

《大清律例》简称《大清律》，在结构形式上与《大明律》相同，分为名例律、吏律、户律、礼律、兵律、刑律、工律七篇，三十门，律文四百三十六条。律后分别附以准奏的条例一千零四十九条，因"以例附律"，故称"律例"。至此，《大清律例》从顺治到乾隆，历时一百多年，几经修订，终于成为一部比较完整的封建法典。《大清律例》作为中国历史上最后一部封建法典，总结吸取了两千多年封建立法的丰富经验，是历代封建法典的集大成。在中国封建法典的制定史上占有重要地位。

（二）条例

清朝的例又称"条例"，既有皇帝的诏令，又有经皇帝批准的有关法令和成例。清朝沿袭明制，律例合编并行。从雍正五年（1727年）颁行的《大清律集解》始，律文便被确立为子孙世守的成法，不再修改，只是因时制宜，根据情况随时编例来补充和修改律文的不足。由于例的形式灵活，便于及时将统治阶级的意志上升为法律，因此越来越受到统治者的重视，数量不断增多，并且逐渐凌驾于正律之上。

清代律与例的关系如下：律、例二者同在基本法典之中，对现实社会起同样的调节作用；律是国家最根本的规范，而"例以辅律"，是对律文的进一步充实、补充；在不违背律所确立的原则和方向的前提下，例可以根据实际需要作出新的规定，以补律之不足；在一些具体问题上，也存在"以例破律"。

为消除律与例、例与例之间的矛盾，乾隆十一年（1746年）确定了"条例五年一小修，十年一大修"〔2〕的编例制度，修订后的例称为"定例"。乾隆四十四年（1779年）明确规定："既有定例，则有例不用律"。自此，"以例代律"就为清朝司法官吏任意援引比附、出入人罪创造了便利条件。

---

〔1〕《大清律例·奏疏》。
〔2〕《清史稿·刑法志》。

（三）《大清会典》

《大清会典》是清朝的基本行政法典。清朝自康熙时起仿照《大明会典》编制了《康熙会典》。其后，雍正、乾隆、嘉庆、光绪四朝均续加修订，合称为《五朝会典》，即《大清会典》，其目的是规范行政活动，提高行政效能。《大清会典》是按行政机构分目，内容包括宗人府，内阁，吏、户、礼、兵、刑、工六部等职能及有关制度，是以行政法为主要内容的法律汇编，详细记述了清代从开国到清末的行政法规和各种事例，反映了封建行政体制的高度完备。《大清会典》的内容比《大明会典》丰富，是中国封建社会行政法典的集大成。

（四）各部院则例的制定

各部院则例是针对特定机构和事务制定的部门性行政规章，是清朝法律体系的重要组成部分。为了使国家机关活动制度化、规范化，清朝在会典之外，还制定了吏、户、礼、兵、刑、工六部及理藩院、八旗等则例，钦定颁行。则例最初附于律后，典例并行，从乾隆起分离。清朝的则例种类繁多，数量庞大，在规范国家行政机关的行政行为、提高效率方面发挥了重要作用。

（五）适用于少数民族聚居区的法律

清朝是幅员辽阔的多民族国家，少数民族多聚居于边疆地区，且风俗各异，很难统一适用《大清律例》。为了适应巩固统一的多民族国家的需要，加强对少数民族的统治和司法管辖，清王朝制定了用于少数民族聚居区的单行法规，主要有适用于蒙古族的《蒙古律例》，嘉庆十六年（1811 年）改称《理藩院则例》；适用于宁夏、青海、甘肃等地区少数民族的《西宁青海番夷成例》《回律》；适用于藏民的《藏内善后章程》《禁约十二事》以及《钦定西藏章程》（后修订为《西藏通制》）；适用于苗疆的《苗疆事宜》《苗疆善后事宜》；适用于台湾地区的《台湾善后事宜》等。

第二节 清朝法律主要内容和特点

一、刑事方面

（一）刑事法律内容的变化

1. 进一步加强中央集权

清朝在明朝加强中央集权的基础上，进一步强化君权，加大对封建官僚和贵族特权的限制。主要表现在：

其一，限制"八议"等特权条款的效力。《大清律例》减弱了有关特权规定，官僚贵族只有在犯笞杖刑的情况下，才能以官爵抵罪，其他重罪，照常处罚。这在一定程度上加强了皇权，削弱了官僚贵族特权。

其二，严禁内外官交结，禁止宦官干政。《大清律例》为限制王公培植党羽，规定各旗王公所属人员不得私下谒见、贿赂本管王公，否则交宗人府议处。为限制京官与地方官交结，还规定凡内外官交结，朋比为奸者，本人处斩，妻子流二千里。此外，鉴于明朝宦官干政，祸乱朝纲，导致法制废弛的教训，顺治帝特铸铁牌令子孙守之："朕裁定内官职掌，法制甚明。如有窃权纳贿，交接官员，越分奏事者，凌迟处死。特立铁牌，俾世遵守。"[1]

2. 扩大了谋反罪、谋大逆罪的范围

清律继承了隋唐以来的"十恶"制度，并将谋反、谋大逆、谋叛以及大不敬等危害皇帝安全和尊严的行为，列为最严重的犯罪，用最严厉的刑罚惩处。按《大清律例·刑律》的规定：凡谋反、谋大逆，但共谋者，不分首从，皆凌迟处死，并株连其父子、祖孙、兄弟及同居之人，不分异姓，及伯叔父、兄弟之子，不限籍之同异；年十六以上，不论笃疾废疾皆斩；其男十五以下及母、女、妻、妾、姐妹，若子之妻妾，给付功臣之家为奴，财产入官。即使子孙确不知情，年十一以上，也要阉割发往新疆给官为奴。

在《大清律例》所附的条例中，将谋反罪、谋大逆罪扩大到汉族人民的宗教活动，将谋叛罪扩大到异姓歃血订盟结拜把兄弟，从而扩大了谋反、谋大逆、谋叛等罪的范围。[2]

3. 加重对强盗、窃盗等重罪的处罚

清律继承了明律"轻其所轻，重其所重"的特点，对危害社会治安、侵犯财产权的强盗、窃盗等重罪处罚再次加重。《大清律例·刑律·贼盗》规定，强盗但得财（不论多少），不分首从皆斩。清律还规定了"江洋大盗"等新罪名，并规定了"枭首示众""立斩枭首""就地正法"等残酷刑罚。对于窃盗罪，明律最重处以流三千里，清律在顺治时期规定赃物满一百二十两

---

〔1〕《清史稿·世祖本纪》。
〔2〕《大清律例·刑律·贼盗》。

即处绞监侯。普通窃盗的处罚也比明朝重。另强盗、窃盗，法律规定不仅要严惩，而且还要在面部刺字，以控制罪犯，警戒他人，是古代肉刑之一墨刑的复活。

4. 大兴"文字狱"，惩罚异端思想

清朝建立之初，在政治、思想领域面临着两种思潮的冲击和挑战：一是明末清初一度兴盛的反封建专制的启蒙主义思潮；二是反清复明的民族主义思潮。为了加强君主专制统治，在思想文化领域，清政权推崇孔孟之道，把程朱理学作为"正学"，而将其他与儒家正统相违背的学说斥为"异端"。清朝严厉打击具有反抗封建专制主义和复兴民族意识的社会思潮，镇压异端思想，诛杀"异端"知识分子，大兴"文字狱"。

"文字狱"是中国封建社会统治者以文字著述罗织罪名制造的冤狱，盛行于明清。清康熙、雍正、乾隆三朝文字狱百余起，其惩罚之严，株连之广，是历史上少见的。清朝的"文字狱"有以下特点：一是《大清律例》对因文字获罪并无律文正条，在定罪时多比附谋反、谋大逆等罪，处罚极重，株连甚广；二是"文字狱"的起因往往是皇帝的疑心，"缘心"获罪，且对无刑事责任能力的人也绝不宽待。"文字狱"案件不经各级司法机关审理，直接由皇帝过问，任意判决，因此冤案极多。

康熙朝较著名的"文字狱"有"明史案"和"南山集案"，雍正朝较著名的"文字狱"有"查嗣庭试题案"和"吕留良案"，乾隆朝较著名的"文字狱"有"胡中藻诗案"。"文字狱"的大兴，充分暴露了封建专制君主的淫威，是清朝实行极端专制主义统治在文化领域内的突出表现。

（二）刑罚制度的变化

清朝律例基本沿袭明律的刑罚制度，随着清朝中央集权的加强，清朝的刑罚种类增多，在细节上有很多修改。

1. 笞杖刑

清朝律例将笞杖刑的刑具改为竹板（原来笞用竹条、杖用荆条），并减少了刑数。笞刑用小竹板，笞十折为四板，笞二十折为五板，笞三十折为十板，笞四十折为十五板，笞五十折为二十扳。杖刑用大竹板，杖六十折为二十大板，杖七十折为二十五大板，杖八十折为三十大板，杖九十折为三十五大板，杖一百折为四十大板。对满人、旗人往往适用鞭刑。

2. 充军刑

清朝律例将明朝的"充军"定为重于流刑的刑罚种类，分为附近充军（二千里外）、近边充军（二千五百里外）、边远充军（三千里外）、极边充军（四千里）、烟瘴充军（四千里）五等，号为"五军"。清朝为各府编制了"三流道里表""五军道里表"，详细规定该府罪犯应流、应充军的地点。由于清朝军制与明朝不同，罪犯充军至某地后并不编为军户，也没有"终身充军""永远充军"的区别，所以实际上充军与流刑并无不同，只不过极边、烟瘴的距离远于流三千里而已。

3. 斩（绞）监候、斩（绞）立决

清朝律例沿袭明中期以后的惯例，将死罪按是否秋后处决分为监候和立决两种，分别在律文之后注明。

监候即"监禁并等候处死"（还必须经过一次复审），是清代的一种死刑执行方式，即对于那些尚有疑问或是有矜免情节的案件，则判处监候，分别为斩监候、绞监候。被判斩监候、绞监候的案犯，不当年处决，而是暂时监禁，留待来年秋审或者朝审再作判决。斩监候、绞监候虽是死罪，但仍有一线生望。

立决即"决不待时"，是对于那些性质比较严重、案情属实、适用法律适当的案件，判处斩刑或者绞刑，在当年秋分以后执行，分为斩立决、绞立决。

4. 刺字

刺字是一种带有侮辱性质的附加刑，主要适用于窃盗、逃军、逃流等罪，在犯人的臂或面部刺以特定标记或发配地名、犯罪事由等。刺字源于先秦以前的墨刑，西汉刑罚改革时，被劳役刑所取代，但在宋朝时出现了刺配刑，复活了这一刑罚。清朝律例大大扩大了刺字刑的适用范围，发冢（盗墓）、逃囚等罪也附加刺字。对于三犯、四犯还分别在右脸颊、左脸颊刺字，受刺字的罪犯刑满释放后必须充当"巡警之役"三年。

5. 发遣

发遣是清朝创设的一种刑罚，是指将罪犯发配至边疆地区给驻防官兵为奴。此种刑罚比充军更重一些，多适用于政治性罪犯，如在清朝的一些"文字狱"案件中常常出现。发遣和充军等罪犯可以带家属前往服刑，不遇恩赦准许，终生不能返回原籍。

6. 枷号

枷号刑起源于明朝。在清朝的许多律例条文中，规定了枷号的刑罚。从清朝的定例看，枷号是一种侮辱体罚性质的附加刑，主要适用于犯奸、赌博、逃军、逃流或窃盗再犯等伦理、风化案件，是让犯人带上重枷，在城门、衙门等公众聚集或来往之地示众。按照《大清律例》规定，普通枷号重二十五斤，重枷为三十五斤；枷号时间由三日五日至半年一年。

7. 凌迟

凌迟自宋朝以后，就作为常用刑被各朝广泛使用。清律除了继承明朝规定的十三种凌迟罪名外，还陆续增加了劫囚、发冢、谋杀人、杀一家三人、威逼人至死、殴伤业师、谋杀本夫等罪。直到清朝末年，这种酷刑才被废除。

二、民事、经济方面

（一）土地所有权

清朝的土地分为官田和私田两种类型。清初统治集团通过圈地、开垦荒地、查抄地等方式占有了大量土地，称为"官庄"或"官田"，其地权归国家所有。但清朝后期"官庄"或"官田"已出现私有化的趋势。私田的地权则分属于官宦贵族、地主、宗族以及农民所有。

由于永佃权的发展，在清代形成了"一田二主"的现象，即同一块土地的上层称为"田皮"，由佃户享有它的使用收益权，是为皮主；下层称为"田骨"，由原田主所有，是为田主，这是土地的所有权和用益物权相分离的状态。清律不承认永佃权的合法存在，因而田皮的买卖是被禁止的。

清朝土地的买卖分绝卖和活卖两种情况。活卖土地允许卖主向买主"找赎"，而绝卖则不允许"找赎"。通常习惯上"找赎"以一次为限，经"找赎"后活卖即变为绝卖。清律规定绝卖须使用官方印制的契约，即所谓"红契"，并向官府交纳契税；而活卖则无须交纳契税，也不是必须使用红契。此外，绝卖土地在交易完成后通常要将税赋"起割"、"推入"过户，而活卖却无需改变税赋责任归属。

（二）典卖制度

在《大清律例》中设有关于"典卖田宅"的条款，具体规定了典权的设定，典权人与出典人的权利、义务等。所谓"典"就是"以价易出，约限回赎者"〔1〕。清律对典与卖作了严格的区分：典契必须在契内注明"回赎"字样；卖契则在契内注明"永不回赎"字样。同时还规定即便契约内没有"绝卖"的字样，但未注明回赎，且超过三十年的，以绝卖论。同时，还严格界定了回赎期限，回赎期限不能超过十年，但民人契典旗地回赎期限是二十年。承典人在典权存续期内故意或过失损毁典物要负赔偿责任，因不可抗力造成的典物损毁，承典人不承担赔偿责任，这也是典权制度在我国历史上首次以法律形式予以规定。

(三) 雇工人的法律地位与"开豁贱籍"

在人身依附关系方面，比较重要的变化表现在规定雇工人的法律地位和"开豁贱籍"两个方面。

1. 雇工人的法律地位

雇工人主要是指失去土地、受雇于他人，从事家庭内部劳动的人。雇工人地位卑下，与雇主是主仆关系，存在着人身依附关系。《大清律例》规定，雇工之于雇主，与奴婢之于家长大体相当。若雇工人殴家长，即使无伤，亦应杖一百，徒三年；已伤者，不问轻重，处杖一百，流三千里。处罚明显重于常人，但是在乾隆以后的定例中，雇工人条款的适用范围有所缩小，如规定"彼此平等相称""如有杀伤，各依凡人科断"等，可见，雇工人的法律地位有所提高。

2. "开豁贱籍"

良贱不平等是中国传统法律的重要内容之一。《大清律例》仍然规定良贱不平等，如良贱不得为婚，良贱互殴异罚等。清朝初年，除传统的贱民外，被列为贱民的还有山西的"乐户"、河南的"丐户"、广东福建的"蛋户"(水上居民)、浙江绍兴的"惰民"等。这些贱民处于社会底层，没有政治权利 (如不能参加科举等)。雍正以后，逐渐开豁贱民为良民，至乾隆时，再次下令"开豁贱籍"，准许参加科举或捐官。至此，贱民基本都开豁为良民了。

(四) "摊丁入亩"的财税立法

在中国，国家的财政收入自古以来主要来自农民的赋税。秦汉以来国家的赋役一直包括田赋和丁役。唐朝的"租庸调制"和明朝的"两税法"都没

---

〔1〕《大清律例》。

有跳出田赋和丁役分离征收的传统格局。清朝建立之后，曾多次尝试改革税收体制问题。康熙五十二年（1713 年），清廷正式宣布，以康熙五十年（1711 年）赋税为标准，以后虽有人丁滋生，但税额不增加，这就是著名的"盛世滋丁，永不加赋"政策。这一政策在一定程度上减轻了农民的负担，但仍未解决丁役负担不均的问题。在确定这一政策后数年，清政府用法律手段进一步推行"摊丁入亩"的政策，将人丁应纳丁银按照土地数量平均分配到田赋之中，不再按人头征税，这是我国古代税制的一次重大变革。这一政策从雍正元年（1723 年）以后在各地推行，大约经历百余年时间最终完成，自此以后，延续了数千年的人丁税正式退出历史舞台。"摊丁入亩"的政策，简化了税收标准、减轻了农民的经济负担，以法律手段废除限制人口流动的人丁赋役，使农民对封建国家的人身依附有所减轻。

（五）禁海政策及对资本主义萌芽的限制

1. 奉行禁海政策，阻挠对外贸易

清初为了镇压抗清力量，维护政权的稳固，颁布了"禁海令"，严令"寸板不得下海"。其后又颁布了"迁海令"，强制闽、粤、苏、浙沿海居民内迁五十里，越界者立斩，从而完全断绝了海外贸易，直至鸦片战争以前，广州以外各关口岸均奉令关闭。清朝以严法长期实行海禁，禁止和限制对外贸易，顿挫了资本主义萌芽的发展势头。

2. 推行禁榷制度，实行抑商政策

禁榷制度，是指中国封建国家对某些重要的商品实行专卖的制度。禁榷制度从西汉武帝时实行盐铁官营始，便成为中国封建社会的传统制度，清朝又继续扩大了禁榷的范围，除盐、铁、茶官营外，金、银、铜、锡、硝、硫黄等商品也由政府垄断经营权。凡属禁榷商品，违禁制造或贩卖者，都要受到刑律的严厉惩罚。如雍正六年（1728 年）定例："凡拿获私贩，务须究讯，买自何地，卖自何人，严缉窝顿之家，将该犯及窝顿之人，一并照兴贩私盐例治罪。"[1]这种对工商产品的禁榷制度，在封建社会后期对商品流通和商品生产，都起了极大的阻碍和破坏作用。

清朝推行抑商政策的另一个重要措施是广设钞关、重征商税、压制私人

---

〔1〕《大清律·盐法》。

商业的发展。清沿明制，在各地广设钞关，钞关的主要任务是征收通过税。除此之外，还征收名目繁多的商税，如牙税、落地税等，加上官吏勒索无度，使广大工商业主不堪重负，视商业为畏途，许多商人抽出商业资本而投向兼并土地。

清朝政府在压制私人商业的同时，强制推行官营手工业制度，极大地限制了民间手工业的发展和市场的扩大，这些都妨碍了货币资本的大量积累，是造成中国封建社会经济发展长期停滞的原因之一。

3. 加强对矿冶业的管禁，限制民间自由开矿

矿藏的开采和冶炼是重要的工业部门发展的基础，而清朝政府出于政治的原因却对矿冶严加管禁，限制民间自由开矿。康熙四十三年（1704年）曾下谕："开矿事情，甚无益于地方，嗣后有请开采者，俱不准行"[1]。雍正帝也曾明确表示："开矿一事……人聚众多，为害甚巨"，决不允许"逐此末利"。在统治者这种思想指导下，《大清户部则例》严格规定："由地方官查明商人姓名、籍贯，取具甘结，并由藩司发给执照，方准开采"，"倘有私挖，即行封禁，照例治罪"。清政府规定，贵金属的开采、冶炼均由官府经营。铁矿民间开采必须由官府发给执照，严禁无照私自买卖铁器，尤其严禁运销海外。对于铜矿冶，清政府还推行"预借工本，官收铜斤"，由官府垄断铜的买卖，强制矿产主将铜低价卖给"官铜店"，如果私相买卖，一经查获，铜没收，人治罪。

清朝封建法制对资本主义萌芽的限制是多方面的。从以上所列举的几个方面可以看出，清朝统治者利用政权的力量和法律的手段来维护封建政权及稳固封建生产方式，压制商品经济的发展，对社会生产力的前进起了极大的阻碍和破坏作用。这说明当法律制度为落后的生产关系服务时，它就成为妨碍生产力发展、阻碍社会前进的反面力量，而这时改革旧的上层建筑，包括法律制度，就成为社会发展的迫切要求和历史发展的必然。

三、清朝法律的主要特点

清朝法律内容庞杂，与前朝相比较，在以下两个方面具有突出特色：

---

[1] 俞正燮：《癸巳存稿》卷九。

（一）注重维护宗族族权

清朝政府一方面默认封建宗族及乡绅在一定条件下实行有限度的"自治"，官府不予干涉，从而使"祖宗旧规""族规乡规"等规范成为整个封建法制体系的组成部分。

清朝统治者为了笼络汉族地主阶级，将宗族族权纳入政治统治的体系，入关后不久就默认族权的权威，承认宗族拥有对于族人的裁决、惩处的权力。允许族长、宗族头面人物对于"劝道风化以及户婚田土争竞之事"有调处、裁判的权力，只有"事之大者"才告官处理。对于违犯族规的族人，家族经常采取的处罚手段有：训斥、长跪、鞭责、罚银、罚役、剥夺参祀资格、黜革，直至"鸣官"，送官府处分，有的甚至还处以令自尽、勒毙、活埋、沉潭等，这些一般都得到官府默认。《大清律例》规定，很多轻微罪犯、妇女罪犯可以送交宗族，责成宗族管束训诫。民事纠纷，尤其是婚姻、继承案件也大多规定可以批转宗族处理，"阖族公议"。

另一方面，清朝法律也竭力维护宗族的族权。如对违抗族长的"悖逆子孙"予以严惩，并加强对族产的保护，凡子孙盗卖宗族公产五十亩以上，发边远充军（盗卖田土罪止杖八十徒二年），五十亩以下者按盗卖官田律加重二等处刑。以国法为族规的后盾，又以族规为国法的补充，使得统治者可以集中力量镇压危及封建统治秩序的重大犯罪。

（二）确认和维护满族特权

《大清律例》以法律的强制形式确认和维护了满族享有的政治、经济和司法等各种特权。

在政治方面，满人做官不经科举途径，而是靠特权种种。凡是重要的军事、财政部门和地方要冲之地，均为满官垄断。

在经济方面，清律特别制定了保护旗地旗产的条款。清朝入关后，曾采取强制圈占土地的办法，作为满洲贵族和八旗兵丁的私产。由于旗人不事生计，使大量旗地旗产流入汉人手中，为了维持旗人的经济地位，防止因旗地旗产散失而削弱清朝统治的社会基础，清律禁止汉人典买旗地旗产，违者业主售主一体治罪。乾隆时还多次由官府出资，赎回典卖给汉人的土地，这种措施后来由于国力所限，终于废弛而不再实行。

在司法方面，大清律特别赋予满族人犯罪后享受种种特权，满人犯法不归一般司法机关审理，而由专门的司法机关——步军统领衙门、内务府慎刑司和宗人府审理。如须处刑则依例可"减等""换刑"。例如，笞刑可换鞭责，徒刑一年可换枷号二十日，流三千里可换枷号六十日，极边充军可换枷号九十日，死罪斩立决可减为斩监候。满人犯窃盗罪，免于刺字，如重囚必须刺字，则刺臂不刺面。为了保证八旗军的战斗力和编制的完整，官兵犯徒、流罪，免于监禁和发遣，止于鞭责而已。

第三节　清朝的司法制度

一、司法机关

清朝的司法机关由于地方行政体制的变化与对少数民族聚居区司法管辖的深入，已经形成了一套从中央到地方的完整体系。

（一）中央司法机关

清朝沿袭明制，由刑部、大理寺和都察院三个主要的司法机关构成中央的"三法司"。

1. 刑部

刑部为最高司法审判机关，执掌全国法律刑名，管理地方上诉案件，审核地方上报的重案和发生在京师的徒以上案件，并审理中央官吏违法的案件。作为主要的机构参与或主持国家的重要立法，主持律例的修订工作。刑部同时兼掌造办"黄册"（人命盗贼重案囚犯统计册及秋审事宜等统计册）、狱政管理、赃款罚没管理等司法行政事务。

2. 大理寺

大理寺职"掌平天下之刑名，凡重辟则率其属而会勘。大政事下九卿议者则与焉，与秋审、朝审"[1]。大理寺是最高审判复核机关，主要职责是复核刑部拟判的死刑案件，并在会审时参与对死刑案件的审核，同时也主持热审案件。

3. 都察院

都察院执掌司法监察，除监督其他司法机关的审判活动并参与会审外，

---

〔1〕《大清会典》卷六十九。

还可以受理官民冤案，大事奏请皇帝裁定，小事立予昭雪。清朝的司法监察权与前代相比进一步集中，将原来独立的六科给事中监察系统合并于都察院，六科给事中和十五道监察御史合称"科道"，实行科道合一制。

按照三法司的职权划分，刑部掌审判、大理寺掌复核、都察院掌监察，但实际上刑部权力最大，几乎独揽审判大权，大理寺和都察院并无审判实权。

（二）地方司法机关

清朝在地方上以州县为第一审级，有权决定笞、杖、徒刑案件，徒刑以上转呈上报决定；府为第二审级，受理县上报的徒刑以上案件；省按察使司为第三审级，专管一省刑名按劾之事，是督府的下属机构；总督、巡抚是第四审级，也是地方最高审级，简称"督抚"，主要审核省按察使司判决的案件，并有权审判犯罪的地方官吏。

（三）审理满人案件的司法机关

清朝一般司法机关无权审理满人案件，而由特殊的司法机关负责审理。满族宗室刑名案由宗人府审理；内务府所管辖的满人案件，由内务府慎刑司审理；京师地区普通满人的诉讼由步军统领衙门审理；外省满人诉讼，由满洲将军和副都统审理。

（四）理藩院

清朝政府为了加强对少数民族的司法管辖，设立了理藩院，作为朝廷统治各少数民族的重要机构。少数民族地区判决的重大案件，均须由理藩院审核，方能生效，但理藩院受理的案件如罪至发遣，则须会同刑部裁决，死罪则要经"三法司"会审定案。

（五）刑名幕吏刈司法的操纵

刑名幕吏对司法的实际控制和操纵是清代司法实践中存在的一个突出问题。刑名幕吏是指在国家各部门、衙署中协助主管官员办理诉讼案件的书吏和幕友。因科举取仕，清朝官员大多对法律、刑名等并不熟悉，为此，在具体办案时，往往需要借助幕吏的帮助，刑名幕吏在实际上成为一种重要的职业。清朝的书吏受雇于官府，不是国家官员，没有品秩和俸禄，幕友一般以"私人幕僚"的身份受雇于各级官员，为雇主工作，所以，一般幕友的身份要高于书吏。

由于清朝的刑名书吏和幕友不拿国家俸禄，衙门的"工食银两"或雇主给的佣金又比较微薄，为此多借助于所精通的律例与丰富的刑案经验和官场经验，对许多案件上下其手，操纵司法。利用司法上的便利条件来获取额外的经济利益，就成为大部分刑名幕吏的追求。因此，清朝司法的公正性又多受了一重消极影响。

二、会审制度的发展

清朝会审制在明朝基础上，更为完备。除三司会审和九卿会审外，重要的还有：

（一）秋审

秋审是中央司法机关复审各省死刑案件的制度，因每年秋天举行而得名。清律规定，凡严重危害封建统治的犯罪，应立即处决的，判斩立决或绞立决，如危害性较小或有可疑者，暂判斩监候或绞监候，缓期处决，延至秋天由九卿重审。秋审案件主要是地方上报的斩监候、绞监候案件。

（二）朝审

朝审是对刑部判决的案件以及京师附近的斩监候、绞监候案件进行复审的制度，于每年霜降后十日举行，冬至前复审完毕。

经过秋审和朝审的案件，分为情实（罪情属实，罪名恰当）、缓决（案情属实，但危害性较小，留待下一次秋审或朝审时审核）、可矜（案情属实，但有可怜悯情节，可免于处死）、留养承嗣（案情虽重，但父母、祖父母年老无人奉养）四类。经刑部会同大理寺等机构集中审核后奏请皇帝裁决，除"情实"奏请执行外，其余三类均可免于死刑。秋审和朝审是加强皇权对司法控制的重要措施，有利于统治者渲染"慎刑恤罚"，因此被称为"大典"，以标榜"仁政"。

（三）热审

热审是指每年小满后十日至立秋前一日，由大理寺左右二寺官员，会同各道御史及刑部承办司（称为"小三司"）审理发生在京师的笞杖刑案件的审判活动，目的是减少暑天监狱的在押人犯。

三、诉讼审判制度

（一）对诉讼的限制

清朝地方分为州县、府、省按察使司、总督巡抚四个审级。清政府以严密程序限制越级上诉，嘉庆六年（1801年）颁布条例规定："军民人等遇有冤抑之事，应先赴州县衙门具控，如审断不公，再赴该管上司呈明，若再有屈抑方准来京呈诉"[1]。凡越级上诉者，即使案情属实也要答五十，或将本人并代书诉状之人一体依例治罪。不但如此，清律还禁止在押囚犯告举他事，更加规定良贱在诉讼上的不平等地位。对卑幼、妇女控告尊长、丈夫，以"干名犯义"罪论处。清律还规定地方于每年四月一日至七月三十日间，除重大犯罪外，对一般户婚、田土细事，概不受理。

（二）调处制度

对民事案件的审理，清朝实行州县自理原则，其最大的特点是多采取调处断案。调处息讼自唐朝以来为各朝所沿袭，并且取得了较好的社会效果，因此也受到清朝统治者的青睐。清朝的调处分为州县调处和民间调处两大类，州县调处是在官员主持下进行调处，先调处，调处不成才进行判决；民间调处是诉讼外调处，主要形式有宗族调处和相邻调处。

四、监狱

清朝的监狱制度基本同于明朝，又有自己的特色。

刑部监狱为中央监狱，总管监狱的机关仍然是刑部下设的提牢厅。刑部监狱下辖南、北二监，主要关押刑部现审的京师地区重犯和监候秋审的案犯。刑部监狱之外，还有内务府慎刑司监狱，专门关押内务府所辖上三旗人、太监、匠役等案犯；宗人府空房，专门监禁宗室案犯；步军统领衙门监狱，专门监禁京师地区满人和八旗军人案犯；盛京刑部监狱，专门收禁盛京地区旗人、蒙人及民人与旗人相涉的案犯。

在地方，各级衙门都设有监狱，省级监狱设在省按察使司；府、厅、州、县监狱设于各级衙门之下，并设有主管官吏专门负责；州县的轻罪人犯与干

---

[1]《大清律例》。

连佐证（证人）还往往拘进班房候审。

清朝的监狱管理制度比明朝更为完备。凡收监、出监、囚衣、囚粮、囚病及每日点视、封监、开锁等事项，清律都有具体规定，而且清律特别强调狱官的责任，有失职、徇私舞弊等情形，狱官都要承担相应的刑事责任。

【课后经典试题】

一、填空题

1. 清初统治者在立法上确立了"（   ）渐就中国之制"的原则。

2. 在清朝，负责少数民族事务的机关是（   ）。

3. 清朝最高监察机关是（   ）。

4. （   ）在清代号称国家大典，每年一度，是对在押死刑犯进行特别复核的制度。

5. 依《大清律例》，清代死刑的执行方式有立决与（   ）。

6. 清代负责主持律例修订工作的是（   ）。

7. 中国历史上最后一部封建法典是（   ）。

8. 清初为了镇压抗清力量，维护政权的稳固，颁布了（   ），严令"寸板不得下海"。

9. 清朝中央最高审判复核机关是（   ），主要职责是复核刑部拟判的死刑案件。

10. 康熙时，为解决律与例之间轻重互异的矛盾，帝命刑部将所有新旧条例重新酌定并酌拟新则，次年编制完成（   ）。

二、单项选择题

1. 清朝第一部完整的成文法典是（   ）。

A. 《大清律集解附例》   B. 《大清律例》

C. 《大清律解集》   D. 《五朝会典》

2. 清朝颁布的《会典》共有（   ）。

A. 三部   B. 六部   C. 四部   D. 五部

3. 清代自康熙朝开始，仿效《大明会典》编定《大清会典》，不包括（   ）。

A. 《雍正会典》　　　　　　　B. 《乾隆会典》

C. 《嘉庆会典》　　　　　　　D. 《同治会典》

4. 对清代地方四级司法机关表述正确的有（　　　）。

A. 州、县、府、总督（巡抚）四级

B. 州县、府、省按察使司、总督（巡抚）四级

C. 州县、省按察使司、总督、巡抚四级

D. 县、府、省按察使司、总督（巡抚）四级

5. 清代秋审案件经过秋审复审程序后，分四种情况处理，其中不包括（　　　）。

A. 缓决　　　　B. 情实　　　　C. 立决　　　　D. 留养承嗣

6. 清朝对刑部判决的案件或京师附近的斩监候、绞监候案件进行重审，叫作（　　　）。

A. 热审　　　　B. 秋审　　　　C. 斩立决　　　　D. 朝审

7. 清朝受理满族宗室刑名案件的司法机关是（　　　）。

A. 刑部　　　　B. 理藩院　　　　C. 宗人府　　　　D. 内务府慎刑司

8. 乾隆年间，四川重庆府某甲"因戏而误杀旁人"，被判处绞监候。依据清代的会审制度，对某甲误杀案的处理，适用下列哪一项程序（　　　）。（2006年司法考试试题）

A. 上报中央列入朝审复核定案

B. 上报中央列入秋审复核定案

C. 移送京师列入热审复核定案

D. 上报中央列入三司会审复核定案

9. 在清朝制定的各种"例"中，地位最重要的"例"为（　　　）。

A. 条例　　　　B. 则例　　　　C. 事例　　　　D. 成例

10. 清朝最重要的会审制度是（　　　）。

A. 朝审　　　　B. 热审　　　　C. 三司会审　　　　D. 秋审

11. 下列有关古代借贷契约制度的表述正确的是（　　　）。

A. 西周时期的借贷契约称为"质剂"

B. 唐朝将有息借贷契约称为"负债"

C. 宋朝的典卖契约是一种不动产的买卖契约

D. 清朝明确规定了房屋出典后的风险责任

12. 清朝的中央最高审判机关是（　　　　　）。

A. 大理寺　　　B. 刑部　　　　C. 理藩院　　　D. 都察院

13. 清王朝制定了许多适用少数民族聚居区的法律，其中时间最早的是（　　　）。

A.《回疆则例》B.《苗律》　　　C.《蒙古律例》D.《番例条款》

14. "名例律"作为中国古代律典的"总则"篇，经历了发展、变化的过程。下列哪一表述是不正确的？（　　　　　）（2013年司法考试试题）

A.《法经》六篇中有"具法"篇，置于末尾，为关于定罪量刑中从轻从重法律原则的规定

B.《晋律》共20篇，在刑名律后增加了法例律，丰富了刑法总则的内容

C.《北齐律》共12篇，将刑名与法例律合并为名例律一篇，充实了刑法总则，并对其进行逐条逐句的疏议

D.《大清律例》的结构、体例、篇目与《大明律》基本相同，名例律置首，后为吏律、户律、礼律、兵律、刑律、工律

15. 根据清朝的会审制度，案件经过秋审或朝审程序之后，分四种情况予以处理：情实、缓决、可矜、留养承嗣。对此，下列哪一说法是正确的？（　　　）（2014年司法考试试题）

A. 情实指案情属实、罪名恰当者，奏请执行绞监候或斩监候

B. 缓决指案情虽属实，但危害性不能确定者，可继续调查，待危害性确定后进行判决

C. 可矜指案情属实，但有可矜或可疑之处，免于死刑，一般减为徒、流刑罚

D. 留养承嗣指案情属实、罪名恰当，但被害人有亲老丁单情形，奏请皇帝裁决

三、多项选择题

1. 下列属于清朝制定的适用于少数民族聚居区的行政法规是（　　　　　）。

A.《蒙古律例》　　　　　　　　B.《西藏禁约十二事》

C.《西宁番子治罪条例》　　　　D.《钦定八旗则例》

2. 下列有关清朝法律制度的表述，正确的有（　　　　　）。

A. 清朝入关后制定的第一部封建成文法典是《大清律集解》

B. 清朝制定的"例"中，最重要的例是"条例"

C. 清朝对于以文字锻炼成狱的，一般以"谋大逆"论处

D. 清朝的死刑有斩立决和绞立决之分

3. 清朝根据罪犯是否等到秋后处决，将斩、绞死罪分为（　　　）。

A. 绞立决　　　B. 斩立决　　　C. 绞监候　　　D. 斩监候

4. 清朝经过秋审、朝审后，将罪犯分为（　　　）。

A. 情实　　　B. 缓决　　　C. 可矜　　　D. 留养承嗣

5. 清朝遏止了资本主义萌芽的成长，主要归因于采取了以下哪些措施？（　　　）

A. 厉行海禁政策　　　　　　B. 扩大禁榷范围

C. 推行官工业制度　　　　　D. 加强矿冶管制

6. 中国古代社会的死刑复奏制度是指奏请皇帝批准执行死刑判决的制度。关于这一制度，下列哪些选项是正确的？（　　　）（2008年司法考试试题）

A. 北魏太武帝时正式确立了死刑复奏制度

B. 唐朝的死刑案件在地方实行"三复奏"，在京师实行"五复奏"

C. 明清时期的朝审制度取代了死刑复奏制度

D. 死刑复奏制度的建立和完善既加强了皇帝对司法、审判的控制，又体现了皇帝对民众的体恤

7. 清乾隆年间，甲在京城天安门附近打伤乙被判笞刑，甲不服判决，要求复审。关于案件的复审，下列哪些选项是正确的？（　　　）（2012年司法考试试题）

A. 应由九卿、詹事、科道及军机大臣、内阁大学士等重要官员会同审理

B. 应在霜降后10日举行

C. 应由大理寺官员会同各道御史及刑部承办司会同审理

D. 应在小满后10日至立秋前1日举行

8. 关于明清时期的司法制度，下列哪些选项是正确的？（　　　）（2008年司法考试试题）

A. 明清时期各中央司法机构的职能与隋唐时期相反，刑部负责审判，大理寺负责复核

B. 明朝的廷杖之制是根据皇帝意志而形成的法外用刑惯例

C. 明清会审制度是慎刑思想的反映，但是导致多方干预司法，使实际执法与法律制度日益脱节

D. "申明亭"为明代法定的基层调解机构，对维护社会秩序有一定积极作用

9. 中国传统戏剧多有剧目涉及中国古代法律观念和法律制度。对此，下列哪些说法是成立的？（　　　　）（2010 年司法考试试题）

A. 越剧《梁山伯与祝英台》中，祝父强许祝英台婚配马文才的情节，反映了东晋仍然沿袭西周确立的"父母之命"婚姻缔结原则

B. 粤剧《斩娥》中，窦娥被无赖诬陷又被官府错判斩刑的案件，反映了元朝对诬告等行为严加处罚的具体法律规范

C. 昆曲《十五贯》中，况钟对娄阿鼠偷盗十五贯杀死店主尤葫芦案调查取证的故事，反映了清初明律令、重调查、唯证据的审案观念

D. 京剧《徐九经升官记》中，徐九经"当官不为民作主，不如回家卖红薯"的唱词，反映了清末为官清明、为民父母的法律思想和观念

10. 与唐朝时的规定不同，清律有关"化外人"的法律规定适用于（　　　）。

A. 经商的外侨　　B. 归化者　　　C. 来降者　　　D. 求学的外侨

四、名词解释题

1.《大清律例》　　2. 文字狱　　3. 发遣　　4. 秋审

5. 留养承嗣　　6. 热审　　7. 刑名幕吏　　8. 理藩院

9.《刑部现行则例》　　10.《大清会典》

五、简答题

1. 简述清朝的秋审制度。

2. 简述清朝司法机关有哪些变化？

3. 简述清朝秋审、朝审与热审制度。

4. 简述清律的主要内容特点。

5. 简述清朝"文字狱"的特点。

6. 简述清朝地方司法体制。

7. 简述清朝适用于少数民族聚居区的法律。

8. 简述清朝加强思想文化专制统治的政策。

9. 简述清朝刑罚制度的发展变化。

10. 简述清朝禁榷制度的发展变化。

六、论述题

1. 试述清朝的少数民族法规。

2. 试述清朝遏止资本主义萌芽的措施。

3. 清朝统治者维护满族特权的措施有哪些?

4. 试论清律与唐律、明律在刑罚适用原则上有何发展变化?

5. 请谈谈清朝的主要立法活动。

七、案例分析题

1. 案例一:

《续增刑案汇览》卷四"旗人吸烟犯徒罪折枷"。提督咨送:孙得禄吸食鸦片烟,不将贩卖之人供出,按例应杖一百,徒三年,系旗人,止折枷号四十日,较之食烟本罪应枷号两个月者转轻,应再酌加枷号一个月,以诏平允。道光十二年贵州司案。

问题:

该案例反映了清朝法律的哪个特点,请结合案例加以分析。

2. 案例二:

《刑案汇览三编(一)》"周德章留养承嗣案"。秋审处嘉庆五年(1800年)八月初八奉旨:刑部奏江西省民人周德章殴毙十一岁幼孩黄参才,该抚等将该犯问拟情实,声明周德章之母齐氏现年八十岁,家无次丁。可否将该犯改入缓决,准其留养之处奏明,请旨等语。朕详阅此案情节,幼孩黄参才系代母向周德章索欠,该犯斥其不应催讨,黄参才不依,拉住周德章哭骂,该犯顺用手带烙铁吓打,致伤偏左。黄参才愈加哭骂,仍拉住周德章不放,用头向撞。该犯欲图脱身,复用烙铁吓殴,适伤黄参才脑后左耳根倒地,逾时殒命。是该犯两次随手用烙铁吓殴,衅由逼债,杀出无心。黄参才并非独子,该犯之母现年八十岁,别无次丁,周德章一犯着加恩改为缓决,准其留养。

问题：

该案例反映的是清朝法律的哪项制度，并请说明该制度在清朝是如何发展变化的。

八、材料翻译分析题

1. 试根据下述材料，简要分析材料中所述的现象。

顺治康熙年间，浙江人庄廷铙编刻《明书》，称努尔哈赤为"建州都督"，仍以南明政权为正朔，事被告发，时庄廷铙已死，朝廷下令开棺戮尸，并将其兄弟、子侄以及该书刻印者、读者、保存者甚至"疏忽不觉"的地方官共七十余人全部处死。从此以后，"文字狱"迭兴不断，康、雍、乾三朝多达一百多起，株连士人数万，杀人甚多。

2. 请根据下面材料，说明这两个案例是如何完善清朝的存留养亲制度的。

康熙二年（1662年），经刑部议复直督苗澄疏，卢氏等叩阍各款审虚，应将管从福、管从周兄弟二人并拟边戍。缘管从福兄弟有母王氏，年老无人侍养，请将管从福、管从周仍拟充发，奉旨依议在案。康熙五十九年（1720年）九月内，礼部会奏朝鲜国人杀害上国人等因具题，奉旨：这事情依议前审事章京奏，朝鲜国犯罪内有亲兄弟三四人等语。本朝例，兄弟俱拟正法者，存留一人养亲。将此交部，咨行朝鲜国王。钦遵于雍正三年（1725年）律例馆修，以兄弟俱拟正法应存留养亲，原非止为朝鲜国人定例，因纂如后例，以便遵行：凡犯罪有兄弟俱拟正法者，存留一人养亲，仍照律奏闻，请旨定夺。

第十三章 清末的法律制度

(1840—1911 年)

【学习目标】

1840 年以后，以英国为首的西方列强对中国的政治、经济、文化、军事进行全面的侵略从而引发了中国社会的巨变，中国由一个主权独立的封建国家变为一个半封建半殖民地社会。在法律方面这种变化尤为显著。通过本章的教学，使学生了解清末主要修律内容及清末司法体制的变化，理解清末"预备立宪"。

【开篇案例】

天津教案是清末著名教案之一。同治九年（1870 年）四月，天津发生多起以妖术迷拐人口案，案犯供称迷药来源于教民王三。于是民间便传说天主教堂派人迷拐小孩，挖眼剖心以作药用，更传义冢内尸骸暴露者为教堂所为，一时群情激愤。五月二十三日，五口通商大臣崇厚及天津道周家勋会同法国领事丰大业审讯案犯，天津市民闻讯后围观并与教堂人员发生冲突。崇厚派人镇压无效，法国领事丰大业责骂崇厚并用枪恫吓。出城镇压民众的官兵在回来的道上与丰大业等相遇，丰大业枪击官兵，围观的民众愤而将丰大业打死，并鸣锣集众，烧毁教堂等，杀伤教民等数十名，误杀俄商人三名。案发后，清政府极为重视，遂派直隶总督曾国藩与崇厚会同办理此案。不久，曾国藩调任两江总督，李鸿章接任直隶总督，与崇厚协办此案。后，滋事人二十名被处以死刑，其他二十余人发配，清政府出资二十一万两银子修建教堂，赔偿死亡英法俄国人殡葬银二十五万两。

第一节　清末的预备立宪

一、预备立宪的发生及其性质

1894 年中日甲午战争和 1900 年八国联军之役后，中国社会民族危机空前严重。清王朝统治者和人民之间的矛盾更加尖锐激化，资产阶级革命运动和全国各族人民自发的反抗斗争日渐合流，猛烈地冲击着处在风雨飘摇中的清王朝。而 1905 年日俄战争的结局，更使朝野震动。当时国内除资产阶级立宪派乘机鼓吹"日本以立宪而胜，俄国以专制而败"，要求改革政体外，一些朝廷大臣和满族亲贵也为革命形势所震慑，相继奏请变更政体，要求实行立宪。朝廷在来自革命派、立宪派以及当权派集团的一些人的压力下，于 1905 年派载泽等五大臣出国考察宪政。次年，五大臣回国复命，在奏请宣布立宪的密折中提出："立宪之利最重要者三端：一曰皇位永固，一曰外患渐轻，一曰内乱可弭"。经过七次召见出访大臣和召开一系列御前会议后，慈禧于 1906 年 9 月 1 日颁布了预备立宪的上谕，宣布："时处今日，惟有及时详晰甄核，仿行宪政"。并宣布预备立宪的原则是："大权统于朝廷，庶政公诸议论"，而"立宪"的时间，要待数年后"查看情形"而定。

清朝统治者宣布预备立宪的目的，一是为假借立宪之名，行抵制革命之实；二是为适应帝国主义侵略政策的需要，借以取得帝国主义的进一步支持，其实质是为了继续维护封建君主专制主义政权。

二、预备立宪的主要活动

（一）设立咨议局和资政院

设立咨议局与资政院是清末预备立宪的一项重要内容。在岑春煊、袁世凯等各省督抚速开国会的吁请下，清廷于光绪三十三年八月十三日（1907 年 9 月 20 日）下令设立资政院，委派溥伦、孙家鼐任资政院总裁，会同军机大臣拟订《资政院院章》，于宣统元年七月八日（1909 年 8 月 23 日）公布。根据该院章规定，"资政院钦遵谕旨，以取决公论，豫立上下议院基础为宗旨"，其职掌主要是议决以下事件："一、国家岁出入预算事件；二、国家岁出入决算事件；三、税法及公债事件；四、新定法典及嗣后修改法律事件，但宪法不有此限；五、其余奉特旨交议事件。"有人根据以上规定认为资政院是一个不完全的立法机构，因为它没有制定宪法的权力，但事实并非如此。随着各项预备立宪措施的推行，在资政院的实际运转过程中，清廷通过不断发布上谕，使其逐渐获得了制定宪法的权力。光绪三十四年六月二十四日（1908年7月22日），清廷命宪政编查馆和资政院共同编纂宪法大纲，是资政院获得参与制宪权力之始。宣统二年十月四日（1910年11月5日），清廷又任命资政院总裁溥沦为纂拟宪法大臣之一，使资政院参与制宪的权力得到了巩固。随着革命形势的发展，到宣统三年九月十二日（1911年11月2日），清廷迫于一部分立宪派的压力，命资政院制定英国式的议会君主制宪法，使其获得了完全的制宪权，资政院因此成为清末预备立宪中最重要的制宪机关。

资政院议员由钦选和互选两种方式产生，各一百人，任期三年。前者由皇帝在年满三十岁以上的七种人中钦选：宗室王公世爵；满汉世爵；外藩蒙、藏、回王公世爵；宗室觉罗；各部院衙门四品以下七品以上官（审判官、检察官及巡警官不在此列）；硕学通儒；纳税多者。后者则由各省咨议局议员互选产生，但须由该省督抚覆加选定。由于资政院议决事项须"分别会同军机大臣或各部行政大臣具奏，请旨裁夺"，而且皇帝可以"特旨谕令"资政院"停会"或"解散"，所以，资政院实际是皇帝的御用机构，而并非真正意义上的国家议会。

宣统二年八月二十日（1910年9月23日），资政院正式召集成立。九月一日（10月3日），举行第一次常年会，历时三个月零十天，先后通过了二十多项议案，却被清廷搁置一旁。次年九月一日（1911年10月22日），正值辛亥革命趋于高潮之时，资政院举行第二次常年会，又通过了一系列重大议案。虽然清朝不久后即被推翻，但部分议案产生了一些影响，并曾得到一定程度的实施。

在筹建资政院的同时，光绪三十三年九月十三日（1907年9月19日），清廷发布上谕，通令各省督抚速设咨议局。次年六月二十四日（1908年7月22日），宪政编查馆奏定《咨议局章程》及《咨议局议员选举章程》，朝廷予以公布。根据章程规定："咨议局钦遵谕旨，为各省采取舆论之地，以指陈通省利病，筹计地方治安为宗旨"。其议员任期三年，采用复选法选举产生，初选在州县进行，产生候选人后，再集中于道府，互相进行复选。凡属本省籍贯之男子，年满二十五岁以上，具备下述资格之一者，有选举咨议局议员之权："一、曾在本省地方办理学务及其他公益事务满三年以上著有成绩者；二、曾在本国或外国中学堂及与中学同等或中学以上之学堂毕业得有文凭者；三、有举贡生员以上之出身者；四、曾任实缺职官文七品武五品以上未被参革者；五、在本省地方有五千元以上之营业资本或不动产者"；"凡非本省籍贯之男子，年满二十五岁，寄居本省满十年以上，在寄居地方有一万元以上之营业资本或不动产者"，也有选举权；"凡属本省籍贯，或寄居本省满十年以上之男子，年满三十岁以上者，得被选举为咨议局议员"。但是，有以下八种情况之一者，不得有选举权及被选举权："一、品行悖谬，营私武断者；二、曾处监禁以上之刑者；三、营业不正者；四、失财产上之信用，被人控实，尚未清结者；五、吸食鸦片者；六、有心疾者；七、身家不清白者；八、不识文义者"。而以下五种人则停止其选举权及被选举权："一、本省官吏或幕友；二、常备军人及征调期间之续备后备军人；三、巡警官吏；四、僧道及其他宗教师；五、各学堂肄业生"，对小学教员"停止其被选举权"。这些规定显然只保障少数有一定财产、地位、学历的官绅、富商等人士的政治权利，而妇女及绝大多数民众却被剥夺或停止了选举权与被选举权。宣统元年二月（1909 年 3 月），咨议局开始选举，各地立宪派人士都积极投入竞选，其重要人物大都进入咨议局，并担任议长和副议长职务。

按照清廷计划，原定在全国二十二个行省中成立二十三个咨议局，即每省一局，江苏因有两个布政使分治南京、苏州，拟设两局，但江苏方面认为，这种近似分割的办法有碍团结，要求只设一局。新疆地方官也以教育程度落后为由，请求暂缓成立。到宣统元年九月一日（1909 年 10 月 14 日），全国除新疆外，二十一个行省都成立了咨议局，为各地立宪派提供了一个舆论宣传阵地和政治活动场所。此后，各省咨议局先后发动了三次国会请愿运动，推动了清末预备立宪的开展。

（二）颁布《钦定宪法大纲》

1. 《钦定宪法大纲》的颁布

1908 年，清政府迫于革命形势的迅猛发展，宣布立宪以九年为期。同时，于 1908 年 8 月，颁布了由宪政编查馆制订的《钦定宪法大纲》。大纲分"正文"和"附录"两部分，共二十三条，正文为"君上大权"，计十四条；附录为"臣民的权利义务",计九条,"正文"和"附录"的这种结构,表明了大纲的重心在于维护君权。所谓"钦定"的立法程序,也清楚地说明它不是民主宪政,而是君主宪政。

宪法的产生,要求其他法律必须随之变革并与其相适应,这导致沿袭千年的中华法系诸法合体的解体,因而清末立宪成为中华法系解体的开端。

2. 《钦定宪法大纲》的主要内容

宪法大纲"正文"部分第一条即是:"大清皇帝统治大清帝国万世一系,永永尊戴。"第二条则是:"君上神圣尊严,不可侵犯。"从第三条到第十四条分别规定了君上的种种大权,规定清朝皇帝总揽各项大权,可颁行法律、总揽司法、设官置禄、统帅军队、宣战媾和、召集和解散议院等,确认了"大权统于朝廷"的君主专制制度和立宪原则。

宪法大纲有关君上大权的条款多是抄自日本宪法,但由于删去了日本宪法中限制天皇权力的条款,所以君上大权更加漫无限制。在附录"臣民的权利义务"中规定了臣民应尽纳税、当兵、遵守国家法律之义务,虽然臣民有言论、著作、出版及集会、结社等自由权利,但均须在"法律范围内",而且根据"君上大权"的规定,皇帝有权随时颁布诏令对此予以限制。

3. 《钦定宪法大纲》的历史意义

首先,它是中国历史上第一部宪法性文件,开创了中国近代的君主立宪政体。"宪法"一词,我国古已有之,《国语》就有"赏善罚奸,国之宪法"的说法,但在我国古代,"宪法"仅指国家典章制度和普通法律规范。在《钦定宪法大纲》颁布以前,我国没有近代意义的宪法观念和宪法制度。因此,《钦定宪法大纲》的颁布,开始了中国近代立宪政体的历史。

其次,它在一定程度上对接近无限的君主权力进行了限制,体现了君主立宪国家的有限君权原则。这表明,君主要遵守宪法的规定。在宪政编查馆、资政院会奏宪法大纲的奏折中有"夫宪法者,国家之根本法也,为君民所共守;自天子以至于庶人,皆当率循,不容逾越"的说明;该大纲的前言中,也有"上自朝廷,下自臣庶,均守钦定宪法,以期永远率循,罔有逾越"的规定。在立法方面,君主要受到议院的制约。大纲规定,制定法律须先由议院议决,再由君主批准颁布,否则君主不能颁布法律;"已定之法律,非交议院协赞",君主也无权"以命令更改废止"。在司法方面,君主的权力也不再是无限的。大纲规定，审判机关遵照已颁布的法律行使权力，君主"不以诏令随时更改"，这表明《钦定宪法大纲》的本质虽然旨在巩固君权，但毕竟把君主权力限制在了法定范围内。

最后，尽管它把臣民有限的自由、权利及义务作为附则，但毕竟是第一次以根本法的形式规定了这些宪法基本内容，与君主专制时代相比是一种历史的进步。

（三）颁布《十九信条》

1911年10月10日，武昌起义爆发，各省纷纷响应，宣布独立，清朝的专制统治面临土崩瓦解的局面。清朝政府一面派军队镇压，一面急忙下罪己诏，宣布取消皇族内阁，赦免国事犯等，继续进行政治欺骗，并由资政院在三天之内匆忙拼凑出了一个《宪法重大信条十九条》，颁布于1911年11月3日，诏令立即实行，通称《十九信条》。

《十九信条》是在革命高潮的强大压力下制定的，因此在形式上缩小了皇帝的权力，扩大了国会和总理的权力。如"皇帝之权以宪法规定者为限"（第三条），"宪法改正提案之权，属于国会"（第六条），"总理大臣由国会公举，皇帝任命，皇族不得为总理大臣、其他大臣并各省行政长官"（第八条），但是，《十九信条》的本质和《钦定宪法大纲》是一致的，仍然规定了"大清帝国皇统万世不易"（第一条），"皇帝神圣不可侵犯"（第二条），而且还规定皇帝直接统帅陆海军。可见，《十九信条》是在保护皇权的前提下，实行君主立宪的，特别是《十九信条》对于人民的民主权利只字不提，这就充分暴露了清王朝宪政的骗局。

《钦定宪法大纲》也好，《十九信条》也好，都未能挽救清王朝的命运，统治中国长达二百六十八年的清王朝，终于为辛亥革命所推翻。

（四）改革官制与改组内阁

改革官制是清廷推行预备立宪的重要环节。早在1901年决定推行"新政"时，清廷就对官制进行了一些改革。到光绪三十二年（1906年）开始预备立宪后，又设立编制馆，指派载泽等十四人为编纂大臣，命令各总督选派司道人员到京随同参议，谕派庆亲王奕劻、文渊阁大学士孙家鼐、军机大臣翟鸿禨总司核定，进一步改革中央和地方官制。

中央官制改革的关键集中在是否取消军机处，建立责任内阁的问题上。

奕劻、袁世凯、戴鸿慈等人主张取消军机处，设立西方立宪国家的责任内阁，但清廷担心丧失君上大权，遂于光绪三十二年九月二十日（1906 年 11 月 6 日）颁布《预备立宪先行厘定官制谕》，否决了这一提议。指出："军机处为行政总汇，雍正年间本由内阁分设，取其近接内庭，每日入值奉旨办事较为密速，相承至今，尚无流弊，自毋庸复改。内阁军机处一切规制，著照旧行。"御前会议也提出军机处、内务府、八旗、翰林院、太监事五不议的原则。同月，清廷公布中央官制，设置民政部、度支部、法部、农工商部、陆军部、理藩部、邮传部、吏部、礼部、外务部、学部共十一部，保留军机处和内阁，此后在宣统年间，又增设海军部，改礼部为典礼院。清廷在这次改革中声称任命各部官员"不分满汉"，但实际上却将原来各部大臣中满汉比例由平分变成满七汉三，而且外务、陆军、度支、农工商等一些重要部门都控制在满人手中，使满族贵族在中央占据绝对优势，实现了排挤汉族官僚、加强中央集权和满族贵族统治地位的目的。

光绪三十三年（1907 年），清廷又公布了地方官制改革，将各省督抚的军权、财权分别收归陆军部和度支部。同时，采用明升暗降的手段，将最有权势的汉族督抚袁世凯、张之洞调入中央，担任有名无实的军机大臣，以减少削除实权地方督抚的阻力。

这次官制改革，丝毫没有触动清廷专制统治的实质，只是进一步加深了满族贵族和汉族地主官僚之间的对立，加剧了清廷的统治危机，尤其是军机处的保留，使汉族地方督抚大为恼火。因此，在风起云涌的国会请愿运动中，他们大都采取了支持态度，最终逼迫清廷放弃顽固立场，提前组建责任内阁；并于宣统二年十一月五日（1910 年 12 月 6 日），命宪政编查馆修订预备立宪筹备方案；十一月二十四日（12 月 25 日），又下令草拟内阁官制。

经过一个多月的紧张筹划，宣统二年十二月十七日（1911 年 1 月 17 日），预备立宪筹备方案修正完毕，得到清廷批准。新方案重新规定了预备立宪的进程，其中最重要的是：宣统二年（1910 年），厘定内阁官制；三年（1911 年），颁布内阁官制，设立内阁；五年（1913 年），开设议院。根据这一方案，宣统三年四月十日（1911 年 5 月 8 日），清廷批准并颁布了宪政编查馆与会议政务处拟定的《内阁官制》和《内阁办事暂行章程》，并裁撤军机处，把有名无权的旧内阁改组为责任内阁，任命了第一届责任内阁的组成人员。

它由十三名国务大臣组成，设总理大臣一人、协理大臣二人、各部大臣十人，其中汉族官僚仅有四名，满族贵族则占九名，而皇族宗室就有六名。所以，当时的资产阶级立宪派和革命派都把这个责任内阁称为"皇族内阁"。不过，军机处的裁撤和责任内阁的成立，削弱了各省督抚和各部院长官的权力，对中央权力由皇帝转向内阁打下了基础。

第二节 清末修订法律的活动

清末法律的修订和预备立宪是出于同一原因在同一过程中进行的。为了适应外国资本在华利益，以及社会转型时期西法东渐的影响，同时也是为了维护风雨飘摇中的封建专制政权，清廷决定修改和制订法律。确定修律的指导思想是："按照交涉情况，参酌各国法律"，以期"中外通行，有裨治理"，即以中外通行为修律原则，以资产阶级国家的法律为蓝本，继续以封建的纲常礼教为根本，并成立了修订法律馆，命沈家本、伍廷芳为修律大臣，进行了大量修律活动。

一、刑律的修订

中国古代法律以刑法为主。历朝历代的国家、社会的基本制度、基本价值观念等都集中体现于其刑律之中。在清末变法修律的过程中，刑律的修订也就成为最为重要、争议最大的环节。清末刑律的修订大体上可以分为两个基本方面：一是对旧律旧例进行删修，改定刑罚制度，废除一些残酷的刑种和明显不合潮流的制度，《大清新刑律》就是其代表；二是仿照西方刑法典的体系，借鉴其原则和内容，制定近代意义上的专门刑法典。

（一）《大清现行刑律》

《大清现行刑律》公布于宣统二年，即公元 1910 年 5 月，它是在《大清律例》的基础上修改完成的，作为新刑律颁布前暂行的过渡性法律。

《大清现行刑律》共三百八十九条。其修订特点是：

其一，体例格式上取消了以吏、户、礼、兵、刑、工六部名称而分的篇目，按罪名类别分为三十门。

其二，将旧律中的继承、田宅、婚姻、钱债等纯属民事的条款从刑律中分出，不再科刑，以示民刑有别。

其三，废除了凌迟、枭首、戮尸、刺字等酷刑，并用罚金取代了旧律中的笞刑和杖刑。

其四，将原定的笞、杖、徒、流、死五刑，改为罚金（白银五钱至十五两，分为十等）、徒刑（一年至三年，分为五等）、流刑（二千里至三千里分为三等）、遣刑（分极边及烟瘴地方安置和新疆当差两种）、死刑（分绞、斩两种）。

此外，还废止和删除了一些已因时势变化而过时了的条文，如废除了禁止同姓为婚、良贱为婚等旧律条，增加了一些反映新形势特点的新罪名，如毁坏铁路、电讯罪和私铸银圆罪等。

《大清现行刑律》在体例上及内容上都没有超出旧律例的模式，对《大清律例》的基本精神和主要原则没做根本性的改变。因此，《大清现行刑律》只不过是一部在新刑律颁布以前的过渡性法典。

（二）《大清新刑律》

1. 《大清新刑律》制定与公布

清廷在修订《大清现行刑律》同时，也开始制定新刑律，即《大清新刑律》。《大清新刑律》是在沈家本主持下，聘请日本法学家冈田朝太郎等人起草的一部新刑法典。光绪三十三年（1907 年），草案完成后，遭到守旧派的反对，直到宣统三年十二月二十五日（1911 年 1 月 25 日）才正式颁布，这是清末修订的一部最重要的法律。《大清新刑律》分总则、分则与附录，其中，总则十七章，分则三十六章，共计四百一十一条，并附录《暂行章程》五条。由于它采用了近代资产阶级的刑法原则和刑法体例，因而是旧中国制定颁布的第一部近代意义上的专门刑法典。该律于 1911 年 1 月才正式通过，预定在宣统五年（1913 年）正式实施，但在颁布后不久，清王朝就灭亡了，所以该律并未真正施行。

2. 《大清新刑律》的内容及其制订特点

其一，《大清新刑律》在体例结构上抛弃了中国传统的刑律体例，仿效资产阶级的刑法体例，分总则、分则，以总则统领全篇，以分则具体规定罪名与刑罚。

其二，《大清新刑律》抛弃了中国旧律"诸法合体"的编纂形式，明确将涉及罪名与刑罚及其运用等作为法典的唯一内容。因此，从技术层面看，《大清新刑律》是一部近代意义上的纯粹的刑事法典。

其三，《大清新刑律》确立了新的刑罚体系。刑罚分为主刑、从刑两种。主刑有：死刑（绞刑）、无期徒刑、有期徒刑、拘役、罚金；从刑有：褫夺公权和没收。该刑罚体系已经基本上与近代西方刑罚的刑罚体系相当，与传统的残酷野蛮的刑罚体系相比，有着明显的进步。

其四，《大清新刑律》在刑法原则上，采用资产阶级国家刑法中的缓刑、假释制度和罪刑法定主义原则，如第十条规定的"凡律例无正条款，无论何种行为，不得为罪"等。此外，还根据鸦片战争后中国社会的新情况，规定了有关妨害国交、妨害选举、妨害交通以及妨害卫生等方面的犯罪。

3. 《大清新刑律》引发的"礼法之争"

新刑律草案脱稿后，立即受到猛烈攻击。以张之洞、劳乃宣为代表的坚持封建的纲常伦理的"礼教派"与以沈家本为代表的主张效仿资产阶级法制的"法理派"展开了激烈的论争，即"礼法之争"。这是统治阶级内部的西学思想同封建传统在法律思想上的交锋，其焦点在于修订法律是全盘肯定封建的伦理纲常，用新的形式包容旧律本质，还是较多地吸取西方法律精神，对法律进行改造，并将法律与道德，刑事制裁与行政处分作必要的区分。在"礼教派"强大的压力下，"法理派"被迫妥协，同意在新刑律后增加充满封建性内容的《暂行章程》。

附则《暂行章程》共五条，对新刑律的某些条款作了重要修订。其内容：一是对部分罪行仍坚持适用"斩刑"。《暂行章程》第一条规定：凡危害皇帝乘舆车驾者、内乱罪、外患罪，以及杀伤尊亲属者，仍用"斩"刑。二是增加了死刑。第二、三条规定：见有损坏、遗弃、盗取尸体者，以及强盗罪，"应处二等以上徒刑者，得因其情节仍处死刑"。三是修订新刑律条款。第四条针对新刑律中对"无夫奸"未定罪，特补充规定："无夫奸者，处五等有期徒刑、拘役或一百元以下罚金。其相奸者亦同"。第五条规定："对尊亲属有犯，不得适用正当防卫之例"。

清末修律中的"礼法之争"及其结局，说明了保守势力的强大以及清政府的顽固立场，也说明了"法理派"的软弱性和妥协性，但新刑律在传播近代法律思想和理论上起到了一定的积极作用，对于以后的近代法制建设具有重要影响。

4.《大清新刑律》的历史意义

《大清新刑律》属于近代意义上的新式的专门刑法典，在形式和部分内容上反映了较多的资本主义色彩，和以往的中国古代成文法典相比均有较大不同。但是，《大清新刑律》对传统旧律的基本精神并无根本性的改动，特别是附录《暂行章程》依然存在于法典之中，保持着旧律传统。

二、民商律的修订

(一)《大清民律草案》

中国封建社会没有专门的民法典。鸦片战争后，由于中国社会经济的变化和西方资本主义的影响，清政府于光绪三十三年（1907 年）起，由沈家本、伍廷芳等人主持的修订法律馆着力进行民法典的起草工作。民法典的总则、债权、物权三编，由日本法学家志田钾太郎、松冈正义起草，采用了德国、瑞士、日本等资产阶级国家的民法原则和理论。民法典的亲属、继承两编由修订法律馆会同礼学馆起草，吸收了较多中国传统礼教习俗的成分，其制度风格带有浓厚的封建色彩，保留了许多封建法律精神和原则。宣统三年（1911 年）8 月，各编起草完毕，共五编，三十六章，一千五百六十九条，定名为《大清民律草案》，这是中国历史上第一部专门的民法典草案，但是未能正式颁布实施。

第一编总则。总则部分由八章构成，分别是法例、人、法人、物、法律行为、期间及期日、时效、权利之行使和担保。它界定了民法中的基本概念和法律关系，并采取了西方资产阶级的一些民法原则，如私有财产所有权不可侵犯、契约自由、过失致人损害应予赔偿等。

第二编债权。债权部分由八章构成，具体为通则、契约、广告、发行指示券、发行无记名证券、管理事务、不当得利和侵权行为。

第三编物权。物权部分由七章构成，分别是通则、所有权、地上权、永佃权、地役权、担保物权和占有，主要强调对各种财产权特别是私有财产权的法律保护。

第四编亲属。亲属部分由七章构成，分别是通则、家制、婚姻、亲子、监护、亲属会和扶养之义务。它规定了亲属关系的分类、家庭制度、婚姻制度、未成年人和成年人的监护、亲属间的扶养等内容，主要是维护封建婚姻家庭制度。

第五编继承。继承部分由六章构成，分别是通则、继承、遗嘱、特留财产、无人承认之继承、债权人或受遗人之权利。

《大清民律草案》是旧中国起草的第一部半殖民地半封建的民法典，在"中学为体，西学为用"的思想指导下，前三编以"模范列强"为主，后两编以"固守国粹"为宗，其法典内容上所体现出的前后两部分的差异则是近代东西方两种法律文化交融与冲突的显现。

《大清民律草案》完成后仅两个多月，辛亥革命就爆发了，清政权的统治迅速崩溃，因此，这部民律草案未曾真正颁行。

（二）商事立法

中国封建法典中，一向没有民法和商法的区别，也没有单独颁行的商事法规。为了适应中外贸易的发展，调整新出现的商务关系，1903 年清政府设立了商部，并开始制订商事法规，陆续颁行了《奖励公司章程》《商会简明章程》《商人通例》《公司律》《破产律》等各种单行商事法规，这是中国商事法规的创始。虽然对外商的侵华利益详加保护，但同时也承认发展工商业的合法性，并对资本家兴办企业予以一定的奖励。

1908 年，修订法律馆聘请日本法学博士志田钾太郎协助起草商律，1910 年完成《大清商律草案》，包括总则、商行为、公司法、票据法、海船法等，内容大多抄自日本、德国的商法，但由于清政府很快被推翻而未及颁行。

三、诉讼法和法院组织法

中国封建法典历来把实体法和程序法混同一体，将诉讼断狱附于刑律，而没有单独的诉讼法典。1906 年，沈家本主持编成了《大清刑事民事诉讼法草案》，共五章，二百六十条。这部诉讼法采用了资产阶级的公开审判制度、陪审制度和律师制度，是旧中国起草的第一部独立的诉讼法典，但由于遭到各省督抚的反对而未能颁行。1910 年又先后编成了《大清刑事诉讼律草案》和《大清民事诉讼律草案》，这两个草案均未及审议颁行，清王朝就被推翻了。

在中国，单独规定司法机关组织的法律也始于清末。为了配合清末司法制度的改革，清政府陆续颁布了《大理院审判编制法》《法院编制法》等有关法院组织的法律。

《大理院审判编制法》共五节，四十五条，于光绪三十二年（1906 年）颁行。由法部拟定，光绪三十二年十月二十七日（1906 年 12 月 12 日）颁行。该法分总则、大理院、京师高等审判厅、城内外地方审判厅、城谳局。它引进近代资产阶级司法独立原则，确定四级三审制，规定了审检合署、审判合议等制度。

《法院编制法》系仿照日本的《裁判所构成法》拟成，共十六章，一百四十六条，于宣统元年，1910 年 2 月颁行。《法院编制法》在形式上采取了资产阶级国家所标榜的"司法独立"的原则，规定各审判衙门独立执法，各行政官和检察官"不准违法干涉"，并规定在各级审判衙门内设置检察厅，实行审检合一的制度。《法院编制法》虽然规定了这些资产阶级的司法原则，但在实际中并没有真正实行。

受西方近代刑法理论的影响，沈家本认为刑事法律应该包括刑律、刑事诉讼律和监狱律。为配合刑律和刑事诉讼律的制定实施，光绪三十四年（1908 年），沈家本聘请日本监狱学家小河滋次郎开始起草监狱律。宣统二年（1910 年），《大清监狱律草案》完成，这是我国第一部仿效西方监狱制度制定的监狱法草案。该草案分总则、分则两编，共十四章，二百四十一条，它吸收西方近代教育刑理论，规定监狱是执行自由刑、教育感化犯罪人的场所，并将监狱分为男监、女监和少年监。该草案虽因清政权的灭亡而未及颁行，但却成为中华民国制定监狱法典的蓝本，对中国近代监狱制度的改良具有重要意义。

四、清末修律的特点及意义

清末修律活动是中国法制史上的一次重大变革，标志着中华法系的解体，中国法律开始走向近代化。

（一）清末修律的特点

清末修律的特点表现在：

其一，在立法指导思想上，清末修律自始至终贯穿着"仿效外国资本主义法律形式，固守中国封建法制传统"的方针。

其二，在内容上，清末修订的法律表现出封建专制主义传统和西方资本主义法学最新成果的奇怪混合。

其三，在法典编纂形式上，清末修律改变了中国传统的"诸法合体"的形式，明确了实体法之间、实体法与程序法之间的差别与不同，分别制定、颁行或起草了法典或法规，形成了近代法律体系的雏形。

其四，清末修律是清代统治者为维护其摇摇欲坠的反动统治，在保持君主专制政体的前提下进行的，因而既不能反映人民群众的要求和愿望，也没有真正的民主形式。

（二）清末修律的意义

清末修律的历史意义表现为：

其一，清末变法修律导致中华法系走向解体。传统的"诸法合体"的形式已被抛弃，中华法系"依伦理而轻重其刑"的特点也受到了极大地冲击。清末修律标志着延续几千年的中华法系开始解体，中国传统的封建法制开始转变成在形式和内容上都有显著特点的半殖民地半封建法制。

其二，清末变法修律为中国法律的近代化奠定了初步的基础。通过清末大规模的立法，参照西方资产阶级法律体系和法律原则建立起来的一整套法律制度和司法体制，对后世特别是中华民国北京政府和南京国民政府法律制度的形成与发展提供了条件。

其三，清末变法修律在一定程度上引进和传播了西方近现代的法律学说和法律制度。清末变法修律是在中国历史上第一次全面而系统地向国内介绍和传播了西方法律学说和资本主义法律制度，使得近现代法律知识在中国得到一定程度的普及，从而促进形成了一部分中国人的法制观念。

其四，清末变法修律在客观上也有助于推动中国资本主义经济的发展和教育制度的近代化。

第三节　清末的司法制度

一、司法主权的变化

（一）领事裁判权的确立

领事裁判权是外国侵略者强迫清政府缔结的不平等条约中所规定的一种

特权。其内容是：凡在中国享有领事裁判权的国家，其在中国的侨民不受中国法律和司法机关的管辖。他们如成为刑事、民事诉讼的被告时，中国法庭无权审理，只能由各该国的领事按其本国的法律制裁。因此，领事裁判权制度严重破坏了中国的司法主权，是清末司法制度半殖民地化的重要标志。

帝国主义国家在中国取得领事裁判权，始于道光二十三年六月二十五日（1843 年 7 月 22 日）签订的中英《五口通商章程》和同年八月十五日（10 月 8 日）签订的中英《五口通商附粘善后条款》（即《虎门条约》）。《五口通商章程》规定：凡中国人和英国人在通商口岸"交涉诉讼"，"其英人如何科罪，由英国议定章程、法律，发给管事官（即领事）照办"。根据这一规定，英国首先在五个通商口岸取得了领事裁判权。随后签订的《虎门条约》又补充规定：英国人违背禁约，"擅到内地远游者"，也要交"英国管事官依情处罪"，中国人"不得擅自殴打伤害，致伤和好"。这样，又将领事裁判权的适用范围扩大到了内地。道光二十四年（1844 年），中美《望厦条约》更把这项司法特权进一步推广到中国境内的各个地区，规定：美国人与美国人、美国人与其他外国人，如在中国境内发生法律纠纷时，中国官员均不得过问。此后，俄、法、日、德、比等资本主义国家纷纷效法英、美，先后在中国攫取了领事裁判权。外国侵略者为了行使领事裁判权，在中国设立的审判机构可分为四种：领事法院、使馆内法院、特设正式法院、上诉法院。

（二）会审公廨

所谓"会审公廨"，即是清政府在租界内设置的中外法官共同审案的法院。这种法院名义上是中国的司法机关，但实际上完全被外国领事把持，是帝国主义进一步直接干涉中国司法权的表现。

第二次鸦片战争以后，英国驻上海领事巴夏礼向上海道提出：在租界内组织一个中国法庭，审理除享有领事裁判权国家侨民为被告人以外的一切案件；凡遇有关享受领事裁判权国家人民利益的案件，有关国家领事得派员陪审，上海道完全接受了这一建议，并报总理衙门审批通过。同治三年（1864年），上海道派人前往英国领事馆，会同英国领事组织法庭，称为"洋泾浜北首理事衙门"，由中国地方官会同英国副领事审理以中国人为被告的各种案件。同治七年（1868 年），上海道又与英、美领事颁行《上海洋泾浜设官会审章程》，正式确立会审公廨制度。根据此章程，会审公廨由上海道派一名官员充任委员，主持各项事务；公廨所需人员由委员招募或雇佣，所需经费由委员赴上海道领取。公廨依中国法律管辖各国租界内以中国人或无约国人为被告的钱债、斗殴、窃盗、词讼等案件，其中中国人（不为外国人服务或受雇）之间的诉讼，由委员审判；中国人与外国人之间的诉讼，如有外国人出庭，由委员和外国领事会审；如有为外国人服务或受雇的中国人出庭，由委员审判，外国领事观审；如中国人反诉外国人，由委员审判，外国领事陪审；但如该外国人是享有领事裁判权国家的公民，公廨无权处理。从以上规定中可以看出，会审公廨实际上是维护外国人在华利益，是外国在华领事裁判权制度的延伸。

外国在华领事裁判权制度是帝国主义统治和奴役中国人民的司法工具，是套在中国人民身上的一副沉重的枷锁。自 1843 年确立之后，经历了清末政府和中华民国政府各时期，在中国存在了百年之久。直到中国共产党领导中国人民，推翻了帝国主义、封建主义、官僚资本主义的统治，建立起中华人民共和国，才真正废除了给中国人民带来苦难和耻辱的领事裁判权制度，获得了中国司法主权的真正独立。

二、司法体制的变化

（一）司法机关

在中央，清政府从 1906 年开始，把刑部改为法部，掌管全国司法行政，而不再兼理审判，改大理寺为大理院，作为最高审判机关，负责解释法律，监督各级审判。

在地方，清政府从 1907 年开始，设立三级审判厅，在京师和各省设立高等审判厅，在府（直隶州）设立地方审判厅，在州县设立初级审判厅。这改变了沿袭已久的地方行政长官兼理司法的封建传统，有一定的进步意义。

按照《法院编制法》的规定，清末在司法审级上实行四级三审制，即向初级审判厅起诉的案件，可上诉到地方审判厅直至高等审判厅，向地方审判厅起诉的案件，可上诉到高等审判厅直至大理院。

此外，清政府还在各级审判厅内相应地设置了各级检察厅。检察厅负责对刑事案件提起公诉，并有权监督审判之执行。

（二）诉讼审判制度的改革

1. 确立司法独立原则

1906 年 12 月颁布的《大理院审判编制法》规定："自大理院以下及本院直辖各审判厅局，关于司法裁判全不受行政衙门干涉，以重国家司法独立大权而保护人民身体财产"，明确阐释并规定了司法独立原则。其后的《法院编制法》上奏朝廷，在奏折中重申了司法独立原则，并得到清廷照准。自此，清廷以上谕的形式正式确立了司法独立原则，要求立宪政体必使司法、行政各官权限分明，责任乃无诿卸，亦不得互越范围，但在实践中并未得到执行。

2. 区分民事与刑事诉讼案件

《大理院审判编制法》规定，大理院及所属法院要分设刑庭、民庭，分别审判刑事、民事案件。《各级审判厅试办章程》则正式对民事、刑事案件作了法律上的界定与区分：凡因诉讼而审定罪之有无者属刑事案件，凡因诉讼而审定理之曲直者属民事案件。这些规定结束了以往中央审判衙门以审判重大刑事案件为主，而地方审判衙门刑、民审判不分的历史，是中国司法制度开始走向近代化的又一表现。

3. 建立律师制度

光绪三十二年（1906 年），沈家本、伍廷芳在上奏《大清刑事民事诉讼法草案》的奏折中，极力主张建立律师与辩护制度，并要求尽快施行。为此，在《大清刑事民事诉讼法草案》首次出现了律师辩护制度。草案规定原告、被告都可聘用律师出庭，双方律师都可以在庭审中依法行使辩护权，这是中国法律对律师及辩护制度的首次规定，但由于守旧势力的反对，该草案未能施行。

光绪二十三年（1907 年），沈家本主持制定《法院编制法》，再次规定了律师制度。如第六十四条规定："律师在法庭代理诉讼或辩护案件，其言语举动如有不当，审判长得禁止其代理辩护；其非律师而为诉讼代理人或辩护人者亦同。"第六十八条规定，律师出庭时"应服一定服制"。

清末建立新的司法体制的目的，主要是为了用资产阶级的形式掩盖清政府的封建专制，是仿行宪政的重要内容。但由于清政府已面临崩溃，加上统治者主观的原因，没有也不可能认真地加以贯彻，只是为以后的中华民国政府的司法制度提供了重要基础。

（三）狱政制度的改革与"模范监狱"的建立

1. 改革监狱管理机构

清朝监狱原由刑部提牢厅管理。光绪三十二年（1906年）改革官制，改刑部为法部。在法部专设典狱司，置郎中、员外、主事，分管各省监狱、警察、习艺所以及罪犯名册、衣粮费用和编纂监狱法规及统计书表等事务。

2. 建立新式"模范监狱"

光绪二十八年（1902年），山西巡抚赵尔巽奏准设立罪犯习艺所，接收被判充军、流、徒刑等罪犯和不孝及奸、盗、诈伪的犯人，使其接受农业、手工业等职业训练，这成为建立犯人劳动农场或工厂的开端。习艺所设教习官、教诲师、技师、看守等，有些习艺所还专设拘押女囚的女监。此后，全国各地纷纷效法。

光绪二十九年（1903年），清廷还批准按照西方近代国家的监狱，新建京师模范监狱。该监狱建筑新颖、管理严明，设有监狱办公楼、杂居监、分房监、工场、女监、病监等场所，大大改善了囚犯的待遇，是我国建立近代化监狱的开端。由于这种监狱更加便于监管犯人，很快得到推广，中国旧式监狱得到了一定程度的改良。

【课后经典试题】

一、填空题

1. 1908年公布的《钦定宪法大纲》共（　　　）条，正文十四条只规定了（　　　），"臣民权利与义务"只规定于（　　　）之中。

2.（　　　）是中国近代第一部专门刑典。

3. 1843年，中英《五口通商章程》首先确立了英国在中国的（　　　）。

4. 清末"礼法之争"在（　　　）的起草和修改过程中达到了高潮。

5. 1908年清政府为挽救危机，公布《（　　　）大纲》。

二、单项选择题

1. 清政府在1911年1月25日公布的（　　　）是中国历史上第一部近代意义上的专门刑法典。

A.《大清律例》　　　　　　　　　B.《大清现行刑律》

C. 《大清新刑律》   D. 《暂行新刑律》

2. 下列有关清末变法修律和司法体制改革的表述哪一项是错误的？（   ）（2004 年司法考试试题）

A. 清末修律在法典编纂形式上改变了传统的"诸法合体"形式，明确了实体法之间、实体法与程序法之间的差别

B. 清末修律使延续了几千年的中华法系开始解体，同时也为中国法律的近代化奠定了初步基础

C. 在司法机关改革方面，清末将大理寺改为大理院，作为全国最高审判机关；改刑部为法部，掌管全国检察和司法行政事务，实行审检分立

D. 清末初步规定了法官及检察官考试任用制度

3. 关于清末"预备立宪"，下列哪一选项可以成立？（   ）（2007 年司法考试试题）

A. 1908 年颁布的《钦定宪法大纲》作为中国近代史上第一部宪法性法律文件，确立了资产阶级民主共和国的国家制度

B. 《十九信条》取消了皇权至上，大大缩小了皇帝的权力，扩大了国会与内阁总理的权力

C. 清末成立的资政院是中国近代第一届国家议会

D. 清末各省成立了咨议局作为地方督抚的咨询机关，权限包括讨论本省兴革事宜、预算决算等

4. 中国清末修订法律馆于 1911 年 8 月完成《大清民律草案》。下列有关该草案的表述哪一项是错误的？（   ）

A. 《大清民律草案》的结构顺序是：总则、债、物权、亲属、继承

B. 日本法学家参与了《大清民律草案》的起草工作

C. 《大清民律草案》的基本思路体现了"中学为体、西学为用"的精神

D. 《大清民律草案》经正式公布，但未及实施，清王朝即告崩溃

5. 《大清新刑律》规定的刑罚体系是（   ）。

A. 笞、杖、徒、流、死

B. 主刑、从刑

C. 罚金、徒刑、流刑、遣刑、死刑

D. 墨、劓、刖、宫、大辟

6. 清末颁布的第一部商事法律是（　　　）。

A.《大清商律草案》　　　　　　　B.《钦定大清商律》

C.《改订大清现行商律草案》　　　D.《商人通则》

7.1864 年，清政府和英、美、法三国驻上海领事协议在租界内设立特殊审判机构，称为（　　　）。

A. 化外人　　　B. 会审公廨　　　C. 观审处　　　D. 领事法院

8.1903 年 5 月，在上海英租界发行的《苏报》刊载邹容的《革命军》自序和章炳麟的《客帝篇》，公开倡导革命，排斥满人。5 月 14 日《苏报》又指出：《革命军》宗旨专在驱逐满族，光复中国。清廷谕令两江总督照会租借当局严加查办，于 6 月底逮捕章炳麟，不久，邹容主动投案。由孙建臣、上海知县王瑶庭、英国副领事三人组成的审判庭对邹容等人进行审理，最后判处章炳麟徒刑 3 年，邹容徒刑 2 年。对这一案件的说法，下列哪一项是正确的（　　　）？（2007 年司法考试试题）

A. 这表明清廷实行公开审判原则

B. 这表明外国人在租界内对中国司法裁判权的直接干涉

C. 这表明外国人在租界内的领事裁判权受到了限制

D. 这表明清廷变法修律得到了国际社会的承认

9. 中国近代法制经历了曲折的渐进过程，贯穿着西方法律精神与中国传统的交汇与碰撞。关于中国法制近代化在修律中的特点，下列（　　　）选项是不正确的。

A.1910 年《大清民律草案》完成后，修律大臣俞廉三上陈"奏进民律前三编草案折"认为民律修订仍然没有超出"中学为体、西学为用"的思想格局

B.1911 年《大清新刑律》作为中国第一部近代意义的专门刑法典，在吸纳近代资产阶级罪刑法定等原则的同时，仍然保留了部分不必科刑的民事条款

C.1910 年颁行的《法院编制法》规定，司法审判实行四级三审制

D.1947 年颁行的《中华民国宪法》，所列各项民主权利比以往任何宪法性文件都充分

10. 清末官制改革中将省刑名总汇的提刑按察使司改为（　　　）。

A. 按察使司　　　B. 地方审判厅　　　C. 提法司　　　　D. 地方检察厅

三、多项选择题

1. 清末沈家本主持的修律活动的主要成果包括（　　　）。

A.《大清新刑律》　　　　　　　　B.《暂行新刑律》

C.《法院编制法》　　　　　　　　D.《大清民律草案》

2. 下列有关清末商事立法的表述，正确的有（　　　）。

A. 清末政府和北洋政府都实行民商分立的民事立法体例

B. 沈家本参与起草了《钦定大清商律》

C. 日本法学家参与了清末的商事立法活动

D.《大清商律草案》由总则、公司律、破产律、票据律和海船律五编组成

3. 关于《大清民律草案》的表述，正确的有（　　　）。

A.《大清民律草案》是在沈家本的主持下制定而成的

B.《大清民律草案》是中国历史上第一部正式颁行的民法典

C. 日本法学家参与了对《大清民律草案》的修订

D.《大清民律草案》的结构顺序为总则、物权、债权、亲属、继承

4. 清末外国在华领事裁判权制度中设有一种特殊的审判机构，即"会审公廨"。下列关于这一机构的表述哪些是正确的？（　　　）

A. 会审公廨是 1864 年清廷与欧洲列强协议建立的

B. 在会审公廨中，凡涉及外国人案件，必须有领事官员参加会审

C. 在会审公廨中，凡中国人与外国人间诉讼案，由本国领事裁判或陪审

D. 会审公廨设在租界内

5. 下列有关清末制定的刑事法典的表述正确是哪些？（　　　）

A. 清末刑法典修订的成果是《大清新刑律》

B.《大清新刑律》结构分总则和分则两篇，后附《暂行章程》

C.《大清新刑律》完成前的过渡性法典为《大清现行刑律》

D.《大清律例》是中国历史上第一部近代意义上的专门刑法典

6. 下列关于中国古代法制思想和法律制度说法正确的是（　　　）。

A. "礼法结合"为中国古代法制的基本特征

B. 夏商时代的法律制度明显受到神权观念的影响

C. 西周的"以德配天、明德慎罚"思想到汉代中后期被儒家发挥成为"德主刑辅、礼刑并用"的策略

D. 清末修律使中华法系"依伦理而轻重其刑"的特点受到冲击

7. 参与制定《大清民律草案》的人员有（　　　　）。

A. 沈家本　　　B. 俞廉三　　　C. 刘若曾　　　D. 伍廷芳

8. 清末"礼法之争"中"礼教派"代表人物有（　　　　）。

A. 伍廷芳　　　B. 沈家本　　　C. 张之洞　　　D. 劳乃宣

9. 清末公布的商事立法文件有（　　　　）。

A.《大清商律草案》　　　　　　B.《公司律》

C.《商人通例》　　　　　　　　D.《银行通行则例》

10. 先后取得在华领事裁判权的国家有（　　　　）。

A. 英国　　　　B. 巴西　　　　C. 法国　　　　D. 日本

四、名词解释题

1.《钦定宪法大纲》　2.《十九信条》　3. 资政院　4. 谘议局

5.《大清新刑律》　　6.《大清民律草案》　7.《大清商律草案》

8. 领事裁判权　　　9. 会审公廨　　　10.《法院编制法》

五、简答题

1. 简述清末修律活动的背景、内容与意义。

2. 简述《大清新刑律》的特点。

六、论述题

1. 试析清末的预备立宪。

2. 试比较《钦定宪法大纲》与《十九信条》。

3. 试析清末法制变革。

4. 试述《大清现行刑律》的特点。

5. 试述《大清新刑律》的特点。

七、史料评析题

1. 阅读下面文字，请分析清末《钦定宪法大纲》的实质。

"大清皇帝统治大清帝国，万世一系，永永尊戴"，"君上神圣尊严，不可侵犯"，"立法、行政、司法皆总揽于统治大权，故一言以蔽之，宪法者所以巩固君权，兼以保护臣民者也"。

2. 请分析以下几句话的含义。

"折衷世界各国大同之良规，兼采近世最新之学说。"

——《进呈刑律分则草案折》

"不戾乎中国数千年相传之礼教民情。"

——《光绪朝东华录》

第十四章　中华民国时期的法律制度

（1912—1949 年）

【学习目标】

中华民国时期是我国法制近代化的重要时期，这一时期既吸收了大量西方的立法精神，又保留着许多封建法律传统，在形式上把中国近代法制推向了一个多元化的时期。本章为全书重点章，通过教学使学生了解中华民国的法律思想，理解和掌握中华民国临时政府、北京政府和南京国民政府的法律法规内容。

【开篇案例】

1936 年 5 月 31 日，沈钧儒、邹韬奋等响应中国共产党关于团结御辱、一致抗日的号召，在上海成立了"全国各界救国联合会"，积极宣传组织抗日救亡运动，要求国民党政府停止内战，释放政治犯，并与红军和谈，建立统一的抗日根据地政权。1936 年 11 月 23 日，南京政府以全国各界救国联合会"支援上海日本纱厂工人罢工、扰乱社会治安，危害民国"为借口，由上海市公安局会同英、法租界捕房，将沈钧儒、邹韬奋、李公仆、沙千里、史良、章乃器、王造时等七人非法秘密逮捕，分别押送江苏省高等法院第二、第三分院。"七君子"被移送法院当天，当局就企图将他们转解苏州高等法院审判，在辩护律师的反对下，当日在江苏高等法院第二分院刑庭开庭。法官被迫驳回捕房律师和公安局特务的请求，裁定"责付律师保释，改期再讯"。25 日和 27 日，第二、第三两个分院，又重新签发逮捕拘票，进行法庭审理，然后将沈钧儒等秘密移送到上海市公安局羁押，后又将他们移送到苏州高等法院办理。史良于 12 月 30 日自动到苏州高等法院投案自首。苏州高院经几次秘密审讯后，检察处于 1937 年 4 月 4 日以《危害民国紧急治罪法》第六条，对沈钧儒等人正式提出"公诉"，罗织被告阻挠"平赤"之国策，做有利于共产党之宣传，抨击宪法、煽惑工潮，宣传与三民主义不相容的主张，组织和参加以危害民国为目的的团体等十大罪状。起诉书公布后，激起全国人民的义愤，上海一些爱国律师联合组成辩护团，为"七君子"辩护。6 月 11 日法院开庭，经过三小时的庭讯，决定次日续审。辩护律师以审判官拒不重视、采用有利被告的证据，与检察官串通一气为理由，申请审判官回避，审判中断。"七君子"入狱后，国内学者、名流、抗日将领、各界人士以及一些国际知名学者纷纷来电进行营救。宋庆龄、何香凝、胡愈之等十六人还发起"爱国入狱运动"，联合具状要求以"爱国罪"入狱羁押。在全国人民的强烈要求和压力下，南京政府不得不授意苏州高等法院于 7 月 31 日对沈钧儒等停止羁押，具保释放。此案以沈钧儒等胜利出狱而告终，但直至 1939 年 1 月 26 日，才由江苏高等法院第一分院宣布撤回这一案件的起诉，在法院程序上宣告了结。

辛亥革命推翻了统治中国二千多年的封建帝制，1912 年 1 月建立了中华民国。民国初期的南京临时政府秉承孙中山先生的宪政思想，建立了中国历史上第一个资产阶级政权。但三个月后，政权被军阀袁世凯所篡夺，建立了中华民国北京政府（北洋政府）。资产阶级革命派继续抗争，发动了国民革命运动，进行了第一次国共合作，1928 年北洋政府垮台。以蒋介石为首的国民党建立了南京国民政府。直到 1949 年 9 月，南京国民政府被推翻，宣告了中华民国时期的结束。中华民国时期是我国法制近代化的重要时期，这一时期既吸收了大量西方的立法精神，又保留着许多封建法律传统，在形式上把中国近代法制推向了一个多元化的时期。

第一节　　中华民国临时政府的法律制度

1911 年 10 月 10 日，在中国近代史上爆发了一次具有伟大历史意义的革命运动——辛亥革命。这次革命是 1840 年鸦片战争以来，中国人民反抗殖民主义、帝国主义侵略和清朝封建统治的一系列伟大斗争的继续和发展。这次革命一举推翻了腐朽的清朝政府，埋葬了在中国延续了两千多年的封建君主专制制度，创立了中华民国，在南京建立了以孙中山为临时大总统的资产阶级民主共和制的中华民国临时政府，史称"南京临时政府"。南京临时政府存在的三个月内，制定和颁布了一系列具有资产阶级民主精神的法律、法令，揭开了中国法制史上的新篇章，在中国法制发展史中有着重要的地位。

一、孙中山的宪政思想

（一）"五权宪法"思想

孙中山在西方"三权分立"的基础上提出了"五权宪法"思想，他把"外国的规制"与"本国原有的规制"加以融合，借用了古代中国社会政治制度中的考试、监察机构及其职能，以期比之三权"较为完善"。在他看来，考试制度"最为公允"，可避免"盲从滥选"和"任用私人"的弊端，有利于人才的发现和擢用；而"独立"的监察制度和机构也是可资借鉴的，对廉政和效率大有裨益。根据五权分立的准则，国家的体制由行政院、立法院、司法院、考试院和监察院组成。"五权宪法"乃指在立法权、行政权、司法权的基础上，增加监察权、考试权，这五权各自独立运作并互相监督制衡。"五权宪法"的构想充分体现了分权主义，具有防止封建专制主义的意义，也包含了对三权分立的资产阶级宪法的某种批评和修订。孙中山这种希图"救三权鼎立之弊"的探求，显示了他执着于民主主义的政治观念。然而，孙中山不仅未消除三权分立原则的固有弊病，而且把立法、司法、行政、考试、监察五权放在大总统的统一领导之下，实际上又否定了他自己设想的权能分治原则。

（二）"建国三时期"学说

孙中山提出的"建国三时期"学说，即指要在中国达到民主共和国的直接民权的境界，必须依次经过军政、训政、宪政三个时期。

军政时期是"军政府督率国民扫除旧污之时代"，实行"军法之治"。这个时期各地发动义师起义或争取策动新军反正，使"土地人民新脱满洲之羁绊"，"军队与人民同受于军法之下"。"既破敌者及未破敌者，地方行政，军政府总揽之，以次扫除积弊"。每一县以三年为限，但对一些不足三年而获得破旧立新的实效地方，也可以提前解除"军法之治"。

训政时期为"军政府授地方自治权于人民，而自总揽国事之时代"。解除军法，实行"约法之治"。"凡军政府对于人民之权利义务，及人民对于军政府之权利义务，悉规定于约法，军政府与地方议会及人民各循守之，有违法者，负其责任"。一般以六年为限，六年期满即解除"约法之治，而本宪法"。

宪政时期为"军政府解除权柄，宪法上国家机关分掌国事之时代"。实行"宪法之治"。这个时期，"军政府解兵权、行政权，国民公举大总统及公举议员以组织国会。一国之政事，依于宪法行之"。而"宪法者，国家之构成法，亦即人民权利之保障书也"。

（三）"权能分治"学说

孙中山认为，"政治之中，包含有两个力量：一个是政权，一个是治权。……一个是管理政府的力量，一个是政府自身的力量。"人民是政权的享有者，拥有选举、罢免、创制、复决四项权利。这是人民通过直接挑选和废弃官吏而达到控制和管理政府的权力，直接参与立法和确定国家大政方针的权利。孙中山把人民掌有四权称为"直接民权"，或曰"全民政治"。政府行使立法、行政、司法、考试、监察五项治权。人民有权，政府有能，以权治能，是孙中山权能区分理论的基本模式。他认为权能分治不是对立的，而是统一的。人民掌有四权是为了保证"民权政体，凡事都是应该由人民做主"；政府行使五项治权是为了创造一个由"专门家"和"有能力的人"组成的"为人民谋幸福的万能政府"。

二、宪法性文件

（一）《中华民国临时政府组织大纲》

1911 年 10 月 11 日，武昌起义的第二天，由革命党人、立宪派以及部分封建官僚联合组成的湖北都督府成立。各省随之纷纷宣布独立并成立都督府，以响应革命。在各省都督府成立的基础上，1911 年 11 月底到 12 月初先后在汉口、南京召开了各省都督府代表会议，酝酿组织中央政府。在这次会议上，通过了《中华民国临时政府组织大纲》。

《中华民国临时政府组织大纲》全文共四章，二十一条。它确立了南京临时政府是以临时大总统为政府首脑的总统制共和政府。临时大总统由各省都督府代表选举产生，有统治全国、统帅陆海军之权。经参议院同意，有宣战、媾和、缔结条约之权。总统下设外交、内务、陆军、海军、司法、教育、实业、交通、财政九部。各部设部长一人为国务员，对总统负责。参议院为立法机关，由各省都督府委派三名参议员组成，有权议决暂行法律、预算、税法、币制、发行公债以及临时大总统交议事项，并对临时大总统行使宣战、媾和、缔结条约等权享有同意权。《中华民国临时政府组织大纲》还规定了临时中央审判所为行使司法权的机关。

《中华民国临时政府组织大纲》从起草到通过只用了两天时间，而且是由脱离民众的各省都督的代表制定的，对于人民的权利自由没有任何的反映。但在中国历史上，它第一次以法律的形式确认了资产阶级共和政体在中国的诞生，宣告了封建君主专制制度在中国的彻底灭亡，因而具有进步意义。

(二)《中华民国临时约法》

1. 临时约法的产生

《中华民国临时约法》是南京临时政府成立后，在与北洋军阀袁世凯进行南北议和谈判的过程中匆忙制定的。谈判至二月上旬达成协议，孙中山被迫辞去临时大总统职务，清帝退位后由袁世凯继任临时大总统。孙中山等资产阶级革命派为限制袁世凯、肯定革命成果，坚持制定和颁布约法，以"令袁世凯宣誓遵守约法，始终不二"作为"南北统一条件"。因此，《中华民国临时约法》不仅是辛亥革命的胜利成果，也是孙中山为保卫民国而进行斗争的产物。约法经过一个多月的制定和讨论过程，至 1912 年 3 月 8 日三读通过，于袁世凯在北京宣誓就任临时大总统的次日 3 月 11 日，由孙中山签署公布。1912 年南京临时政府制定的《中华民国临时约法》是中国历史上唯一的一部资产阶级宪法性文献。

2. 临时约法的主要内容

《中华民国临时约法》共七章（总纲、人民、参议院、临时大总统副总统、国务员、法院、附则），五十六条。其主要内容如下：

其一，确定了中华民国的国家制度为资产阶级民主共和国。约法规定："中华民国由中华人民组织之"（第一条）；"中华民国之主权，属于国民全体"（第二条）。这就用根本法的形式确定了中国已经不再是封建君主制的国家，而是"主权属于国民全体"的民主共和国，反映了资产阶级"主权在民"的原则。

其二，规定了中华民国的政治制度实行资产阶级的"三权分立"制。约法规定参议院是立法机关，行使立法权。参议院有议决权、选举权、弹劾权、承诺权、质问权、咨请和建议权。

约法规定临时大总统在国务员辅佐下行使行政权。临时大总统的职权是：代表临时政府总揽政务；公布法律；统帅全国海陆军队；经参议院同意，任命国务员及外交大使，宣告大赦及宣战、媾和等。国务员在临时大总统提出法律案，公布法律及发布命令时，须副署之。

法院行使审判权。约法规定，法院以临时大总统及司法总长分别任命的法官组成，依法律审判民事、刑事案件。

上述规定，使资产阶级民主共和国"三权分立"的方案进一步具体化。

其三，规定了人民平等、自由之权利。约法规定，中华民国人民一律平等，无种族、阶级、宗教之区别，人民有居住、财产、言论、书信、集会、结社等自由。有考试、选举和被选举权，有依法律纳税、服兵役之义务等。

这些规定反映了资产阶级民主自由原则，表现了资产阶级革命派所主张的"自由、平等、博爱"的精神，否定了封建等级特权制度。

其四，保护私有财产和私营工商业。约法规定："人民有保护财产及营业之自由"。这是宣布私有财产的不可侵犯和发展资本生产的自由，反映了资产阶级国家宪法的私有制神圣不可侵犯的原则。

3. 临时约法的特点

其一，变总统制为责任内阁制。约法规定，国务员辅佐临时大总统，负其责任；国务员于临时大总统提出法律案，公布法律及发布命令时，须副署之。这说明资产阶级革命派幻想依据资产阶级国家责任内阁制的惯例，以取得国会中的多数，从而组织负实际政治责任的政党内阁，以限制袁世凯独裁专制。

其二，扩大了参议院的权力，相对缩小了临时大总统的权力。约法一方面规定临时大总统代表临时政府总揽政务，另一方面又规定临时大总统在行使宣战、媾和、缔约、任命国务员等项重要权力时，须经参议院同意，而且参议院有权弹劾临时大总统。这反映了资产阶级革命派试图通过议会斗争的途径，以参议院的权力与袁世凯抗衡。

其三，规定了严格的修改程序。约法规定："本约法由参议院参议员三分之二以上，或临时大总统之提议，经参议院五分之四以上出席，出席人员四分之三可决，得增修之。"这表明资产阶级革命派为强调约法之神圣不可侵犯，规定严格的修改程序，以阻止袁世凯擅自更动和破坏约法。

4. 临时约法的历史意义

《中华民国临时约法》是中国法制史上仅有的一部具有资产阶级共和国宪法性质的文献，是中国法制历史上的一项创举。它废除了在中国延续两千多年的封建君主制度，确立了资产阶级民主共和国和资产阶级的平等自由原则，确认资产阶级生产关系为合法，使孙中山的民权主义思想和资产阶级共和国方案得到进一步的制度化和法律化。它是辛亥革命的胜利成果，是中国近代资产阶级宪政运动的光辉结晶，在当时历史条件下符合中国社会发展趋势，客观上有利于资本主义的发展，也在一定程度上反映了广大人民群众的民主主义要求，因而它具有鲜明的革命性和民主性。但约法中未规定反帝反封建的革命纲领，未涉及土地问题，人民的民主自由权利也徒有形式，特别是由于旨在约束袁世凯，但无政权及国家武装作保障，旋即被袁世凯撕毁。充分说明在半殖民地半封建的中国，资产阶级共和国方案根本行不通。

三、法律、法令的主要内容

南京临时政府在其存在的短暂的三个月内，制定和颁布了一系列有利于发展资本主义、实现民主政治和社会改革的法律、法令。这些法律、法令和清王朝的专制主义法律形成了鲜明的对比，在一定程度上反映了中国人民反对封建主义，实现民主政治的愿望。

（一）保障人权

孙中山先生在1912年3月2日颁布的《大总统令内务部禁止买卖人口文》中发布了"禁止买卖人口令"，宣布"嗣后不得再有买卖人口情事，违者罚如令，其从前所结买卖契约悉予解除，视为雇主雇人之关系，并不得再有主奴名分"。

1912年3月17日颁布的《大总统通令开放疍户、惰民等许其一体享有公权私权文》根据资产阶级天赋人权和法律面前人人平等的原则，以法律形式确认各族人民的平等权，主张各族人民一律享有选举、参政等公权和居住、言论、出版、集会、信仰自由等私权。明确宣布废除清朝法律中对闽、粤之"疍户"，浙之"惰民"，豫之"丐户"，以及优娼隶卒等"贱民"的限制，允许他们享有"国家社会之一切权利"。这一命令的颁布，对于当时处于社会下层的劳动人民的法律地位，具有重大意义。

1912 年 3 月 19 日颁布的《大总统令外交部妥筹禁绝贩卖猪仔及保护华侨办法文》规定："禁止贩卖华工及保护华侨"，令广东都督严禁"猪仔出口"，并责令外交部拟定杜绝贩卖及保护侨民办法，保护华侨的正当权益。南京临时政府关于保护人民权利的一些法令，反映了孙中山的革命民主主义思想，是南京临时政府立法中最有光彩的部分。

（二）振兴实业，发展经济

南京临时政府成立后，颁布了一些保护人民营业权利和振兴实业的法令和规章。鼓励兴办实业，奖励农垦，勉励华侨向国内投资，开办工商企业。实业部拟定了《商业注册章程》和《商业银行则例》等法规，反映了民族资产阶级发展民族工商业的迫切要求。为实现振兴实业，发展经济的方针，南京临时政府以"保护人民财产为急务"，还颁布了《保护人民财产令》。规定凡在民国范围内，人民所有一切私产，均应归人民所有。无确实反对民国证据的清政府官吏所得之私产，应归该私人享有。这些规定以法律的形式宣布了私有财产的不可侵犯，并在实践中促进了资本主义工商业的发展，在政治上是进步的。

（三）革除社会恶习，改进社会风尚

（1）严禁鸦片。临时大总统于 1912 年 3 月初在《大总统令禁烟文》《大总统令内务部通饬禁烟文》中颁发了"禁烟令"，严禁种植及吸食鸦片。阐明鸦片是帝国主义侵略中国的产物，危害极大，"小足以破业损身，大足以亡国灭种"。如有违令者，剥夺公权。

（2）限期剪辫。孙中山认为清政府推行的蓄发留辫习俗，既伤害民族感情，又不利于人民身体健康。因此发布了《大总统令内务部晓示人民一律剪辫文》宣布了"剪辫令"。"于令到之日，限二十日，一律剪除净尽，有不遵者，以违法论。"

（3）劝禁缠足。中国妇女缠足的风俗，历史久远，既摧残妇女的身心健康，又阻碍经济的发展和社会的前进，临时大总统发布了《大总统令内务部通饬各省劝禁缠足文》，"其有故违禁令者，予其家长以相当之罪。"

（4）禁止赌博。赌博是一种社会陋习，败坏民众品德，扰乱社会秩序。南京临时政府内务部宣布对各种赌博，一体禁除。"倘有违犯，按暂行律科罚"。

（5）改革称呼旧制。1912年3月2日临时政府颁布了《大总统令内务部通知各官署革除前清官厅称呼文》，强调政府官员及人民之公仆，而非特殊之阶级。明令革除前清官厅中"老爷""大人"的称呼，规定政府内均以官职相称，民间则普通称呼为"先生"或"君"。

（四）整顿吏治

为建立和完善中央机关的组织和制度，临时大总统于1912年1月30日颁布了《中华民国临时政府中央行政各部及其权限》，规定了中央行政机关的设置，各部的职权范围及官员任免办法。2月6日，孙中山命法制局起草了《各部官制通则》交参议院议决。3月10日，孙中山公布了经参议院通过的《南京府官制》，规定设一厅（秘书厅）、四科（民治科、劝业科、主计科、庶务科），从府知事到科员编制共十八人，体现了精简机构的精神。在选拔官吏方面，孙中山强调用人唯贤，反对用人唯亲。并且由法制局编订了文官、外交官考试令。

（五）发展教育

南京临时政府曾发布了《普通教育暂行办法及课程标准》《禁用前清各书通告各省电文》等法令，奖励兴办女学，鼓励男女同校，废止读经，禁用前清学部颁行的教科书，要求各科教科书"务合于共和民国之宗旨"。此外，还就社会教育和临时宣讲办法通电各省，指出社会教育"为今日急务"，要求各省成立"共和宣讲队"，进行社会教育。宣讲标准"大致应专注此次革新之事实，共和国之权利义务……公民之道德"。

四、司法制度的改革

南京临时政府试图建立资产阶级的司法制度，在根本法——《中华民国临时约法》中贯彻"三权分立"的原则，主张司法独立。孙中山强调："司法为独立机关"。临时政府也明确规定："法官独立审判，不受上级官厅之干涉"，"法官在任中不得减俸或转职，非依法律受刑罚宣告，或应免职之惩戒处分，不得解职"。用法官常任制和薪俸作保障，使法官无所顾忌地履行职务。

南京临时政府颁发了废除刑讯和体罚的命令。1912年3月2日公布了

《大总统令内务司法两部通饬所属禁止刑讯文》，3 月 11 日又公布了《大总统令内务司法部通饬所属禁止体罚文》，在文中严厉批判了封建的刑罚，指出："刑讯一端，乃满清之苛政，伤心惨目，莫此为甚"，"致多枉纵之狱"。规定："不论行政司法官署，及何种案件，一概不准刑讯，其从前不法刑具，悉令焚毁。"为贯彻实施禁止刑讯体罚的命令，临时政府还决定不时派员巡视，如有违反命令，"重煽亡清遗毒者，除褫夺官职外，付所司治以应得之罪"。

南京临时政府还改革了诉讼审判制度。规定民国的审判制度是四级三审制。在中央设立临时中央审判所，地方设立高等审判厅、地方审判厅、初级审判厅。并强调"上诉权为人民权利之一种"，"人民对判决如有不服，可还赴该管检察厅上诉，果有枉屈，不难平反"。南京临时政府于 1912 年 3 月拟定了《中央裁判所官制令草案》《律师法草案》，建立了律师制度，实行陪审和审判公开的资产阶级国家诉讼审判制度。但由于主、客观条件的限制，成效甚少。

南京临时政府通过一系列的立法活动，以法律的形式废除了在中国延续两千多年的封建帝制，确认了以"主权在民"为根本原则的民主共和制的中华民国的诞生。同时也运用法律手段，对封建社会遗留的恶习进行了改革。因此，这些法律、法令具有进步的历史意义。辛亥革命后，资产阶级民主共和的观念之所以深入人心，成为一般不可抗拒的历史潮流，和当时南京临时政府的立法是密切相关的。但南京临时政府的法律、法令大多未能贯彻实施。历史事实证明：中国民族资产阶级不能领导中国民主革命取得彻底的胜利；中国资产阶级共和国的方案和资产阶级的法律制度，在半封建半殖民地的中国行不通；法律若没有政权及国家武装力量保证执行，将是软弱无力的。

第二节　中华民国北京政府的法律制度

中华民国北京政府（北洋政府）是袁世凯篡夺了辛亥革命的胜利成果后建立起来的。1912 年 3 月 10 日，袁世凯在北京宣誓就任中华民国临时大总统，是为中华民国北京政府的开始。此后，袁世凯便逐步撕毁《中华民国临时约法》，破坏资产阶级民主共和制度。袁世凯死后，为了争夺统治权，形成了军阀割据、军阀混战的局面，先后出现了由直系的曹锟、皖系的段祺瑞和奉系的张作霖控制的北京政权。直到 1928 年国民革命军打败了最后一股残余的奉系军阀势力,由此宣布北洋政府彻底垮台。

一、宪法性文件

(一)《中华民国国会组织法》

1912 年 8 月,临时参议院通过了《中华民国国会组织法》,10 月由临时大总统袁世凯公布实施。

《中华民国国会组织法》共二十二条,其主要内容为确定国会由参议院和众议院组成。参议员由各省议会选举,每省选出十名,计有二百七十四名;众议员则从各地按人口比例选举,计有五百九十六名;参议员与众议员共计八百七十名。规定国会职权分单独行使和共同行使两类:单独行使是向政府建议、质问、请求查办违法官吏,答复政府咨询,受理人民请愿等职权。共同行使是议决法律案,议决预算、决算法案,议决税法、度量衡、币制及公债与其他国库负担契约法案、弹劾大总统、内阁和国务员,约束大总统任命国务员与大使(公使),宣战、媾和、缔结条约职权以及大赦令的宣布;规定宪法实施之前,两院同时行使临时参议院职权,并特别规定由两院合议,非两院各有总议员三分之二以上之出席,不得开会,非出席议员四分之三以上之同意不得议决。根据国会组织法,国会兼有立法机关、民意机关和制宪机关性质,并享有弹劾权和同意权,在法律上又是不被解散的。可见,国会对总统和行政机关具有一定限制,在一定程度上保证了实现责任内阁制的必要措施,充分反映了《中华民国临时约法》的精神实质,延续了辛亥革命的成果。

(二)《中华民国宪法草案》("天坛宪草")

1913 年 4 月 8 日,国会依法成立,7 月组成宪法起草委员会。10 月 31 日通过了《中华民国宪法草案》,由于以天坛祈年殿为起草场所,故称"天坛宪草",该法共十一章,一百一十三条。委员会中由于国民党议员占有较大比重,因此仍坚持了《中华民国临时约法》的精神实质,规定了国会采用两院制,并设置了国会委员会,坚持了责任内阁制,对总统的权力作了多方面的限制。这些都成为袁世凯专制独裁的严重障碍。袁世凯胁迫国会令自己当上中华民国大总统之后便制造事端,于 1914 年 1 月下令解散国会。《中华民国宪法草案》也随之夭折。

（三）《中华民国约法》（"袁记约法"）

袁世凯解散国会，撕毁了《中华民国临时约法》后并不满足，他组织了御用的"中央政治会议"作为立法机构。1914 年 2 月，经"中央政治会议"议决的"约法会议"正式成立。"约法会议"据袁世凯扩大总统权力的意图，于 1914 年 5 月 1 日颁布了《中华民国约法》，故称"袁记约法"。该约法主要包括以下内容：

其一，取消责任内阁制，改行总统制。《中华民国约法》规定："大总统为国家之元首，总揽统治权"，对外"代表中华民国"，大总统凌驾于国家行政机关之上，国家不设国务总理，只设一名国务卿辅助大总统。外交、内务、财政、陆军、海军、司法、教育、农商、交通等行政事务由各部分别掌管，各部总长依法律、命令执行主管行政事务；国务卿及中央各部总长均由大总统任免；原属于各部总长的职权一律改为部的职权，总长仅以部的代表者行使部的职权，且总长无国务员身份，只秉承大总统命令管理本部事务，对大总统负责；国务卿、各部总长及特派员，代表大总统出席法院发言。这样，总统既是国家元首，又是行政首脑；国务卿只是总统的一名助手；各部总长也不再向国务卿负责，而是向总统负责。显然，责任内阁制已被取消，国务卿与各部只能秉承大总统的旨意处理行政事务。

其二，赋予大总统以至高无上的权力。《中华民国约法》规定大总统的权利有：制定官制官规，任免文武职官；宣告开战、媾和，缔结条约；接受外国公使、大使；为海陆军大元帅，统率陆海军，决定军队编制及兵饷；颁给爵位、勋章及其他荣典；宣告大赦、减刑、复权；可以发布与法律有同等效力的教令；依法宣告戒严；财政紧急处分；召集立法院，宣告开会、停会，经参政院之同意解散立法院；任命法官，组织法院行使司法权。

其三，取消国会制，设置立法院和参政院。《中华民国约法》肯定了袁世凯解散国会的做法，规定立法院是立法机关，由人民选举之议员组成，行使立法权，但立法院受大总统之领导，决定立法院开会、停会、闭会之权属于大总统；大总统经参政院之同意还可解散立法院；立法院有议决法律、预算以及政治上疑义的职权，但大总统可以否决立法院议决之法律案，发交复议，即使复议中有多数议员仍持前议，大总统亦可不予公布。就是这样一个徒有其表、形同虚设的立法院，实际上也并未成立。《中华民国约法》规定：立法院成立以前，由参政院代行其职权。其职责是："应大总统之咨询，审议重要政务"。宪法起草委员会必须以参政院所推举之委员组织之；大总统解散立法院，参政院享有同意权，立法院未成立前由参政院代行其职权。1914年参政院成立时，按《参政院组织法》规定，参政院参政由大总统任命。参政院正、副院长的任命，也由大总统一人说了算。由上不难看出，《中华民国约法》从根本上动摇了《中华民国临时约法》中规定的三权分立、相互制衡的民主共和政体，确立了大总统集权制。实际上，大总统的地位与权力同封建皇帝差不多，但袁世凯仍不满足，1914年12月发布了《修正大总统选举法》，为袁世凯搞总统终身制与世袭制提供法律依据。1915年12月，袁世凯公开复辟帝制，改"中华民国"为"中华帝国"，立即遭到全国人民的激烈反对，袁世凯迅速垮台。

（四）《中华民国宪法》（"贿选宪法"）

袁世凯死后，北洋各派系军阀之间为了争夺统治权进行了长期的混战。以曹锟、吴佩孚为首的直系军阀在英美帝国主义的支持下，赶走了张作霖和段祺瑞，控制了北京政权。继而，曹锟采用软硬兼施的方式，一面以高价贿买国会议员，一面派警察、密探监视包围议员，终于在1923年10月5日贿选成功，登上了大总统的宝座，成为臭名昭著的"贿选总统"。为了平息人民的反抗情绪，给自己的统治披上合法外衣，曹锟授意国会宪法会议加紧制定宪法，到1923年10月10日，仅仅用五天的时间，就炮制了《中华民国宪法》，即"贿选宪法"。

"贿选宪法"共十三章，一百四十一条，它以"天坛宪草"为基础，又吸收"袁记约法"的某些条文，其内容及特点是：

其一，打着"民主宪政"的旗号，实行军阀专制。"贿选宪法"规定："中华民国永远为统一民主国"，"国体不得为修正之议题"。同时又规定："大总统得停止众议院或参议院之会议"，"大总统于国务员受不信任之决议时，非免国务员之职，即解散众议院"。这些规定从表面上看直系军阀政府似乎是一个资产阶级民主共和国，实际上，它是一个地地道道的封建军阀专政的国家，赋予大总统以专制权力。

其二，形式上规定了有关人民权利与自由的条款。"贿选宪法"规定："中华民国之主权，属于国民全体"，但实际上其政权的性质已经决定了对广大工农劳动群众而言，并没有任何权利和自由。

其三，"贿选宪法"除维护直系军阀在中央的统治外，又肯定了地方军阀政府的统治。曹锟为拉拢地方各派军阀势力，许诺给他们更大的权限，以取得支持。因而在"国权"一章中，规定了中央与地方的权限，地方政府享有的权力与应有的职能。但同时又规定各省之间不得订立"政治之盟约"，否则"以国家权力强制之"，从而反映了直系军阀与各派军阀既争夺又妥协，共同镇压人民的本质。

"贿选宪法"激起了全国人民的强烈反对，不到一年，它便随着曹锟政权的倒台而不复存在了。

二、法律的主要内容

（一）刑事方面

由于北洋政府的经济基础和政治制度与清末王朝一脉相承，所以该政府建立后，决定继续援用清末的法律，甚至公开恢复了笞刑、遣刑等封建刑制。袁世凯就任临时大总统不久，便以"民国法律未经议定颁布"为由，宣布除所谓"与民国国体抵触各条应失效外"，"暂时援用"《大清新刑律》。

1912 年 4 月 30 日，中华民国北京政府宣布删修《大清新刑律》与国体抵触的各章条，废除《大清新刑律》"侵犯皇帝罪"一章和维护皇权的一些条款，删除《暂行章程》第一条至第五条，取消"制书""御玺"等字词，将原有律文的"帝国""臣民""复奏""恩赦"改为"中华民国""人民""复准""赦免"等字词。除此之外，中华民国北京政府的《暂行新刑律》与《大清新刑律》再无差别。可见，中华民国北京政府的刑法典实际上是《大清新刑律》的翻版。此外，中华民国北京政府还恢复了曾分别被清政府和孙中山废除的笞刑和遣刑。

1914 年 7 月 30 日，中华民国北京政府公布了《徒刑改遣条例》，规定，凡被判处无期徒刑和五年以上有期徒刑的"内乱""外患""妨害国交""强盗"等罪者，一律改为发遣，发往吉林、黑龙江、新疆、甘肃、川边、云南、贵州、广西等地，并许携带家属，编入该处户籍。同年 10 月 5 日，司法部公布了《易笞条例》，该条例共十条，主要规定：凡犯有"奸非""和诱""窃盗""诈欺取财""赃物"等罪名，应处三个月以下有期徒刑、拘役或百元以下罚金折易监禁者，以十六岁以上六十岁以下之男子为限，"得易以笞刑"。惟"曾充或现充官员有相当身分者，不适用之"。徒刑、拘役或罚金折易监禁者，其刑期一日折笞二，于监内执行。

1914年12月24日，北洋政府颁行了《暂行新刑律补充条例》，它是仿照《大清新刑律》之《暂行章程》制定出来的，其中对于违反封建礼教的罪名予以加重处罪，规定："关于奸淫之罪，而均有奸淫行为者，处死刑或无期徒刑"；"和奸良家无夫妇女者，处五等有期徒刑或拘役。其相奸者，亦同"；"尊亲属伤害卑幼，仅致轻微伤害者，得因其情节，免除其刑"。嗣后，中华民国北京政府的法律编查会还就法律的制定过程作了说明：之所以要对直系尊亲属犯罪者加重本刑二等，对于旁系尊亲属犯罪者加重本刑一等，并且规定"因亲属而加者，许其加至死刑"，是因为"核与旧律之精神，殊无差异"。另外，在《暂行新刑律补充条例》中，限制正当防卫的行为，其原因是正当防卫"本属旧律擅杀擅伤之义，然使遇有尊亲属相犯而亦援用之，实大背中国之礼教"。同时，对于《暂行新刑律》中增设"侵犯大总统"罪，法律编查会也作了一个说明："一国之元首既胥一国而推举之，自应胥一国而尊敬之，……凡以明有尊也"。由此可以发现，北洋政府打着民主共和的旗号而制定的法律在维护封建的等级特权、纲常礼教上，与封建刑律如出一辙。

（二）民商方面

北洋政府时期实际施行的民法被称为"《现行刑律》民事有效部分"，主要包括：《大清现行刑律》中关于民事部分的内容，如服制图、服制；"名例"中有关条款，如户役、田宅、婚姻、犯奸、斗殴、钱债等部分；以及《大清户部则例》中关于户口、田赋等内容。1914年以《大清民律草案》为基础，结合各省民商事习惯，参照各国最新法例，开始修订民律。1926年完成民事总则、债、物权、亲属、继承五编草案，称《民律第二次草案》，但未正式通过。在北洋政府颁布的民事法规中较为重要的有：《矿业条例》《森林法》《著作权法》《商人通例》《公司条例》等。

（三）行政方面

北洋政府的行政立法主要包括以下三个方面：

其一，官制官规方面。建立了以责任内阁制为准绳的中央官制，还制定了一系列地方官制，如《京兆尹官制》《省官制》《道官制》《县官制》等，北洋政府还制定和颁布了一些行政官（又称"文官"）的官规，就官等、官俸、官吏的任用、考试及惩戒等作出了规定。文官分为特任、简任（第一、二等）、荐任（第三至第五等）、委任（第六至第九等）四个系列九个等级。只有具备一定的资格才能担任政府官吏。考试是北洋政府甄录官吏的一个重要途径，北京政府颁布有《文官高等考试法》和《文官初等考试法》。

其二，财政税收法规方面。为摆脱财政危机的困境，维持统治，颁行了一系列财政法规，其目的在于扩大税种、增加税收、发行公债、改革币制、加强官产管理。如颁布有《盐税条例》《印花税法》《税契条例》《特种营业税条例》《贩卖烟酒特许牌照税条例》《所得税条例》《特种财产契税规则》《管理官产规则》《清查公款章程》《官产处分条例》《国币条例》《国币条例实施细则》《取缔纸币条例》《会计法》《审计法》《权度法》等法律法规。

其三，治安行政法规方面。颁布了《治安警察条例》《出版法》《违警罚法》等法规。

三、司法制度

（一）司法机关

1. 普通法院系统

1915年正式颁布的《中华民国暂行法院编制法》规定，北洋政府全国的普通法院组织由（中央）大理院、（省）高等审判厅、（较大商埠或中心县）地方审判厅及（州、县）初级审判厅四级组成。按规定在各级审判机关中相应平行设置四级检察机关，即设总检察厅、高等检察厅、地方检察厅、初级检察厅，负责侦察、公诉和监督判决等职权；独立行使检察权，其行为对上级检察机关负责，不受同级审判机关和行政长官的干预。上述诸级普通法院，有的实际上并未完全成立。北洋政府由于财政拮据，下令撤销初级审判厅，改为在有地方审判厅的县份，厅内设置简易厅，办理初级审判厅的事务。后来又颁布条例，在未设的县份，改由县知事兼理民刑案件，以承审员助理之，称"兼理司法法院"。

2. 平政院

在普通法院之外，北洋政府于1914年至1923年间，在北京设立平政院，作为行政诉讼机关，专门受理行政诉讼案件。

3. 特别法院系统

特别法院系统包括陆海军内的军事审判机关和边疆地区及特区的特别法院。军事审判机关又分三种：高等军法会审、军法会审和临时军法会审。边疆地区及特区的特别法院指热河、察哈尔、绥远三个特别行政区的都统府审判处，以及东三省特别区域（中国收回中东铁路界内俄国人的治外法权，为了便于诉讼所划定的范围）的高等审判厅及地方分庭。此外，也包括外蒙古各镇抚使公署审判处。

（二）司法制度的特点

1. 在司法上进一步扩大了领事裁判权

北洋政府的法律给予无领事裁判权国家的侨民以司法特权。凡侨居中国而不享有领事裁判权的外国侨民，犯罪时给予优待，有新监建制的地区，收入新监；无新监的地区，则以"适宜之房屋代之"。应判死刑的，如该犯所属国刑法规定了死刑，则依据法律判处死刑，如所属国已废除死刑，则改判无期徒刑。这些规定标志着北洋政府法律的进一步半殖民地化。

2. 普通法院实行四级三审制

初级审判厅为普通民事刑事案件的第一审机关；地方审判厅为普通民事刑事案件的第二审机关和特别案件的第一审机关；高等审判厅为普通民事刑事案件的第三审（终审）机关和特别案件的第二审机关；大理院为法令属于大理院特别权限的案件之初审，亦即终审机关，亦为不服高等审判厅判决的案件之第三审（终审）机关。按照规定应当审理第一审案件的初级审判厅在当时并没有真正的建立起来，仍然由县知事这一行政长官掌管司法审判事宜，恢复了封建时代行政、司法合一，行政干预司法的陋习。

3. 特别法优先于普通法

北洋政府除了修订刑律外，还制定了一系列刑事特别法规，其适用优先于普通法，以发挥特别法的专门制裁作用。其中以1914年公布实施的《惩治盗匪法》最为典型。具体表现在：其一，新增对"匪徒"的规定，其适用范围包括：意图扰害公安而制造、收藏或携带爆裂物者；聚众掠夺公署之兵器、弹药、船舰、钱粮及其他军需品，或公然占据都市、城寨及其他军用之地者；掳人勒赎者。对上述匪徒罪犯统统处死刑。其二，扩大审判机构的范围，委予军事审判机关审判强盗、匪徒罪的法定权力。其三，简化审判程序。其四，对强盗、匪徒案件，一经判决，即为终审，不得上诉。

4. 军事审判的专横武断

北洋政府设立的各级军事审判机关，按规定平时管辖军人案件，战时或戒严时期负责审理普通案件。但在这一时期，军阀混战连年不断，军事审判机关经常代理普通司法审判，军法适用范围扩大。平民"犯法"往往通过军法会审，按军法论处。法律和普通法院反而居于从属地位。军事审判的程序又是特别程序，如不得控诉及上告、不准旁听、不准选请辩护人，一切服从于军事长官的意志，比起普通法院的司法审判更为专横武断，反映了封建军阀专制的时代特点。

5. 广泛引用判例与解释例

北洋政府大量引用大理院的判例和解释例，作为审判的依据，成为主要法典法规的重要补充。据不完全统计，从 1912—1927 年，北洋政府大理院汇编的判例约有三百九十件，公布的法律解释例多达二千多件，它们同样具有法律效力。

第三节　中华民国南京国民政府的法律制度

1927 年 4 月 12 日，蒋介石发动了反革命政变，在南京建立了中华民国国民政府（即南京国民政府），1949 年 9 月南京国民政府被推翻，正式宣告中华民国时期的结束。

一、立法活动

（一）立法机关

这一时期的立法机关首推国民党全国代表大会及其中央执行委员会，以及中央政治会议。后采用五院制的政府体制，规定立法院为最高立法机关，但立法院在行使立法权时，必须遵循中央政治会议所确定的立法原则，不得改变中央政治会议所交议的事项。此外，行政院、省政府等也享有部分立法权。

（二）立法阶段

南京国民政府的立法活动分为三个阶段：

第一阶段（1927—1936 年），"法统"形成时期。在此期间南京国民政府主要是颁布了具有宪法性质的《训政纲领》和《训政时期约法》，确立了国民党的统治地位；并通过颁行《国民政府组织法》，建立起五院制的政府体制。与此同时，南京国民政府继承清末政府和北洋政府的立法成果，分别制定了刑事、民事、商事、诉讼、法院组织等各方面的部门法，初步形成了南京国民政府的法律体系。为镇压共产党的革命活动，在这一时期，南京国民政府还颁行了大量的刑事特别法规，如 1927 年的《惩治盗匪暂行条例》、1928 年的《暂行反革命治罪法》、1931 年的《危害民国紧急治罪法》、1935 年的《共产党人自首法》、1936 年的《维持治安紧急办法》，等等。

第二阶段（1937—1945 年），"法统"确立时期。这一时期由于中国共产党的努力，实现了第二次国共合作，建立了抗日民族统一战线。南京国民政府迫于国际国内的各方面的压力，宣布联共抗日，同时也颁布了《国家总动员法》《惩治汉奸条例》等有利于抗战的法律，但也颁布了一系列旨在防共、限共、溶共等法令，如 1939 年秘密颁布的《处置异党实施办法》《共产党问题处置办法》、1940 年的《各县保甲整编办法》、1943 年的《妨害兵役治罪条例》等。

第三阶段（1946—1949 年），"法统"崩溃时期。抗日战争胜利后，国内阶级矛盾上升为社会的主要矛盾，南京国民政府继续坚持"卖国、独裁、内战"三位一体的基本方针，使得内战重开，以中国共产党为代表的广大人民和以蒋介石为代表的地主买办官僚资产阶级的斗争焦点是政权问题。在立法活动上，南京国民政府一方面玩弄制宪骗局，召开伪"国民大会"、公布伪宪法；另一方面颁布了一系列法律，尤其是颁行了大量的特别法规。主要有：《中华民国宪法》（1947 年 1 月 1 日公布）、《动员戡乱时期临时条款》（1948 年 5 月 10 日颁布）、《兵役法》（1946 年 10 月公布）、《戡乱总动员令》（1947 年 7 月公布）、《动员戡乱完成宪政实施纲要》（1947 年 7 月公布）、《戒严法》（1948 年 5 月公布），以及用以加强法西斯专政的《维持社会秩序暂行办法》（1947 年 5 月公布）、《戡乱时期危害国家紧急治罪条例》（1947 年 12 月公布）。

（三）"六法"体系

南京国民政府的法律体系由成文法和判例、解释例组成。

南京国民政府的成文法包括宪法、民法、民事诉讼法、刑法、刑事诉讼法和行政法等"六法"以及其他的单行法规。"六法"和单行法规编纂在一起，统称"六法全书"。但是必须说明，南京国民政府成文法的相当一部分不是立法机关按立法程序制定和公布的，有的是由行政机关或军事机关强行公布的，有的是国民党中央或地方党部秘密颁行的。此外，蒋介石的"命令"等也是南京国民政府的一种法律形式，而且具有高于法律的效力。

南京国民政府的司法院、最高法院、司法部的判例和解释例是其成文法的重要补充。南京国民政府司法机关承袭了北洋军政府大理院的判例和解释例，并在实施中进行了大量补充。通过这些判例和解释例，填补了法律条文上的空白。

另外，南京国民政府的成文法有特别法和普通法之分，在法律效力上奉行特别法优于普通法的原则。特别法是指适用于特定期间、特定地点、特定对象或事项的法律，由于特别法针对性强又具有灵活性，因此效力大于普通法，而且数量也超过普通法，特别法在南京国民政府法律体系中占有重要的地位。

二、六法全书的主要内容

（一）宪法性文件

1. 《训政纲领》

1928年6月北伐战争结束后，蒋介石重提孙中山早年创立的建国三时期学说，即军政时期、训政时期和宪政时期，要召开国民大会，制定宪法，施行宪政。为此，于1928年10月召开国民党二届五中全会，宣告"军政时期"结束，"训政时期"开始。10月3日，国民党中央常务委员会通过并公布了《训政纲领》。

《训政纲领》共六条，主要内容是：

其一，国家权力分为政权和治权两部分。政权包括选举、罢免、创制、复决四种参政权，治权包括行政、立法、司法、考试、监察五种统治权。

其二，在国民大会未召开以前，由国民党全国代表大会代行政权，大会闭会后，则由国民党中央执行委员会代行政权。

其三，治权由国民政府在国民党中央执行委员会政治会议的指导和监督下执行。

2. 《中华民国训政时期约法》

训政纲领公布不久，南京国民政府内部发生了分歧，被蒋介石集团排挤或没有瓜分到权力的一些军阀，以及以汪精卫为首的改组派和以谢持为首的西山会议派，斥责蒋介石政府"训政其名、个人独裁其实"。他们为了抢先争夺"法统"的大旗，在北京成立了新的国民政府。蒋介石为了谋求集团内部的统一，于 1931 年 5 月召开了国民会议，制定了《中华民国训政时期约法》，1931 年 6 月 1 日公布。《中华民国训政时期约法》共八章，八十九条，主要内容是：继续确认《训政纲领》中关于国民党一党专政的原则。确认蒋介石个人独裁统治，国民党中央常务会议根据蒋介石"以党治国"的方针，在国民党中央执行委员会内设"中央政治会议"，作为全国实行"训政"的最高指导机关，指导监督国民政府的行动，限制了人民的自由和权利，约法规定国家要设立农业金融机关，应兴办各种矿业，创办国营航业等。

3. 《中华民国宪法草案》（"五五宪草"）

南京国民政府于 1936 年 5 月 5 日公布了《中华民国宪法草案》，通称"五五宪草"。"五五宪草"共八章，一百四十八条，其结构体系与《中华民国训政时期约法》基本相同，其主要内容是盗用和篡改孙中山的"五权宪法"理论，赋予总统统辖五院的权力，集"五权"于总统一身。"五五宪草"公布后，即遭到全国人民的揭露和反对，迫使南京国民政府未正式颁行。

4. 《中华民国宪法》

1946 年 1 月 10 日，中国共产党在宣化召开政治协商会议上提出改组南京国民政府，建立民主联合政府的主张，但同年 11 月，蒋介石政府在全面内战准备就绪后，悍然撕毁"双十协定"和"政协决议"，单独宣布召开伪国大，制定伪宪法。1947 年 1 月 1 日，"国大"通过，南京国民政府公布了《中华民国宪法》，同年 12 月 25 日施行。这是南京国民政府在覆灭前颁布的一部最具代表性的国家根本法。《中华民国宪法》共十四章，一百七十五条。其主要内容是：

其一，全面确认总统专制的政治体制。《中华民国宪法》总纲中宣布："中华民国是民有、民治、民享的民主共和国，主权属于国民全体"，而且在中央政权的组织形式上标榜所谓议会制、责任内阁制，但实际上是确认总统独裁。总统被赋予总揽一切国家权力和发布紧急命令的特权。在总统与五院的权力关系上，表面看来五院似乎拥有一定范围的最高治权，但实际上统治权完全由总统控制。

其二，剥夺了人民的基本权利和自由。《中华民国宪法》在列举了赋予人民一系列权利和自由以后，又规定："列举各项之自由权利，除为防止妨碍他人自由，避免紧急危难，维持社会秩序，或增进公共利益所必要者外，不得依法律限制之"。

其三，巩固和发展官僚资本。《中华民国宪法》宣称："国民经济应以民生主义为基本原则，实施平均地权，节制资本，以谋国计民生之均足"。同时，又在保障私有权的前提下，明确实行"国家本位"主义："国家对于私人财富及私营事业，认为有妨害国计民生之平衡发展者，应以法律限制之"。这就在肯定封建土地私有制和资本主义私有财产制度的基础上，维护官僚资本的垄断地位。

（二）南京国民政府的刑事法律

刑事法律制度主要包括刑法典和大量的特别刑事法。1928年的《中华民国刑法》是我国历史上第一部以"刑法"命名的刑法典；1935年1月1日，南京国民政府在对原有刑法典作了新的补充和修改的基础之上正式颁布《中华民国新刑法》。

《中华民国新刑法》共分为总则、分则两编，计四十七章，三百五十七条，它继承了"维护国民党统治地位，维护封建宗法家庭，特别法优于普通法"等特点，并确立了"保安处分"和"罪刑法定主义"原则，既总结了历朝政府在刑事立法方面的经验教训，又吸收了西方先进的刑事立法原则和制度。其主要内容和特点是：

其一，"罪刑法定"原则。《中华民国新刑法》规定："行为之处罚，以行为时之法律有明文规定者为限"。

其二，刑罚种类中增设保安处分。《中华民国新刑法》把刑罚分为主刑和从刑两种。主刑有：死刑、无期徒刑、有期徒刑（刑期由二年至十五年，但可依规定减至两个月或增至二十年）、拘役（由一日至不满两月，但可加至四个月）、罚金（一元以上）。从刑有：褫夺公权、没收。

此外，该刑法还从德、意等国刑法典中引进了保安处分的规定。所谓保安处分，是刑罚以外用以补充或代替刑罚，以维护政权统治的措施。必须明确，保安处分主要是针对革命者的。在保安的名义下，不问是否"犯罪"，都可以因有"犯罪之虞"，将革命者横加拘捕，关进"感化院""集中营""反省院"，实行种种精神和肉体的折磨，直至秘密处死。保安处分与刑罚不同，它是不定期的拘禁。

其三，维护夫权和族权，巩固封建婚姻家庭秩序。《中华民国新刑法》以封建的夫权和族权为支柱来巩固其统治的基础。表现为：一方面事实上确认重婚和纳妾的合法性，刑法中规定了对重婚罪的处罚，但判例则确认重婚纳妾是合法的。另一方面加重处罚亲属相犯之罪，刑法中规定对侵害尊亲属的行为加重处罚，这说明了在其内容中有浓厚的继承封建法律的色彩。

此外，为惩罚政治犯罪，消灭异己势力，制定大量的特别刑事法规，如《共产党人自首法》《反革命案件陪审暂行办法》《危害民国紧急治罪法》《戡乱时期危害国家紧急治罪条例》等，这些特别刑事法规是刑法体系的重要组成部分。

（三）民商法律

南京国民政府根据民商立法的最新趋势和中国的实际情况，一改清末、北洋政府所采用的民商分立制，实行民商合一的编制体例。《中华民国民法典》包括"民法总则、债、物、继承、亲属"五编。1929 年 5 月由南京国民政府公布了第一编总则，此后陆续公布了第二编债、第三编物权、第四编亲属、第五编继承，共五编，一千二百二十五条。前三编引进了德、日、瑞士等国民法的大量条文，后两编带有较多的封建色彩。依照国民党中央政治会议关于实行民商法合一的决议，将商事活动的一般规则编入债编，不能编入者，另定单行法规，主要包括银行法、交易所法、公司法、票据法、海商法、保险法、破产法等。从内容上看，既吸收了西方各国法制建设的诸多经验，又保留了中国固有法律的一些传统特色，客观上促进了资本主义经济的发展与壮大，南京国民政府民事商事法规的主要内容及特点是：

其一，肯定在无法可依的情况下，习惯及法理可作为审理民事案件的依据。该法总则编第一条即规定"民事法律未规定者，依习惯，无习惯者，依法理"。审判官不得借口于法律无明文，将法律关系之争论拒绝，不为判断，但民事所适用之习惯，以不违背公共秩序或善良风俗者为限。

其二，采取"国家本位主义"原则。强调对私人利益的保护是有条件的，即只有在不违背国家利益的情况下，法律才保护私人利益。该法一般承认"私法自治"的同时，对个人权利的行使、契约的订立及其他民事法律行为作了严格的限制，如规定所有人须于"法律限制之范围内"行使其所有权，"有悖于公共秩序或善良风俗"的法律行为无效等。

其三，维护私有财产权。为了保护私有财产权，法律规定："所有人于法令限制之范围内，得自由使用、收益、处分其所有物，并排除他人之干涉"，"土地所有人（地主）得禁止他人侵入其地内"。同时，为了保障地主买办阶级利益，法律规定："地上权人（佃农）纵因不可就力，妨碍其土地之使用，不得请求免除或减少租金"。

其四，废止旧法中长期沿用的宗祧继承制度。子女对于遗产的继承权，改变过去由男子独占制度，采平等继承制度，且明定配偶之间有相互继承遗产的权利。这些是对封建宗法制度的否定，但是其民法亲属编承袭了中国封建社会包办、强迫的婚姻制度，以及男尊女卑的封建家庭关系，具有浓厚的封建色彩。法律规定：未成年人订婚、结婚须得法定代理人同意，名为合法代理，实为父母之命，而且离婚也要取得父母的同意。男尊女卑的夫权制度和封建的父权家长统治，在民法中也得到了肯定。如规定"妻以其本姓冠以夫姓""妻以其夫之住所为住所"等内容。

其五，保护外国资本在中国进行经济侵略的合法权。其民商法中规定："经认许之外国法人，于法令限制内，与同种类之中国法人，有同一的权利能力"。这不仅公开承认外国财团与中国法人享有同等的法律地位，而且在资本竞争中，使外国垄断资本扼杀中国民族工商业的行为合法化，此外还规定，外国的通用货币可以直接充当债务关系上的支付手段，这就更为帝国主义操纵中国的金融市场以至整个国民经济提供了便利条件。

（四）行政法规

1924年以后，南京国民政府重新修订了《中华民国国民政府组织法》，中央政府实行"五院制"，地方政府设省、市、县三级，实行长官责任制。从中央到地方各部都直接对总统负责。总统既是国家元首，又是国家最高的行政长官和军事长官，总揽一切大权。

南京国民政府为建立起一套公务员制度，先后颁布了如《公务人员考试法》《公务人员成绩法》《公务员惩戒法》等上百种法令法规。

除此之外，南京国民政府还颁布了一系列关于经济、军事、财政、交通、内政等方面的法律法规，如《国籍法与国籍法施行条例》（1929年2月5日公布施行，共五章二十条）、《出版法》（1930年12月16日公布施行，1947年7月8日修正公布施行，修正后共七章五十四条）、《户籍法》（1946年1月3日修正公布施行，共八章六十一条）、《国家总动员法》（1942年3月29日公布施行，共三十二条）、《兵役法》（1946年10月10日公布施行，共十章三十五条）、《戒严法》（1934年11月29日公布施行，共十六条）、《遗产税法》（1946年4月16日公布施行，共六章二十七条）、《所得税法》（1946年4月16日公布施行，共七章四十二条）、《邮政法》（1935年7月5日公布，1936年11月1日施行，1947年6月30日修正公布施行，共五十条）、《土地登记规则》（1946年10月2日公布施行，共六章一百零九条）等。

值得注意的是，这一时期的行政立法带有专制主义的倾向，有些特别行政法规的效力甚至超过宪法。

（五）民事诉讼法

南京国民政府时期，曾先后制定过两部民事诉讼法。第一部是公布于1931年2月，第二部公布于1935年2月，此后进行了多次修订补充。《中华民国民事诉讼法》共分九编，六百四十条。其主要内容及特点如下：

其一，规定了繁杂的诉讼程序。南京国民政府的民事诉讼程序极为繁杂。全部程序可分为初审程序、上诉审程序、再审程序及特别诉讼程序，在每个具体程序中又分为若干个程序，使普通百姓无从掌握，或欲诉无门或听任法官摆布。在民事诉讼案中，法院设置重重障碍，每一案件的起诉，法官首先审查在程序上是否合法，即"一告九不理"原则，内容是：管辖不合不受理；当事人不适格不受理；未有合法代理人不受理；书状不合程序不受理；不缴讼费不受理；一事不再理；不告不理；已成立和解者不理；上诉非以违法为理由者不理。这些繁杂的诉讼程序，实际上限制了普通民众的诉讼权利。

其二，确认了"不干涉原则"。"不干涉原则"又称"当事人进行主义"，《中华民国民事诉讼法》规定：诉讼必须由当事人自己向法院起诉，否则法院不予过问；当事人已起诉者，在诉讼过程中"法院不得就当事人未声明之事项为判决"；当事人对案件保有"操纵的权利"，但法院"认为必要时，得依职权调查证据"，甚至对出庭"不到场之当事人，得依职权由一造辩论而为判决"。

（六）刑事诉讼法

《中华民国刑事诉讼法》颁布于 1928 年，至 1935 年 1 月重新修订，增加了关于执行"保安处分"的规定。共计九编，五百一十六条。其主要内容和特点是：

其一，采用"自由心证"原则。所谓"自由心证"，即证据的真伪，证照力的大小，由法官根据内心信念自由判断，在资本主义上升时期，自由心证原则相对中世纪的"法定证据"而言，有进步之处，但在资本主义进入帝国主义时代后，自由心证已变为法西斯统治者任意出入人罪的一种手段。南京国民政府仿效资产阶级这一审判原则，实际上扩大了法官可以自由裁断的权力。

其二，对自诉权严加限制。南京国民政府的刑诉法对刑事案件的自诉作了种种限制：一是规定"犯罪之被害人得提起自诉，但以有行为能力者为限"，这样就限制了被害人亲属和无行为能力人的自诉权利；二是规定"告诉或请求乃论之罪已不得为告诉或请求者，不得再行自诉"，这样又限制了告诉与请求乃论人的自诉权利；三是规定"同一案件经检察官侦查者，不得再行自诉"；四是规定对于直系尊亲属或配偶不得提起自诉。

三、司法制度

（一）司法机关的设置

南京国民政府成立初期沿用北洋政府时期的四级三审制的司法机构设置，1935 年《法院组织法》颁布施行后，实行三级三审制，国民政府所在地（南京市）设最高法院，隶属于国民政府司法院。最高法院不设分院，以统一全国法律之解释；在省、首都、特别区、院（指行政院）辖市设高等法院，区域辽阔者可设高等法院分院；在县、省辖市设地方法院，区域狭小者可合若干县市设一地方法院，区域辽阔者可设地方法院分院。法院为国家审判机关，负责审理刑事、民事案件，并依法律规定管辖非诉讼案件。

在普通法院体系之外，还有特殊的审判机关，这些审判机关有：

1. 特种刑事法庭

南京国民政府将危害其政权的刑事案件列为"特别刑事案件"，主要是指共产党人和革命群众反抗的案件，并专门成立了特种刑事法庭进行审理，采取不同于一般案件的特别诉讼程序。第一次国内革命战争时期，这种法庭被称为"特种刑事临时法庭"，分为中央和地方两级，主要依据是1927年12月颁布的《特种刑事临时法庭组织条例》；1928年，该法庭被裁撤，所辖案件改由军法机关审理；1948年4月，又颁布《特种刑事法庭组织条例》，重新恢复特种刑事法庭，在南京设立中央特种刑事法庭，隶属于司法院；在行政院指定地点设立高等特种刑事法庭，与普通高等法院地位相等。

2. 军事审判机关

主要审理军人违法犯罪案件，但必要时也插手非军人的普通刑事案件，尤其是政治性案件，如1931年颁布的《危害民国紧急治罪法》第七条规定："犯本法所定各罪者，在戒严区域内，由该区域最高军事机关审判之。"而在战争状态下，军事司法机关可以根据军事需要接管战区内的一切民刑案件。

此外，检察机关也是国民政府司法机关的重要组成部分。南京国民政府在普通司法机关中，设立相应的检察机关或一定数量的检察官，行使检察职权，即在最高法院中设立检察署，置检察官若干人，以其中一人为检察长；在高等法院和地方法院中，设检察官若干人，以其中一人为首席检察官。检察官在刑事案件的整个诉讼过程中，有着重要的地位和作用。检察官依据法律的规定，有权对刑事案件作出侦查或不侦查的决定，提起或不提起公诉的决定，刑事案件判决后的执行，也由检察官来指挥并监督实施。

（二）普通法院诉讼审判制度的特点

南京国民政府的诉讼审判制度在一定程度上吸收了资本主义的法律原则，如辩护过程、合议制度、公开审判制度等。但由于当时特殊的历史条件，南京国民的诉讼审判制度表现出了以下特点：

1. 司法独立原则

《中华民国宪法》规定，"法官须超出党派之外，依据法律独立审判，不受任何干涉"，《法院组织法》也有相关的规定。这些规定表面上施行司法独立，但在实际的司法活动中却又否定了司法独立的原则，如司法总长由总统任命，对总统负责；地方各级法院院长由司法行政部任免，并受其监督；国民政府的宪兵、警察、特务组织等有权参与侦查和审判。这样，司法独立形同虚设，司法机关不可能摆脱行政中央的控制和干扰。

2. "自由心证"原则

南京国民政府的《民事诉讼法》和《刑事诉讼法》都规定，在证据制度中采取"自由心证"的原则。在诉讼过程中，证据的证明力及其是否被采用，不是由法律预先作规定，而是由法官的内心信念，即依"心证"来自由判断和取舍。正如南京国民政府最高法院院长夏勤初所说，无论何项证据，审判官以为可信则信之，以为可舍则舍之，证据力之强弱悉凭审判官之心理判断。《民事诉讼法》还规定："当事人对于他造主张之事实，于言词辩论时不争执者，视同自认"，经过法官断定"自认"后，对该事实不需要再调查核实，可以作为判决的根据。司法实践说明，在言词辩论中，当事人一方对另一方当事人提出的事实不争辩，可能是自认，也可能因种种原因而并非自认，而《民事诉讼法》对此并不作具体分析。判例甚至主张："在民事诉讼事件中，当事人曾为不利于己之自认时，法院自可毋庸别予调查证据，即依据其自认以为裁判。"

3. 政治案件审判制度

南京国民政府《法院组织法》规定，对于所谓"妨害公共秩序"的案件，即政治案件，实行秘密审判。正如国民党所说，政治犯之辩论，最易耸人听闻，且使旁听之人皆生破坏之欲，此不可公开也。1948年4月颁行的《特种刑事法庭审判条例》规定，违犯《戡乱时期危害国家紧急治罪条例》的刑事案件，按此条例进行秘密审判，裁判后不得上诉或抗告。南京国民政府于1929年12月31日修正公布了《反革命案件陪审暂行法》，并于同日施行，该法规定，国民党地方最高级党部对于法院的"反革命案件"的第一审判决不服者，得于上诉期间内，要求检察官上诉于最高法院。当该案件发回或交发复审时，则由国民党地方最高级党部派出的国民党员所组成的"陪审团"陪审评议。在评议中，由"陪审团"提出"有罪""无罪"或"犯罪嫌疑不能证明"的答复，法院则要根据这个答复作出判决，对于因"犯罪嫌疑不能证明之答复而判决无罪者，应命取妥保或通知所在地警署于二年内监视之"。

4. 军法机关审判制度

第二次国内革命战争时颁布的《惩治盗匪暂行条例》规定，违犯该条例的案件，在戒严区域内，依《戒严条例》之规定办理，也就是说，在接战地域内，与军事有关的民事和刑事案件由总司令部政务局军法处会同裁判；在无法院或与其管辖法院交通断绝时，与军事无关系的民事和刑事案件，也由总司令部政务局军法处裁判。抗日战争时期，违犯《修正危害民国紧急治罪法》的案件，由军事机关审判；违犯《妨害国家总动员惩罚暂行条例》的案件，由有军法审判权的机关审判。第三次国内革命战争时期修正公布的《戒严法》规定：在戒严时期，在接战地域内，不但地方司法事务归该地最高司令官掌管，司法官受该地最高司令官指挥，而且刑法上的"内乱罪""外患罪""妨害秩序罪""公共危险罪""抢夺强盗及海盗罪"等以及违犯其特别刑法规定之罪者，军事机关得自行审判；在无法院或与管辖的法院交通断绝时，其他刑事和民事案件，由该地军事机关审判。这些规定，不仅使军事机关直接参与司法镇压，而且实际上使普通司法机关直接处于军事机关的操纵之下。

5. 程序繁琐，限制诉权

南京国民政府的诉讼程序极为繁琐。《民事诉讼法》中规定了九种诉讼程序，其中每种程序又包含若干子程序。在起诉方面规定了"一告九不理"的原则，对原告的诉讼资格予以严格的限制，同时对被害人的自诉权利作出严格的规定。在诉讼管辖方面同样繁琐，虽然原则上规定了由被告所在地法院管辖，但同时又对二十几种不同的诉讼规定了不同的管辖范围。

【课后经典试题】

一、填空题

1.《中华民国临时政府组织大纲》规定的政体是（　　　）；《中华民国临时约法》规定的政体是（　　　）。

2.《中华民国约法》又称（　　　）。

3.《中华民国临时政府组织大纲》规定，（　　　）是国家立法机关。

4.《中华民国临时政府组织大纲》规定，（　　　）是全国最高审判机关。

5. 1911年12月29日，各省代表会议依据《中华民国临时政府组织大纲》的规定，选举（　　　）为临时大总统。

6.《中华民国临时约法》是由（　　　）在1912年3月11日予以公

布的。

7.《中华民国约法》废除责任内阁制，实行（　　　）。

8. 北京政府审判机构大体分为：（　　　），兼理司法法院，（　　　）和平政院。

9. 1936 年 5 月 5 日，国民党政府公布了"（　　　）"。

10. 北洋政府对《大清新刑律》进行删修，制定了（　　　）。

11. 南京国民政府 1935 年《刑法》规定"保安处分"一章，其处分种类共（　　　）种。

12. 南京国民政府法律的汇编统称（　　　），这是南京国民政府成文法的总称。

13. 民国北京政府是由北洋系军阀首领袁世凯篡夺辛亥革命成果以后建立起来的，通称（　　　）政府。

14. 北洋政府 1913 年第一次修宪是在北京天坛祈年殿，所以修订的宪法草案又称（　　　）。

15. 南京国民政府的最高司法机关是（　　　）。

二、单项选择题

1.《中华民国临时约法》颁布于（　　　）。

A. 1910 年　　　B. 1911 年　　　C. 1912 年　　　D. 1913 年

2. 中华民国北京政府规定的司法审级制度是（　　　）。

A. 三级二审制　B. 三级三审制　C. 四级二审制　D. 四级三审制

3 南京国民政府的"法统"确立于（　　　）。

A. 1912—1927 年　　　　　　B. 1928—1936 年

C. 1937—1945 年　　　　　　D. 1946—1949 年

4. 关于《中华民国临时约法》，下列哪一选项是正确的？（　　　）

A.《中华民国临时约法》是辛亥革命后正式颁行的宪法

B.《中华民国临时约法》设立临时大总统，采行总统制

C.《中华民国临时约法》是中国历史上唯一一部具有资产阶级共和国性质的宪法性文件

D.《中华民国临时约法》确立了五权分离的原则

5. 《中华民国临时政府组织大纲》规定的政体是在（　　　　）。

A. 总统制　　　　B. 责任内阁制　　　C. 议会制　　　　D. 君主立宪制

6. 中国历史上第一部资产阶级共和国性质的宪法性文件是（　　　　）。

A. 《中华民国临时约法》　　　　　　B. 《钦定宪法大纲》

C. 《中华民国约法》　　　　　　　　D. 《中华民国临时政府组织大纲》

7. 《中华民国临时约法》扩大了（　　　　）的权力。

A. 参议院　　　　B. 总统　　　　　C. 内阁　　　　　D. 法院

8. 《中华民国临时约法》规定的政体是（　　　　）。

A. 总统制　　　　B. 责任内阁制　　　C. 议会制　　　　D. 君主立宪制

9. 1913 年第一届国会通过的《中华民国宪法草案》又称（　　　　）。

A. "天坛宪草" B. "五五宪草" C. "贿选宪法" D. "八年宪草"

10. 中国历史上第一部《中华民国约法》颁布实施的时间是（　　　　）。

A. 1923 年　　　　B. 1916 年　　　　C. 1922 年　　　　D. 1925 年

11. 1912 年 4 月北京政府制订并公布的刑法典是（　　　　）。

A. 《中华民国刑法》　　　　　　　　B. 《中华民国暂行新刑律》

C. 《中华民国暂行刑律》　　　　　　D. 《中华民国现行刑律》

12. 《中华民国临时约法》规定的立法机关是（　　　　）。

A. 参议院　　　　B. 参政院　　　　C. 立法院　　　　D. 国会

13. 《中华民国约法》规定的立法机关是（　　　　）。

A. 参议院　　　　B. 参政院　　　　C. 立法院　　　　D. 国会

14. 《中华民国约法》规定：取消国会制，代之以（　　　　）。

A. 立法会议　　　B. 政治会议　　　C. 立法院　　　　D. 约法会议

15. 《中华民国约法》颁布于（　　　　）。

A. 曹锟任总统时期　　　　　　　　　B. 孙中山任临时大总统时期

C. 袁世凯时期　　　　　　　　　　　D. 南京国民政府时期

16. 中国近代史上第一部正式颁行的宪法是（　　　　）。

A. 《中华民国约法》　　　　　　　　B. 1947 年《中华民国宪法》

C. 《中华民国临时约法》　　　　　　D. 1923 年《中华民国宪法》

17. 北洋政府规定的司法审级制度是（　　　　）。

A. 三级二审制　　B. 三级三审制　　C. 四级二审制　　D. 四级三审制

三、多项选择题

1. 南京国民政府于 1947 年公布和实施《中华民国宪法》。下列哪些是对这部宪法的正确表述？（　　　　）。

A. 该法规定了选举、罢免、创制、复决等制度

B. 该法的基本精神沿袭《训政时期约法》和"五五宪草"

C. 该法体现了《动员戡乱时期临时条款》的立法原则

D. 该法确立的政权体制既不是内阁制，也不是总统制

2. 北京政府时期的中央司法机构有（　　　　）。

A. 大理院　　　B. 平政院　　　C. 最高法院　　　D. 高等审判厅

3. 北京政府时期的司法机构有（　　　　）。

A. 普通法院　　　　　　　　B. 平政院

C. 兼理司法法院　　　　　　D. 特别法院

4. 北京政府时期制定的宪法或宪法性文件主要有（　　　　）。

A. "天坛宪草"　　　　　　　B.《中华民国宪法》

C.《中华民国约法》　　　　　D.《中华民国临时约法》

5. 北京政府的法律渊源包括（　　　　）。

A. 成文法　　　B. 习惯　　　C. 判例　　　D. 解释例

6. 北京政府恢复了清末已经废除的刑罚有（　　　　）。

A. 绞刑　　　B. 笞刑　　　C. 徒刑　　　D. 充军

7. 北洋政府时期公布实施的根本法有（　　　　）。

A.《中华民国约法》　　　　　B.《中华民国宪法》

C. "天坛宪草"　　　　　　　D.《训政时期约法》

四、名词解释题

1. 五权宪法　2. "天坛宪草"　3.《中华民国约法》　4. 六法全书

5. 保安处分　6.《训政时期约法》

五、简答题

1. 简述中华民国临时政府组织大纲的性质、内容、特点、意义。

2. 简述北京政府的司法体系。

3. 简述"保安处分"制度。

4. 简述南京国民政府的特种刑事法庭。

5. 简述《中华民国临时约法》的特点与意义。

6. 简述六法全书的主要内容。

7. 简述民国南京国民政府法院的审判制度。

六、论述题

1. 试析孙中山的宪政思想。

2. 试析中华民国各时期公布的宪法性文件以及影响。

3. 试析中华民国时期中国法制近代化的体现。

七、案例分析题

1. 案例一：王孝和烈士案。

案情：王孝和，原籍浙江鄞县，1924 年生于上海。1941 年加入中国共产党，1943 年进入上海杨浦发电厂工作，1948 年 1 月，王孝和当选为发电厂工会常务理事。1948 年 2 月，"申九惨案"发生后，发电厂工人在王孝和的带领下，在同国民党上海反动当局的斗争中发挥了重要作用。4 月 21 日，由于叛徒的出卖，王孝和被国民党反动军警以"蓄意破坏发电机制造事故"的罪名被逮捕，被关押到"警备司令部稽查大队"，为迫使其承认破坏发电厂的罪名，国民党对其施尽了"老虎凳""磨排骨"等各种酷刑，但都没有得逞，于是伪造了一份《王孝和的自白书》，在报纸上加以刊登宣扬。第一审中，法庭将这份伪造的"自白书"作为判罪的主要依据，并买通证人作伪证。6 月 28 日，上海高等特种刑事法庭判决王孝和破坏发电厂，触犯《戡乱时期危害民国紧急治罪条例》，判处死刑。上电党组织指定专人帮助王妻，依法向中央特刑庭申请复判，各界人士纷纷向上海高等特种刑事法庭寄送抗议信，但是复判书被批驳回来，经南京中央特刑庭于 23 日复判，核准原判决。9 月 30 日上午，王孝和在押赴刑场时，高呼"特刑庭乱杀人"，英勇就义，时年 24 岁。

问题：

试结合教材相关内容，分析本案反映了南京国民政府时期哪些法律问题?

2. 案例二：陈达民等为确认县长考试及格资格事件起诉一案。

案情：原告陈达民等为确认县长考试及格资格事件，不服考试院 1944 年 4 月 27 日所为之处分，提起诉愿（依法以再诉愿论），考试院逾三个月不为决定，原告故提出行政诉讼。

广东省于 1929 年 11 月依据县长考试暂行条例举行广东省第一届县长考试。原告陈达民等参加是届考试，考取及格，并经广东省政府分别任用。1930 年，《考试复核条例》公布后，广东省因将该届试卷遗失，未照章检送覆核。到广东举行 1944 年度县长检定时，原告以 1929 年考试及格之资格申请参加，广东省政府将其呈报考试院核示。考试院具文认为原告不具备检定资格。原告不服，提起诉愿（依法以再诉愿论），考试院逾三个月不为决定，原告故提出行政诉讼。行政法院经过审理，驳回了原告的诉讼请求。

问题：

试结合教材相关内容，分析本案反映了南京国民政府时期哪些法律问题？

第十五章 新民主主义革命根据地
时期的法制建设

（1927—1949 年）

【学习目标】

新民主主义革命根据地时期的法制建设是新中国法制建设的基石，这一时期法制的大胆尝试为新中国法制建设提供了经验积累与制度蓝本。本章通过教学使学生了解新民主主义革命根据地时期三个阶段的主要立法，理解和掌握工农民主政权时期、全面抗战时期和人民民主政权时期的司法制度及特色，重点掌握新民主主义革命根据地时期的宪法性文件和马锡五审判方式。

【开篇案例】

1937 年 10 月，在全面抗战之际，延安发生了抗日军政大学第六队队长黄克功因逼婚而枪杀女青年案件。凶手黄克功是红军团长战斗功臣，被害者是由太原投奔延安参加革命的 16 岁女青年刘茜。成立才两个月的陕甘宁边区高等法院，院长不在，审判重任落到审判长雷经天身上。雷经天曾参加过南昌起义、广州起义、百色起义，与黄克功一同走过长征路，红军法官要审判红军将领，简陋的边区法院从未经历过如此大案。毛泽东、贺子珍、张闻天、胡耀邦都不可回避地参与了此案。面对国内外的舆论，面对愤怒的学生百姓，面对老红军的请求，雷经天承受各方压力，采用公开审理，以民主判决的方法审判此案。在陕北公学的操场上，二千多人参加，胡耀邦作为代表公诉人发言，有 12 位群众代表发言，黄克功当庭辩论，最后审判庭五人展开了激烈争辩。黄克功一直在期待毛主席的特赦令，终于毛主席的复信来了，在大会上宣读，他赞成处黄克功以极刑，没有赦免他。

1927 年大革命失败后，中国共产党开始意识到武装斗争对中国革命的极端重要性，先后开展南昌起义、秋收起义、广州起义，进入了创建红军和建立农村革命根据地的新时期。各红色政权，特别是中华苏维埃共和国制定的各种革命性法规，是革命根据地法制的创建发展阶段。1937 年的"七七事变"标志着中国全面抗战的开始，在中国共产党的领导下各抗日根据地都建立了统一战线的抗日根据地民主政权。为了团结边区各阶级、各阶层和各族人民共同抗日，各边区抗日民主政府充分发扬民主，健全革命法制，在继承和发扬老苏区优良传统的基础上，有很多创造，取得了很大成绩。这一时期是我国新民主主义革命法制进一步发展和完善时期，在中国革命法制史上占有重要地位。解放战争时期各解放区人民政府围绕着"打倒蒋介石，解放全中国"这一中心任务，积极进行了政权建设、土地改革、社会治安等法制建设。1946 年 4 月，东北民主联军解放哈尔滨，建立了哈尔滨解放区，哈尔滨解放区法制的建设成为中国共产党领导下的城市法制建设的开端。解放战争时期，各解放区的法制建设继承和发扬了抗战时期的优良传统，保障了解放战争的胜利，并为中华人民共和国法制的建立奠定了基础。

第一节　工农民主政权时期的法律制度

毛泽东同志于 1927 年 9 月领导了秋收起义，开辟了井冈山革命根据地，这是中国革命走农村包围城市道路的早期实践。1931 年 11 月，中国共产党领导的工农民主专政的政权——中华苏维埃共和国宣告成立。工农民主政权进行了许多立法活动，创建了人民民主的法律制度，揭开了新民主主义时期革命法制的新纪元。

一、宪法性文件

（一）《中华苏维埃共和国宪法大纲》的制定

《中华苏维埃共和国宪法大纲》是早期革命政权政纲的发展。在井冈山时期，毛泽东就倡议由党中央制定"一个整个民权革命的政纲"，"使各地有所遵循"。1930 年 5 月，党中央成立"中国工农苏维埃第一次全国代表大会中央准备委员会"，提出制定七大原则，指导宪法起草工作。七大原则为：第一，实现代表广大民众真正的民主主义；第二，实现劳动群众自己的政权；第三，实现妇女解放；第四，实现民主自决；第五，争取并且确立中国经济上、政治上真正的解放；第六，实现工农民权的革命独裁；第七，拥护工人利益，实行土地革命，消灭一切封建残余。

1931 年 11 月，在江西瑞金召开了全国第一次工农兵代表大会，成立了中华苏维埃共和国临时政府，通过了《中华苏维埃共和国宪法大纲》。1934 年 1 月，在全国第二次代表大会召开时修订，在第一条内增加了"同中农巩固联合"的条文。这是毛泽东等坚持正确路线的同志同王明"左倾"路线进行斗争的积极成果。

(二)《中华苏维埃共和国宪法大纲》的主要内容

1. 确立了苏维埃政权的性质和政治制度

大纲规定，中华苏维埃共和国是"工人和农民的民主专政的国家""中华苏维埃共和国之最高政权为全国工农兵苏维埃代表大会"。在中国近代立法史上，《中华苏维埃共和国宪法大纲》第一次以根本法的形式宣布国家政权为劳动人民所有，以民主集中制的工农代表大会制为国家政权制度，从而奠定了人民民主制度的基础。

2. 确定了苏维埃政权的基本任务

《中华苏维埃共和国宪法大纲》把反帝反封建作为工农民主政权的根本任务，并以此规定了工农民主政权的基本政策，即消灭封建剥削制度，没收地主的土地分配给农民；制定劳动法，改善工人阶级的社会地位和生活状况，以解放妇女为目的，实行各种保护妇女的办法；取消帝国主义在华一切特权和不平等条约，实现中华民族的完全独立。

3. 规定了工农群众的各项民主权利

宪法大纲宣布民主自由权只归劳动人民所有，剥夺剥削者和反革命分子的政治自由权，而且为此规定了一系列保证措施。在经济方面，工人有八小时工作、获得法定工资、享受社会保险、取得国家失业津贴的权利；在文化方面，工农群众有享受免费教育和参加政治文化活动的权利。这些同在专制独裁政权下，劳动人民无任何民主自由权利相比，形成明显对照。

(三)《中华苏维埃共和国宪法大纲》的历史意义

《中华苏维埃共和国宪法大纲》是中国宪政史上第一部由工农民主政权制

定，确保人民民主制度的根本大法，是中国共产党领导人民进行反帝、反封建，实行工农民主专政的伟大纲领。它以马列主义关于国家和法的理论为指导，开创了我国人民民主新的宪法体系，对于根据地的民主与法制建设起了重要的促进作用，因而具有重要的历史地位和伟大意义。

由于王明"左倾"路线的影响，宪法大纲规定了一些错误的政策和条文，如不加区别地一概规定剥夺剥削阶级的政治自由权利等。这不符合中国当时的实际情况，是与新民主主义革命性质相脱离的，也不利于团结一切可以团结的力量以打击革命的主要敌人。但应当肯定的是，尽管受到"左倾"路线的影响，但《中华苏维埃共和国宪法大纲》仍是划时代的宪法性文件。

二、法制建设

(一) 土地法规

1. 法规概况

土地革命时期的土地法规创设大致可分为三个阶段：第一阶段是土地革命前期（1927—1930 年），这一时期的土地法规主要有 1928 年 12 月颁发的《井冈山土地法》和 1927 年 4 月在此基础上稍作修改而公布的《兴国土地法》，还有 1927 年的闽西根据地发布的《关于土地问题议决案》。

第二阶段是土地革命中期（1931—1934 年）。这个时期各根据地根据党的总路线和本地区实际情况颁布了许多法规。其中影响最大、实施地区最广、使用时间最长的是 1931 年的《中华苏维埃共和国土地法》。

第三阶段是土地革命后期（1935—1937 年）。中华苏维埃共和国为了实行抗日民主统一战线的方针，从 1935 年到 1937 年先后发布了《关于改变对富农策略》《土地政策新的改变》等命令，排除了王明"左倾"路线的干扰，把土地立法引向了正确轨道。

2.《中华苏维埃共和国土地法》的基本内容

其一，废除封建土地剥削制度。对于地主的土地，"无论是自己经营或出租，一律无代价的实行没收"，同时对富农土地也予以没收。

其二，确定按人口分配土地的标准和方法。凡被没收来的土地，通过苏维埃政权分配给贫农、中农、雇农、苦力、劳动贫民，均不分男女，可以同样分配到土地；但对"地主不分田，富农分坏田"，这是一种不给生活出路，在肉体上消灭地主富农的"左倾"机会主义政策，给革命事业带来很大损失，到 1935 年党中央瓦窑堡会议时得到了纠正。

其三，确认农民土地所有权。在民主革命阶段和小农经济条件下，确认农民的土地所有权是发展农业生产、调动农民支持革命事业的积极性的重要条件。土地法规定农民对分得的土地可以自由买卖，确认了个体农民土地私有制的原则。

（二）刑事法规

1. 法规概况

为了巩固苏维埃政权，镇压一切反革命的破坏活动，苏区各工农民主政府先后颁布了一些地区性、临时性的法规，其中以肃反法令为最多。1933 年 4 月颁布了《中华苏维埃共和国临时中央政府委员会命令》，1933 年 12 月又颁布了《中华苏维埃共和国执行委员会训令》，1934 年 4 月中华苏维埃共和国中央执行委员会在总结与反革命罪犯做斗争的基础上，公布了《中华苏维埃共和国惩治反革命条例》，这是这一时期最有代表性的刑事法规，共四十一条。

2. 《中华苏维埃共和国惩治反革命条例》的基本内容

其一，规定了反革命罪的概念。"凡一切图谋推翻或破坏苏维埃政府及工农民主革命所得到的权利，意图保持或恢复豪绅地主资产阶级的统治者，不论用何种方法都是反革命行为。"只要是以反革命为目的，采取武装暴动、叛乱、暗杀、谋害、盗窃、宣传等各种破坏活动，都按反革命罪论处。

其二，规定了刑罚种类。有死刑；监禁（即有期徒刑，最高刑期为十年，最低刑期为三个月）；拘役（一日至一月）；褫夺公权；没收财产；驱逐出境；罚金。

其三，规定了刑罚适用的一般原则。对于未遂犯、胁从犯、附和犯、自首分子、自新分子等减轻或免除处罚。这对于分化瓦解犯罪集团，孤立和打击极少数危险分子，是完全必要的。但条例还规定，对于"工农分子犯罪而不是领导者或重要的犯罪行为者，……酌情或减轻其处罚"，这是受王明"左倾"路线干扰，"唯成份论"在定罪量刑上产生的影响。

《中华苏维埃共和国惩治反革命条例》公布后，即成为各根据地处理反革命案件的重要依据。苏区政权通过肃反运动，清除了一批反革命分子，保护了人民，推动了根据地的建设，但受王明"左倾"路线干扰，也出现了肃反扩大化的倾向，给革命事业带来损失。

（三）婚姻法规

1. 法规概况

随着工农民主政权的建立和劳动人民的翻身解放，新的婚姻家庭关系随之孕育成熟。工农民主政权相应制定了一些婚姻法规，如1931年12月中华苏维埃共和国中央执行委员会通过了《中华苏维埃共和国婚姻条例》，1932年2月湘赣苏区颁布的《婚姻条例》等，1934年4月中华苏维埃政府颁布了《中华苏维埃共和国婚姻法》，这是苏区婚姻立法的代表。

2. 《中华苏维埃共和国婚姻法》的基本内容

其一，确定了新民主主义婚姻制度的基本原则。婚姻法规定实行男女婚姻自由，一夫一妻制，废除一切包办、强迫和买卖的封建婚姻制度，禁止童养媳，禁止一夫多妻和一妻多夫。

其二，确定了结婚、离婚及其财产处理的具体原则。关于结婚，婚姻法规定，男女结婚须双方同意，男子须满二十岁，女子须满十八岁，禁止早婚，结婚男女同到乡政府领取结婚证，即为合法。关于离婚，如男女双方同意离婚者，即可离婚，男女一方坚持离婚者，亦也离婚，但是，须向乡政府进行登记，如有争议由裁判部判决。关于离婚后财产的处理，规定男女同居时所负的债务，由男子负责清偿，离婚后女子未再婚前，如生活发生困难，男方须给以生活上的帮助。此外，婚姻法规定保护红军婚姻。红军战士之妻要求离婚，须得其夫同意。通讯便利地方，其夫两年无信回家者，通讯困难地方，其夫四年无信回家者，妻子才可向政府请求登记离婚。

其三，保护子女利益。婚姻法规定男女离婚时对子女的抚养问题必须妥善安置，并且尊重子女本人的意见，再婚家庭对于子女不得停止抚养或虐待，如违反婚姻法，要依法处以应得之罪。

工农民主政权的婚姻法，奠定了废除封建主义婚姻制度，创建新民主主义婚姻家庭制度的法律基础。

（四）劳动法规

1. 法规概况

工农民主政权建立后，根据地的工人阶级成为政治上的领导阶级。为了保障工人群众在政治上和经济上的地位和权利，提高工人群众的革命积极性，党和工农民主政府十分重视改善工人的劳动条件和生活状况，各根据地政府都曾制定了劳动法规；1931 年 12 月，工农民主政府颁布了《中华苏维埃共和国劳动法》；1933 年 10 月，针对实践中存在的问题，又重新作了修订，颁布施行。

2. 《中华苏维埃共和国劳动法》的基本内容

其一，废除对工人的各种封建性剥削和压榨。废除包工制，由政府成立工会和劳动介绍所来保障工人的劳动就业权利。

其二，确认工人有集会、结社和参加工会的权利。

其三，规定了工时、工资、青工女工的特殊利益及劳动保护和社会保险措施。

其四，规定了劳资纠纷和违反劳动法的处理办法。

劳动法的实施，大大改善了根据地内工人阶级的地位，使工人的劳动时间有所降低，工资也得到不同程度的提高。在劳动保护和社会保险方面，也有一定的改善，提高了工人的革命积极性。但是，这个劳动法也存在问题，它不顾根据地的具体情况，机械照搬苏联的劳动法规，硬性规定了过高的劳动条件、工资待遇和福利要求，也给根据地的建设造成了损害。这些弊病在中共中央瓦窑堡会议后得到了纠正。

三、司法制度

（一）司法体制

工农民主政权的司法体制实行各级司法机关受同级政府领导的建制。这种政审合一司法体制的建立，适合于战争环境的需要，便于政府对司法工作的领导，有利于政策法令的执行。此外，司法体制上还实行审检合一，不专门设立独立的检察机关，检察机关附设在审判机关内。审判权和司法行政权，在中央采取了分立制，即最高法院专责审判工作，司法人民委员部专管司法行政工作。

工农民主政府在中央设立最高法庭，在省、县、区政府内设立裁判部，在各级裁判部下设刑事法庭和民事法庭。

（二）审判原则与审判制度

其一，司法机关统一行使审判权。一切反革命案件由国家政治保卫局审理。其他刑、民案件由裁判部统一审理。

其二，废止肉刑，注重证据。

其三，依靠工农群众，审判反革命分子。

其四，实行四级两审终审制。在特殊情况下，也可一审终审。这主要是适应战争环境需要，及时镇压反革命分子。

其五，建立民主的审判制度。如公开审判制度、人民陪审员制度、辩护制度以及审判人员的回避制度、上诉及死刑复核制度等。

总括上述，工农民主政权的法律制度是在打碎旧的法统的基础上创立的崭新的制度。虽然在某些地方还不够完善，不够成熟，但它毕竟为促进当时的革命战争，保卫红色政权，发挥了重要作用。为以后的民主政权法制的建立和健全提供了宝贵的经验。因此，其历史意义是应当充分肯定的。

第二节　全面抗战时期根据地民主政权的法律制度

1937年"七七事变"到1945年"八一五"日本帝国主义投降，这是中国人民全面抗日战争时期。各抗日根据地在中国共产党的领导下都建立了统一战线的抗日根据地民主政权。为了团结边区各阶级、各阶层和各族人民共同抗日，各边区抗日民主政府充分发扬民主，健全革命法制，在继承和发扬老苏区优良传统的基础上，有很多创造，也取得了很大成绩。这一时期是我国新民主主义革命法制进一步发展和完善时期，在中国革命法制史上占有重要地位。

一、施政纲领

（一）制定概况

为了发动全面抗战，中国共产党在1937年8月25日公布了《抗日救国十大纲领》，成为抗日根据地民主政权制定施政纲领的指导性文献。继1938年《晋察冀边区军政民代表大会宣言》之后，1939年1月，陕甘宁边区政府公布了《陕甘宁边区抗战时期施政纲领》，奠定了陕甘宁边区民主政治的初步基础。

为了适应新的形势，各抗日根据地在抗战中后期，重新制定了施政纲领，发展和丰富了初期施政纲领的内容，全面系统地反映了中国共产党抗日民主统一战线的要求和在全面抗日战争时期的政治主张，主要有：1940 年《晋冀鲁豫边区政府施政纲领》《晋察冀边区目前施政纲领》、1941 年《陕甘宁边区施政纲领》、1942 年《对巩固和建设晋西北的施政纲领》、1944 年《山东省战时施政纲领》。其中以《陕甘宁边区施政纲领》为代表，此外《陕甘宁边区保障人权财权条例》也是《陕甘宁边区施政纲领》的重要补充。

（二）基本内容

1. 关于保障抗战的规定

施政纲领明确规定了各项抗日的方针政策，如加强正规军，广泛开展游击战争，实行"优抗"条例，保护军婚，抚恤荣誉军人和烈士遗孤，鼓舞前方将士英勇杀敌，要严厉镇压死心塌地的汉奸、托派、汪派以及反共分子等。

2. 关于加强团结的规定

其主要措施是：调节各阶级的关系，地主减租减息，农民交租交息；加强农民与地主、资本家与工人的团结，一致对外，共同抗敌；坚持与边区境外友党友军及全国人民的团结，反对投降分裂行为。

3. 关于健全民主的规定

施政纲领规定了几项重大措施。实行普遍、直接、平等、无记名投票的选举制度，保障一切抗日人民的选举权和被选举权；实行"三三制"政权组织原则，即共产党员占被选举的三分之一，党外进步分子及中间派分子也各占三分之一；共产党和党外人士实行民主合作，使各党派和无党派人士均能参加边区民意机关的活动与行政机关的管理；保障一切抗日党派、团体、人民的人权、财权及各项自由权。规定人民有用各种方式控告公务人员非法行为的权利。另外，施政纲领还规定，实行男女平等、民族平等的政策。

4. 关于发展经济的规定

施政纲领规定，保护一切抗日人民的土地所有权，发展农业生产。发展公营工业，奖励合作社与私人企业，促进工业生产与商业流通；实行合理的税收制度。

5. 关于普及文化教育的规定

施政纲领把爱国主义和提高民族意识作为教育的主要内容，要求大力举办各类学校，实行普及免费义务教育，扫除文盲，加强干部教育，奖励自由研究，尊重知识分子，提高教育质量，改善教师生活，提高边区人民政治文化水平。

（三）保障人权条例的基本内容

1942年《陕甘宁边区保障人权财权条例》具有典型性。其内容为：

其一，规定了人权的法律概念。"边区一切抗日人民，不分民族、阶级、党派、性别、职业与宗教，都有言论、出版、集会、结社、居住、迁移及思想信仰之自由，并享有平等之民主权利。"可见，人权的内容一是抗日人民的各项自由权，二是抗日人民的民主平等权。

其二，规定了保障人权的重要措施。司法机关或公安机关逮捕人犯，应有充分证据，依法定手续执行；除司法、公安机关外，任何机关、部队、团体，不得对任何人加以逮捕、审问、处罚，但现行犯不在此例。

（四）施政纲领的历史意义

抗日根据地民主政权的施政纲领，是在中国共产党的抗日民族统一战线方针的指导下制定的，是人民民主政权比较成熟的宪法性文件，体现了"团结、抗战、救中国"的总方针，对于团结人民、巩固抗日民族统一战线，发展边区的政治、经济和文化事业起了指导和保障的双重作用。抗日根据地民主政权的施政纲领与《中华苏维埃共和国宪法大纲》比较，主要特点是：

其一，在政治上实行抗日民族统一战线的原则。边区抗日人民享有各项民主自由权利，专政的对象不再是整个地主阶级，而仅仅是地主阶级中的汉奸分子。

其二，在经济上实行了调节各阶级之间的利益，协调各种经济成分发展的原则，不再是立即消灭封建地主经济，而是对封建地主经济予以限制。

其三，在民主与法制建设方面，作出了更系统更成熟的规定，如保障人权、健全逮捕审讯制度等。

抗日根据地民主政权的施政纲领，确定了人民民主政治生活的基本准则，使边区成为全国最进步的地方，并对人民民主政权的建设产生了深远影响。

二、法规建设

陕甘宁边区和其他抗日根据地民主政权法规建设的主要特点是：按照党中央的方针政策，从根据地的实际出发，制定施政纲领、部门法规和单行条例；严厉镇压汉奸反动派，保护各阶层人民的利益；承认国民政府的法律地位，有原则地援用国民政府的法律条文。

（一）土地法规

1. 法规概况

陕甘宁边区从1937年4月开始进行土地立法。1944年以前，重点在于保护农民利益，确认农民分得地主土地的所有权，1939年《陕甘宁边区土地条例》是其重大成果。1944年7月以后，重点转为减租减息，保障佃权和低利借贷，为此，先后制定了1944年《陕甘宁边区土地租佃条例草案》和1944年《陕甘宁边区地权条例》，规定了土地所有权的概念，确定了减租减息的具体办法，制定了保障佃权和低利借贷的重要措施。在调动农民生产和革命积极性，团结地主富农抗日方面，发挥了极为重要的作用。

2. 主要内容

其一，关于土地所有权的规定。规定土地所有权有两种，一种是公有土地，其所有权属于边区政府；一种是私有土地，凡合法所有人，在法令限制范围内，有自由使用、收益和处分之权，法律对公有和私有土地一律予以保护。任何人或单位均不得侵犯，违者以法论处。

其二，关于减租交租。陕甘宁边区地租有四种形式：定租、活租、伙种、安庄稼，依照二五减租原则，规定了不同减租办法。二五减租，即照抗战前的原租额减低百分之二十五，租佃形式不同，减租额也不相同。出租人和承租人都必须按规定收租或交租。

其三，关于保障佃权。减租的关键是保障农民的佃权。为此，抗日民主政府规定租佃契约未满，出租人不得任意收回租地。只有具备下列条件之一者才能收回租地，即契约未满，收回自耕；承租人无故不交租一年以上者；承租人将地转租图利者；承租人死亡，无继承人者；承租人自动放弃承租权者。

其四，减租交息、低利借贷。抗日根据地民主政权法令规定：对一般债务实行减息。减息办法，一般以年利一分半作为计息标准，如债务人付息已超过原本一倍者，停利还本；如付息已超过两倍者，本利停付，原借贷关系视为消灭。债权人不得因减息而解除借贷契约，债务人也不得拒不交息。新借贷的利率，由双方自行议定，既不能过高，也不能太低，应与当地社会经济借贷关系所许可的限度相适应。

3. 意义

抗战时期的土地法规成功地解决了在抗战这种特殊环境中农民和地主之间的矛盾。减租和减息限制了封建剥削，得到了广大农民的拥护，交租交息又团结了地主富农，调整了农村的阶级关系，加强了抗日民族统一战线，为民族解放战争奠定了胜利基础。

（二）劳动法规

1. 法规概况

抗战期间，边区政府根据施政纲领中关于劳动政策的规定，本着"调节劳资双方利益，团结资本家抗日"的原则，制定颁行了许多劳动法规，其中以1942年《陕甘宁边区劳动保护条例草案》为典型代表。

2. 主要内容

其一，保护工人的合法权利。抗日根据地的工人有言论、出版、集会、结社、参军、参政和自由组织工会的权利；严禁雇主打骂和侮辱工人；雇主不得无故开除工人等。

其二，规定合理的工作时间和实际的工资制度。实行八小时至十小时工作制，工人为帮助抗战需要，自愿多做义务工作的，一般不超过十二小时，雇主要增加工时，须得工人同意；工人工资标准，一般依照各地生活状况，由工会、工人共同协议制定；一般除工人本身外，以再供一个人至一个半人最低生活必需费用为标准，男女同工同酬。

其三，保护女工、青工、童工的规定。抗日根据地的工厂、企业必须照顾女工、青工、童工的特殊利益；对于青工、童工的工作，以不妨害其身体健康及有利于对其教育为原则，青工和童工应实行较短的工作时间；女工生育期间，应给以两个月产假，工资照发；女工、青工与男工同工同酬。

其四，确定了劳动合同和集体合同制度。劳动合同的签订以劳资双方自愿为原则，期满后任何一方均有宣告解除契约的权利，中途因故解除合同时，须经双方同意才有效；集体合同由职工代表与公营工厂方或资方通过协议签订。劳动合同和集体合同的主要内容是规定工作时间、工资及其权利和待遇等。合同一旦生效，双方必须履行。若有纠纷，须呈政府或法院解决。

3. 劳动法规的作用及特点

边区制定劳动法规的目的是发展战时生产，提高劳动热忱，保护劳工与增加劳资双方的利益。劳动法规的贯彻实施达到了这一目的，对边区"发展经济，保障供给"，粉碎敌人的经济封锁起了重大作用。

边区劳动法规与土地革命时期劳动法规相比，有两大特点：一是正确调整了劳资双方关系，一切以双方自由协商为原则；二是照顾了劳资双方的利益。这两者都是在纠正了"左倾"错误和结合边区具体实际情况的基础上产生的。

（三）婚姻法规

1. 法规概况

陕甘宁边区政府成立初期，沿用中央工农民主政权的婚姻法。1939 年颁布了《陕甘宁边区婚姻条例》，经过五年的实践，1944 年通过的《修正陕甘宁边区婚姻条例》中增加了不少新的内容。1942 年起草《陕甘宁边区抗属离婚处理办法》，使结婚后女子的继承权和抗日军人的婚姻，获得了法律保护。

陕甘宁边区婚姻法规，一方面继承了土地革命时期苏区婚姻法确立的婚姻自由，一夫一妻，反对强迫买卖婚姻以及离婚后对子女和妇女予以特殊照顾的原则；另一方面在继承的基础上又提出了男女平等原则，在婚姻法规的内容上有了新的发展。

其他边区政府颁布的法规有：1943 年 2 月的《晋察冀边区婚姻条例》，1943 年 6 月的《晋察冀边区行政委员会关于婚姻登记问题的通知》，1942 年 1月《晋冀鲁豫边区婚姻暂行条例》，1945 年 3 月的《山东省女子继承暂行条例》《山东省婚姻暂行条例》等。

2. 婚姻法规的基本内容

其一，基本原则。抗日根据地民主政权的婚姻立法在继承工农民主政权确立的婚姻自由、一夫一妻制原则的基础上，又提出男女平等的原则。这一原则最先规定于 1942 年《晋冀鲁豫边区婚姻暂行条例》，而将这一原则表述得最明确的则是 1945 年的《山东省婚姻暂行条例》，此条例第一条规定："本条例根据山东省战时施政纲领男女平等，婚姻自由及一夫一妻制之原则制定之。"

抗日根据地民主政权还把保护抗日军人婚姻，上升为立法原则，以适应抗战的需要，鼓励抗日军人奋勇杀敌。

其二，婚姻规定的变化。主要表现在和苏区相比：一是结婚年龄趋于下降，有的根据地规定，男满十八岁，女满十六岁就可以结婚；二是结婚条件严格化，禁止五代以内直系血亲之间结婚，比苏区禁止三代以内血亲之间结婚的规定，限制更为严格。

其三，离婚规定具体化。抗日根据地民主政权婚姻法规中规定，男女双方自愿离婚者，得向当地政府请求离婚，发给离婚证。如一方要求离婚，则他方必须是具备下列条件之一者才能提出，即充当汉奸者；重婚者；与他人通奸者；感情意志不合无法继续同居者；图谋陷害对方者；虐待对方者；以恶意遗弃对方在继续状态中者；因犯有特种刑事罪被判三年以上徒刑者；生死不明已逾三年者；具有法定禁止结婚条件者。

其四，离婚后财产处理合理化。对共同债务的清偿，原则上离婚后共同负责处理，如女方确无私产又无劳动能力时，才由男方单独负担，这就改变了苏区一律由男子清偿的规定。关于离婚后的赡养费规定：离婚后女子未再结婚，因无财产或缺乏劳动力，不能维持生活者，男方须给以帮助，但最多以三年为限。

其五，离婚后子女抚养教育的新变化。离婚后子女由男女一方抚养时，如无力维持其生活时，任何一方必须帮助抚养子女生活。改变了苏区要求男子一方承担抚养费三分之二直至十六岁为止的硬性规定，并且确定了新夫的抚养责任。此外，还规定保护非婚生子女的一切合法权益。

3. 遗产继承法规的主要内容

其一，基本原则，即男女平等原则和奉养父母原则。

其二，继承方式。继承方式有两种：法定继承和遗嘱继承。法定继承的顺序是：直系血亲卑亲属；父母；亲兄弟姐妹；亲兄弟之子女；祖父母。遗嘱继承分为口头和书面两种形式，口头遗嘱要有三人证明，书面遗嘱要本人签字，不能签字者，可由第三人代之。

（四）刑事法规

1. 法规概况

运用刑罚手段惩治汉奸反动派，是抗日根据地民主政权保卫边区，巩固人民政权，保护人民合法权利，保证抗战的重要任务。为此，陕甘宁边区和各抗日根据地政府，制定了大量刑事法规。陕甘宁边区政府制定的有 1939 年《抗战时期惩治汉奸条例》《抗战时期惩治盗匪条例》《惩治贪污条例》《禁烟戒毒条例》，1941年的《破坏金融法令惩罚条例》等。在总结实行刑事单行条例经验的基础上，1942年起草的《陕甘宁边区刑法总分则草案》是刑事立法的重要成果。其他各抗日根据地民主政权，也制定了与其相类似的各种单行条例，如1942年3月的《晋察冀边区破坏坚壁财物惩治办法》，1943年1月的《晋察冀边区关于逮捕搜索侦察处理刑事、特种刑事犯之决定》，1942年9月的《山东省惩治盗匪暂行条例》和1943年4月的《山东省战时除奸条例》等等。

2. 刑法原则

其一，镇压与宽大相结合。《陕甘宁边区施政纲领》和其他法律文件中确认了镇压与宽大相结合的刑法原则，这个原则包括两方面：一是镇压。对坚决不愿悔改，已经证明是坚决破坏民族利益者，要对他们依法严办。二是宽大。对于曾经有破坏行为而真心悔改，确有证据者，采取宽大处理，准其自新。同时，在实施镇压与宽大原则时，必须区别首要分子和胁从分子。

其二，贯彻保障人权原则。《陕甘宁边区保障人权财权条例》规定，对少数敌探奸细，必须坚决镇压。同时，又必须坚决保障全体抗日人民的民主权利，不要冤枉一个好人，只有这样，才能瓦解敌人，得到群众的拥护。

其三，反对威吓报复，实行感化教育原则。主要内容是：反对惩办主义，采取鼓励与说服的办法，帮助罪犯认识错误，改正不正确的意识；反对报复主义，尽量减少罪犯的痛苦，使犯人安心守法，彻底改造自己。实践证明，感化教育在各边区都收到了显著成绩和效果，重新犯罪率大为降低。

3. 罪名

抗日根据地民主政权的刑事法规把罪犯分为两类。一类是特种刑事犯，即重大刑事犯罪，一般是指汉奸罪、盗匪罪、破坏坚壁清野罪、烟毒罪和贪污罪；另一类是普通刑事犯，即一般刑事犯罪，主要是指盗窃、伤害、妨害金融贸易管理、赌博、妨害婚姻家庭等犯罪。

在抗日根据地民主政权的领导下，经过减租减息、民主建政和抗日民主教育，人民的生活得到了基本保证，政治觉悟有了很大提高，所以边区普通刑事案件的发案率日趋降低。但是，由于边区处在抗日战争敌我矛盾十分尖锐复杂的环境中，所以特种刑事案却时有增加。这种情况，决定了特种刑事犯罪是抗日根据地民主政权刑事法规的打击重点。

（1）汉奸罪。1939年陕甘宁边区政府公布了《抗战时期惩治汉奸条例》。

该条例把一切危害边区民主政权的破坏活动都列入汉奸罪，这些破坏活动有：企图颠覆边区政府，阴谋建立傀儡政府；破坏人民抗日运动和抗日动员；进行各种侦探间谍及一切秘密特务活动；组织及领导土匪扰乱活动；谋害党政军及人民团体之领袖或其负责人；诱逼人民以供敌人使用；以粮食、军器资送敌人；破坏交通；散布谣言等。

（2）盗匪罪。凡以抢劫为目的，聚众持械抢劫，暴力抢夺他人财物；窝藏分赃；伤毙人命；乘机强奸妇女；纵火焚烧房屋；勾引军队为匪等行为均构成盗匪罪。

（3）破坏边区罪。凡以破坏边区为目的，指挥部队或组织土匪，袭击边区军队，摧毁边区各级政府机关；杀害边区公务人员或边区民众；组织各种秘密团体，聚众反对边区政权；刺探军事情况等行为均构成破坏边区罪。

（4）破坏坚壁财物罪。所谓坚壁财物，即空室清野财物，转移财物防止日寇掠夺。凡勾结敌伪挖掘搜索坚壁财物；向敌伪自动告密，暴露坚壁财物之处，致其损害；故意焚烧，毁坏坚壁财物；结伙三人以上盗窃坚壁财物等等行为均构成破坏坚壁财物罪。

4. 刑罚种类

全面抗日战争时期各边区刑罚规定不尽一致。陕甘宁边区的刑罚分为主刑和从刑两种。

主刑有：死刑；有期徒刑（六个月至十年）；苦役（一日以上两个月以下，不由监所拘押，劳动改造）；教育释放（经过一定时间关押教育，多则一个月，少则几天，便能改正者，即行释放）；当庭训诫。

从刑有：褫夺公权（剥夺犯罪分子的选举权与被选举权、为公务人员之权、为公职候选人之权，主要适用于汉奸、敌特和反革命分子）；没收财产（主要适用于汉奸、盗匪，财产包括动产与不动产）；罚金。

抗日根据地民主政权在刑事法规建设中，贯彻群众路线，取得了很大成绩。在锄奸剿匪斗争中，发动群众，制定《锄奸公约》并建立了锄奸委员会，把群众组织起来。正确地执行了不放过一个特务，不错办一个好人的政策，保证了锄奸剿匪斗争的健康发展。

三、司法制度

（一）司法机关

抗日根据地民主政权的司法机关有：

边区高等法院。边区的最高司法机关，掌管全区的审判与司法行政工作，下设刑庭、民庭，必要时还可组织巡回法庭。

高等法院分庭。设在分区专员公署内，是边区高等法院的派出机关；审理分区所辖各县司法处的一审判决的上诉案件；庭长由专员兼任。

县司法处。处长由县长兼任，主持县内审判工作。

陕甘宁边区政府审判委员会。由边区政府主席、副主席和另外三个委员组成，是边区高等法院的上诉审。

检察机构。仍设在法院系统中，即边区高等法院内设检察处。高等法院以下，各级法院设首席检察官一人，检察员若干人，首席检察官由当地行政长官兼任。

（二）诉讼与审判制度

1. 诉讼原则

（1）调查研究，实事求是。抗日根据地民主政权把实事求是，调查研究，作为诉讼制度的基本原则，既反对封建主义的形式证据主义和单凭口供定案，也反对资产阶级的"自由心证"原则。

（2）相信群众，实行群众路线。抗日根据地民主政权在诉讼中创造了许多依靠群众的组织形式，如群众公审、就地审判、巡回审判等，这对于方便群众，依靠群众，改进工作等是行之有效的。

（3）贯彻法律面前人人平等的原则。抗日根据地民主政权贯彻法律面前人人平等的原则主要表现在两个方面：一是一切抗日人民在适用法律时一律平等，不因阶级成分及阶级出身不同而有所轻重；二是一切公务人员，不论职位高低，功劳大小，与普通群众一体同科，要求党员和干部在遵纪守法方面，做群众的模范，反对任何特权思想和违法乱纪行为，绝对不允许因为地位高、功劳大而可以游离于法律之外。

2. 审判制度

抗日根据地民主政权发展了上诉、陪审、审判公开、辩护、复核和审判监督制度，形成了抗日根据地民主政权完善的审判制度体系，并在依靠群众审判的过程中，产生和推广了实现司法民主的好形式——马锡五审判方式。

（1）马锡五审判方式。马锡五是陕甘宁边区陇东分区专员兼高等法院陇东分庭庭长。他在审判工作中，坚持群众路线的工作方法和实事求是的工作作风，正确解决了许多疑难案件，党和边区政府把他所实行的贯彻司法民主，实行群众路线的审判方式称为"马锡五审判方式"。

马锡五审判方式的特点是：

其一，深入群众，调查研究，实事求是地了解案情。马锡五对于重要案件总是亲临案发地点，到群众中去仔细调查了解，查清证据的真伪，口供的虚实，决不主观臆断，偏听偏信，从而为正确处理案件打下了基础。

其二，依靠群众，正确判案。马锡五在审判工作中总是首先依靠群众查清事实真相，然后把政策、法律和案情交给群众，听取群众意见，他判决的案件既合乎法律，又合乎民意，能使当事人双方心悦诚服，达到了宣传法律，教育群众的目的。

其三，方便群众，诉讼手续简便。马锡五在审判工作中坚持实行方便群众的原则。他经常到所属地区巡回审判，随时随地接受群众申诉，平等待人，耐心做当事人的思想工作，公平合理地处理案件，既节省了民力财力，又使案件得到了及时解决，被誉为"简政便民"的诉讼程序。

（2）调解制度。抗日根据地民主政权继承了第二次国内革命战争时期工农民主政权建立的人民调解制度，同时又把它进一步制度化和法律化。革命根据地时期的案件多属于人民内部矛盾，其中多数可以通过调解方式解决。先后制定了许多调解条例，1942 年 4 月的《晋察冀边区行政村调解工作条例》《晋西北村调解暂行办法》，1943 年 6 月的《陕甘宁边区民刑事件调解条例》，1945 年的《山东省政府关于开展调解工作的指示》等具有代表性。

这些法规的主要内容是，实行调解制度是解决民事案件和轻微刑事案件的一种重要方式，社会危险性较大的刑事案件不属调解范围。

调解的方式有三种：一是群众调解，即由双方当事人共同信赖的有威望的人或由群众团体（如工会、农会、妇救会）进行调解；二是基层政府调解，即由基层政府的调解委员会主持调解；三是司法机关调解，群众调解和基层政府调解达成的协议不具备强制性，只能靠当事人自觉遵守履行义务，如当事人反悔，任何一方均可向司法机关起诉，请求依照法律程序审判。而司法机关调解则具有法律效力的调解，如当事人违反调解达成的协议，司法机关可采取措施强制执行。

调解工作有三项原则：一是调解必须双方自愿，不得强迫命令或威胁；二是调解必须遵行政策法令，照顾民间习惯，但调解不是无原则无条件的息事宁人，调解方案必须符合法律规定，不得与法律相冲突；三是调解不是必经的诉讼程序，当事人不愿调解或调解不成时，任何一方都有向司法机关提起诉讼的权利，任何机关或个人均不得干涉。

此外还要求进行调解工作时，调解人必须奉公守法，清正廉洁，摆事实，讲道理，尊重当事人的人格尊严。

调解制度的实行，减少了诉讼成本，和息了当事人的争执，有利于人民内部的团结，并为解放战争和新中国人民调解工作提供了丰富历史经验，成为人民司法的一大特色和补充。

第三节　人民民主政权时期的法律制度

抗日战争胜利后，国民党反动派在美帝国主义支持下，发动了全面内战。为了彻底推翻国民党的反动统治，建立一个和平、民主、统一的新中国，党中央及时部署和领导全国人民进行解放全中国的解放战争。在解放战争时期，各解放区人民政府围绕着"打倒蒋介石，解放全中国"这一中心任务，积极进行了政权建设、土地改革、社会治安等方面的法制建设工作。继承和发扬了抗战时期的优良传统，保障了解放战争的胜利，并为中华人民共和国法制的建立奠定了基础。

一、宪法性文件

（一）形成概况

解放区的宪法性文件，来自解放区各个人民政权制定的施政纲领，以及中国人民解放军的宣言和布告。

1946 年 4 月，陕甘宁边区第三届参议会第一次会议通过的《陕甘宁边区宪法原则》，规定了对边区的政权组织、人民权利、经济文化建设和司法制度等方面内容。1946 年 7 月，哈尔滨市临时参议会通过的《哈尔滨市施政纲领》，内容涉及哈尔滨市的民主政治、人民权利、经济文化等多个方面，是新民主主义政权城市立法的开端。1948 年 8 月，华北临时人民代表大会通过的《华北人民政府施政方针》，规定了人民政府的基本任务及有关各项政策，是当时具有宪法性质的代表性文件。

1947 年 10 月，中国人民解放军总部发布了《中国人民解放军宣言》，提出了"打倒蒋介石，解放全中国"的政治任务，制定了实现这个任务的基本政策，敲响了国民党反动统治的丧钟。1949 年 4 月又发布《中国人民解放军布告》，宣布"约法三章"，是推进革命取得全国胜利的一个纲领性文件。

（二）《陕甘宁边区宪法原则》

1946 年 4 月陕甘宁边区第三届参议会第一次大会通过了《陕甘宁边区宪法原则》，共二十六条，由"政权组织""人民权利""司法""经济""文化"五部分组成。其基本内容是：

（1）关于政权组织。规定边区、县、乡各级人民代表会议为各级人民管理政权机关，各级政府为各级执行政务机关。各级代表由人民普遍的、直接的、平等的无记名选举产生，人民有斥责、罢免代表的权利。边区少数民族，在居住集中地区，得划分民族区，组织民族自治政权，制定不与《陕甘宁边区宪法原则》相抵触的自治法规。

（2）关于人民权利。依据《陕甘宁边区宪法原则》，人民不仅享有政治上的各项自由权利，还有免予经济贫困、愚昧、不健康以及武装自卫的权利。边区人民不分民族一律平等，妇女除有和男子平等的权利外，还照顾她们的特殊利益。

（3）关于司法。规定各司法机关独立行使职权，除服从法律外，不受任何干涉；除司法机关、公安机关依法执行职务外，任何机关、团体不得有逮捕审讯的行为；人民有控告任何公务员失职的权利；对犯人采取感化主义教育改造。

（4）关于经济。确定了耕者有其田，劳动者有职业，企业者有发展的机会；欢迎外来投资，保障其合理利润；有计划地发展农、工、矿各种实业。

（5）关于文化。规定普及并提高一般人民的文化水准，从速消灭文盲。保障学术自由，致力科学发展。

（三）《哈尔滨市施政纲领》

1946 年 4 月 28 日，中国共产党领导下的东北民主联军接管哈尔滨，建立了新民主主义城市政权，哈尔滨从此成为全国解放最早的大城市和解放战争的后方中心基地。1946 年 7 月召开了哈尔滨市临时参议会，临时参议会上通过的《哈尔滨市施政纲领》，共 17 条，内容涉及哈尔滨市的民主政治、人民权利、经济文化等方面，都是解放初期的哈尔滨市最迫切需要解决的社会问题。《哈尔滨市施政纲领》的颁布是中国共产党从农村政权向城市政权，从单纯注重农业生产向以工商经济带动农业生产的转变过程中的重要尝试。

1. 政权建设方面

《哈尔滨市施政纲领》规定了新民主主义民主政治原则，确立了临时参议会制度。纲领开篇即规定，"建立民主政治。实行普遍、平等、直接的选举制度，自下而上的改造各级政权机关并选举市参议员与市长"。在政权建设方面规定，"改善公务人员物质与精神待遇，淘汰冗员，树立廉洁政治，严惩贪污"。

2. 关于人民权利

《哈尔滨市施政纲领》规定了市民享有的各项民主自由权利及财产权，确立了新民主主义的人权观。主要内容包括："建立民主的法治的社会秩序，以保障人权，保障市民集会、结社、出版、言论、信仰、居住之自由。除公安机关依法拘捕外，任何机关不得捕人，以保障人身之自由"；"保护私人财产所有权。除国税、地方税及市政建设费外，任何机关或团体不得向市民征集金钱及物质"。另外，市民还享有司法上申诉清算敌伪的权利，"人民有申诉清算十四年所受敌伪、汉奸、恶霸政治经济压迫之权利。但侵犯到人权财权时，必须由政府处理"。这种市民的权利和保护私权的做法反映了新民主主义的人权观。

3. 关于经济

受苏联法影响，《哈尔滨市施政纲领》确立了以城市领导农村、以工商业经济带动农村经济的发展方向。对于关系到民生的工商业应予以可能之帮助，并采取有效办法，促进与协助尚未开工之公私工厂复业，以减轻失业，繁荣经济。

《哈尔滨市施政纲领》在经济建设方面还注意协调劳资双方利益，"在劳资双方自愿的原则下实行分红制度，以促进劳资合作发展生产。合理的实行增加工资改善待遇，以稳定工人生活"。

4. 关于文化教育与市政建设

《哈尔滨市施政纲领》中规定实行新民主主义教育，提倡新民主主义文化。如"发展国民教育，确定民主、科学、大众的新民主主义教育方针，扩充中小学校，收容失学青年和儿童，并在各校设立市政府奖学金，以补助优秀贫苦青年儿童"；"提倡民族、民主、科学、大众的新民主主义文化，扶助文化团体成长与发展，彻底肃清法西斯文化的残余"。

在市政建设方面，《哈尔滨市施政纲领》规定要改善公共事业设备，修补松花江大堤。在土地政策方面，《哈尔滨市施政纲领》规定分地给市郊农民，如"无代价的分配敌伪土地及市有土地，给市郊无地或少地之农民，提高农民之生产积极性，以繁荣国民经济。但分配土地时得照顾土地被强霸而贫困的地户"。

1946 年《哈尔滨市施政纲领》是中国共产党在新民主主义革命阶段为建立国家政权积累经验，在中心大城市实行民主政治、建设管理政权的初次尝试，是对毛泽东提出的新民主主义理论纲领的最早实践。

（四）《华北人民政府施政方针》

1948 年 8 月，华北临时人民代表大会通过了《华北人民政府施政方针》。其主要内容是：

（1）确定了华北解放区人民政府的根本任务。继续以人力、财力、物力支援前线，争取人民解放战争在全国的胜利，有计划有步骤地恢复发展生产，进行解放区的经济建设；继续推行民主政治，建立健全各级人民代表会议制，进行解放区的政权建设，确定人民的民主自由权利；培养干部和各种专门人材，以奠定新中国的基础。

（2）规定了实现基本任务的方针政策。在政治方面，整顿区级政权，建立各级人民代表会议制度；保护人民群众合法的民主权利。在经济方面，恢复和发展农业生产；颁发土地证，组织供销合作社、发展工商业等。在文化教育方面，整顿各级学校，建立正规教育制度；团结教育知识分子，为华北建设事业服务。

（五）《中国人民解放军宣言》

1947 年 10 月，中国人民解放军总部发布了《中国人民解放军宣言》。宣言提出了"打倒蒋介石，解放全中国"的伟大战略任务。规定了实现这个战略任务的基本政策。一是打倒国民党反动政府，逮捕和惩办战争罪犯，铲除国民党统治的腐败制度，肃清贪官污吏；否认蒋介石政府的一切卖国外交，废除一切卖国条约。二是没收四大家族和其他首要战犯财产，废除封建土地剥削制度，彻底推翻国民党政权赖以存在的经济基础。三是联合工农兵学商各被压迫阶级，各人民团体，各民主党派，各少数民族，各地华侨和其他爱国分子，组成民族统一战线，建立民主联合政府，实行人民民主专政。

（六）《中国人民解放军布告》

1949 年 4 月 25 日，中共中央主席毛泽东和中国人民解放军总司令朱德发布了《中国人民解放军布告》，宣布了"约法三章"，命令人民解放军和全国人民共同遵守，这是推进革命取得全国胜利的一个纲领性文件。其主要内容是：

（1）宣布对国民党军政人员区别对待的政策，除怙恶不悛的战争罪犯及罪大恶极的反革命分子外，凡属国民党政府的大小官员，只要不持枪抵抗，不阴谋破坏者，一律不加俘虏、逮捕和侮辱。上述人员要各安职守，听候处理。

（2）规定了消灭封建剥削制度的步骤和政策。布告要求农民群众协助解放军，消灭敌人，待局势稳定之后，先行减租减息再行土地改革，消灭封建剥削制度。

（3）保护人民合法权益。凡属人民的私产和私人经营的工厂企业，一律保护。一切公私学校、医院、文化教育机关、体育场所和其他一切公益事业，严禁侵犯。反革命分子或其他破坏分子，乘机捣乱，抢劫和破坏者，定予严办。

（4）保护外国侨民。一切外国侨民，要各安生业、保持社会秩序，遵守法令，不得进行间谍活动，不得包庇战争罪犯、反革命分子，否则当受法律制裁。

二、法制建设

（一）土地法规

抗日战争胜利初期，解放区仍实行减租减息的土地法令。随着国民党加紧进攻解放区，地主阶级与农民阶级的矛盾日益尖锐，减租减息已不适应新的形势。为了发动农民，准备自卫战争，党中央于 1946 年 5 月 4 日发布了《关于土地问题的指示》（又称《五四指示》），其基本内容是把抗战时期的减租减息政策，改变为没收地主土地分配给农民的政策，揭开了解放区民主政权土地立法的序幕，在解放区开始了声势浩大的土地改革运动。

1947 年 7 月至 9 月，党中央在河北平山县西柏坡村召开了全国土地工作会议，总结了东北解放区一年来的土改运动的经验教训，制定了《中国土地法大纲》，10 月 10 日由中央公布施行。它的基本内容是：

（1）规定废除封建性半封建性土地剥削制度，实行耕者有其田的土地制度。根据这一总政策，规定要没收地主的一切土地、牲畜、农具房屋、粮食及其他财产，并征收富农的上述财产的多余部分。

（2）确定了土地财产的分配原则。以乡、村为单位，不分男女老幼，按人口统一平均分配，在土地数量上抽多补少，质量上抽肥补瘦。

（3）规定了土地改革必须遵守的原则。保护工商业者的财产及其合法经营，严禁侵犯中农。依靠贫农雇农，正确对待地主富农。

（4）规定了保护土地改革的司法措施。组织人民法庭，审判和处分破坏土地改革的犯罪分子。人民法庭由农民大会或农民代表会所选举和由政府所委派的人员组成。

《中国土地法大纲》是我国历史上一个划时代的土地法律文献，它是中国共产党二十年来（1927—1947 年）土地改革的经验总结，抛弃了过去土地法规中不切实际的问题，肯定了以往土地改革中行之有效的正确原则，符合中国的国情。《中国土地法大纲》的实施，摧毁了几千年来极不合理的封建土地制度，实现了耕者有其田，调动了亿万农民对革命和生产的积极性，为保证人民解放战争的胜利，起了决定性的作用。

（二）经济和民事法规

解放战争时期，党中央、人民政府、人民解放军根据当时的具体情况，发布了一些简单的条令、指示，作为处理经济、民事方面问题的法律依据。

1. 经济法规

解放战争初期，党中央就提出了新民主主义革命的三大经济纲领，即"没收封建地主阶级的土地归农民所有，没收宋子文、蒋介石、孔祥熙、陈立夫为首的垄断资本归新民主主义的国家所有，保护民族工商业"。依据这个纲领，1949 年 1 月中共中央发布了《关于没收官僚资本的指示》，1949 年 4 月毛泽东、朱德发布了《中国人民解放军布告》，1949 年 6 月上海市军管会发布了《关于接管反动党政军特务机关及没收官僚资本战犯首恶分子的房地产公告》等。这些法规都明确规定：

其一，没收官僚资本。凡属国民党反动政府和大官僚分子所经营的工厂、商店、银行等企业，均由人民政府接管。

其二，保护民族工商业。规定对民族资产阶级给予保护，并鼓励和扶助其发展。民族工商业者若受到侵犯时，可依法提出控告。司法机关依法保护工商业者的利益。

2. 民事法规

解放战争时期的民事法规主要有：1948 年 7 月东北行政委员会发布的《关于私人借贷问题之规定的指示》，1949 年 6 月上海市军管会发布的《上海市房产管理暂行条例》等。这些法规的基本内容是：

其一，允许私人借贷。《关于私人借贷问题之规定的指示》规定，无论在城市或乡村，都允许私人借贷。借贷双方必须依约规定一定数额的利息，利率不作统一规定，以使放款人肯于贷出，借款人得以借入为原则。如债权债务发生纠纷调解无效时，当事人可向法院起诉，法院依法受理。

其二，确认私人房地产所有权。《上海市房产管理暂行条例》确认了私人对房地产的所有权，任何团体、个人不得任意占用私人房屋。私人房屋须向政府登记，并缴纳房地产税。政府允许私人房屋自由买卖，禁止进行房屋投机倒把活动，奖励私人修建房屋。

解放战争时期的经济、民事立法，配合了党的工作重心由农村向城市的转移，打击了官僚买办资本，保护了民族工商业，促进了新民主主义经济的发展．

（三）劳动法规

1. 法规概况

解放战争时期，各地民主政权根据中国共产党的“发展生产、繁荣经济、公私兼顾、劳资两利”的总方针，制定和颁行了一些劳动法规。主要有 1948 年《哈尔滨特别市战时暂行劳动条例》，1949 年 8 月华北人民政府颁布的《关于在国营、公营企业中建立工厂管理委员会与工厂职工代表会议的实施条例》，1948 年 12 月的《东北公营企业战时劳动保险条例》，1949 年 8 月上海军管会公布的《关于私营企业劳资争议调处程序暂行办法》，1949 年 7 月全国总工会通过的《关于处理劳资关系问题的三个文件》等。

2.《哈尔滨特别市战时暂行劳动条例》的主要内容

1948 年 8 月在哈尔滨市召开的第六次全国劳动大会上，讨论通过了《哈尔滨特别市战时暂行劳动条例》（以下简称《劳动条例》）。《劳动条例》分为总则、分则和附则三部分，共十章，四十六条，内容涉及立法原则、劳动者的权利与义务、工作时间与工资、劳动保险等方面，在内容上贯彻了“劳资两利”的原则和思想。

其一，立法原则。1948 年《劳动条例》在总则部分明确了立法原则和立法目的，立法原则是新民主主义经济之既定方针：“发展生产，繁荣经济，公私兼顾，劳资两利”。

其二，职工会和企业民主管理。

职工会的权利。《劳动条例》规定：劳动者享有一切民主自由权利，政府以法律及一定的物质条件保障之。劳动者所组织之职工会为法定团体，有代表工人、职员积极参加新民主主义的国家政权、人民武装，经济、文化、社会各方面的建设工作及其广泛活动的权利和责任；其在企业内部关系和劳资关系上，有代表工人、职员与公营企业管理机关及私营企业主签订合同及办理各种交涉之权利，有协助政府合理实施劳动法令之责任。

企业的民主管理。《劳动条例》规定：在国营公营企业中，劳动者有参加企业管理之权利，各工厂建立统一领导的工厂或企业管理委员会；劳动者有参加企业经营管理的权利。在私营企业中，劳资双方均对生产负有责任。都是为实现“劳资两利”的原则。

其三，工作时间与工资。《劳动条例》规定：“国营、公营、私营企业中，工作时间：战争时期一般规定为八小时至十小时制度，对特别有害健康的生产部门，如气体化学工业，可规定六小时，但须取得市府或国家企业领导机关之批准为有效。”

关于工资问题，《劳动条例》以法律的形式确定了计件工资形式，认为“计件制有刺激生产作用，应当推行”，但同时又作出了限制性规定：“但在成品标准和成品检验方面，还没有确切把握时，不可冒昧采用，同时，还要防止原料浪费、工具损坏及损坏健康的过度劳动。"这种限制性规定既保证了工人的身体健康，又防止了因追求数量而忽视质量的损害资本家利益的行为，实现了劳资双方的"互利"。

其四，雇用与解雇制度。《劳动条例》明确了雇用或解雇工人的条件。凡公营、私营、合作社经营之企业，根据本身需要可以自行招雇工人、职员，但职工会有介绍失业工人之优先权。公营企业管理人与私营企业主在不违反劳动条例和集体合同时，有解雇工人、职员之权。其解雇职工之条件及手续，可于集体合同中具体规定之。

其五，劳动保险。在《劳动条例》中对保险费的缴纳方式作出了符合"劳资两利"原则的规定：国营、公营与私营企业，须缴纳等于全部工资支出百分之三的劳动保险基金；职工缴纳等于工资百分之零点五的劳动保险基金。《劳动条例》对保险费的规定保证了私营企业和公营企业平等发展的权利。

《劳动条例》首次贯彻了"劳资两利"的原则，是将马克思列宁主义与中国革命实践相结合的一次重要尝试，在当时对其他解放区劳动立法影响较大，具有示范作用。同时也成为新中国劳动立法的重要渊源。

（四）婚姻法规

1. 法规概况

解放战争时期解放区民主政权制定和颁布了一系列婚姻法规，其中主要有 1946 年《陕甘宁边区婚姻条例》、晋察冀边区《关于在外工作人员申请离婚程序的命令》、1949 年《修正山东省婚姻暂行条例》、华中行政办事处《关于孀妇带产改嫁问题》、华北人民政府《关于婚姻问题的解答》等。

2. 法规内容

其一，提出了处理城市婚姻的政策。针对城市有人误解婚姻自由的错误倾向，解放区人民政府明确宣布，和没有离婚的男女恋爱是不道德的妨害他人家庭的违法行为。

其二，强调离婚的政治条件。解放区的婚姻立法，在离婚条件中增加了政治条件。如夫妻一方中是地主、富农、恶霸或有反革命活动者，政治思想以及立场观点发生对立，不能维持夫妻关系者，得向当地司法机关提出请求离婚。

其三，确定了离婚后土地问题处理的原则。解放区婚姻立法都规定，男女分得之土地，由个人所有，自行处理。姑娘出嫁及孀妇改嫁，都可带走分得之土地，任何人不得阻止或干涉。

其四，规定了干部离婚的原则和程序。一是规定了干部离婚的原则。干部离婚同群众一样，以"夫妻感情意志是否根本不合"为基本原则。对一方提出离婚，另一方坚决不同意的情况，要具体分析，区别对待。对双方争执所在进行调解，如事实上已构成感情意志根本不合，无法同居者，经调解无效后，即使一方不同意，仍应判离婚，但在财产上须多照顾对方。对以威胁、利诱、欺骗等手段制造离婚理由者，原则上不准离婚。二是规定了干部离婚的程序。干部单方提出离婚，须直接向被告所在地之县政府提出。双方协议离婚，也得向县政府申请，经政府发给离婚证，方为合法，不得私下了结。任何干部在未取得正式离婚手续前，不得以任何形式为借口擅自结婚，违者以重婚罪论处。

（五）刑事法规

1. 法规概况

解放战争时期的刑事立法主要是根据革命形势的需要而制定的。刑事法规镇压锋芒直接指向国民党战争罪犯、特务、间谍、盗匪、地主恶霸以及其他破坏和危害革命、人民生命、财产安全的罪犯。解放区民主政权关于惩治土匪、恶霸、破坏土改的法规有：1947年晋察冀边区的《对破坏土地改革者治罪暂行条例》、1948年晋冀鲁豫边区的《破坏土地改革治罪暂行条例》。关于惩办战争罪犯的法规有：1947年的《中国人民解放军宣言》、1948年的中国人民解放军《惩办战争罪犯的命令》。关于取缔反动组织的法规有：1949年的北平市《国民党特务人员申请悔过登记实施办法》、1949年华北人民政府《解散所有会道门封建迷信组织的布告》。

2. 法规内容

其一，关于犯罪的种类。解放战争时期刑事立法重点打击的犯罪有战争罪；反革命罪（包括间谍罪、特务罪、反动党团组织罪、盗匪罪、破坏土地改革罪）；贪污罪；破坏婚姻罪；扰乱金融罪等。

其二，关于刑法原则。解放战争时期刑罚的总原则是以危害国家、社会及人民利益的严重与否作为处罚的标准。根据这个标准，首要的严重的反革命犯罪，应处重刑，一般的反革命犯罪及其他犯罪依其危害程度的大小而论处。对反革命罪的具体处罚原则是《中国人民解放军宣言》中规定的"首恶必办、胁从不问、立功者受奖"。根据这个方针，各解放区政府颁布了许多条例、布告和命令。这个方针的提出和实践，极大地丰富和发展了新民主主义的刑事立法原则。

其三，关于刑罚种类。解放战争时期各解放区的刑种不尽统一，主要有死刑；有期徒刑；劳役；罚金以及褫夺公权；没收财产等。此外，在此基础上，创造了新的刑种——管制。

解放区民主政权为适应处理和改造大批反革命分子的需要，将反动分子或破坏分子交给群众监督改造，定名为"管制"[1]。其具体做法是将反动分子进行政府登记后，将他们交给当地政府和群众进行监督改造，每日或每星期向指定机关报告其行动，限制其自由。管制是发动群众，对敌人实行专政，改造犯罪的新形式。

解放区民主政权还取消了抗日民主政权为了适应战争环境，对判处短期徒刑和劳役的罪犯，曾实行交乡执行的制度。为适应处置为数众多的反动分子和轻微刑事犯罪分子的需要，广泛地实行了缓刑和假释制度，这是刑罚制度的新发展。

解放战争时期的刑事法规及时有效地惩罚了国民党战争罪犯，沉重打击了反革命分子，解散了反动的会道门组织，镇压了地主恶霸，维护了革命成果，保证了社会治安，对解放战争的顺利进行起了积极的作用。

三、司法制度

随着人民解放战争的胜利进行，解放区的司法制度有了相应的发展。

（一）建立人民法院

随着各解放区的扩大、调整与合并，与政权机构相适应，各解放区都建立了大行政区、省、县三级司法机关。这些司法机关，一律改称"人民法院"。法院在院长领导下，设立审判委员会、民事、刑事法庭，办理民刑诉讼审判与执行事宜。

---

〔1〕 邓齐滨：《"管制"刑罚再探源》，载《中国社会科学报》2018年5月9日，第5版。

为保证土地改革的顺利进行，各解放区都建立了人民法庭。人民法庭不同于地方各级人民法院，它是县以下基层农会直接组织的群众性临时审判机关；一般由政府委派的审判员和农会选举的审判员二至四人组成；专门审判一切违抗和破坏土地法的案件；有权判决当众坦白、赔偿、罚款、劳役、褫夺公权、有期徒刑、无期徒刑和死刑；人民法庭是为配合土地改革而特设的临时性司法机关，土地改革一完成即撤销。

在刚解放的大城市还曾经临时设立了军事法庭。军事法庭由军管会领导，审理破坏革命秩序的重大反革命案件，军事法庭一般实行公审制，其判决经大行政区批准，为终审判决，由军管会公布执行。

（二）完善审判制度

解放战争时期的诉讼审判制度，基本上是沿用老解放区已经行之有效的各项传统制度，但为了适应变化了的新情况和处理发生的新问题，各解放区人民政府又重新发布了许多指示，明确规定了一些原则和制度。这主要是：

进一步规定了公安、司法机关的职权范围；建立了合法的传讯、拘捕和搜查手续；重申了禁止使用肉刑，严禁乱打乱杀的规定；实行便民利民的诉讼手续和审判方式；放宽了上诉制度，由过去的二级终审制改为三级终审制，刑事案件上诉期限一般为七至十天，民事案件为二十天；并且建立了案件的复核制度，实行复查平反、有错必纠的原则。

（三）确立解放区新的司法原则

1949年2月，中共中央发布了《关于废除国民党的〈六法全书〉与确定解放区的司法原则的指示》，这是解放战争时期指导解放区司法建设的重要文件。基本内容是：

（1）揭示了国民党六法全书的反动本质。《关于废除国民党的〈六法全书〉与确定解放区的司法原则的指示》指出国民党的法律是保护地主与买办官僚资产阶级反动统治的工具，是镇压与束缚广大人民群众的武器。

（2）宣布废除国民党的六法全书及其一切反动法律，各级人民政府的司法审判不得再援引其条文。

（3）确定解放区的人民司法工作应以人民政府新的法律为依据。在新的法律还未系统发布以前，应以共产党的政策以及人民政府与人民解放军所发布的各种纲领、法律、决议为依据。

（4）确定了教育和改造司法干部的指导原则，要求提高司法干部的理论政策水平及工作能力，清除旧法的恶劣影响。

《关于废除国民党的〈六法全书〉与确定解放区的司法原则的指示》发布后，各解放区的司法机关经过认真学习，澄清了许多模糊认识，明确了方向。同时对各级司法机关进行了初步整顿，建立了新的人民司法机构。这不仅保证了当时司法机关胜利完成各项工作任务，也为全国解放后系统建立人民司法机构，深入开展司法改革运动，创造了极其有利的条件。

综上所述，人民解放战争时期的立法与司法工作，在总结和继承革命根据地法制建设的优良传统的基础上，有了很大的发展，积累了丰富的经验。它不仅在当时对于巩固解放区的人民民主政权和发展人民革命事业，起了巨大的保证作用，而且为中华人民共和国成立以后的社会主义法制建设，奠定了坚实的历史基础。

【课后经典试题】

一、填空题

1. 《中华苏维埃共和国宪法大纲》规定红色政权的基本制度是（　　　　）。

2. 抗日民主政权时期施政纲领共同确认中共中央在政权组织的（　　　　）原则。

3. 抗日民主政权刑事立法的基本原则是（　　　　）；（　　　　）；反对威吓报复，（　　　　）。

4. 我国首次确保人民当家作主的宪法性文件是（　　　　）。

5. 抗日民主政权刑事立法的基本原则是（　　　　）；（　　　　）；反对威吓报复，（　　　　）原则。

6. 陕甘宁边区创设的司法民主的审判方式称作（　　　　）。

7. 解放战争时期解放区刑法原则的重大发展是明确规定了（　　　　）、（　　　　）、（　　　　）。

8. 解放战争时期的《五四指示》颁布于（　　　　）。

9. 中华苏维埃共和国的基本政治制度是（　　　　）。

10. 工农民主政权时期规定的刑种主要有死刑、监禁、拘役及强迫劳动、（　　　　）、（　　　　）以及罚金。

11. 《陕甘宁边区施政纲领》规定的政权组织原则是（　　　　）原则。

12. 1937 年《抗日救国十大纲领》确立的根据地土地立法原则是（　　　　）。

13. 坚壁财物也称作（　　　　）财物。

14. 红军战士的妻子要求离婚的，须经（　　　　）同意。

15. 解放战争时期的解放区司法机关一律改称（　　　　）。

二、单项选择题

1. 中国共产党制定的《陕甘宁边区施政纲领》颁布于（　　　　）。

A. 土地革命时期　　　　　　　　B. 抗日战争时期

C. 解放战争时期　　　　　　　　D. 新中国成立初期

2. 以下哪项不属于《中国土地法大纲》规定的内容（　　　　）。

A. 确定土地改革的合法执行机关为各个边区政府

B. 宣布废除封建性、半封建性剥削的土地制度

C. 实行耕者有其田的制度

D. 确认保护工商业原则

3. 中共中央《关于废除国民党的〈六法全书〉与确定解放区的司法原则的指示》发布于（　　　　）。

A. 1947 年　　　　B. 1948 年　　　　C. 1949 年　　　　D. 1950 年

4. 马锡五审判方式创建于（　　　　）。

A. 第二次国内战争时期　　　　　B. 抗日战争时期

C. 解放战争时期　　　　　　　　D. 新中国成立后

5. 《中华苏维埃共和国宪法大纲》规定苏维埃政权的组织形式是（　　　　）。

A. 参议会　　　　　　　　　　　B. 参议院

C. 人民代表会议　　　　　　　　D. 工农兵苏维埃代表大会

6. 苏区的第一个土地法是（　　　　）。

A. 《井冈山土地法》　　　　　　B. 《中华苏维埃共和国土地法》

C. 《兴国土地法》　　　　　　　D. 《关于土地问题议决案》

7. 规定"地主不分田，富农分坏田"政策的土地法规是（　　　　）。

A. 《井冈山土地法》　　　　　　B. 《中华苏维埃共和国土地法》

C. 《兴国土地法》　　　　　　　　D. 《关于土地问题议决案》

8. 《中国土地法大纲》颁行于（　　　　）。

A. 抗日战争时期　　　　　　　　B. 解放战争时期

C. 建国初期　　　　　　　　　　D. 工农民主政权时期

9. 《中国土地法大纲》规定专门审理违抗、破坏土地改革案件的机构是（　　　　）。

A. 人民法院　　B. 人民法庭　　C. 农民法庭　　D. 农民代表大会

10. 人民陪审制度确立于（　　　　）。

A. 苏区　　　　B. 解放区　　　C. 抗日根据地　D. 新中国

11. 提出"首恶必办、胁从不问、立功者受奖"这一刑法原则的是（　　　　）。

A. 《中国人民解放军宣言》　　　B. 《惩办反革命条例》

C. 《惩办汉奸条例》　　　　　　D. 《陕甘宁边区惩治贪污条例》

12. 工农民主政权时期，影响最大，实施地区最广，适用时间最长的土地法是（　　　　）。

A. 《井冈山土地法》　　　　　　B. 《中华苏维埃共和国土地法》

C. 《中国土地法大纲》　　　　　D. 《兴国土地法》

13. 《陕甘宁边区抗战时期施政纲领》制定的主要依据是（　　　　）。

A. "八七"会议决议　　　　　　B. 《五四指示》

C. 《抗日救国十大纲领》　　　　D. 政治协商会议决议

14. 《中华苏维埃共和国惩治反革命条例》中所规定的刑罚主要有两种，除监禁外，还有（　　　　）。

A. 拘役　　　　B. 死刑　　　　C. 罚金　　　　D. 无期徒刑

15. 革命根据地时期，在婚姻法中首次提出"男女平等"原则的是（　　　　）。

A. 《晋冀鲁豫边区婚姻暂行条例》

B. 《山东省婚姻暂行条例》

C. 《中华苏维埃共和国婚姻法》

D. 《陕甘宁边区婚姻条例》

16. 工农民主政权时期，刑事立法的主要任务是打击和镇压（　　　　）。

A. 反革命罪　　B. 汉奸罪　　　　C. 盗匪罪　　　　D. 战争罪

17. 我国历史上以确保劳动人民当家作主为目标的第一部宪法性文件是（　　　　）。

A. 《中华苏维埃共和国宪法大纲》

B. 《陕甘宁边区宪法原则》

C. 《中华民国宪法草案》

D. 《陕甘宁边区施政纲领》

18. 工农民主政权时期最具代表性的刑事法规是（　　　　）。

A. 《中华苏维埃共和国惩治反革命条例》

B. 《五四指示》

C. 《抗战时期惩治盗匪条例》

D. 《惩办反革命条例》

19. 在政权组织方面实行"三三制"原则的宪法性文件是（　　　　）。

A. 《陕甘宁边区宪法原则》

B. 《陕甘宁边区施政纲领》

C. 《华北人民政府施政纲领》

D. 《中华苏维埃共和国宪法大纲》

三、多项选择题

1. 《中华苏维埃共和国惩治反革命条例》规定的刑罚有（　　　　）。

A. 死刑　　　　　B. 监禁　　　　　C. 没收财产　　D. 剥夺公民权

2. 解放战争时期人民民主政权刑事立法的主要内容是（　　　　）。

A. 惩办战争罪犯　　　　　　B. 肃清政治土匪

C. 镇压地主恶霸　　　　　　D. 惩治反革命

3. 解放战争时期人民民主政权所制定的宪法性文献主要有（　　　　）。

A. 《陕甘宁边区施政纲领》　　　B. 《陕甘宁边区宪法原则》

C. 《中国人民解放军布告》　　　D. 《华北人民政府施政方针》

4. 抗日根据地诉讼与审判制度方面的特点包括（　　　　）。

A. 实行人民陪审制度　　　　B. 注重人民调解制度

C. 严格复核制度　　　　　　　　D. 简化诉讼审判手续

5. 抗日民主政权的调解制度有（　　　　）。

A. 基层政府调解　　　　　　　　B. 群众团体调解

C. 司法机关调解　　　　　　　　D. 民间调解

6. 工农民主政权时期苏区制定的土地法规有（　　　　）。

A.《井冈山土地法》　　　　　　　B.《兴国土地法》

C.《中国土地法大纲》　　　　　　D.《中华苏维埃共和国土地法》

7.《中华苏维埃共和国婚姻法》中禁止（　　　　）。

A. 包办婚姻　　　　　　　　　　B. 一夫多妻

C. 童养媳　　　　　　　　　　　D. 一妻多夫

8. 工农民主政权的司法机构有（　　　　）。

A. 裁判部　　　　　　　　　　　B. 临时最高法庭

C. 国家政治保卫局　　　　　　　D. 肃反委员会

四、名词解释题

1. 马锡五审判方式　　　2.《五四指示》　　　3. 管制

4.《中国土地法大纲》　　　5.《陕甘宁边区施政纲领》

6.《中华苏维埃共和国宪法大纲》

五、简答题

1. 简述《中华苏维埃共和国宪法大纲》的主要内容及意义。

2. 简述《中华苏维埃共和国土地法》的内容。

3. 简述解放战争时期刑罚的变化

六、论述题

1. 试析《五四指示》和《中国土地法大纲》的主要内容。

2. 试析马锡五审判方式的特点与现实意义。

图书在版编目（ＣＩＰ）数据

中国法制史/孙光妍，邓齐滨主编. —北京：中国政法大学出版社，2021.11
ISBN 978-7-5620-9863-8

Ⅰ.①中⋯　Ⅱ.①孙⋯　②邓⋯　Ⅲ.①法制史－中国　Ⅳ.①D929

中国版本图书馆CIP数据核字(2021)第033371号

出　版　者　　中国政法大学出版社
地　　　址　　北京市海淀区西土城路 25 号
邮寄地址　　北京 100088 信箱 8034 分箱　邮编 100088
网　　　址　　http://www.cuplpress.com (网络实名：中国政法大学出版社)
电　　　话　　010-58908289(编辑部) 58908334(邮购部)
承　　　印　　固安华明印业有限公司
开　　　本　　720mm×960mm　　1/16
印　　　张　　23.25
字　　　数　　370 千字
版　　　次　　2021 年 11 月第 1 版
印　　　次　　2021 年 11 月第 1 次印刷
定　　　价　　89.00 元